江西省普通高等学校优秀教材奖

现代交通运输与载运工具

李　骏　编著

西南交通大学出版社
·成　都·

内容简介

本书系统地介绍了公路、铁路、航空、水路及管道五种现代化运输方式，重点阐述了各载运工具的基本构造、原理和性能，叙述了各种运输方式的主要设备和组织管理的基本知识。书中对轨道交通和综合运输也作了概要介绍。

本书可作为高等院校交通运输类专业的专业课教材，也非常适合作为交通类院校各专业开设相应选修课的教材，同时还可作为从事交通运输工程领域有关工作的各类人员和广大爱好者了解相关知识的科普读物。

图书在版编目（CIP）数据

现代交通运输与载运工具 / 李骏编著. —成都: 西南交通大学出版社，2006.11（2011.2 重印）

ISBN 978-7-81104-440-9

Ⅰ. 现… Ⅱ. 李… Ⅲ. 交通运输工具－概况 Ⅳ. U

中国版本图书馆 CIP 数据核字（2006）第 110668 号

现代交通运输与载运工具

李 骏 编著

*

责任编辑 秦 薇

封面设计 本格设计

西南交通大学出版社出版发行

（成都二环路北一段 111 号 邮政编码: 610031 发行部电话: 028-87600564）

http://press.swjtu.edu.cn

四川锦祝印务有限公司印刷

*

成品尺寸: 185 mm×260 mm 印张: 15.375

字数: 386 千字

2006 年 11 月第 1 版 2011 年 2 月第 2 次印刷

ISBN 978-7-81104-440-9

定价: 29.80 元

重印说明

本书作为“现代交通概论”或“交通运输设备”等课程的选用教材，一直被一些高校采用，发挥了一定的作用，笔者略感欣慰。期间，本书还获得了“江西省第三届普通高等学校优秀教材二等奖”，亦颇受鼓舞。

交通运输的发展日新月异，我国的交通运输发展更是突飞猛进。比如，运输线路里程、交通运输基础设施建设、载运工具技术等都取得了很大进展。本次修订重印主要针对一些数据和内容进行了更新，另外对我国各运输方式的发展规划有所补充，全书章节和主要内容并未做大的改动。因我国的高速铁路和重载运输发展迅速，一些数据和记录不断被刷新，因此此次修订重印并没有对我国在重载运输和高速铁路领域的现状与发展进行补充，暂且作为思考题留给读者自行归纳和总结。

除笔者外，程贤福、薛龙、卢黎明、戴广锋等同志参与了修订工作。程贤福负责第 5 篇和第 6 篇内容的修订，薛龙和卢黎明参与了第 2 篇部分内容的修订，戴广锋进行了资料整理和核对工作。在此，向他们表示衷心感谢。

李　骏

2011 年 1 月于华东交通大学

前　言

交通运输是人类社会生产、经济、生活中一个不可或缺的重要环节，是国民经济发展的重要组成部分。现代交通运输主要包括铁路、公路、水路、航空和管道五种运输方式，各具有不同的技术经济特征与使用范围。随着经济的增长，交通运输业得到飞速发展，五种运输方式相互依存、协调发展，形成了一个综合运输大系统。

本书在面向大交通的前提下，系统地介绍了公路、铁路、航空、水路及管道五种现代化运输方式及其主要设备和组织管理的基本知识，在此基础上重点阐述了各种载运工具的基本构造、原理和性能，并对轨道交通和综合运输作了概要介绍。因此，本书是作为交通运输类（含载运工具运用工程、交通工程、物流工程等）专业的学生最初接触的一门专业课教材。虽然不同院校的相关专业方向各不相同，但作为一门总论性质课程的教材，则可以在教学过程中有选择、有针对性地讲授本书内容。此外，本书还特别适合作为交通类院校其他各专业开设相应选修课的教材，以便学生在以后的学习和工作中有所受益。

作者在编著本书时，力求文字简明扼要，条理清晰，以阐述有关的基本知识、基本概念和基本原理为重点，努力做到图文并茂，使它成为具有科普知识的教科书，便于读者对交通运输有一个较全面系统的了解。

在本书写作过程中，薛龙、周宁、蔡隽等同志参与了部分插图制作、文字录入和资料整理工作。在此，表示衷心感谢。

由于本书涵盖的内容较为广泛，涉及多个专业领域，同时限于作者水平和时间，书中缺点和错误在所难免，敬请广大读者批评指正。

李　骏

2006年9月于华东交通大学

目　录

第1篇　绪　论

第2篇　公路运输

第 3 篇 铁路运输

第 4 篇 航空运输

第 5 篇　水路运输

第 6 篇　管道运输

第 7 篇 轨道交通与综合运输

第 1 章　现代交通运输概述

1.1　现代交通运输基本概念

1.1.1　现代交通运输方式

交通运输是人类社会生产、经济、生活中一个不可缺少的重要环节。既能满足工农业生产和人民生活的需要，也是衔接生产和消费的一个重要环节，是保证人们在政治、经济、文化、军事等方面联系交往的手段。随着社会的发展，人们对交通运输的需求也迅速增长，从而形成了现代交通运输业。它是国民经济的重要组成部分，在整个社会机制中起着纽带作用。

运输的目的就是实现旅客和货物在空间的移动，其产品是旅客和货物的位移。

现代交通运输主要包括公路、铁路、水路、航空和管道五种运输方式。

表 1.1 是有关我国五种交通运输方式线路长度的发展概况。

表 1.1　我国五种运输方式的线路长度　　（单位：万公里）

运输线路长度	1949 年	1996 年	2000 年	2005 年	2008 年
铁路	2.18	5.67	6.87*	7.54*	7.97*
其中：电气化里程	0	1.01	1.49	2.02	2.8
公路	8.07	118.58	140.27	195	200.9
内河	7.36	11.08	11.93	12.3	12.3
民航	1.13 #	116.65	150.29	205	246.2
其中：国际航线	0	38.63	50.84	—	—
管道	0	1.93	2.47	4.6	5.83

注意：* 该数据包括了合资铁路和地方铁路等；# 该数据为 1950 年数据；— 数据暂缺。

表 1.2 是我国 2009 年五种交通运输方式客、货运周转量的比较。货物的重量与运输距离的乘积称为货物周转量，以吨·公里计；旅客人数与运输距离的乘积称为旅客周转量，以人·公里计。

表 1.2　我国五种运输方式的客、货周转量比较（2000 年）

	铁路	公路	水运	民航	管道
旅客周转量（亿人·公里）	7 878.9	13 511.4	69.4	3 375.2	—
旅客周转量百分比	31.73%	54.40%	0.28%	13.59%	—
货物周转量（亿吨·公里）	25 239.2	37 188.8	57 556.7	126.23	2 022
货物周转量百分比	20.66%	30.45%	47.13%	0.10%	1.66%

1.1.2　交通运输的重要性

1．交通运输在国民经济中的地位

国民经济各部门包括物质生产部门和非物质生产部门，统称为产业部门。为社会提供初级产品、满足人类最基本的食品需要的农业为第一产业；为社会提供加工产品和建筑物，满足人类生活需要的工业、采掘业、水电业、建筑业等为第二产业；为人类提供除满足物质需要以外的更高级需要的其他行业和部门为第三产业。在我国，第三产业又划分为流通部门和服务部门，交通运输业属于第三产业的流通部门。

2．交通运输在国民经济中的作用

运输生产是社会再生产过程中的重要环节，运输业的发展影响着社会生产、流通、分配和消费的各个环节，它对人民生活、政治和国防建设都有着重要作用。

① 运输业是社会生产的必要条件，且并不只是消极地、静止地为社会生产服务。运输网的展开、方便的运输条件将有助于开发新的资源，发展落后地区的经济，扩大原料供应范围和产品销售市场，从而促进社会生产的发展。

② 运输费用在生产费用中占很大比重。在生产布局中，应综合考虑运输因素，最大限度地节省成本，不断降低运输费用，这也是节省社会生产费用，提高社会劳动生产率的重要方式。

③ 运输业担负着社会产品和商品流通的任务。缩短流通时间，可以减少社会产品和商品在流通过程中的时间消耗，而缩短流通时间的重要手段就是发展运输业。我国目前国有工业企业流动资金周转时间较长，但如果流动资金的周转时间能缩短 10%，就可以节省流动资金 100 多亿元。因此，加快运输业的发展，建设一个发达的交通运输体系，不仅可以满足国民经济和人民生活的运输需要，也将促进生产发展，加速资金周转，最终促进社会劳动生产率的提高。

④ 交通运输是国土资源开发的先锋。我国西部地区生产力相对落后，经济欠发达，其中的一个主要原因是交通闭塞、流通不畅。交通运输的发展，不但可以促进欠发达地区或边远地区的资源开发，而且可以优化资源配置，调整农牧业结构，推动农业现代化；还可以改善投资环境，加速工业化进程；同时又可加快人流、物流、信息流，促进第三产业的发展和社会文明的进步。开发国土资源，交通是先行，这已是为无数事实证明了的真理。

⑤ 运输业平时为经济建设服务，战时为军事服务。在战争中，它是联系前方和后方，调动部队运送武器弹药和粮食等物质的保证。因此，交通运输业具有半军事性质，是国家战斗实力的重要组成部分。

⑥ 交通运输还是带动一系列相关产业的龙头产业。铁路、公路、港口、机场、管道等的大规模建设，促进了建筑业的崛起；交通运输业的巨大能源消耗，又促进了煤炭和石油工业的兴旺；铁路和运输机械对金属的需求，是采矿和冶金工业取得迅猛发展的基本动因之一；而各种运输工具的大量生产，则极大地推动了机械加工和制造业的发展；交通运输及其相关产业的现代化又为电子信息产业提供了广阔的市场；交通运输业的发展还直接促进了两大新兴支柱产业的形成和发展，即旅游业和物流业。

⑦ 交通运输也是国际交流的重要桥梁和纽带，可以促进各国之间的物资交换、经济发展

和人民之间的友好往来，是经济全球化的重要保证。

1.1.3　交通运输的技术经济特征

1．交通运输的主要技术经济特征

五种现代交通运输方式，在满足人或物的空间位移的要求上都具有同一性，即安全、迅速、经济、便利、舒适，但各种运输方式所采用的技术手段、运输工具和组织形式等却不相同。因此，形成的技术性能（速度、重量、连续性、保证货物完整性和旅客的安全、舒适性等）、对地理环境的适应程度以及经济指标（如能源和材料消耗、投资、运输费用、劳动生产率等）都不尽相同。以下是所涉及的主要技术经济指标。

（1）送达速度

送达速度所指的速度应按运载工具将运送的对象（旅客或货物）从始发地运送到终到地的全部时间来计。各种运输方式有其适用的速度范围：公路运输的最优速度为 50～100 km/h，铁路运输为 100～300 km/h，航空运输为 500～1 000 km/h。人们对交通运输的速度要求在不同距离条件下是不同的，而且在相同的距离条件下又有不同层次的要求，因此不同的交通运输方式可以满足不同的需要。

（2）运输成本

运输成本是运输业的一个综合性指标，受各种因素的影响，如运输密度、运输距离、运载量。在运输成本中，如果无关支出所占的比重较大，则运输成本受运输密度的影响较大，铁路运输又最显著，水运、公路运输则较小。运输距离对运输成本也有很大影响，通常是运输距离越长，运行费用越低，这之中又以水运影响最大，铁路次之，公路最小。运载量的大小同样影响运输成本，一般来说，载重量较大的运输工具的运输成本较低，因此水运在这方面居于有利地位。总之，考察某种运输方式的运输成本需根据具体情况进行分析。一般是水运及管道运输成本最低，其次是铁路和公路运输，航空运输成本最高。

（3）投资水平

各种运输方式由于其技术设备的构成不同，不但投资总额大小各异，而且投资期限和初期投资的金额也有相当大的差别，而其在线路基建投资和运载工具投资上也各有差异，通常水运、航空运输的线路投资最低，公路次之，管道和铁路运输最高（线路设备是专用的）。铁路的技术设备（线路、机车车辆、车站、厂、段等）需要投入大量的人力物力，投资额大且工期长，因此投资集约程度高。相对而言，水上运输是利用天然航道进行的，线路投资远较铁路为低，主要集中在船舶、码头。因此，从运载工具等基建投资来看，管道投资最低，铁路、水运次之，航空最高。

（4）运输能力

从运输能力而言，水运和铁路运输都处于优势地位（就单个运载工具而言，特别是海运，运输能力最大），而公路和航空的运输能力相对较小。

（5）能源消耗

由于铁路运输可以采用电力牵引，因而更具优势，而公路和航空运输则是能源（石油）消耗最大的。管道运输所耗能源约为水运的 10%，铁路的 2.5%。

（6）运输的通用性与机动性

铁路与管道运输受气候与季节影响最小，而机动灵活方面则公路与航空运输更优。

（7）对环境的影响程度

人类赖以生存的地球已经受到严重破坏，工业的发展，特别是运输业在某些方面起了主要作用，对空气和地表造成污染最为严重的是汽车运输，喷气式飞机、超音速飞机等则加重了噪音污染。相比之下，铁路运输对环境和生态的影响程度较小，特别是电气化铁路的影响又更小。

2．各运输方式的主要特点比较

五种运输方式各有其长处和短处，主要的优缺点如下：① 铁路运输：优点为安全程度高，运送速度较快，运输能力大，能源消耗少，运输成本低，受气候条件影响小，几乎是全天候，对环境的污染较小等；缺点为初期投资大。② 公路运输：优点为灵活性强，可进行“门到门”运输，造价低，速度快；但有载重量小，能源消耗多，污染环境严重，运输成本较高等缺点。③ 水路运输：优点为载重量大，成本最低；缺点为速度低，受自然条件影响大。④ 航空运输：优点为速度快，有较强的机动性；缺点为运送能力小，能源消耗大，运输成本比公路高。⑤ 管道运输：优点为运输能力大，效率高，成本低，能耗小，无污染；但有运输物品种类受限，初期投资较大的缺点。五种运输方式的主要技术经济特征及比较分别参见表1.3和表1.4。

表 1.3 五种运输方式的主要技术经济特征

项目 \ 名称	公路	铁路	航空	水运	管道
最高速度（km/h）	客车 80	客车 80～160	波音 747：907	海运 25～27	
	货车 60	货车 80～100	A310～A300：850	河运 8～15	
最大运输能力（万吨/年）	四车道：300～500	单线：1 800	波音 747：291 个客座	海运：航线能力不受限制	管径 762 mm：输油 2 000
		双线：5 500	A310～A300：218 个客座	河运：船闸单线 2 000，双线 4 000	管径 564 mm：输油 1 000
运输成本	中	中	高	低	低
通用性	好	较好	较差	较好	差
机动性	好	较差	较好	差	差

表 1.4 五种运输方式的主要特征比较

项目 \ 名称	公路	铁路	航空	水运	管道
最高速度	3	2	1	4	5
运输能力	4	2	5	1	3
运输成本	3	4	5	1	2
通用性	1	2	4	3	5
机动性	1	3	2	4	5
平均运距	5	3	1	2	4
建设投资	1	5	3	2	4

续表

项目 \ 名称	公　路	铁　路	航　空	水　运	管　道
固定投资	4	3	5	1	2
运输能耗	3	4	5	1	2
生产效率	4	3	5	1	2

注意：① 表中数字 1 代表最具优势，2 次之，依此类推，5 代表最差；
② 在没有具体情况和前提的条件下，该表仅在总体上进行粗略比较。

3．各种运输方式的适用范围

① 铁路运输：国土幅员辽阔的大陆国家是陆地交通运输的主力，适合经常、稳定的大宗货物运输，特别是中长途货物运输；适合于中短途、短途城际和现代快速市郊旅客运输的需要。

② 公路运输：在中短途运输中效果最突出，特别是“门到门”的运输更具优越性，可以补充和衔接其他运输方式，如担负铁路、水路运输达不到的区域以及起终点的接力运输。

③ 水路运输：特别适合于大宗货物的长途运输，尤其是远洋运输，不仅是国际贸易的主要运输方式，也是国民经济的重要组成部分。

④ 航空运输：适用于长途旅客运输、货物运输及邮件运输，包括国际和国内运输，在通用航空运输方面（摄影、人工降雨、林业播种、抗灾救护等）更显优势。

⑤ 管道运输：是流体能源非常适宜的运输手段，尤其是输送油类等危险品，由于管道埋于地下，受地面干扰少，运送此类物品较为安全。

1.2　交通运输的发展

1.2.1　交通运输的发展历程

纵观交通运输业的发展史，在历史的各个时期，虽然有所侧重，但都是几种运输方式同时并存。从世界范围内交通运输业发展的侧重点和起主导作用的角度考虑，可以将整个交通运输业的发展划分为如下五个阶段。

① 水运阶段。水上运输既是一种古老的运输方式，又是一种现代化的运输方式。在出现铁路以前，水上运输同以人力、畜力为动力的陆上运输工具相比，无论在运输能力、运输成本和方便程度方面，都处于优越地位，因此人类早期的工业大多沿通航水道设立。在历史上，水运的发展对工业布局的影响很大。在水上运输中，海上运输又具有其独特地位。由于远隔重洋，海上运输几乎不能被其他运输方式所替代。所有这些都使水上运输在运输业的早期发展阶段起主导作用，水上运输更成为这个阶段的标志。

② 铁路阶段。1825 年，英国在斯托克顿至达林顿修建的第一条铁路用于公共客货运输，这标志着铁路时代的开始。由于铁路能够高速、大量地运输旅客和货物，为工农业的发展提供了新的、强有力的交通运输工具，几乎垄断了当时的陆上运输，因而极大地改变了陆上运输的面貌。其后，工业生产摆脱了对水上运输的依赖并深入内陆腹地，从而加速了工农业的

发展。铁路运输在这个阶段几乎处于交通运输的垄断地位。

③ 公路、航空和管道运输阶段。20 世纪 30～50 年代，公路、航空和管道运输相继发展，与铁路运输展开了激烈竞争。就公路运输（实际是汽车运输）来说，由于汽车工业的发展和公路网的扩大，尤其是重载质量专用货车、集装箱运输、各种设备完善的长途客车以及高速公路等，使公路运输能充分发挥其机动灵活、迅速方便的优势。不仅在短途运输方面，而且在长途运输方面公路运输也占有重要的地位。航空运输则在速度上占有绝对优势，不仅在旅客运输方面，而且在长途旅客运输方面占有重要地位，同时其在货运方面也得到发展。而以连续运输形式出现的管道运输，虽然其运输货物的品种有限，但由于运输成本低、输送方便，因此发展很快，至今方兴未艾。这三种运输方式的作用在这一时期显著上升，成为交通运输业发展第三阶段的一个重要特征。

④ 综合运输阶段。到了 20 世纪 50 年代，人们开始认识到在交通运输业的发展过程中，铁路、水运、公路、航空和管道这五种运输方式之间是相互联系和相互制约的。因此，需要有预见、有计划地进行综合考虑，协调各种运输方式之间的关系，构成一个现代化、高效的综合运输体系。而综合运输阶段的重点之一就是合理进行铁路、水运、公路、航空和管道运输之间的分工与合作，发挥各种运输方式的优势。此外，还必须从人类同环境和能源关系的角度来考虑交通运输业的发展。因此，调整交通运输布局、提高交通运输质量和与环境协调发展是综合运输阶段的主要趋势。

⑤ 综合物流阶段。20 世纪 80 年代，世界经济进入后工业化时代，交通运输业也进入了综合物流阶段。这意味着交通运输业已经与商品生产和流通领域的各个环节紧密地结合在一起，融为一体。交通运输业进入综合物流时代是一个质的飞跃，是交通运输业发展的崭新阶段，具有强烈的时代特征，它标志着交通运输业摆脱了孤立地从本系统经济利益出发思考和观察问题的传统、陈旧、狭隘的观念和实际运作方式，而真正成为以市场为导向、以满足客户要求为宗旨、以求取系统总效益最优化、适应未来社会经济发展需要的行业。

1.2.2 交通运输的发展趋势

交通运输还处于一个迅速发展的时期，随着社会和经济的发展，社会总运量也在不断增长。面对强大的市场需求和激烈的竞争，要求现代交通运输业自身必须不断发展。从国际交通运输发展趋势来看，在采用新技术方面，各种运输方式虽有不同，然而还是存在共同点，即向提高速度、加大载重、走向智能化和保护环境方向发展。

（1）提高速度

提高运行速度是交通运输发展过程中的永恒主题，一部交通发展史就是运行速度不断提高的历史。任何一种运载工具都是在特定的介质中运行，随着技术的进步，能够克服介质阻力而不断提高前进速度。但是，提高速度是要付出代价的，如果同提速带来的效益相比没有明显的优势，则这种提速就不具备生命力。

从技术上说，各种运输方式提高速度的方法通常都有一个共同点，即以加大牵引动力来获得足够大的驱动和制动功率，以此克服周围介质的阻力，最终保证跑得快、停得住。其次，必须有动力特性优良的运载工具，自重轻、阻力小、运行平稳、确保安全。另外，在运输线路方面也应尽量平直，减少对运载工具的干扰。高速公路、高速铁路、高速水运或高速飞机都可从这些方面看到它们同一般运输之间的差别。

（2）提高载重

如果说客运最关注速度，则货运最关注载重。货运重载化和客运高速化共同构成现代交通运输的主体。

以铁路为例，通常一列货物列车的质量为 3 000 t 左右，如果提高到 6 000 t，则运输效率将提高 1 倍。现代重载列车技术可使载重提高到 10 000～25 000 t/列，最高纪录可达到 75 000 t/列。开一列重载列车相当于开行十余列普通列车，可见采用新技术能带来的巨大经济效益。

其他运输方式的货物运输同样有此发展趋势。比如船舶大型化十分明显，特大散货船的吨位已达 36.5 万吨，液货船的最大吨位达到 56.3 万吨，最大的集装箱船能装载 6 797 TEU。载重汽车已由几吨提高到几十甚至几百吨，载重 300 t 的货运飞机也已投入使用。

重载货运则是综合运用一系列高新技术的结果。超强材料和结构的采用、超常功率的牵引和制动、大宗货物的集散和管理等，都是各种运输方式实现重载化时所面临的共同问题。

（3）智能化

在走向信息社会的 21 世纪，交通运输现代化的必由之路就是信息化，即全面采用由计算机技术、通信技术和测控技术组成的信息技术。信息化的高级阶段就是智能化，智能交通运输系统（ITS－Intelligent Transportation System）是当前发展的重点方向，并由单一运输方式的智能化向综合运输系统的智能化方向发展。

其中，公路运输智能化首当其冲，如高速公路和城市道路的智能控制系统、城市交通流诱导系统、车辆定位及通信系统、车辆安全系统、收费管理系统等，都亟待开发和推广。铁路在开发列车自动驾驶系统、调度管理信息系统、运输信息管理系统等基础上，也有待统一集成，发展现代智能铁路运输系统。水路运输智能化则包括船舶智能化、岸上支持系统智能化和水上运输系统智能化。航空运输系统智能化，即新航空系统，包括通信导航及监视和空中交通自动化管理。由此可见，交通运输智能化内涵十分丰富，是信息技术应用的广阔天地。

（4）环保化

交通运输的发展会对环境产生许多不利影响。在资源方面，大规模修建运输工程设施，占用土地，还有可能破坏植被，造成水土流失，并改善生态环境；在能源方面，维持运输系统的运转，需消耗大量的能源，主要是石油；在污染方面，载运工具的行驶，会排放大量污染物质，使空气和水质遭到污染，同时还会带来严重的噪声和电磁干扰，影响临近地带居民的工作和生活。

为了保护环境，加强交通运输的环保化研究非常重要和紧迫。在提高交通运输效率的基础上，对安全性、景观、生态平衡、防止环境污染等方面加强研究，保护社会环境和生活环境尤其重要。在政策上应研究环境资源的最优利用，避免不必要的浪费和破坏，不断发展环保型交通工具和生态洁净型现代交通运输系统，如铁路牵引动力现代化（电气化、内燃化），电动汽车、洁净化燃料汽车、混合动力驱动汽车的研究应用，以及发展现代城市轨道交通以减少汽车用量，等等。

1.2.3　我国交通运输发展规划

“十一五”期间，我国综合交通体系发展的阶段目标是：通过大力发展与深化改革，使综合交通网络规模大幅扩展，结构进一步调整，公平与效率充分兼顾；管理体制获得创新，运输服务水平明显提高，交通安全得到有效保障；初步形成布局更合理、结构更完善、能力更充分、质量更可靠的综合交通体系；有效缓解运输紧张状况，基本适应经济社会发展要求。

按照这一阶段目标要求，我国综合交通运输建设的重点是：加快铁路的建设速度和扩大规模，加强能源运输大通道、集装箱运输系统的建设；在大的经济圈间注重建设结构合理的运输大通道，扩大运输能力，特别是城市群间快速旅客运输专线的建设；在经济圈内要加强城际快速轨道交通系统的建设；要重视与东南亚、东北亚和中亚地区的地面交通建设；要认真解决大城市交通堵塞现象，重视城市轨道交通的建设；要重视农村交通的建设。同时，要加强交通枢纽和综合交通信息网络建设，构建现代化的智能交通系统。

2011 年是“十二五”规划的初始之年。根据交通运输部的消息，公路水路交通运输“十二五”发展规划的核心任务是提高交通运输保障能力和服务水平，为此，“十二五”发展规划拟确定五个重点领域，并力求在每个重点领域取得突破。一是以综合运输体系建设为指向，加快完善交通基础设施网络，优化基础设施结构，着力提升交通运输供给能力；二是以促进现代物流发展和运输结构优化为切入点，着力提升交通运输服务水平；三是以信息化建设为引领，着力提升交通运输装备、组织和管理现代化水平；四是以建设低碳交通运输体系为重点，着力发展绿色交通；五是以加强能力建设和体系构建为核心，着力加强交通运输安全应急和保障能力。

第2章 内 燃 机
——载运工具的重要动力装置

2.1 内燃机概述

2.1.1 内燃机的定义与分类

发动机是将某一种形式的能量转化为机械能的机器。将燃料中的化学能经过燃烧过程转变为热能，并通过一定的机构使之再转化为机械能的发动机称为热力发动机（简称热机），它又分为内燃机和外燃机。如果燃料的燃烧是在产生动力的空间（通常是汽缸）中进行的，这种热机就称为内燃机。

1．内燃机的分类

内燃机的分类方法很多，有些分类需要对内燃机有了一定的认识之后才能理解。

① 按燃料分，有汽油机、柴油机、其他燃料（煤气、压缩天然气、液化石油气等）内燃机；

② 按活塞运动方式分，有往复活塞式和旋转活塞式；

③ 按着火方式分，有压燃式和点燃式；

④ 按冷却方式分，有水冷式和风冷式；

⑤ 按工作循环所需行程数分，有二冲程和四冲程内燃机；

⑥ 按进气状态分，有自然进气式（非增压）和压缩进气式（增压）；

⑦ 按汽缸布置分，有直列式、V形、卧式和对置式等；

⑧ 按汽缸数分，有单缸机和多缸机；

⑨ 按转速分，有低速（< 300 r/min）、中速（300～1 000 r/min）和高速（> 1 000 r/min）；

⑩ 按用途分，可分为汽车用、工程机械用、农用、拖拉机用、发电用、机车用、船舶用、摩托车用、坦克用等。

2．内燃机的编号

依据 GB725—91《内燃机产品名称和型号编制规则》，我国对内燃机产品的名称和型号作了统一规定，内容包括产品名称和型号两部分：

① 内燃机产品的名称均按所采用的燃料命名，如柴油机、汽油机、沼气机、双（多种）燃料发动机等。

② 内燃机型号由首部、中部、后部和尾部四部分组成，如图 2.1 所示。

例如：492Q 汽油机 —— 四缸、直列、四冲程、缸径 92 mm、水冷、汽车用；12VE230ZC_Z

——12缸、V形、二冲程、缸径230 mm、水冷、增压、船用主机、右机基本型。

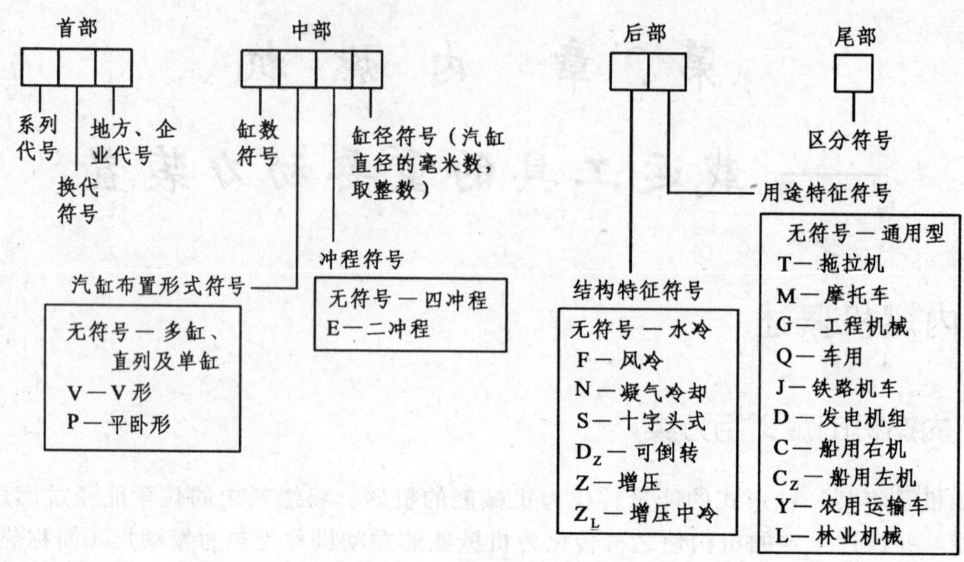

图 2.1　内燃机型号

2.1.2　内燃机的特点

与其他热机相比，内燃机的主要优点有：

① 热效率高。即燃油消耗率低、经济性好，尤其是柴油机，它是热效率最高的热机，最高有效热效率可达46%。

② 功率范围广。单机功率可从零点几千瓦到上万千瓦，故适用范围大。

③ 结构紧凑、质量轻、便于移动。

④ 起动迅速、操作简便，并能在起动后很快达到全负荷运行。

正是由于这些优点，内燃机必然成为各种运载工具的重要动力装置。在公路运输方面，绝大部分的运输车辆使用内燃机作为动力；在铁路运输方面，以柴油机作为动力装置的内燃机车是目前主要的机车类型；在水运方面，内燃机可作为船舶的主机和辅机；在航空方面，一些小型民用飞机仍然采用内燃机作为动力。

内燃机存在的缺点是：对燃料要求高，汽缸内难以使用固体燃料或劣质燃料；排气污染和噪声引起公害；结构复杂，零部件加工精度要求高。

2.1.3　内燃机的发展概况

在内燃机出现之前，首先诞生的动力机械是蒸汽机。1765年，英国人詹姆斯·瓦特（James Watt）发明了蒸汽发动机。此后，人们便开始设想使之成为运载工具的动力。1769年，法国军事工程师、陆军炮兵大尉古诺（Nicholas Joseph Cugnot）研制出了世界上第一辆三轮蒸汽机汽车。然而事实证明，蒸汽机并不适合作为汽车动力装置。不过，蒸汽机还是在早期的蒸汽公共汽车、铁路蒸汽机车和蒸汽机船上得到了应用。蒸汽机的热效率低是其逐渐被取代的主要原因。

1858年，定居在法国巴黎的雷诺（Etienne Lenoir）发明了实用的常压煤气发动机，并于1860年申请了专利，但该发动机无压缩行程，热效率很低。1862年，法国人罗沙（Alphones Beaude Rochas）提出了内燃机的四冲程循环理论，取得了专利，但没有实际制造出产品。

德国人奥托（Nicolaus August Otto）在前人的基础上，对煤气发动机进行了大量研究，于1876年设计并制造出第一台以煤气为燃料的四冲程往复式内燃机，并取得专利。该机压缩比为2.5，火花点火，单缸、卧式、功率2.9 kw，转速200 r/min，热效率达12%～14%。因此奥托就成为内燃机的正式发明人，并被誉为“内燃机之父”。奥托在长期的研究过程中，完善了内燃机的四冲程循环理论，因此其后人们便将其简称为奥托循环。

1892年，德国工程师狄塞尔（Rudolf Diesel）第一个提出了不用点火的压燃式内燃机原理，并取得了专利，并在1893年和1894年试制了试验柴油机。1897年，实用的四冲程柴油机终于被狄塞尔制造成功，该机功率18.4 kW，热效率达24%。因此，狄塞尔就成为柴油机的发明人，后来Diesel也成了柴油机的英文单词。

自1924年开始，德国工程师汪克尔（Felix Wankel）就致力于转子发动机的研究。1957年，他研制出第一台实用性转子活塞发动机，又称汪克尔发动机。转子发动机具有零件数少、质量轻、体积小、转速高、功率大的特点，具有重要的开发价值，因而引起各国的重视。

2.1.4 内燃机的总体构造与基本术语

1．基本名词术语

图2.2所示为单缸汽油机的基本机构，包括汽缸、汽缸盖、活塞、活塞销、连杆、曲轴、曲轴箱、飞轮、进气门、排气门等。

活塞可在汽缸内上下往复运动，曲轴两端由曲轴箱上的轴承来支承，可绕其轴心线作旋转运动。连杆上端通过活塞销与活塞连接，连杆下端套在曲轴弯曲部分的曲柄销（连杆轴颈）上。活塞在汽缸中作往复运动时，通过连杆带动曲轴作旋转运动。很明显，曲轴每转一圈，活塞上下往复一次（两个行程）。

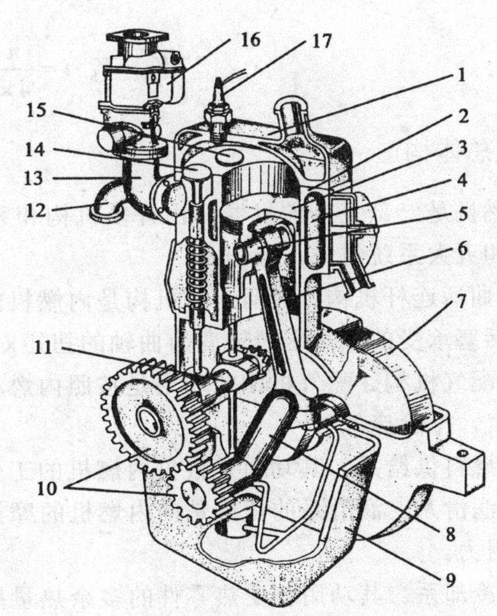

图2.2　内燃机的基本结构

1—汽缸盖；2—汽缸；3—活塞；4—水套；5—活塞销；6—连杆；7—飞轮；8—曲轴；9—曲轴箱；10—正时齿轮；11—凸轮轴；12—排气歧管；13—进气歧管；14—进气门；15—排气门；16—化油器；17—火花塞

如图2.3所示，活塞顶面距曲轴中心最远处，即活塞最高位置，称为上止点；活塞顶面距曲轴中心最近处，即活塞最低位置，称为下止点；上、下止点之间的距离 S 称为活塞行程；曲柄销中心至曲轴旋转中心的距离 R 称为曲柄半径。显然，$S = 2R$。

活塞在上止点时，活塞顶部以上空间的容积称为燃烧室容积，用符号 V_c 表示；活塞在下止点时，活塞顶部以上的汽缸容积称为汽缸总容积，用符号 V_a 表示；活塞从上止点到下止点所扫过的容积称为汽缸工作容积或汽缸排量，用符号 V_h 表示。根据定义可知

$$V_h = \frac{\pi D^2}{4\times10^6}S \quad (L)$$

式中 D——汽缸直径（mm）；

S——活塞行程（mm）；

i——汽缸数。

$$V_a = V_h + V_c$$

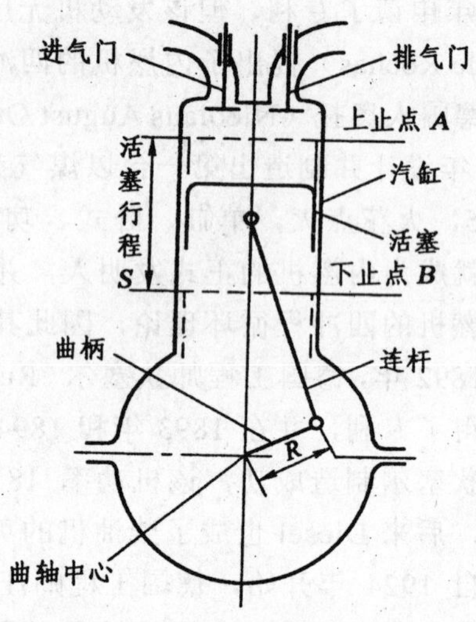

图 2.3　内燃机机构示意图

压缩比是指压缩前汽缸中气体的最大容积与压缩后的最小容积之比，即汽缸总容积与燃烧室容积之比，用 ε 表示，即

$$\varepsilon = V_a / V_c$$

压缩比表示活塞从下止点移到上止点时，汽缸内气体被压缩的程度。车用内燃机的压缩比，汽油机一般为 6～10，柴油机一般为 16～22。

发动机排量是指发动机所有汽缸工作容积的总和，用 V_H 表示，则

$$V_H = V_h \cdot i = \frac{\pi D^2}{4\times10^6}S\cdot i \quad (L)$$

2．总体构造

内燃机是一部复杂的机器，由许多机构和系统组成。以四冲程汽油机为例，它一般由两大机构和五大系统组成，分别是：

① 曲柄连杆机构。曲柄连杆机构是内燃机的基本机构，其作用是支承内燃机的所有零部件，将活塞承受的燃气压力转变为曲轴的扭矩对外输出。

② 配气机构。配气机构的功用是按照内燃机要求，定时开闭进、排气门，吸入新鲜的可燃混合气，排除废气。

③ 燃料供给系。其功用是根据内燃机的工作要求，定时、定量地供给所需燃料。

④ 润滑系。润滑系的任务是向内燃机的摩擦零件供给润滑油，以减少零件磨损和零件间的摩擦阻力。

⑤ 冷却系。其功用将受热零件的多余热量散发到大气中，以保持内燃机在适宜的温度下工作。

⑥ 起动系。其功用是借助外力将静止的内燃机转换为自行运转。

⑦ 点火系。点火系的任务是按规定的时刻，准时点燃汽油机汽缸内的可燃混合气。

而四冲程柴油机的构造除点火系统和燃料供给系统与汽油机的有较大区别外，其他与汽油机大体相同。柴油机是压燃方式，所以没有点火系统。

2.2 内燃机工作原理

2.2.1 四冲程内燃机工作原理

内燃机汽缸中进行的每一次将热能转变为机械功的一系列连续过程就叫做内燃机的一次工作循环。每一次工作循环都包括进气、压缩、做功（燃烧膨胀）和排气四个过程，需要 4 个行程（曲轴旋转两周）来完成一个工作循环的，称为四冲程内燃机；需要两个行程完成一个工作循环的，称为二冲程内燃机。

以四冲程汽油机为例，其工作原理可用图 2.4 和表 2.1 加以说明。

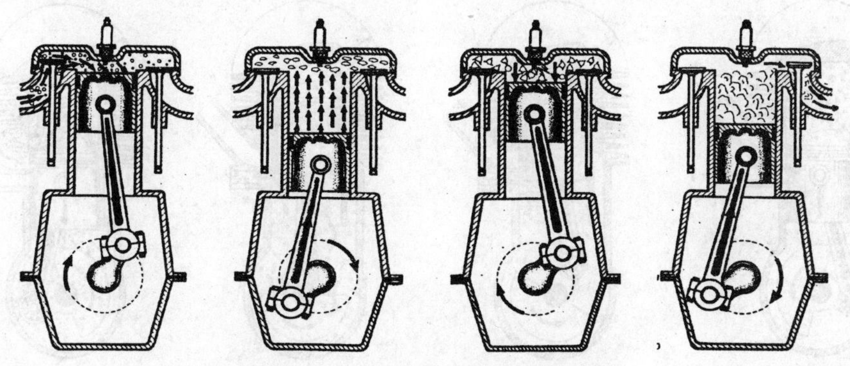

图 2.4　四冲程汽油机工作原理

表 2.1　四冲程汽油机的工作循环

	活塞运动	进气门	排气门	缸内压力（MPa）	缸内温度（K）	主 要 作 用
进气行程	从上止点到下止点	开	关	终了时：0.075～0.09	终了时：360～400	产生真空，吸入新鲜可燃混合气
压缩行程	从下止点到上止点	关	关	终了时：0.8～1.5	终了时：600～750	压缩混合气，升高缸内压力和温度，以利于提高热效率
做功行程	从上止点到下止点	关	关	最大时：3～6.5 终了时：0.3～0.5	最大时：2 200～2 800 终了时：1 500～1 700	点燃混合气，燃烧膨胀，推动活塞下行做功
排气行程	从下止点到上止点	关	开	终了时：0.105～0.12	终了时：900～1 100	排除废气

由此可知，曲轴每旋转两周完成一个工作循环。四个行程中，只有做功行程对外输出功率，其他三个行程为辅助行程，不但不做功，而且还要消耗内燃机自身的一部分功率。

四冲程柴油机的工作循环和四冲程汽油机基本相同，所不同的主要是可燃混合气的形成和着火方式，比较如下：

① 进气行程：汽油机吸入汽缸的是事先混合好的汽油与空气的可燃混合气，而柴油机吸入的是新鲜空气。

② 压缩行程：因为柴油机是压燃方式，具有较大的压缩比，所以压缩终了时缸内温度和压力更高。

③ 做功行程：汽油机是通过火花塞发出电火花将混合气点燃，而柴油机则是在做功行程

开始时，将柴油以很高的压力喷入汽缸，在很短的时间内与高温空气混合，形成混合气并迅速自行着火燃烧。所以，柴油机没有点火系，其燃料供给系也与汽油机不同。

④ 排气行程：两者基本相同。

2.2.2 二冲程内燃机工作原理

二冲程内燃机只需两个行程来完成一个工作循环的四个过程，其结构与四冲程内燃机有所不同。二冲程汽油机的工作原理如图 2.5 所示，这种汽油机的汽缸上开有 3 个气口（孔），它们分别在一定的时刻被活塞所开闭。

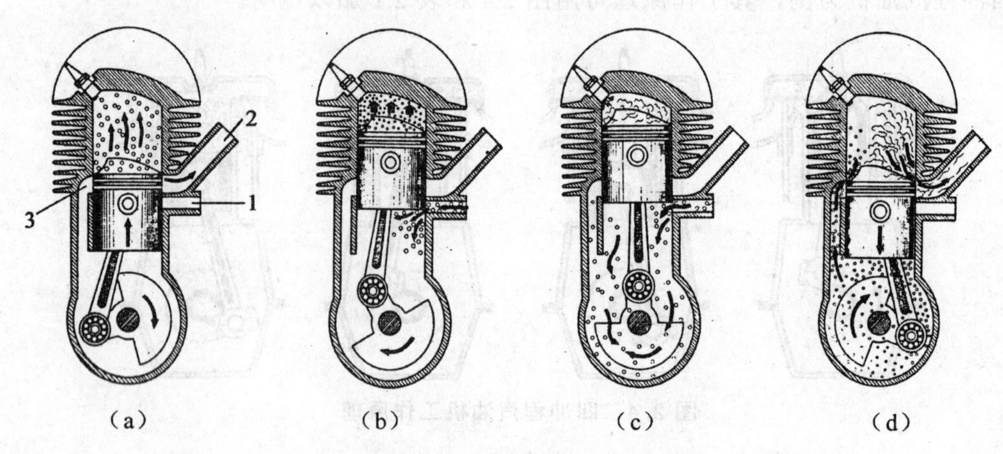

图 2.5 二冲程汽油机工作原理

1—进气口；2—排气口；3—换气口

第一行程，活塞从下止点向上止点运动。当活塞将三个气口关闭时，活塞上方事先已进入汽缸的混合气被压缩（图 2.5a）。同时在活塞的下方，由于曲轴箱容积增大，产生了真空度，当活塞上行到打开进气口 1 后，可燃混合气进入曲轴箱，实现进气（图 2.5b）。

第二行程，活塞在接近上止点时，电火花点燃混合气，气体燃烧膨胀推动活塞下行做功。活塞在下行的同时，其下方曲轴箱内的混合气则被预先压缩（图 2.5c）。当活塞下行到打开排气口 2 时，即开始排气，接着活塞又将换气口 3 打开，曲轴箱中受到预压的混合气经换气口进入汽缸，并将废气驱除（图 2.5d）。用有压力的新鲜气体驱除汽缸中的废气叫做扫气，所以换气口 3 又称为扫气口。

二冲程柴油机的工作过程与二冲程汽油机大体相同，但二冲程柴油机是用空气扫气的，没有燃料损失，所以经济性稍好。

与四冲程内燃机相比，二冲程内燃机具有功率大（因为曲轴每转一圈都做功一次），运转平稳，构造简单，质量轻，制造和维修方便等优点；但存在经济性较差，热负荷较高等缺点。

2.2.3 转子发动机工作原理

汪克尔转子（又称三角形转子）发动机，则是另一种与上述结构完全不同的旋转活塞式内燃机。

图 2.6 所示为转子发动机的主要结构和工作原理，它仅有三角形转子和输出轴两个运动零件。三角形转子的中心绕输出轴中心公转的同时，又绕其中心自转。转子转动时，以转子中心为中心的内齿圈与以输出轴中心为中心的齿轮啮合，内齿圈与齿轮的齿数之比为 3:2。上述运动关系使得转子顶点的运动轨迹（即汽缸壁的形状）似“8”字形。转子把汽缸分成三个独立空间，各自先后完成进气、压缩、做功和排气，转子自转一周，发动机点火做功三次。

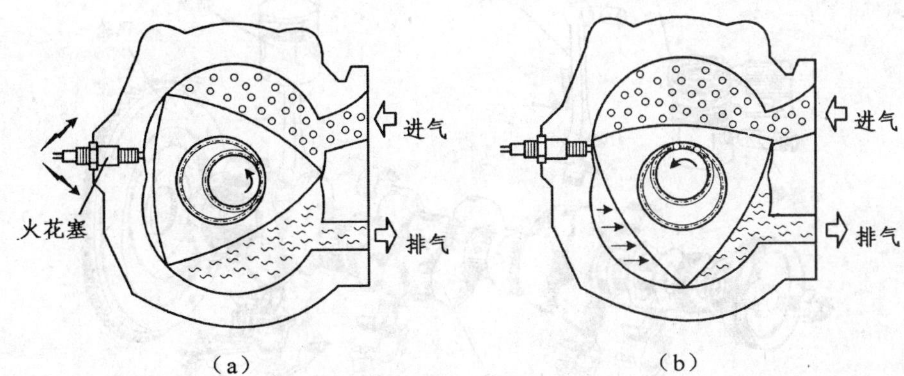

图 2.6 转子发动机工作原理

2.3 内燃机构造

下面主要以四冲程内燃机为例来介绍内燃机的构造。

2.3.1 曲柄连杆机构

曲柄连杆机构的功用是：支承内燃机的所有零部件；将燃料燃烧所释放的热能转变为机械功；将活塞的往复直线运动转变为曲轴的旋转运动，并向外输出动力。

曲柄连杆机构包含的零件较多，一般可将其分成三个组成部分：机体组、活塞连杆组和曲轴飞轮组。机体组为固定件，活塞连杆组和曲轴飞轮组为运动件。

1．机体组

机体组主要由汽缸盖、汽缸垫、汽缸体、汽缸套和油底壳等组成，如图 2.7 所示。

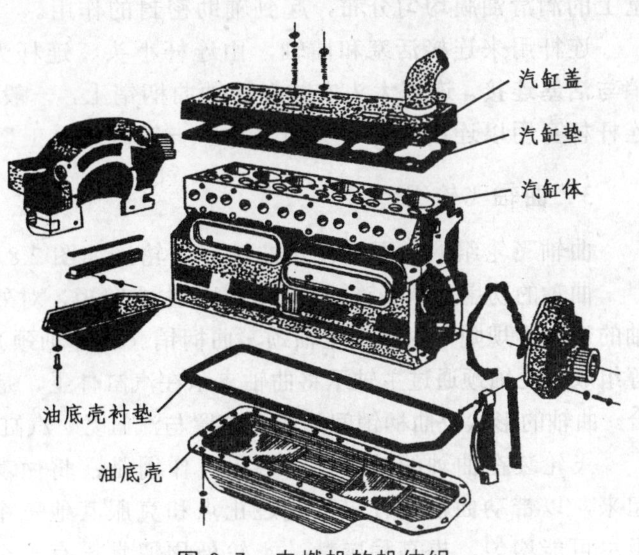

图 2.7 内燃机的机体组

汽缸体是内燃机各机构、各系统的装配基础件；汽缸盖封闭汽缸上部，与活塞顶部、汽缸壁共同构成燃烧室；汽缸垫装于汽缸盖和汽缸体之间，起密封的作用，保证内燃机不漏气、不漏水、不漏油。

2．活塞连杆组

活塞连杆组主要由活塞、活塞环、活塞销及连杆等零件组成，如图 2.8 所示。

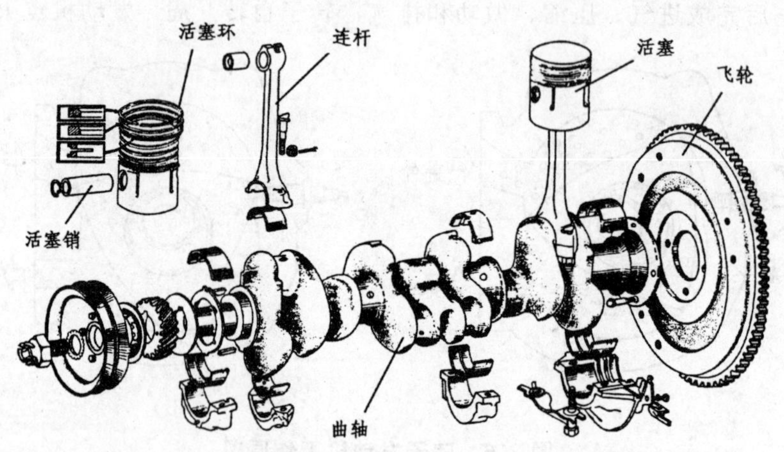

图 2.8 曲柄连杆机构

活塞通常在高温、高压、高速、易腐蚀的条件下工作，用来承受燃气的压力，并经由连杆将力传给曲轴。活塞的基本构造分为顶部、头部、裙部和销座四部分。活塞顶部构成燃烧室的一部分，其形状与燃烧室形式有关，汽油机活塞顶部一般为平顶，柴油机活塞顶部一般有各种各样的凹坑。活塞头部切有多道活塞环槽，活塞销座用以安装活塞销。活塞裙部的作用是为活塞导向并将活塞的侧向力传给汽缸壁。

活塞环包括气环和油环，气环装在上端，有若干道，下端 1～2 道是油环。气环主要有两个功用：一是保证汽缸的密封，尽量使汽缸内的气体不漏入曲轴箱；二是将活塞上部的热量传给汽缸壁。油环的功用是将汽缸表面多余的润滑油刮下，不让它窜入燃烧室，同时使汽缸壁上的润滑油膜均匀分布，起到辅助密封的作用。

连杆用来连接活塞和曲轴，由连杆小头、连杆大头和连杆杆身组成。连杆小头通过活塞销与活塞连接。连杆大头安装在曲轴曲柄销上，一般为剖开形式，并装有轴承（一般为轴瓦）。连杆杆身用以连接连杆小头和大头，一般做成“工”字形断面以保证强度和刚度。

3．曲轴飞轮组

曲轴飞轮组的主要零件是曲轴和飞轮，如图 2.8 所示。

曲轴的功用是承受连杆传来的力，生成转矩，对外输出功率和带动内燃机其他附件工作。曲轴的形状不规则，主要由主轴颈、曲柄销（连杆轴颈）、曲柄臂、自由端、功率输出端和平衡块等组成。主轴颈通过主轴承将曲轴支承在汽缸体上，是曲轴的旋转轴心。曲柄销与连杆大头相配合。曲轴的形状及曲柄销间的相互位置与汽缸数、汽缸排列方式和工作顺序（发火次序）等有关。

飞轮装在曲轴的功率输出端上，作用是：将做功行程中曲轴所得到的能量的一部分储存起来，以带动曲柄连杆机构越过止点和克服其他三个辅助行程的阻力，使曲轴旋转和输出转矩尽可能均匀，提高稳定性。飞轮外周通常压有一个齿圈，用以与起动机的驱动齿轮啮合，供起动之用。

2.3.2 配气机构

配气机构的功用是将可燃混合气（汽油机）或新鲜空气（柴油机）在一定的时刻吸入汽缸，并使燃烧后的废气在某个时刻排出。

配气机构可分为侧置式（图 2.9）和顶置式（图 2.10）两种。侧置式配气机构的气门布置在汽缸的侧部，安装于汽缸体内。顶置式配气机构的气门布置在汽缸的顶部，安装于汽缸盖内。气门顶置时，凸轮轴又有两种布置方式：一种是布置在曲轴箱中，称为下置凸轮轴；一种是布置在汽缸盖上，称为上置（顶置）凸轮轴。

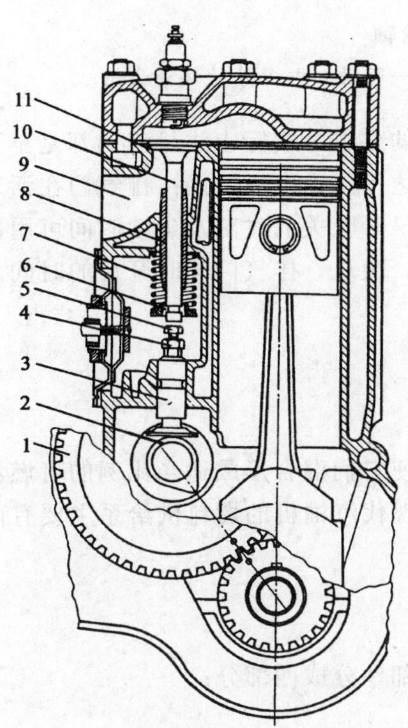

图 2.9 侧置式配气机构

1—正时齿轮；2—凸轮；3—气门挺杆；4—锁紧螺母；5—调整螺栓；6—气门锁片；7—气门弹簧；8—气门导管；9—气道；10—气门；11—气门座

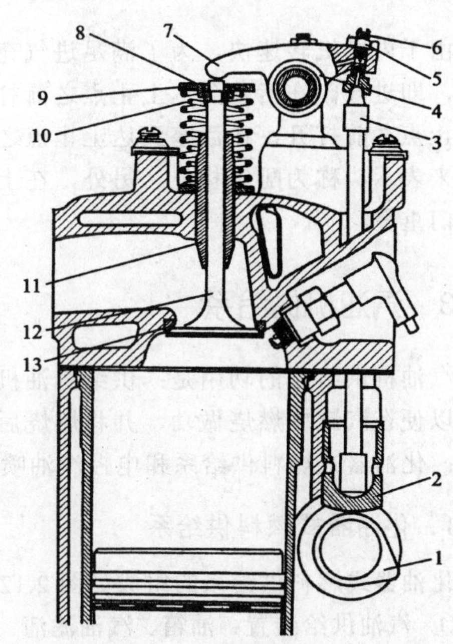

图 2.10 顶置式配气机构

1—凸轮；2—挺杆；3—推杆；4—摇臂轴；5—锁紧螺母；6—调整螺钉；7—摇臂；8—气门锁片；9—气门弹簧座；10—气门弹簧；11—气门导管；12—气门；13—气门座

配气机构的零件分为气门组和气门传动组，气门组主要包括气门、气门座、气门导管、气门弹簧、锁片等，气门传动组主要包括凸轮轴及其驱动装置、挺柱、推杆、摇臂、摇臂轴等。

凸轮轴是控制气门开闭和运动的主要零件，如图 2.11 所示，凸轮轴上的凸轮形状和各凸轮间的相互位置关系非常重要。凸轮轴通过驱动装置由曲轴带动旋转，四冲程内燃机，曲轴转两周完成一个工作循环，每个气门各开闭一次，凸轮轴则只转一周，所以，驱动装置传动比为 2∶1。下置凸轮轴的驱动装置通常是一对正时齿轮。

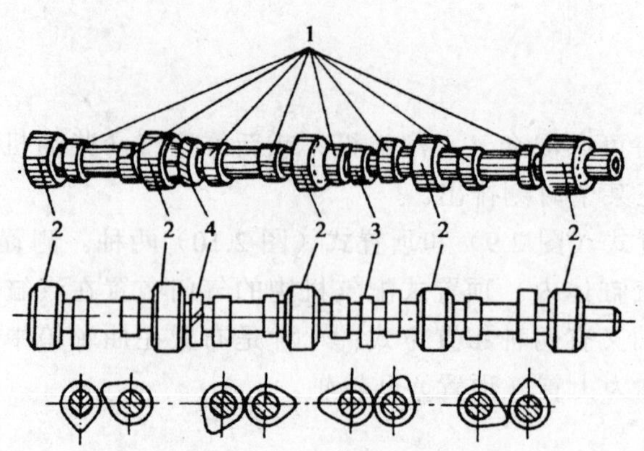

图 2.11 四缸汽油机凸轮轴

1—凸轮；2—轴颈；3—驱动汽油泵的偏心轮；4—驱动分电器等的螺旋齿轮

由于内燃机转速快，为了满足进气充分、排气彻底的要求，实际上进排气门都是早开晚关的，即进气门在活塞到达上止点之前打开，在活塞到达下止点之后关闭；排气门在活塞到达下止点之前打开，在活塞到达上止点之后关闭。这些早开晚关的时刻及延续时间可用曲轴转角来表示，称为配气相位。另外，在上止点附近，有一段进、排气门同时开启的时间，称为气门重叠。

2.3.3 汽油机供给系

汽油机供给系的功用是：供给汽油机空气和汽油，使它们混合形成适当比例的可燃混合气，以便在汽缸中燃烧做功，并将燃烧后的废气排出。现代汽油机的燃料供给系主要有两种类型：化油器式燃料供给系和电控汽油喷射燃料供给系。

1．化油器式燃料供给系

化油器式燃料供给系的组成如图 2.12 所示，主要零部件分成四部分：

① 汽油供给装置：油箱、汽油滤清器、油管、汽油泵等。

② 空气供给装置：空气滤清器、进气管。

③ 可燃混合气形成装置：化油器、进气歧管。

④ 废气排出装置：排气管、消声器。

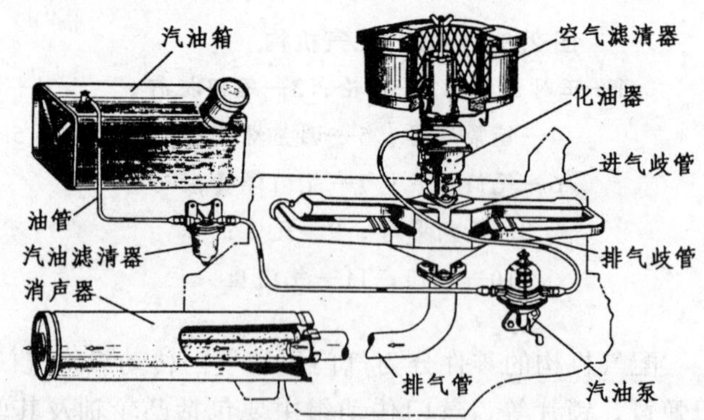

图 2.12 化油器式燃料供给系

汽油自汽油箱流经汽油滤清器，滤去所含杂质后，被吸入汽油泵，汽油泵将汽油泵入化油器中。空气则经空气滤清器滤去所含尘土后，也流入化油器。汽油在化油器中实现雾化和蒸发，并与空气混合形成可燃混合气，经过进气管依次分配到各个汽缸。混合气燃烧生成的废气经排气管和排气消声器排到大气中。

化油器是整个系统中最主要的部件，负责将汽油和空气混合，同时要根据各种工况的不同要求，形成不同浓度的可燃混合气。化油器是依靠各种机械装置来实现对可燃混合气的成分控制的，因此，化油器虽然外表看来不大，但其结构却很精巧、复杂。

2．电控汽油喷射燃料供给系

近年来，电控汽油机正在逐步替代传统的化油器式汽油机，其主要原因在于它能够实现对混合气成分的精确控制，且混合与分配均匀，能有效提高动力性和经济性，改善废气排放。

电控汽油喷射（Electronic Fuel Injection，简称 EFI）系的基本原理如图 2.13 所示。信号输入装置主要是将各种传感器所获得的信号输入电控单元（Electronic Control Unit，简称 ECU），ECU 通过计算、分析处理，输出执行命令给执行器，执行器按照 ECU 所给指令在最佳时机以最佳供油量向汽缸或进气管道喷射汽油。ECU 是整个系统的核心，它根据空气流量（负荷信号）和转速信号来决定基本喷油量，再根据其他传感器信号加以修正，并精确控制喷油器（执行器）的喷油量，使汽油机在各种工况下都能获得最佳浓度的可燃混合气，从而使汽油机的动力性、经济性、净化性大幅度提高。

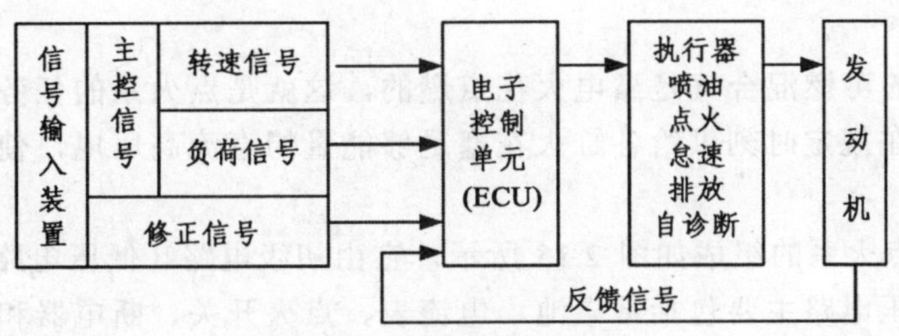

图 2.13　电控汽油喷射系

作为电子控制系统，EFI 除了可以实现喷油量控制之外，还可以实现喷油定时控制、电子点火控制、怠速控制、排放控制等。

2.3.4　柴油机燃料供给系

柴油机燃料供给系的功用是完成燃料的储存、滤清和输送工作，按柴油机各种不同工况的要求，将柴油定时、定量、定压并以一定的喷油质量喷入燃烧室，使其与空气迅速而良好地混合和燃烧，最后将废气排入大气。

如图 2.14 所示，一般柴油机燃料供给系的组成为：

① 柴油供给装置：柴油箱、柴油滤清器、输油泵、喷油泵、喷油器和油管。

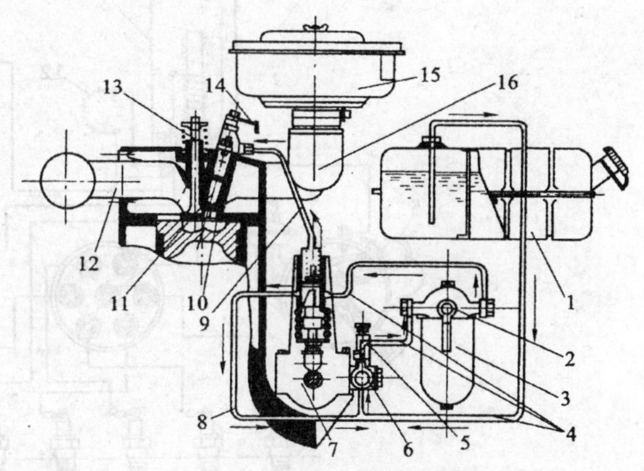

图 2.14　柴油机燃料供给系

1—柴油箱；2—溢油阀；3—柴油滤清器；4—油管；5—手压输油泵；6—输油泵；7—喷油泵；8—回油管；9—高压油管；10—燃烧室；11—喷油器；12—排气管；13—排气门；14—回油管；15—空气滤清器；16—进气管

② 空气供给装置：空气滤清器、进气管和进气道。

③ 可燃混合气是直接在燃烧室内形成，没有另外的混合装置。

④ 废气排出装置：排气道、排气管和消声器。

柴油机工作时，输油泵6的作用是将柴油升高到一定压力（低压），使柴油从柴油箱1内吸出，经柴油滤清器3过滤后送至喷油泵7，喷油泵将柴油压力进一步提高（高压）后，通过高压油管9泵入喷油器11，喷油器负责将柴油以油雾状喷入燃烧室并与空气混合后自行着火燃烧。

喷油泵是整个系统中最重要的部件，其作用是提高燃油的压力，并根据要求实现定时、定量地向喷油器内供给燃油。喷油泵一般还带有调速器，可以帮助喷油泵随着负荷的变化而自动调节供油量，使柴油机的转速稳定在一定范围内。

目前，柴油机的电子控制燃油喷射系统也得到了很大发展，以取代传统的机械式燃油喷射系统，从而克服控制自由度小、控制精度低、响应速度慢等缺点，全面提高柴油机性能。

2.3.5 点火系

汽油机汽缸内的可燃混合气是靠电火花点燃的，这就是点火系的任务。点火系的功用是按汽油机点火次序在规定时刻供给各缸火花塞足够能量的直流高压电，使两电极间产生电火花点燃混合气。

传统的蓄电池点火系的组成如图2.15所示，它由初级电路（低压电路）和次级电路（高压电路）组成。低压电路主要包括蓄电池、电流表、点火开关、断电器和点火线圈的初级线圈等，高压电路主要包括点火线圈的次级线圈、配电器、高压线和火花塞等。

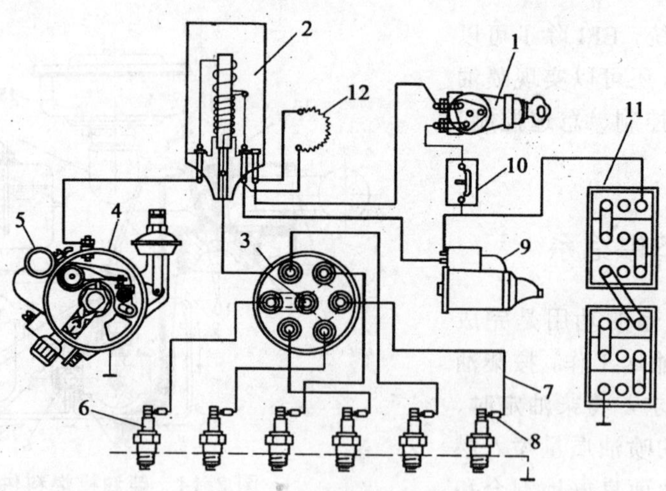

图2.15 蓄电池点火系

1—点火开关；2—点火线圈；3—配电器；4—断电器；5—电容器；6—火花塞；7—高压导线；8—阻尼电阻；9—起动机；10—电流表；11—蓄电池；12—附加电阻

点火系的主要部件及其作用如下：

① 电源：包括蓄电池和发电机，用以提供低压直流电，通常有12V和24V两种。

② 点火开关：接通和关断点火系电路。

③ 断电器：通过凸轮的旋转，周期性地接通和断开初级电路，使初级电路产生脉动电流，使点火线圈的次级线圈能感应出高压电。

④ 点火线圈：是一种自耦变压器，将低压电变成能击穿火花塞间隙的高压电。

⑤ 配电器：通过配电臂（分火头）的旋转，将点火线圈产生的高压电，按序依次分配到各缸的火花塞上。

⑥ 火花塞：产生电火花，点燃混合气。

点火系的工作原理是：接通点火开关，当断电器的触点闭合时接通初级电路，在点火线圈的初级线圈产生电磁场；当断电器触点断开时，低压电路被切断，磁通随之减小以至消失，磁通的迅速变化，可在点火线圈的次级线圈上感应出很高的电压，高压电经配电器分配，由高压导线送至火花塞，从而使火花塞产生电火花。

由于断电器的凸轮和配电器的配电臂都需要被带动旋转，所以断电器和配电器是做在一起的，称为分电器。此外，分电器还包括点火提前调节装置。汽油机点火实际是在活塞上升到上止点之前的某一时刻，称为点火提前角。为保证汽油机的功率，点火提前角不宜过大或过小。而且，根据汽油机运行工况的不同，所需要的最佳点火提前角也不同，分电器的点火提前调节装置就是为了实现对最佳点火提前角的调节。

传统的蓄电池点火系存在诸多不足，目前电子点火系以及微机控制点火系逐渐得以发展和应用。

2.3.6 润滑系

内燃机高速运转时，相对运动零件表面之间产生摩擦，不但造成了零件表面的磨损，而且增大了内燃机内部的功率消耗。为此，内燃机必须要有润滑系统。润滑系的功用是：使润滑油在内燃机中循环流动，到达各摩擦表面进行润滑，以减少内燃机中的摩擦阻力和磨损；流动的润滑油还可冷却零件表面并带走金属磨屑等杂质；零件表面的润滑油膜还可缓和零件所受的冲击。

由于内燃机各运动零件的具体情况不同，采取的润滑方式也有所不同：

① 压力润滑：将润滑油以一定的压力强制输送到运动件摩擦表面形成一定厚度的油膜层，以保证润滑。一般对于负荷大、相对运动速度高的零件，采取这种润滑方式，如：主轴承、连杆轴承、凸轮轴轴承、气门机构等。

② 飞溅润滑：利用内燃机工作时运动零件飞溅的油滴或油雾润滑摩擦表面的润滑方式。对于负荷小、相对运动速度较低或润滑条件有利的零件，采取这种润滑方式，如：活塞销、汽缸壁、凸轮表面、连杆小头等。

③ 润滑脂润滑：对于某些辅助装置（如水泵、发电机等）的轴承需采用定期加注润滑脂的方法进行润滑。

润滑系的一般组成如图2.16所示，主要包括油底壳、机油集滤器、机油泵、机油滤清器、主油道、分油道等。

发动机运转时，带动机油泵工作，将油底壳中的润滑油（又称机油）经集滤器过滤较大杂质后以一定的压力分两路输出。其中，一路润滑油经粗滤器过滤后，通过主油道、分油道到达需要压力润滑的零件表面，最后流回油底壳；另一路较小流量的润滑油经限压阀流入细滤器，滤去较小杂质和胶质后流回油底壳。

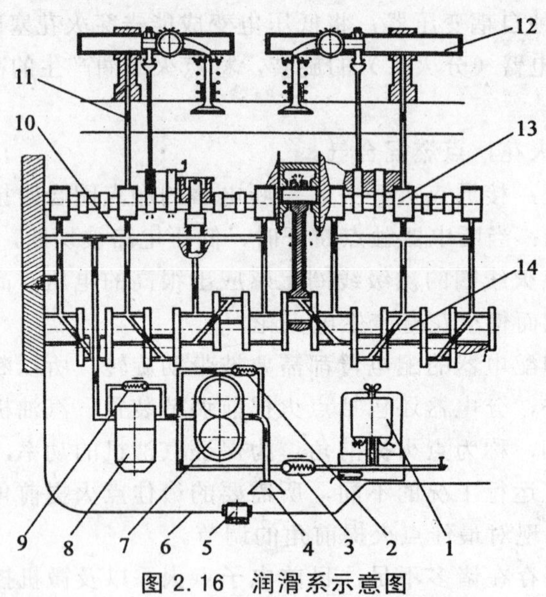

图 2.16 润滑系示意图

1—细滤器；2—压力调节阀；3—限压阀；4—集滤器；5—放油螺栓；6—机油盘；7—机油泵；8—粗滤器；9—旁通阀；10—主油道；11—上油道；12—摇臂轴；13—凸轮轴；14—曲轴

2.3.7 冷却系

为保证内燃机的正常运转和延长使用寿命，获得良好的动力性和经济性，内燃机的温度状态必须适当，过高和过低都是不利的。冷却系的功用就是保证内燃机在最适宜的温度状态下工作，通常汽缸盖中冷却水的温度以80°～90°C为宜。

冷却系有两种形式：水冷和风冷，通常采用水冷系，它又可分为自然循环式（热流式）和强制循环式（用水泵）。强制循环水冷系主要由散热器、水泵、冷却水套、风扇、节温器和水温表等组成，如图 2.17 所示。

1．水冷系的各主要部件

水冷系的各主要部件及其作用如下：

① 散热器：俗称水箱，作用是将从水套出来的变热了的冷却液自上而下或横向分成许多小股，将其热量散给大气，使冷却液温度降低。为此，散热器必须有足够的散热面积。

② 水泵：将冷却系统内的冷却液加压，使其强制循环。

③ 冷却水套：是在汽缸周围和汽缸

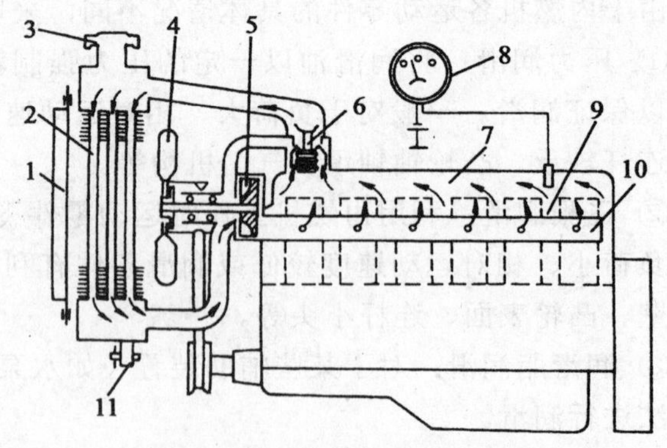

图 2.17 强制水冷系示意图

1—百叶窗；2—散热器；3—散热器盖；4—风扇；5—水泵；6—节温器；7—汽缸盖水套；8—水温表；9—机体水套；10—分水管；11—放水阀

盖中铸出的空腔。汽缸体和汽缸盖的水套是互相连通的，充满冷却液，吸收热量。

④ 风扇：安装在散热器后面，与水泵同轴，用以提高吹过散热器的空气流速和流量，加快散热器中冷却液的散热。

⑤ 节温器：相当于一个温控阀，能根据冷却液的温度控制和实现冷却液循环路线和流量的改变。

2．冷却系的作用

冷却系的作用是使内燃机在适宜的温度范围内工作，其冷却强度可以调节，有以下两种方法：

① 改变流经散热器的空气流量和流速

对于一些车用内燃机，其散热器前面装有百叶窗，可以通过改变百叶窗的开度来改变空气流量，实现冷却强度的调节。另外一种方法就是装有风扇自动离合器，这种离合器通过感温元件，根据内燃机水温来自动调节风扇转速，改变风量，从而自动调节冷却强度。

② 改变冷却液的流量和循环路线

改变冷却液流量和循环路线是通过节温器根据温度来自动实现的。温度较低时，节温器主阀关闭，旁通阀开启，切断了由水套通向散热器的通路，水套中的冷却液就从旁通阀流出，进入水泵，又被水泵压回内燃机的水套中，这时，冷却液并不流经散热器，只在水套与水泵间循环（小循环），可使内燃机迅速而均匀地冷却加热。当温度升高时，节温器的主阀部分开启，部分冷却液流经散热器，当温度高到一定程度，主阀全开，旁通阀关闭，冷却液全部流经散热器（大循环），达到最大的冷却强度。

2.3.8　起动系

起动系的功用是借助外力来转动曲轴，使静止的内燃机转为自行运转。常用的起动方法有：手摇起动、起动电动机起动、起动汽油机起动（有些较大的柴油机上装有一个专为起动用的小汽油机）、压缩空气起动。

现代中、小型高速内燃机上广泛采用起动电动机（或称起动机）起动。这种起动系由起动机、操纵机构和传动机构组成，如图 2.18 所示。

① 起动机：普遍采用串励式直流电动机。

② 操纵结构：有直接操纵式和电磁操纵式两种类型，用于控制起动机主电路的通断和驱动齿轮的移出和退回。

③ 传动机构：安装在起动机电枢的延长轴上，主要包括驱动齿轮和单向离合器。

起动系的工作原理：当接通起动开关，操纵机构 4 将驱动齿轮 3 推出与飞轮齿圈啮合，并接通起动机 1 的主电路，这时起动机产生电磁转矩，进而由驱动齿轮带动曲轴旋转，使内燃机起动。在内燃机起动后，驱动齿轮转速超过起动机电枢轴转速时，单向离合器 2 可以起到防止电动机超速的作用。

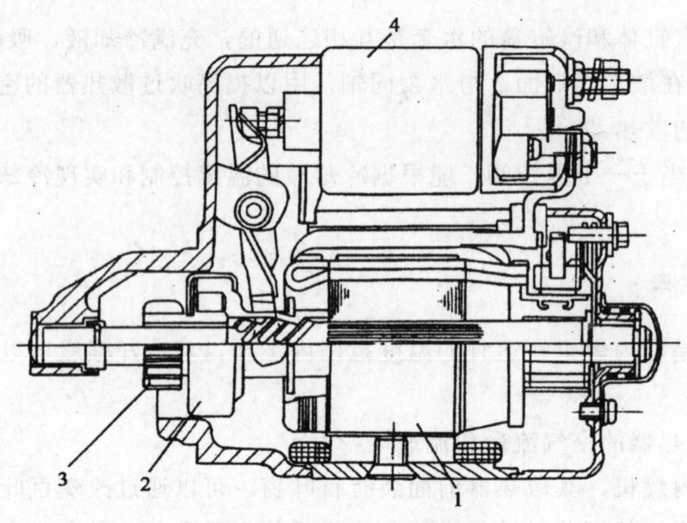

图 2.18 起动系示意图

1—起动机；2—单向离合器；3—驱动齿轮；4—操纵机构

2.4 内燃机性能

2.4.1 性能指标

内燃机性能指标有动力性指标、经济性指标和运转性指标。动力性指标主要包括有效转矩和有效功率。经济性指标主要指燃油消耗率。

① 有效转矩：是指内燃机通过飞轮向外输出的转矩，单位为 N · m。

② 有效功率：是指发动机通过飞轮输出的功率，表示单位时间内对外做功的量，单位为 kW 或马力。

有效转矩、有效功率和内燃机的转速是内燃机的主要工况参数，它们之间的关系为

$$P_e = \frac{M_e \cdot n}{9\,550}$$

式中 P_e —— 有效功率（kW）；

M_e —— 有效转矩（N · m）；

n —— 内燃机转速（r/min）。

③ 燃油消耗率：是指内燃机发出 1 kW 功率，运转 1 h 所消耗的燃油质量，单位 g/(kW · h)。

2.4.2 特性曲线

内燃机的性能指标并非恒定不变，以车用内燃机为例，内燃机的有效功率和转速都独立地在很大范围内变化。而内燃机的各种工况参数之间的变化关系，就称为内燃机的特性。这种变化关系用曲线形式来表示，则称为特性曲线。

内燃机的特性主要有速度特性和负荷特性，这里仅简单地介绍速度特性。当内燃机的燃料供给机构（如汽油机化油器的节气门）位置一定时，内燃机的性能参数随转速变化的关系称为速度特性。当燃料供给机构在不同位置时，内燃机的速度特性曲线也各不相同。笼统地说，当燃料供给机构在最大位置时，所测得的速度特性为全负荷的速度特性，称为外特性，其余的则称为部分特性。

一般内燃机的外特性曲线如图 2.19 所示。图中，M_{emax} 和 n_m 分别为最大转矩和其所对应的转速，P_{emax} 和 n_p 分别为最大功率和其所对应的转速，这些通常是实际用来反映内燃机动力性的指标。

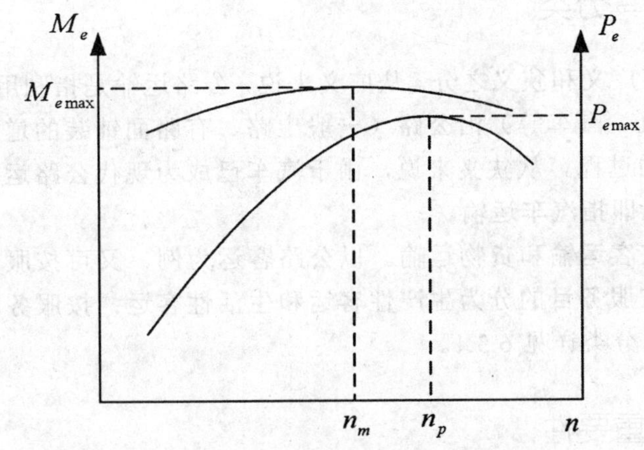

图 2.19　内燃机外特性曲线

第 1 篇习题

1. 运输的目的是什么？交通运输的产品是什么？
2. 现代化交通运输有哪几种方式？
3. 交通运输有哪些主要的技术与经济指标？
4. 简要比较五种现代运输方式的适用范围。
5. ITS 是什么含义？
6. 什么是内燃机？根据所用燃料，内燃机可分为哪几类？
7. 何为内燃机的排量？何为内燃机的压缩比？
8. 内燃机的总体构造由哪些部分组成？
9. 内燃机的功率、扭矩和转速之间有何关系？如何理解内燃机的外特性曲线？

第3章 公路运输概述

3.1 公路运输基本概念

3.1.1 公路运输及其分类

公路运输的含义有广义和狭义之分。从广义来说，公路运输是指利用一定的载运工具（人力车、畜力车、拖拉机、汽车等）沿公路（一般土路、有路面铺装的道路、高速公路）实现旅客或货物空间位移的过程。从狭义来说，由于汽车已成为现代公路运输的主要载运工具，所以，现代的公路运输即指汽车运输。

公路运输可分为旅客运输和货物运输。以公路客运为例，又可按服务性质分为营业性客运和非营业性客运；按服务目的分为生产性客运和生活性客运；按服务区域分为城市客运和城间客运。货物运输的分类详见 6.3.1。

3.1.2 公路运输的重要性

公路运输在整个交通运输业中处于基础地位，发挥着重要的作用：

① 公路运输灵活机动，快速直达，可以实现"门到门"的运输，是最便捷也是唯一具有送达功能的运输方式。

② 铁路、水路和航空运输方式组织运输生产时需要公路运输提供集疏运的条件，各种运输方式之间的衔接，也需要公路运输来完成倒载、换装。

③ 公路运输覆盖面广，通达深度高，对城乡经济的发展起着举足轻重的作用，特别在我国中西部和一些经济不发达地区，公路运输是最主要的运输方式。

④ 随着公路技术等级的逐步提高，特别是高速公路的建设，使得公路客货运量在综合运输体系中所占的比重不断提高。在我国，随着一批高等级公路的建成通车，2001 年公路运输完成的客、货运周转量分别占 54.8%和 13.3%（2000 年数据参见表 1.2）。

⑤ 半个世纪以来，公路运输是世界各国各种运输方式中发展最快的一种，现已成为许多国家最主要的运输方式，公路交通的现代化程度也已经成为衡量一个国家交通发展水平的重要标志。

3.1.3 公路运输的特点

① 机动灵活，适应性强。由于公路运输网通常比铁路、水路网的密度要大十几倍，分布面也广，因此公路运输车辆可以"无处不到、无时不有"。公路运输在时间方面的机动性也比较大，车辆可随时调度、装运，各环节之间的衔接时间较短。尤其是公路运输对客、货运量的多少具有很强的适应性，汽车的载重吨位有小（0.25～1 t）有大（200～300 t），既可以单

车独立运输，也可以由若干车辆组成车队同时运输，这一点对抢险、救灾工作和军事运输具有特别重要的意义。

② 可实现“门到门”直达运输。由于汽车体积较小，中途一般也不需要换装，除了可沿分布较广的路网运行外，还可离开路网深入到工厂企业、农村田间、城市居民住宅等地，即可以把旅客和货物从始发地门口直接运送到目的地，实现“门到门”的直达运输。

③ 在中、短途运输中，运送速度较快。由于公路运输可以实现“门到门”的直达运输，途中不需要倒运、转乘就可以直接将客货运达目的地，因此在中、短途运输中其客、货在途时间较短，送达速度较快。

④ 原始投资少，资金周转快。公路运输与铁路、水运、航空运输方式相比，所需固定设施简单，车辆购置费用一般也比较低，掌握车辆驾驶技术比较容易。因此，投资兴办容易，投资回收期短。

⑤ 运量较小，运输成本较高。公路车辆中，以矿用自卸车的载重为最大，最大载重可达三百多吨，但仍比火车、轮船少得多；由于汽车载重量小，行驶阻力比铁路大9～14倍，所消耗的燃料又是价格较高的液体汽油或柴油。因此，汽车运输成本仅次于航空运输。

⑥ 运行持续性较差。据有关统计资料表明，在各种现代运输方式中，公路的平均运距是最短的，运行持续性较差。

⑦ 安全性较低，环境污染较大。由于车辆、道路、驾驶人员、交通管理等各方面的原因，导致公路运输的事故发生率较高。汽车行驶所排出的尾气和引起的噪声严重地威胁着人类的健康，是全球环境的最大污染源之一。

3.2　公路运输的发展

3.2.1　公路运输的发展简况

在我国古代，“道路”名称始于周朝，原意为导路，秦朝时称“驿道”，元朝称“大道”，清朝由北京至各省会的道路称为“官道”。汽车出现后，则称为“公路”或“汽车路”。

公元前3500—3100年，西亚地区发明了以4匹野山驴拉的4轮车，可能是世界上最早的陆路交通。我国道路交通的发展远自上古时代，轩辕黄帝制造舟车，开创了我国道路交通新纪元。到周朝，道路更加发达，西汉时全国驿道约有90万公里，以大城市为中心的陆路道路逐渐形成。随着交通条件的不断改善，旅游活动逐渐增加，汉代时涌现出了张骞、司马迁等著名旅行家，其中张骞受汉武帝派遣三次出使西域。汉代开辟了世界著名的“丝绸之路”，把中国与中亚、西亚、欧洲地中海沿岸的罗马帝国联系起来，全程7 000多公里，是古代历史上最长的一条商路。到唐朝，驿道及驿制已相当完善，以都城长安为中心，通向全国各地有几条主要交通大道，沿途设驿站，置驿卒，陆驿备车马，水驿备舟船。金代驿道沟通上京（今黑龙江阿城县），元代则抵达西藏。清朝，以畜力为主的交通运输工具更加完备，清末出现人力车。

现代交通的产生是工业革命的直接产物。蒸汽机的发明与应用，使世界交通运输由以人力、畜力、自然力为主要牵引力的原始方式转变为以机械动力为主要牵引力的现代方式。现代公路运输（即汽车运输）也随1886年德国人卡尔·本茨发明了世界上第一辆汽车而开始。

现代公路运输比铁路运输和水运起步都晚，直到19世纪末有了第一批汽车后才得以兴起。从1945年开始，随着公路建设和汽车工业的发展，现代公路运输进入了一个飞速发展的阶段。

现代公路运输的发展过程可以简单地划分为三个主要阶段：

① 发展初期：从19世纪末到第一次世界大战前。这一时期，汽车数量不多，公路也不够发达，公路运输还只是铁路、水运的辅助手段，所承担的客货运量很少。

② 发展中期：两次世界大战之间。第一次世界大战以后，一些西方国家将军事工业转为民用工业，载重汽车的生产发展很快，同时公路建设、道路网规划也得到迅速发展，质量不断提高。随着小客车的增加，汽车逐渐成为了人们的主要运输工具。货运方面，由于运输条件的改善，公路运输的优越性逐渐显示出来，它不仅成为短途运输的主要工具，而且在长途运输中，也开始与水运、铁路竞争。

③ 发展的新时期：从第二次世界大战结束到现在。五十多年来，发达国家先后形成了比较完善的公路网，同时大力兴建高速公路；战后恢复的汽车工业，已经形成了一个比较完整的体系，生产能力和技术水平也大为提高。一些工业发达国家的公路建设也达到了新的水平，实现了公路现代化。

3.2.2　公路运输的发展趋势

随着其他运输方式的不断发展，公路运输行业面临着日益激烈的竞争，因此也极大地促进了公路运输的发展，其发展趋势可以总结为以下几个方面：

① 世界各国公路运输发展的总趋势是它在各种运输方式中所占的比重持续增大，并与铁路运输一起成为现代化综合运输体系中的主要力量，公铁联运趋势增强。

② 随着公路技术等级的逐步提高，特别是高速公路的建成并投入使用，积极开展公路快速直达客、货运输已成为运输组织形式方面的主要趋势。

③ 在许多国家，公路运输经营方式均有从分散走向联合乃至实行统一管理的趋势，由于运输服务社会化的特殊性，联合经营可以带来稳定的效益，因此国内外公路运输不同形式的经营联合比较普遍。

④ 随着公路网络的完善，特别是高速公路网的形成，形成了各种按规模化要求建立的集约化经营运输企业。

⑤ 公路货运业将纳入物流服务业发展的系统中，更强调在专业化原则上的合作，包括不同运输方式之间的合作以及与服务对象的合作。

⑥ 国内外公路运输企业在运输管理技术方面的发展趋势是系统采用现代技术实现信息化管理，这些技术主要包括全球定位系统（GPS）、地理信息系统（GIS）、移动通讯技术（GSM）、电子数据交换技术（EDI）、计算机信息管理技术（CMS）等。

⑦ 逐步加强运输规划，使公路建设及运输站场设施的配置与客货流更好地协调，同时还根据效率与效益原则，把运输服务向纵深推进。

3.2.3　我国公路运输发展规划

我国公路交通中长期规划曾指出，“十五”期间全面建成“两纵两横三条公路”。其中，“两纵”为同江—三亚（除部分路段外，按二级汽车专用路以上标准贯通），北京—珠海（除河南新乡至郑州段为一级公路外，全线以高速公路贯通)；“两横”为连云港－霍尔果斯（新疆奎屯以东按二级以上标准贯通），上海－成都（除合肥至高河埠、宜昌至长寿段外，按一级汽车专用路标准贯通)；“三条公路”为北京－沈阳（全线以高速公路贯通），北京－上海（全线以高速公路贯通，除天津部分一级公路路段外），重庆－海口（按隆昌－泸州－毕芦－贵阳及河他－柳州－南宁的过渡方案建设)。到 2020 年，重点建设 12 条路约 3.5 万公里，以高等级公路组成国道主干线，国道主干线总体布局为“五纵七横”12 条路线。国道主干线贯通首都、直辖市、各省和自治区的首府，连接所有目前 100 万以上人口的特大城市和绝大多数目前在 50 万以上人口的中等城市。“五纵七横”国道主干网如表 3.1 所示。

表 3.1　我国公路“五纵七横”主干线一览表

路线简称		主 控 点	里程(km)
五纵	同三线	同江—哈尔滨(含珲春－长春支线)—长春—沈阳—大连—烟台—岛—连云港—上海—宁波—福州—深圳—广州—湛江—海安—海口—三亚	5 700
	京福线	北京—天津(含天津－塘沽支线)—济南—徐州(含泰安－淮阴支线)—合肥—南昌—福州	2 540
	京珠线	北京—石家庄—郑州—武汉—长沙—广州—珠海	2 310
	二河线	二连浩特—集宁—大同—太原—西安—成都—昆明—河口	3 610
	渝湛线	重庆—贵阳—南宁—湛江	1 430
七横	绥满线	绥芬河—哈尔滨—满洲里	1 280
	丹拉线	丹东—沈阳—唐山(含唐山—天津支线)—北京—集宁—呼和浩特—银川—兰州—拉萨	4 590
	青银线	青岛—济南—石家庄—太原—银川	1 610
	连霍线	连云港—徐州—郑州—西安—兰州—乌鲁木齐—霍尔果斯	3 980
	沪蓉线	上海—南京—合肥—武汉—重庆—成都(含万县—南充—成都支线)	2 970
	沪瑞线	上海—杭州(含宁波—杭州—南京支线)—南昌—贵阳—昆明—瑞丽	4 090
	衡昆线	衡阳—南宁(含南宁—友谊关支线)—昆明	1 980

公路交通“十一五”规划确定的目标是：2010 年，全国公路总里程将达到 230 万公里，其中高速公路 6.5 万公里，二级以上公路 45 万公里，县乡公路 180 万公里。具备通达条件的乡镇和建制村 100%通公路，95%的乡镇、80%的建制村通沥青（水泥）路。到“十一五”末，我国公路总里程将达到 395 万公里，其中高速公路将突破 7 万公里，二级及以上公路超过 45 万公里；农村公路达到 345 万公里，实现了中央提出的“十一五”农村公路建设目标；公路网络进一步优化，以高速公路为骨架的干线公路网基本形成。

根据“十二五”规划草案，公路运输发展目标包括：

① 继续加强高速公路建设，基本建成国家高速公路网。公路网总里程达到 450 万公里，高速公路总里程达到 10 万公里。

② 重点加强国、省干线建设，国、省道连接所有县级及以上城市。二级及以上公路里程达到 65 万公里；国、省道中二级及以上公路比例达到 80%以上。

③ 继续帮扶农村公路建设，完善农村公路整体水平和服务能力，西部地区建制村通沥青（水泥）路比率明显提高。农村公路里程达到 390 万公里。

④ 公路客运量约 400 亿人次，货运量约 300 亿吨，年均增长约 6%和 7%；公路客运周转量约 2 万亿人·公里，货运周转量 5.4 万亿吨·公里，年均增长约 7%。

⑤ 国省干线公路平均拥挤度不超过 0.5，交通繁忙地区和路线平均拥挤度不超过 0.8；国省干线公路平均运行时速达到 70 km/h；公路营运客车、货车实载率分别达到 54%和 58%。

⑥ 城市建成区公交线网密度不低于 3 km/km^2，公交站点 300 m 半径覆盖率不低于 70%。

⑦ 监测和应急保障力量初步覆盖国省干线公路和国家高速公路网。

⑧ 公交优先战略实施取得明显成效，500 万人口以上特大城市和 100 万～500 万人口大城市公交出行分担率分别达到 35%以上和 25%以上；大中城市新增公共汽车均为欧III以上标准，新能源公共汽车使用比例达到 5%以上。

第4章　汽　车

4.1　汽车概述

4.1.1　汽车的定义与分类

1．汽车的定义

世界各国对汽车的定义和分类不尽相同。

在我国，汽车是指由自身装备的动力装置驱动，一般具有四个或四个以上车轮，不依靠轨道或架线而在陆地行驶的车辆，主要用于：载运人员和/或货物、牵引载运人员和/或货物及某些特殊用途。根据我国的实际情况，该定义将汽车与摩托车、三轮机动车等区别开来。

在美国，汽车是指由本身的动力驱动（不包括人力、畜力），装有驾驶操纵装置的在固定轨道以外的道路或自然地域上运输客、货或牵引其他车辆的车辆。

在日本，汽车定义为自身装有发动机和操纵装置的、不依靠轨道或架线能在陆上行驶的车辆。这个定义比较广泛，相当于我国机动车的概念。

2．汽车的分类

汽车的分类方法有很多，下面进行简要介绍。

（1）按动力装置分类

① 蒸汽机汽车：以蒸汽机为动力装置的汽车，但这不是真正意义上的汽车。

② 内燃机汽车：以内燃机为动力装置的汽车，这是目前最为常见的汽车。

③ 电动汽车：装有蓄电装置和电动机，由电力驱动的汽车。

④ 其他动力装置汽车：如装有燃气轮机的汽车以及装有氢气燃料的汽车，还有装有太阳能装置的汽车，以及混合动力汽车。

（2）按行驶道路条件分类

① 公路用车：行驶于城市道路和等级公路的汽车。

② 非公路用车：如工矿车和农用车。

（3）按用途分类

汽车按用途可分为轿车、客车、货车、专用（特种）汽车、越野汽车、工矿自卸汽车、农用汽车、牵引汽车和汽车列车等。

① 轿车：是指用于载运人员及其随身物品，座位布置在两轴之间的四轮汽车。轿车的座位一般不多于9个（包括驾驶员座位在内）。

② 客车：是指用于载运乘客及其所携带行李的汽车，一般有9个以上座位（包括驾驶员座位）。

③ 货车：是指运载货物的汽车，又称载重汽车或卡车。货车通常采用前置发动机，车身设置为独立的驾驶室和货厢两部分。

④ 专用（特种）汽车：是指为了完成特定的载运（货物或人员）或作业任务，设置了专用设备或经过特殊改装的汽车，可分为专用轿车、专用客车、专用货车及特种作业车。

⑤ 越野汽车：主要用于非公路条件下载运人员、货物或牵引各种装备的汽车，一般为四轮驱动。

⑥ 工矿自卸汽车：主要用于矿区、工地运输矿石、砂土等散装货物，并能自行卸货的汽车。这种汽车的最大总质量和最大轴载质量一般都超过公路承载规定，不能在普通公路上行驶。工矿自卸汽车的允许最大装载质量一般在 15 t 以上，最大的甚至可达 300 t，其动力装置需采用大功率柴油机。

⑦ 农用汽车：是农村地区用于运输或农耕作业的汽车，其特点是结构简单、造价低，发动机功率较小而输出转矩较大，车速较低，最大装载质量较小，轮胎附着性能好，离地间隙高。

⑧ 牵引汽车：专门用于牵引各种挂车，由牵引车与挂车共同组成的车列可称为汽车列车，又可分为半挂车、全挂车、汽车列车。

（4）按新标准分类

我国于 2001 年颁发了 GB/T3730.1—2001《汽车和挂车类型的术语和定义》，将汽车分为乘用车和商用车辆两类。

① 乘用车：在设计和技术特性上主要用于载运乘客及其随身行李和/或临时物品的汽车，包括驾驶员座位在内最多不超过 9 个座位，也可牵引一辆挂车。轿车、旅行车等属于乘用车。

② 商用车辆：在设计和技术特性上用于运送人员和货物，并且可以牵引挂车，乘用车不包括在内。客车、货车等属于商用车量。

3．我国汽车产品编号

根据我国国家标准《汽车产品型号编制规则》（GB9417—88），汽车产品型号由企业名称、汽车类别、主参数、产品序号、企业自定代号五部分。对于专用汽车，还要增加“专用汽车分类代号”部分，如图 4.1 所示。

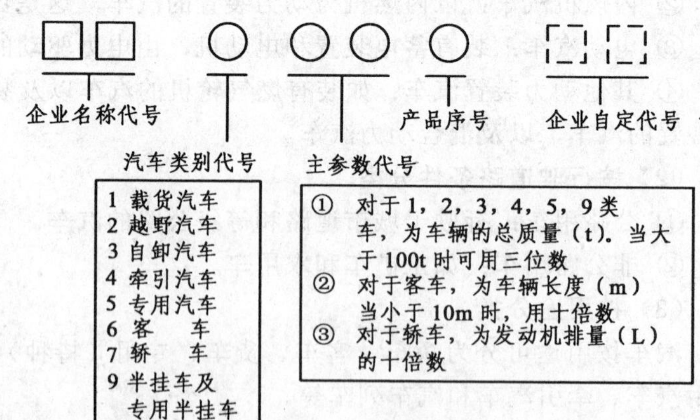

图 4.1 汽车产品型号

例如：

CA1090：CA 代表一汽，1 为载货车，09 表示总质量约为 9 吨（9 319 kg），0 表示为第一代产品。

CA7560：第一汽车制造厂（简称一汽），轿车，发动机排量约 5.6 L，第一代产品。

EQ2080：东风二汽，越野车，总质量约 8 t（7 720 kg），第一代产品。

TJ6481：天津客车厂，客车，车长约 4.8 m（4 750 mm），第二代产品。

4.1.2　汽车的诞生与发展

1．汽车的诞生

马车的历史极为久远。在古罗马帝国，繁荣的经济和贸易需要先进而且大量的陆上运输工具。公元前 1 世纪，罗马制车匠制造的四轮车性能大为提高。到公元 9 世纪，法兰克人发明了一种硬性颈圈，套在马的肩胛骨一带，让马拉车。此后的 1000 多年时间里，这种用作长途运输的马拉车成为世界各国主要的运输车辆。一直到 19 世纪，马车都是城市交通十分重要的交通工具。

18 世纪中叶，瓦特发明了蒸汽机。1763 年，法国陆军技术军官古诺设想将蒸汽力作为拉大炮车辆的牵引力，并且向陆军部提出了制造一台样机的建议。很快，这个设想得到法国陆军大臣肖瓦兹尔公爵的支持，拨给他 20 000 英镑进行试制。经过 6 年努力，1769 年，古诺终于制成了世界上第一辆三轮蒸汽机汽车，如图 4.2 所示，该蒸汽车车身是很重的木制框架，前面支撑着一个大锅炉，锅炉产生的蒸汽送进后面的两个汽缸，推动汽缸内的活塞上下运动，再通过曲柄把活塞的运动传给装在车框架下面的前轮，使其转动前进。19 世纪初期，蒸汽公共汽车得到一定的发展使用，它被称为无马马车，先是出现在英国的城镇之间，随后相继在法国、美国得到发展。

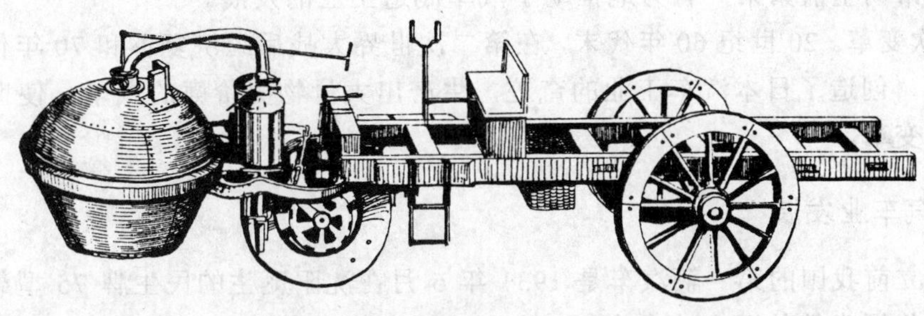

图 4.2　古诺的世界上第一辆蒸汽车

事实证明，蒸汽机并不适合作为陆地行驶车辆的动力装置。1876 年，奥托发明了内燃机，随后有不少人开始研制自己的内燃机，并试图把它装在马车上来替代马匹驱动车辆。

世界上第一辆汽车是由德国人卡尔·本茨（Karl Friedrich Benz，1844—1929 年）于 1886 年发明的，本茨早在 1879 年就试制成功了一台二冲程内燃机。1885 年，本茨将自己设计制造的汽油机安装在一辆三轮车上，并于 1886 年进行了公开试车。更重要的是，他于 1886 年 1 月 29 日取得了世界上第一辆汽车的专利权，因此这一日期也被确认为是汽车的诞生日。本茨的第一辆三轮汽车如图 4.3 所示，使用单缸四冲程汽油机，排量 0.785 L，功率 0.654 kW，最高车速 15 km/h。

图 4.3　本茨的世界上第一辆三轮汽车

德国人戴姆勒（Gottlieb Daimler，1843—1900 年）是马车商的儿子，曾长期担任内燃机发明人奥托创建的道依茨发动机公司的技术工作，1881 年辞职。1883 年 8 月 15 日，戴姆勒和朋友威廉·万巴赫共同发明了汽油机，1885 年又研制出第二台并把它装在自行车上（此可谓世界上的第一辆摩托车），1886 年又将一汽油机装在一辆四轮马车上，从而诞生了世界上第一辆四轮汽车，如图 4.4 所示。该车采用单缸四冲程汽油机，排量 0.46 L，功率 0.82 kW，最高车速 18 km/h。

因此，也有人将本茨和戴姆勒都誉为“现代汽车之父”，认为是他们于 1886 年发明了汽车。

图 4.4 戴姆勒的世界上第一辆四轮汽车

2．汽车工业的发展

可以说，在百余年的汽车发展史中，世界汽车工业经历了三次重大变革。

① 第一次变革。汽车诞生于欧洲，汽车工业的形成却在美洲。1914 年，美国福特汽车公司建立了世界上第一条汽车装配生产流水线，大大地提高了效率，降低了成本，带来了汽车工业史上的第一次变革。

② 第二次变革。这次变革发生在 20 世纪 50 年代，欧洲各国间内部关税壁垒的逐渐拆除，使得欧洲汽车市场空前繁荣，有力地推动了汽车制造工业的发展。

③ 第三次变革。20 世纪 60 年代末，在第二次世界大战后经济复苏和 70 年代世界性石油危机的背景下，创造了日本汽车工业的奇迹，生产出大量物美价廉的汽车，使世界汽车工业发生了第三次变革。

3．我国汽车业发展

新中国成立前我国的第一辆汽车是 1931 年 5 月在沈阳诞生的民生牌 75 型载货汽车。当时在由张学良将军掌管的辽宁迫击炮厂，厂长李宜春提出将军工生产转为民品生产，将厂名更名为民生工厂，研制生产自己的汽车，这个建议得到张学良将军的支持。于是，从美国购进“瑞雪”牌汽车作为样品进行试制。

新中国的第一辆汽车诞生于吉林长春。1953 年 7 月 15 日，一汽在长春奠基开工，1956 年 7 月 14 日，第一批 12 辆“解放”汽车（毛主席命名）驶下总装线，当年生产 1 600 多辆。新中国成立至今，我国汽车工业可分为五个发展阶段。

① 初创阶段（1949—1956 年）。1950 年 4 月，我国成立汽车工业筹备组。1953 年 7 月 15 日在吉林长春市，一汽正式破土动工，1956 年 7 月 14 日第一批解放牌 CA10 型 4 t 汽车出厂。

② 奠基阶段（1957—1966 年）。1958 年开始的“大跃进”，使全国各地出现了“第一次汽车热”。

③ 坚持发展阶段（1967—1978 年）。1966 年开始了“文化大革命”，刚刚组建的中汽公司被解散。各地重复建设汽车厂，形成“小而全”的所谓“第二次汽车热”。

④ 加速发展阶段（1979—1993 年）。改革开放形势下产生了“第三次汽车热”。1982 年 5 月，中国汽车工业公司再次成立。当时规划要形成一汽、东风、重型、南汽、上海、北京、天津、沈阳八大汽车生产基地。1987 年，我国政府确定了重点发展轿车工业的战略决策后，各厂家纷纷与国外著名汽车公司进行合作或合资生产。

⑤ 快速发展阶段（1994年至今）。1994年，国务院颁布《汽车工业产业政策》，提出“增强企业开发能力，提高产品质量和技术装备水平，促进产业组织的合理化，实现规模经济，到2010年成为国民经济的支柱产业”的奋斗目标。这个时期，各主要汽车集团公司大都与国外大汽车公司联姻，合作、合资生产；汽车产业的组织结构不断优化调整；汽车产量大幅增长，现已跃居世界第四。

4．汽车的发展趋势

现代汽车随着社会的不断进步而进步，其技术含量也随科学技术的发展而不断提高。21世纪的汽车将向电子化、智能化、安全化、环保化、信息化、轻量化等方向发展。

① 电子化。在20世纪80年代初，电子设备成本只占汽车总成本的2%，而目前已达到15%～20%。电控燃油喷射（EFI）、防抱死制动系统（ABS）、电控自动变速器（ECT）、电子差速锁（EDS）等电子控制系统，在现代汽车中被越来越广泛地采用。

② 智能化。汽车的智能化是现代汽车的发展趋势之一。智能化集中表现在汽车的自动控制能力、自动操纵能力和信息化程度的提高上，这也依赖于各种先进的电子控制系统在汽车上的应用，如全球定位系统（GPS）、电子巡航系统（CCS）等。

③ 环保与节能。全球汽车的保有量约7亿辆，汽车尾气排放对大气的污染十分严重，在城市中汽车噪声也是主要污染源之一，全球汽车每年所消耗的燃油也十分惊人。因此，汽车的环保与节能越来越受到人们的重视。

④ 轻量化。汽车的轻量化是指在满足汽车使用功能的前提下，汽车的质量更轻，布置更紧凑，汽车的面积利用率更高，从而使汽车的体积更小。这不仅提高汽车的动力性、燃油经济性，而且还节约了材料和能源。因此，如何提高汽车的轻量化水平是汽车的发展趋势之一。

⑤ 安全性。行车的安全性是十分重要的，提高汽车行驶安全性一直是人们研究的重要课题。

4.1.3 汽车的基本认识

1．汽车的尺寸参数

汽车的主要尺寸参数有：外部尺寸（总长、总高、总宽）、前悬长、后悬长、轴距、轮距、接近角、离去角、最小离地间隙等，如图4.5所示。

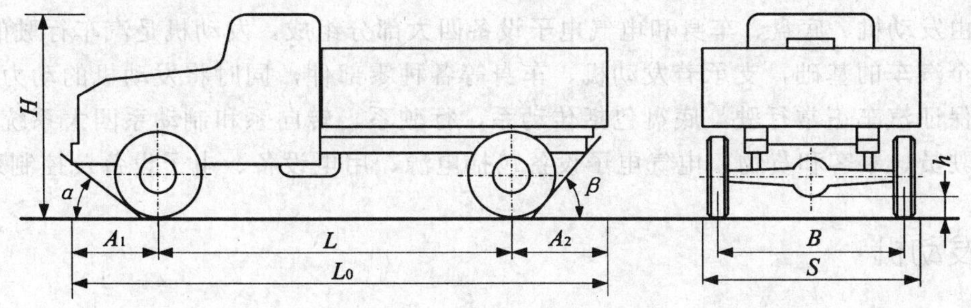

图4.5 汽车的尺寸参数

H—车高；L_0—车长；L—轴距；A_1—前悬；A_2—后悬；α—接近角；β—离去角；S—车宽；B—轮距；h—最小离地间隙

2．汽车的质量参数

① 整车整备质量：俗称自重，是指汽车装满油和水，装备完好、不载人、不装货时的质量。

② 载质量（或载客量）：是指汽车额定的装货质量或额定的载人数量。

③ 最大总质量：指汽车满载时的总质量。

④ 轴荷：又称轴重，是指汽车静止时前、后轴所承受的载荷，分为前轴荷和后轴荷。

3．汽车的行驶原理

汽车驱动轮上的驱动力是推动汽车前进（行驶）的动力。当发动机工作时，发动机所产生的转矩经汽车传动系传给车轮，使车轮获得转矩 T 而转动。车轮转动时产生对地面的纵向作用力 F，地面也对车轮产生大小相同的反作用力 F_t，如图 4.6 所示，这个反作用力就是推动汽车前进的驱动力。由此可见，发动机所产生的动力越大，汽车的驱动力就越大。但是，驱动力大小同时还受到地面附着条件的限制，即地面能否给车轮足够的反力，或者说，驱动力小于附着力 F_ϕ（地面对轮胎切向反作用力的极限值）。

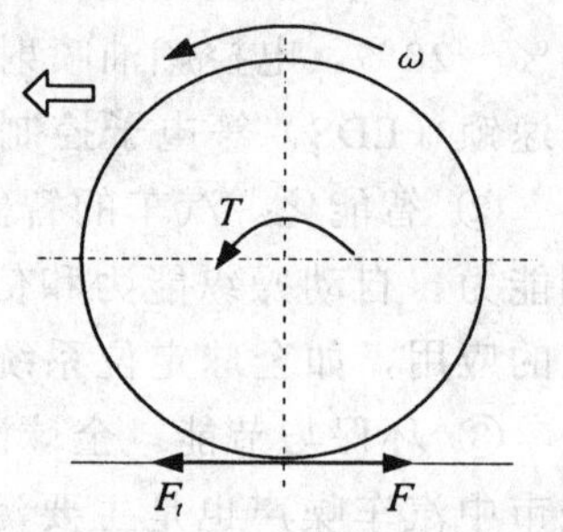

图 4.6 汽车的驱动力

驱动力用于克服汽车行驶时所受到的各项阻力之和。汽车在行驶过程中受到的阻力包括：滚动阻力 F_f、空气阻力 F_w、上坡阻力 F_i 和加速阻力 F_j。滚动阻力是车轮滚动前进时与路面之间产生的阻力；空气阻力是空气对汽车所产生的阻碍汽车前进的阻力；上坡阻力是汽车上坡时由汽车重力引起的下滑力；加速阻力是汽车加速时所产生的惯性阻力。

汽车的驱动力等于各项阻力之和，称为汽车行驶平衡方程式：

$$\text{汽车驱动力}(F_t) = \text{滚动阻力}(F_f) + \text{空气阻力}(F_w) + \text{上坡阻力}(F_i) + \text{加速阻力}(F_j)$$

当 $F_t = F_f + F_w + F_i$ 时，汽车等速行驶；当 $F_t > F_f + F_w + F_i$ 时，汽车加速行驶；当 $F_t < F_f + F_w + F_i$ 时，汽车减速行驶。

4.2 汽车构造

汽车由发动机、底盘、车身和电气电子设备四大部分组成。发动机是汽车行驶的动力源。底盘是整个汽车的基础，支承着发动机、车身等各种零部件，同时将发动机的动力进行传递和分配，保证汽车正常行驶，底盘包括传动系、行驶系、转向系和制动系四大系统。车身用以安置驾驶员、乘客和货物。电气电子设备包括电源、用电设备、电子设备及控制系统等。

4.2.1 发动机

汽车的动力由发动机产生，它是将某一种形式的能量转化为机械能的机器。

现代汽车绝大多数都是采用内燃机作为动力装置，其中又几乎是往复活塞式内燃机，少数是转子发动机。常用的往复活塞式内燃机有汽油机和柴油机，但汽油机和柴油机汽车的一个最大问题就是尾气的排放已严重影响了全球环境。为此，有专门采用液化石油气、甲醇、乙醇、压缩天然气等代用燃料的内燃机（关于内燃机的有关知识已在第二章中作了阐述）。

从节能和环保的角度考虑，许多国家正致力于新型动力装置的开发应用。电动汽车是通过蓄电池向电动机提供电能来产生动力的，是一种洁净型动力装置。电动汽车没有吸气、排气、散热风扇和发电机等装置，因此，其噪声、振动很小，乘坐舒适，干净、不污染环境，被称为“绿色汽车”。蓄电池的改进是发展电动汽车的关键，世界各国先后开发了锌电池、镍氢电池、钠系列电池、空气电池、飞轮电池、燃料电池等。但是，总的来说，由于电池容量、充电时间、体积和重量以及其他技术方面的原因，目前电动汽车尚未能广泛应用。此外，还有在 20 世纪 60 年代后期出现的混合动力汽车。这种汽车装有两种动力装置，其中一种具有回收能量的储能装置，如内燃机和蓄电池复合动力汽车。

汽车其他形式的动力装置还包括：燃气轮机、斯特林发动机（外燃式发动机）、氢气燃料动力装置、太阳能动力装置等。

4.2.2　传动系

1．传动系概述

（1）传动系的功用和组成

传动系是发动机和汽车驱动轮之间的动力传动装置，其基本功用是将发动机发出的动力传给驱动车轮，以保证汽车在不同使用条件下正常行驶。具体来讲，传动系必须具有如下功能：① 减速和变速；② 实现倒向行驶；③ 必要时中断动力传递；④ 保证汽车正常转向。

传动系可分为机械式、液力式、液力机械式和电传动等。

以常见的前置后驱机械式传动系为例，其基本组成如图 4.7 所示，主要由离合器、变速器、万向传动装置（万向节和传动轴）、驱动桥（桥壳、主减速器、差速器和驱动半轴）组成。动力传递路线为：发动机→离合器→变速器→万向传动装置→主减速器→差速器→驱动半轴→驱动车轮。

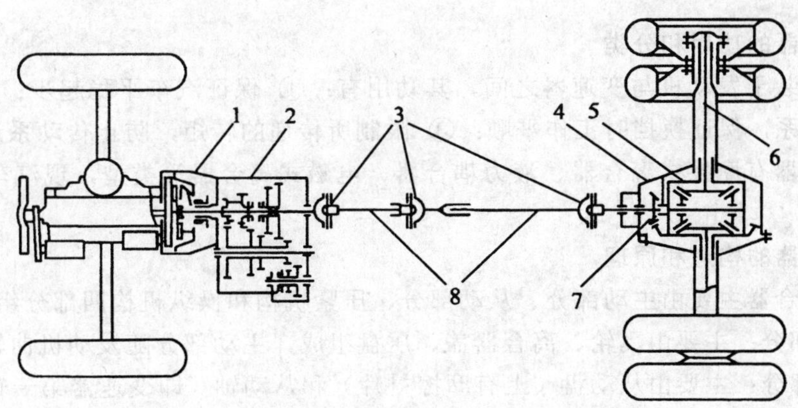

图 4.7　前置后驱传动系组成

1—离合器；2—变速器；3—万向节；4—驱动桥；5—差速器；6—半轴；7—主减速器；8—传动轴

（2）传动系的布置形式

传动系的布置形式主要与发动机的位置和汽车的驱动方式有关。常见的布置形式有：

① 前置后驱（FR）：即发动机前置、后轮驱动，见图 4.7，是一种传统的布置形式。国内外的大多数货车、部分轿车和部分客车都采用这种形式。

② 前置前驱（FF）：即发动机前置、前轮驱动，见图 4.8。现在大多数轿车采取这种布置形式。其优点是操纵机构简单，发动机散热条件好，缺点是上坡时汽车质量后移，使前驱动轮的附着质量减小，下坡制动时则由于汽车质量前移，使前轮负荷过重。

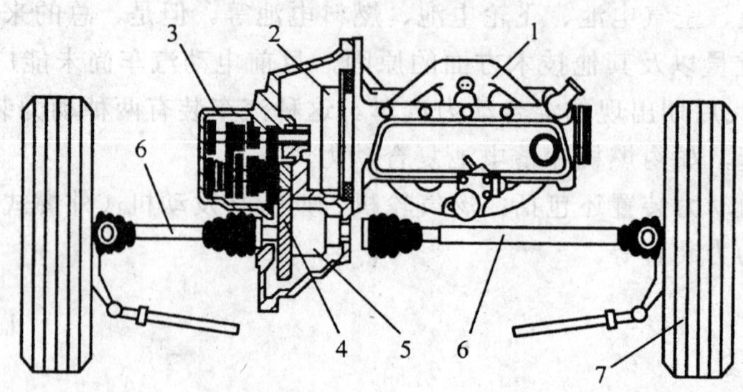

图 4.8 前置前驱传动系

1—发动机；2—离合器；3—变速器；4—主减速器；5—差速器；6—传动轴；7—前轮（转向驱动轮）

③ 后置后驱（RR）：即发动机后置、后轮驱动。在大型客车上多采用这种布置形式，少量的微型、轻型轿车也采用这种形式。其优点是：发动机后置使前轴不易过载，并能更充分地利用车厢面积，还有利于减轻发动机的高温和噪声对驾驶员的影响；缺点是：发动机散热条件差，远距离操纵也使操纵机构变得复杂，维修调整不便。

④ 全轮驱动（AWD）：为充分利用所有车轮与地面间的附着条件，以获得尽可能大的驱动力，越野汽车一般采用全轮驱动，发动机前置。因为前、后桥都是驱动桥，为将发动机传给变速器的动力往前后分配，在变速箱后增设了分动器。

2．离合器

（1）离合器的功用和分类

离合器安装于发动机与变速器之间，其功用有：① 保证汽车平稳起步；② 切断发动机与传动系的联系，保证换挡时工作平顺；③ 限制所传递的转矩，防止传动系过载。

汽车离合器有摩擦式离合器、液力耦合器、电磁式离合器等类型，现汽车上普遍采用摩擦式离合器。

（2）离合器的构造和原理

摩擦式离合器主要由主动部分、从动部分、压紧机构和操纵机构四部分组成。

① 主动部分：主要由飞轮、离合器盖、压盘组成，主动部分随发动机曲轴一起转动。

② 从动部分：主要由从动盘（上有摩擦衬片）和从动轴（即变速器第一轴）组成。根据从动盘数，可分为单片、双片和多片离合器。

③ 压紧机构：即压紧弹簧，可分为螺旋弹簧离合器和膜片弹簧离合器。

④ 操纵机构：主要由离合器踏板、分离杠杆、分离轴承等组成，根据操纵方式，操纵机构可分为机械式、液压式和气压式。

离合器的工作原理如图 4.9 所示。汽车在行驶时，离合器处于接合状态，压紧弹簧 6 将主动部分与从动部分紧紧压在一起，通过它们之间的摩擦力作用，将发动机的动力向变速器传递。若发动机的转矩大于摩擦力矩，带摩擦片的从动盘 2 与飞轮 1 和压盘 3 间将会出现“打滑”现象，可以起到过载保护的作用。当驾驶员踩下离合器踏板 4 时，分离套筒 8 克服压紧弹簧的力向右移动，使从动盘与主动部分（飞轮和压盘）脱开，这样飞轮就不能将动力传给从动盘，动力传递被切断。

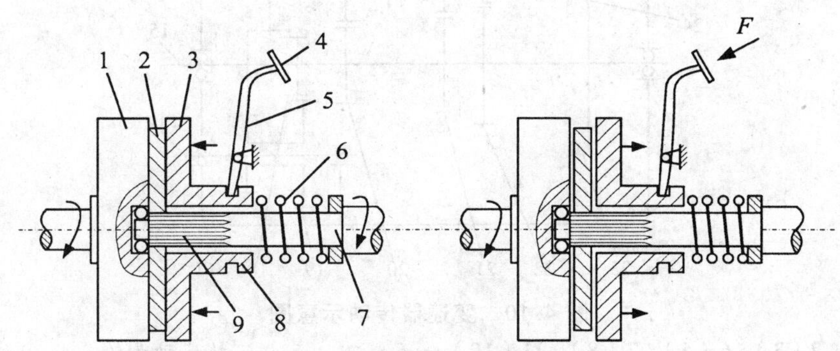

图 4.9　离合器工作原理示意图

1—飞轮；2—从动盘；3—压盘；4—离合器踏板；5—分离杠杆；6—压紧弹簧；7—从动轴；8—分离套筒；9—花键

3．变速器

（1）变速器的功用和分类

因汽车发动机（内燃机）的转矩和转速变化范围较小，而复杂的使用条件则要求汽车的牵引力和车速能在相当大的范围内变化，为此在传动系中设置了变速器。其主要功用是：① 改变传动比，扩大驱动车轮转矩和转速的变化范围，以适应经常变化的行驶条件，如起步、加速和上坡等，同时使发动机在有利的工况下工作；② 在发动机旋转方向不变的前提下，使汽车能倒向行驶；③ 利用空挡，中断动力传递，以使汽车停车、滑行和起步，并便于变速换挡或进行动力输出；④ 为需要动力输出的专用车辆提供功率输出。

按传动比的变化方式，变速器可分为有级式、无级式和综合式三种。有级式变速器采用齿轮传动，具有若干定值的传动比，是一种传统的、应用广泛的类型。

（2）变速器的构造和原理

有级式变速器由操纵机构和变速传动机构两大部分组成。

① 操纵机构：是供驾驶员实现换挡操作的机构，主要由变速杆、换挡轴、拨叉、拨叉轴等组成。操纵机构同时还具有实现自锁、互锁和倒挡锁的装置。自锁装置防止自动脱挡，保证全齿宽啮合；互锁装置防止同时挂入两个挡位而产生运动干涉；倒挡锁装置防止驾驶员意外挂入倒挡，欲挂倒挡时需施加更大的力或采用不同的操作方法。

② 变速传动机构：主要由轴、齿轮、轴承、同步器等组成，参见图 4.10，通过选择不同的齿轮对获得不同的传动比。

图 4.10 所示为六个挡位的变速器，共有四根轴：第一轴 1（输入轴）、第二轴 14（输出轴）、中间轴 15 和倒挡轴 16。接合套 4 和 9 及齿轮 12 可被操纵机构的拨叉左右拨动，实现 6 个挡位，当它们均处于中间位置时，为空挡。

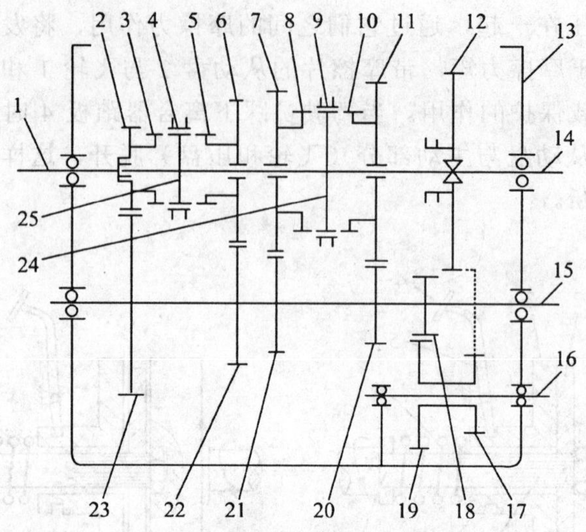

图 4.10　变速器传动示意图

1—输入轴；2（3），6（5），7（8），11（10）—五、四、三、二档从动齿轮；4，9—接合套；
12—一倒档滑动齿轮；13—变速器箱体；14—输出轴；15—中间轴；
16—倒档轴；17（19）—倒档齿轮；18—一倒档主动齿轮；
20，21，22，23—二、三、四、五档主动齿轮；
24，25—接合套花键毂

注：2（3）等的意思是指 2 和 3 是一个整体的零件。

4．万向传动装置

万向传动装置一般由万向节和传动轴组成，有时还加装中间支承。汽车行驶时，由于悬架系统的振动，变速器输出轴与驱动桥输入轴轴线的相对位置发生变化，使得这两轴之间必须用万向传动装置来传递动力。因此，万向传动装置的作用就是使汽车各连接处能适应距离和夹角的变化而安全工作，如图 4.11 所示。

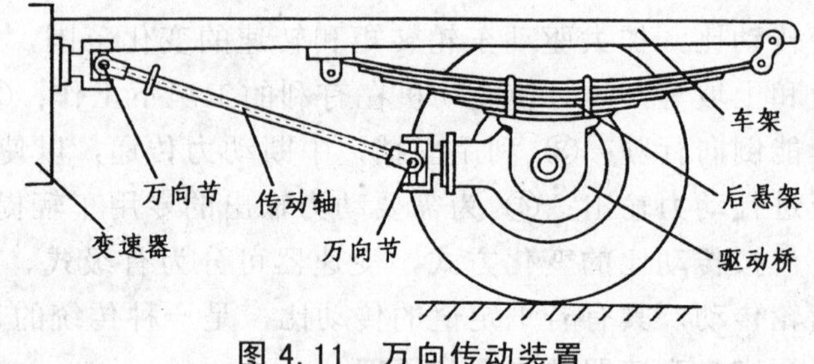

图 4.11　万向传动装置

万向节有多种类型，可以实现两轴间夹角的变化。传动轴中则设有滑动花键连接，以实现传动轴长度的变化。

5．驱动桥

（1）驱动桥的功用和组成

驱动桥的功用是将万向传动装置传来的发动机动力，进一步减速增扭并改变转矩的传递方向，传到左右两驱动轮，使汽车左右轮能以相同的转速直线行驶或以不同的转速转弯行驶。驱动桥由主减速器、差速器、半轴和桥壳组成，参见图 4.8 和图 4.13。

① 主减速器：降低转速、增加转矩，并改变转矩的传递方向。主减速器的结构形式有单级、双级、双速、轮边减速等几种，单级主减速器就是一对圆锥齿轮。

② 差速器：在传递转矩的同时可使汽车两侧驱动车轮以不同的转速旋转。

③ 半轴：将转矩由差速器向两边传递到驱动车轮，有两根。

④ 桥壳：支承汽车的部分质量，并承受驱动车轮传来的路面反力和力矩，经悬架传给车架，同时也是主减速器、差速器和半轴的外壳。

（2）差速器的工作原理

汽车转弯时，左、右两侧车轮在相同的时间内走过的路程是不相等的。因此，它们的转速在行驶过程中不同，外侧车轮的转速大于内侧车轮。若由一根整轴连接左右车轮，则当汽车转向时，必然有一侧车轮发生滑转而导致行驶阻力的增加和轮胎的磨损。因此，可设置差速器以实现两侧驱动车轮以不同的转速旋转。

差速器的结构和工作原理如图 4.12 所示。由万向传动装置传来的动力经主减速器（圆锥小齿轮和圆锥大齿轮 1）传到差速器壳 2，从而带动行星齿轮轴 3 旋转。当汽车直线行驶时，行星齿轮轴上的行星齿轮 4 不自转，整个差速器与圆锥大齿轮以及两半轴齿轮 5 和半轴 6 一起转动，此时左、右驱动车轮的转速相等。当汽车转向时，左、右车轮的阻力发生变化，行星齿轮在绕半轴轴线公转的同时还绕着自身的轴线自转，这样，左、右半轴的转速为圆锥大齿轮的转速与行星齿轮转速的合成，直线行驶时，一侧半轴转速增加，一侧半轴转速降低，从而实现“差速”。

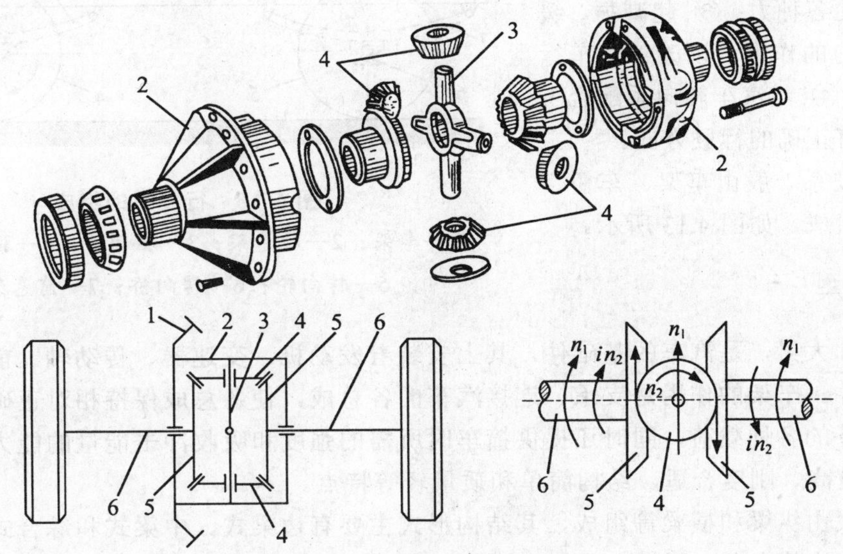

图 4.12　差速器结构与原理

1—主减速器从动锥齿轮；2—差速器壳；3—行星齿轮轴；4—行星齿轮；5—半轴齿轮；6—驱动半轴

6．自动变速器简介

汽车自动变速器早在 1940 年就已经应用在美国通用公司的奥兹莫比尔汽车上，这是一台串联式行星齿轮结构的液控变速器。如今，自动变速器技术已有重大发展，在现代汽车（尤其是轿车）中的应用越来越广。

汽车自动变速器能根据路面状况自动变速变矩，避免了驾驶者在行驶中的换挡操作。因此，自动变速器具有操作简单容易、驾驶舒适、行驶平稳、能减少驾驶者疲劳等优点。但它也存在传动效率较手动变速器低、结构复杂、成本高等缺点。

汽车自动变速器有多种不同的分类方式，常见的有三种形式：液力自动变速器（AT）、机械无级自动变速器（CVT）、电控机械自动变速器（AMT）。目前轿车普遍使用的是AT，它是由液力变扭器、行星齿轮变速机构和液压控制系统组成，通过液力传递和齿轮组合的方式来达到变速变矩。其中液力变速器兼有传递扭矩和离合的作用，因此装有自动变速器的汽车不再需要离合器，从而体现了易于驾驶操作的优点。

虽然在行驶中一般不需要换挡操作，但自动变速器的汽车还是有一个挡位杆，一般有以下几个挡位：P（停车挡）、R（倒挡）、N（空挡）、D（前进挡）、S（或2，即为前进2速挡）、L（或1，即为前进1速挡）。S位或L位是使汽车强制处于相应的低挡范围内，可以在坡道、雨雾天气、交通不畅等情况下使用。

4.2.3 行驶系

1．行驶系的功用和组成

汽车行驶系的主要功用：① 接受由发动机通过传动系传来的转矩（动力），使车轮产生牵引力，实现汽车的正常行驶；② 承载整车重量，并传递车架（或车身）与路面之间的各种力；③ 起减振、缓和路面冲击力的作用，以改善汽车行驶的舒适性；④ 与汽车转向系配合工作，使汽车有正确的行驶方向。

汽车行驶系一般由车架、车桥、车轮和悬架组成，如图4.13所示。

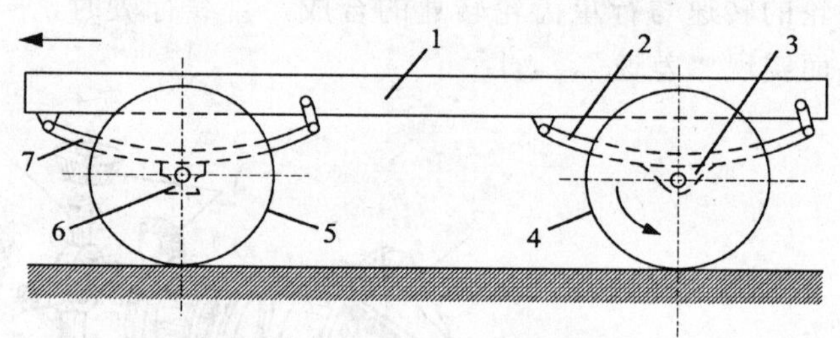

图4.13 行驶系的组成

1—车架；2—后悬架；3—驱动桥；4—驱动轮；5—转向轮；6—转向桥；7—前悬架

2．车 架

车架俗称大梁，是汽车的基础件，其上安装着发动机、变速器、传动轴、前后桥和车身等总成和部件。车架的作用是支承、连接汽车的各总成，使各总成保持相对正确的位置，并且承受车内外的各种载荷，同时还提供撞车时所需的强度和吸收冲击能量的能力。因此，车架应具有强度高、刚度合适、结构简单和质量轻等特点。

车架一般由纵梁和横梁等组成，其结构形式主要有边梁式、中梁式和综合式。对于具有承载式车身结构的汽车，则没有车架，其承载式车身起到了车架的作用。

3．车 桥

车桥通过悬架与车架（或承载式车身）相连，两端安装汽车车轮，用以在车架（或承载式车身）之间传递各向作用力并承受这些力所引起的弯矩和转矩。根据不同的悬架结构形式，车桥可分为断开式和非断开式，分别与独立悬架和非独立悬架配合使用。

根据车桥上车轮作用的不同，车桥又可分为转向桥、驱动桥、转向驱动桥和支持桥四种类型，其中转向桥和支持桥都属于从动桥。驱动桥已在传动系中作过介绍，转向桥一般主要由前梁和转向节两大部分组成，能使车轮偏转一定角度（可参看转向系有关内容），如图4.18所示。能实现车轮转向和驱动两种功能的车桥则称为转向驱动桥，其结构最为复杂。支持桥仅用于连接安装左右车轮。

4．车轮与轮胎

汽车的车轮由轮毂、轮辋以及它们之间的连接部分组成。轮辋用来安装轮胎，与轮胎共同承受作用在车轮上的负荷，并散发高速行驶时轮胎上产生的热量，保证车轮具有合适的断面宽度和横向刚度。轮辋与转向节（转向桥）或半轴（驱动桥）连接。现代汽车所使用的车轮主要有三种：压制刚盘车轮、钢丝辐条车轮和轻合金铸造齿轮。

轮胎安装在轮辋上，直接与路面接触。它的作用是：支承汽车自重和负荷，传递驱动力和制动力；和汽车悬架共同缓和汽车行驶时所受到的冲击，并衰减由此产生的振动，以保证汽车有良好的乘坐舒适性和行驶平顺性；同时还应保证车轮与路面有良好的附着，以提高汽车的动力性、制动性和通过性。

根据胎体结构，轮胎可分为充气轮胎和实心轮胎。根据充气压力，充气轮胎可分为高压、低压和超低压胎。根据胎体内帘线的排列方向，轮胎可分为普通斜线胎、带束斜交胎和子午线胎。轮胎的外表花纹有普通花纹、混合花纹和越野花纹。

5．悬　架

（1）悬架的功用和组成

汽车悬架是车架（或承载式车身）与车桥（或车轮）之间一切传力连接装置的总称，其功用可将路面作用于车轮的各种力和力矩传递到车架（或承载式车身）上，以保证汽车的正常行驶。

现代汽车的悬架尽管有各种不同的结构形式，但一般都由弹性元件、减振器和导向机构三部分组成，分别起缓冲、减振和导向的作用，如图 4.14 所示。

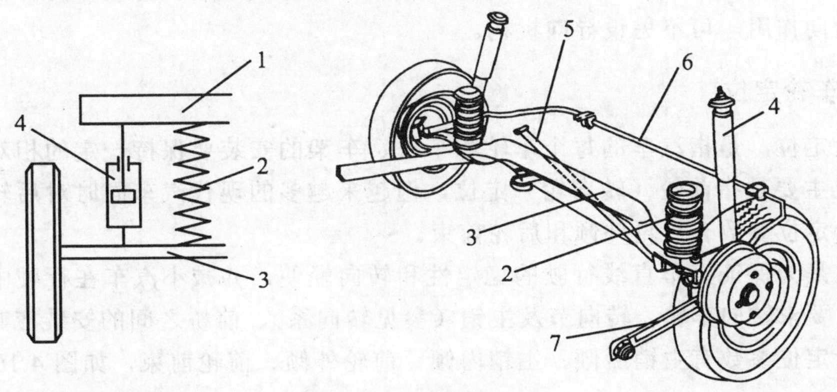

图 4.14　悬架的组成

1—车架；2—弹性元件；3—车桥；4—减振器；5—横向推力杆；6—横向稳定器；7—纵向推力杆

（2）悬架的分类

根据悬架构造的不同，悬架可分为非独立悬架和独立悬架两大类，如图 4.15 所示。非独立悬架的结构特点是两侧的车轮由一根整体式车桥相连，车轮连同车桥一起通过弹性悬架与车架（或车身）连接。当一侧车轮因道路不平而发生跳动时，必然引起另一侧车轮在汽车横向平面内发生摆动。独立悬架的结构特点是车桥做成断开式的，每一侧车轮单独通过弹性悬架与车架（或车身）连接，其两侧车轮可以单独跳动，互不影响。

根据控制形式的不同，悬架可分为被动式悬架、半主动式悬架和主动式悬架。目前多数

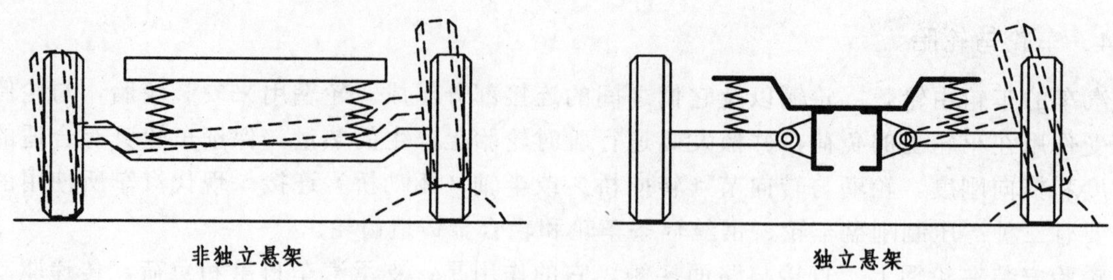

图 4.15 非独立悬架和独立悬架

汽车上采用被动式车架。20 世纪 80 年代以来，主动悬架开始在一部分汽车上应用，并且目前还在进一步研究和开发中。主动悬架采用电子控制技术，可以根据路面和行驶工况自动调整悬架的刚度和阻尼，从而使车辆能主动地控制垂直振动及车身姿态。

（3）悬架主要部件

① 弹性元件。悬架采用的弹性元件常见的有钢板弹簧、螺旋弹簧、扭杆弹簧和气体弹簧。钢板弹簧在非独立悬架中使用最为广泛，由若干不等长的弹簧片叠加在一起组合成一根近似等强度的梁。螺旋弹簧比较常见，大多应用在独立悬架上。扭杆弹簧是一根由弹簧钢制成的杆，发生扭转时具有弹性。气体弹簧有空气弹簧和油气弹簧两种。

② 减振器。为加速车架与车身振动的衰减，以改善汽车的行驶平顺性，在大多数汽车的悬架系统内部装有减振器。减振器和弹性元件并联安装，其类型有筒式减振器、阻力可调式减振器和充气减振器，目前广泛采用的是双向作用筒式减振器。

③ 导向机构。导向机构用来使车轮按一定运动轨迹相对车身跳动，同时也起传力作用。通常导向机构由控制摆臂式杆件组成，有单杆式或多连杆式。钢板弹簧作为弹性元件时，它本身还兼有导向作用，可不另设导向机构。

6．关于车轮定位

所谓车轮定位，是指汽车的每个车轮和车桥、车架的安装要保持一定的相对位置关系。传统车轮定位主要是指前轮（转向轮）定位，但越来越多的现代汽车同时对后轮定位，即四轮定位。后轮定位参数有后轮外倾和后轮前束。

前轮定位是为保证汽车直线行驶的稳定性和转向轻便，并减小汽车在行驶中轮胎和转向机构的磨损，要求转向车轮、转向节及主销（参见转向系）、前桥之间的安装应具有一定的相对位置。前轮定位参数有主销后倾、主销内倾、前轮外倾、前轮前束，如图 4.16 所示。

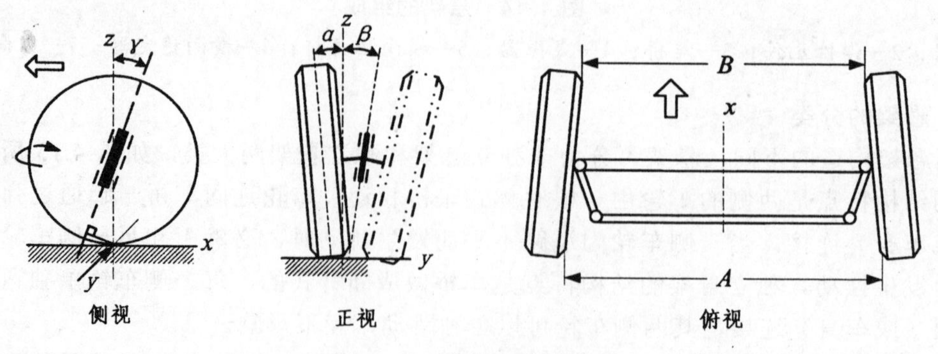

图 4.16 前轮定位参数

4.2.4 转向系

1．转向系的功用和分类

汽车转向系是由驾驶员操纵，用来控制转向轮实现偏转和回位的一整套结构。其功用是遵从驾驶员的操纵，改变汽车行驶方向，并和汽车行驶系共同保证汽车机动灵活、稳定安全地行驶。

按转向能源的不同，转向系可分为机械转向系和动力转向系两大类。

① 机械转向系：是以驾驶员施加于转向盘上的体力为转向能源，其所有传力件都是机械的。

② 动力转向系：兼用驾驶员体力和发动机的部分动力作为转向能源，它是在机械转向系的基础上加设一套转向加力装置而形成的。在正常情况下，汽车转向所需能量，只有一小部分由驾驶员提供，而大部分由发动机（或电动机）通过转向加力装置提供。动力转向系可分为液压式动力转向、电动式动力转向和电动液压式动力转向。

2．转向系的组成及工作原理

以机械式转向系为例，它主要由转向操纵机构、转向器和转向传动机构三部分组成，如图 4.17 所示。

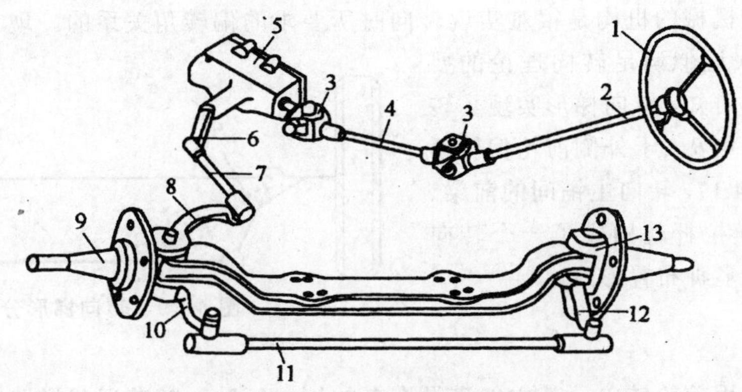

图 4.17 机械转向系的组成

1—转向盘；2—转向轴；3—转向万向节；4—传动轴；5—转向器；6—摇臂；7—主拉杆；8—转向节臂；9—左转向节；10、12—梯形臂；11—横拉杆；13—右转向节

① 转向操纵机构：包括转向盘（即方向盘）、转向轴和转向万向传动装置。其作用是将驾驶员的操纵力传给转向器。

② 转向器：是转向系中的减速增扭装置，可改变转向力矩的传动方向。常用的转向器有循环球式、齿轮齿条式、蜗杆曲柄指销式、蜗杆齿扇式等几种类型。

③ 转向传动机构：包括转向摇臂、转向主拉杆、转向节臂、梯形臂、转向横拉杆等杆件。其作用是将转向器输出的力和运动传给转向桥两侧的转向节，使两侧转向轮按要求的角度关系偏转，实现转向。

包括我国在内的大多数国家规定车辆右侧通行，相应地将转向盘安置在驾驶室左侧。当汽车转向时，驾驶员对转向盘 1 施加一个转向力矩。该力矩通过转向操纵机构输入转向器 5，经转向器放大后的力矩和减速后的运动传到转向摇臂 6，再经过转向主拉杆 7 传给左转向节 9

上的转向节臂 8，使左转向节和它所支承的左转向轮绕转向主销偏转。左转向节偏转的同时，其下部的梯形臂 10 带动转向横拉杆 11 拉动右转向节 13 的梯形臂 12，右转向节产生相应偏转。

3．转向理论与转向梯形

汽车的转向是由地面的侧向力提供向心力，只有当四个车轮的轴线交于共同一点时，才能保证各车轮只滚动而不滑动，从而防止产生附加阻力和磨损。分析图 4.18 可知，四个车轮作纯滚动的条件是：

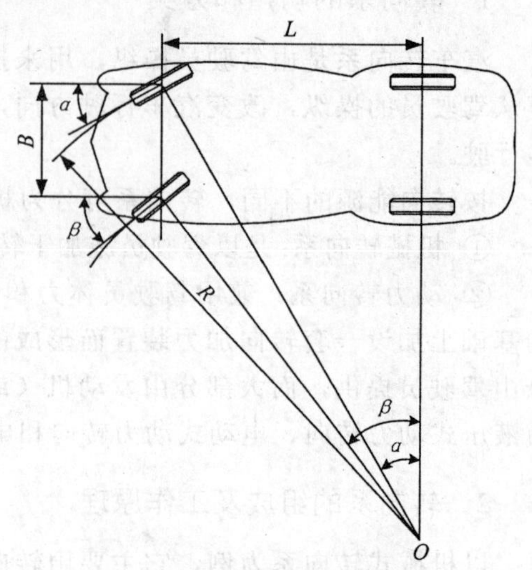

图 4.18 转向理论分析

$$\cot\alpha = \cot\beta + \frac{B}{L}$$

式中 α，β —— 分别为外、内侧前轮（转向轮）的偏转角；

B —— 左右两侧主销轴线与地面相交点之间的距离，近似等于前轮距；

L —— 汽车轴距。

实际上，用纯机械的机构是很难实现转向时所要求的偏转角关系的。现在汽车基本上都是采用转向梯形来近似满足转向理论的要求，由图 4.19 分析可知，转向梯形实现了转向时内侧前轮偏转角 β 大于外侧前轮偏转角 α 的要求。再看图 4.17，转向主销间的前梁、两梯形臂和转向横拉杆就构成了一个转向梯形。转向梯形有多种布置形式。

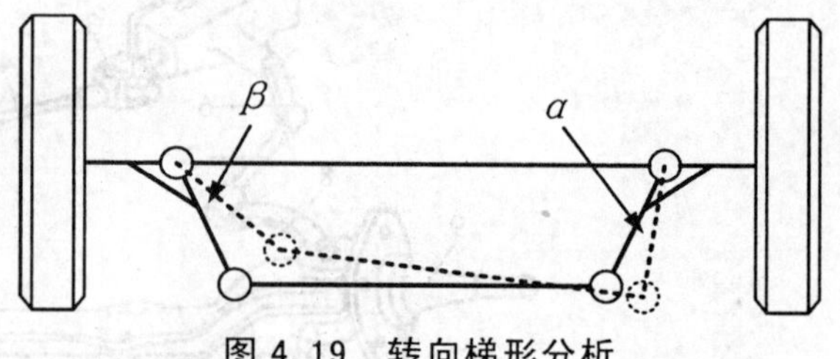

图 4.19 转向梯形分析

4．四轮转向

现代汽车多采用前轮转向，基本能满足汽车的转向行驶。随着现代道路交通系统和先进汽车技术的发展，汽车速度在不断提高，为满足汽车在各种行驶工况下的转向操纵性能，提高高速行驶时的安全性和转弯的灵活性，四轮转向技术于 20 世纪 80 年代中期在汽车上得到应用。四轮转向（4WS，Four Wheel Steering）是指汽车在转向时，后轮和前轮一样，均可相对车身发生偏转，使汽车的四个车轮都能起转向的作用，以改善汽车的转向机动性、操纵稳定性和行驶安全性。

4.2.5 制动系

1．制动系的功用与分类

汽车上用于使路面对车轮施加一定的力，从而对其进行强制制动的一系列专门装置称为制动系。制动系的作用是：① 使行驶中的汽车按照驾驶员的要求进行强制减速甚至停车；② 使下坡行驶的汽车保持速度稳定；③ 使停驶的汽车驻留原地不动。

按作用分，制动系可分为行车制动、驻车制动、应急制动及辅助制动等。其中，行车制动和驻车制动是每一辆汽车都必须具备的，重型汽车、挂车、大客车等一般还设有辅助制动和应急制动。行车制动是汽车行驶过程中使用的、用脚踏板来控制制动强度的制动系统，驻车制动用以使已停驶的汽车驻留原地不动，当行车制动失效时也可作行车制动之用，它是用手来操纵的，俗称手制动。

按制动的动力源分，制动系可分为人力制动、动力制动和伺服制动。以驾驶员的脚或手的力量作为动力源的称为人力制动；以发动机的一部分动力转化为气压或液压形式的势能作为动力源的称为动力制动；以人力和发动机动力共同作为动力源的称为伺服制动。

按制动能量的传输方式分，制动系可分为机械式、液压式、气压式、电磁式等。

2．制动系的组成及工作原理

制动系一般由制动操纵机构（驱动装置）和制动器两个主要部分组成，下面以液压式行车制动系为例进行简要介绍，如图 4.20 所示。

① 制动操纵机构：是将驾驶员或其他能源的作用力传给制动器的一整套机构，用以产生制动动作、控制制动效果及传输制动能量。根据能量传输方式，操纵机构可分为机械式、液压式、气压式、气液混合式等。图 4.20 所示操纵机构由制动踏板 4、真空助力器 3、制动主缸 2、制动组合阀 7、制动轮缸和制动管路等组成。

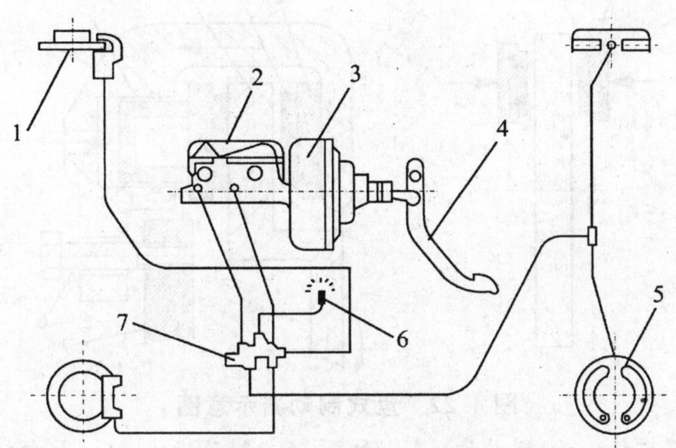

图 4. 20 制动系的组成

1—前轮盘式制动器；2—制动主缸；3—真空助力器；4—制动踏板机构；
5—后轮鼓式制动器；6—制动警告灯；7—制动组合阀

② 制动器：是用来产生阻碍车轮运动或运动趋势的制动力的部件。汽车上常用的制动器都是利用非旋转元件与旋转元件工作表面的摩擦而产生制动力矩的摩擦制动器，主要类型有鼓式和盘式两种。图 4.20 所示采用的是前（轮）盘（式制动器）后（轮）鼓（式制动器）的形式。

汽车制动时，驾驶员踩下制动踏板，通过操纵机构（机械式、液压式或气压式等）将制动能量传到制动器的非旋转元件（与车身或车架相连），使其产生一定的动作，压紧制动器的旋转元件（与车轮或传动轴相连），非旋转元件和旋转元件之间因相互摩擦产生制动力矩，从而阻止了车轮的转动或转动的趋势，并将运动着的汽车的动能转化为摩擦副的热能耗散到大气中。

3．制动器

（1）鼓式制动器

鼓式制动器是最早形式的汽车制动器，其结构原理如图 4.21 所示。鼓式制动器的旋转元件是和车轮一起旋转的制动鼓，非旋转元件是两制动蹄，制动蹄上装有摩擦片。制动时，使两制动蹄张开，压紧在制动鼓上产生摩擦力矩。鼓式制动器成本较低，便于用作机械式操纵的驻车制动器。

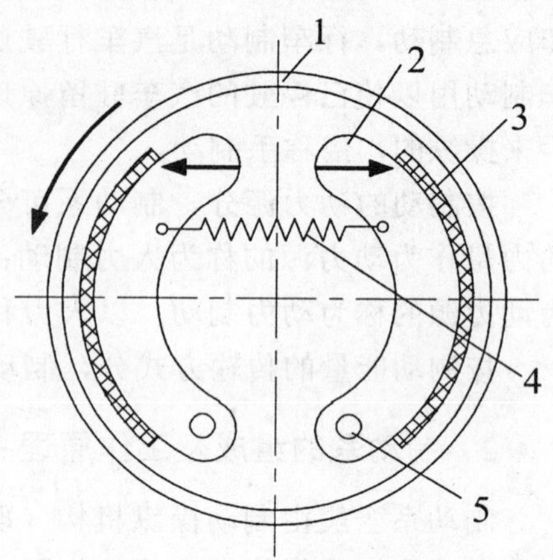

图 4.21　鼓式制动器示意图

1—制动鼓；2—制动蹄；3—摩擦材料；4—回位弹簧；5—支承销

（2）盘式制动器

盘式制动器又称碟式制动器，多由液压控制，其结构原理如图 4.22 所示。盘式制动器的旋转元件是固定在车轴上、随车轮转动的制动盘，非旋转元件是装在制动钳上的制动块，制动块上装有摩擦片。制动时，使制动块抱住制动盘而产生摩擦力矩。盘式制动器散热快，重量轻，构造简单，调整方便，耐高温性能好，制动效果稳定，而且不怕泥水侵袭。

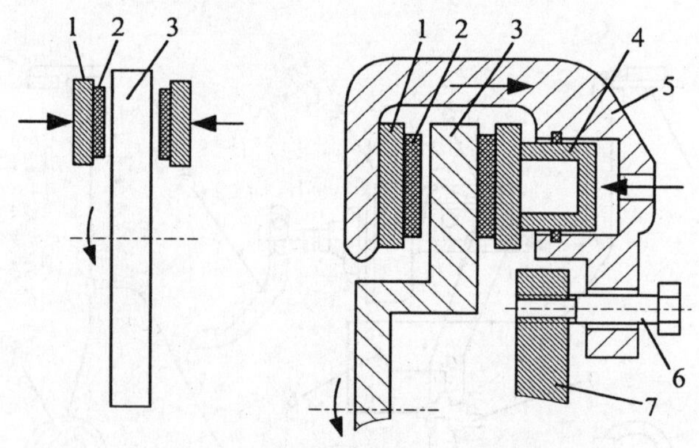

图 4.22　盘式制动器示意图

1—制动块；2—摩擦材料；3—制动盘；4—活塞；5—制动钳体；6—导向销；7—制动钳支架

（3）驻车制动器

驻车制动器的设置有两种方式。一种是直接采用后轮制动器，另加一套操纵装置；另一种是另外设置制动器，一般设置在变速箱后面的传动轴上，可以是鼓式或盘式制动器。前一种方式结构简单紧凑，在轿车上得到普遍应用。

4．防抱死制动系统简介

防抱死制动系统（ABS，Anti-lock Brake System）是汽车上的一种主动安全装置，其作用是在汽车制动时，防止车轮抱死在路面上拖滑，以提高汽车制动过程中方向的稳定性、转向能力和缩短制动距离，使汽车制动更为安全有效。ABS 在原传统制动系统的基础上，增加了一套防止车轮制动抱死的控制系统。

早在 20 世纪 30 年代，机械式制动防抱死系统就开始在火车和飞机上获得应用，50 年代被开发引用到汽车上。进入 70 年代后，随着电子技术的进步，电子控制式 ABS 日趋成熟，而今已成为现代汽车上的标准装备或选择装备。

ABS 由车轮转速传感器、电子控制器和制动压力调节器三大部分组成。研究表明，在汽车制动过程中，车轮抱死拖滑时危害较大，而当滑动率（车轮边滚边滑运动时，滑动部分所占比例）在 20%左右时，制动效果最好。因此，ABS 就是通过对趋于抱死车轮的制动压力进行高频、自适应循环调节，来防止被控制车轮发生制动抱死，使其滑动率保持在 20%左右的理想范围内，从而获得最佳制动性能。

4.2.6 电气与电子设备

1．电气与电子设备概述

电在汽车上是必不可少的，如汽油机点火、电启动、照明、仪表、信号等。有一种说法是：“若汽油是汽车的血液，则电是汽车的神经”。

以前传统的汽车主要是电气设备。而随着电子技术、控制技术和计算机技术的飞速发展，现代汽车上采用的电子及电控设备越来越多，使汽车成为典型的机电一体化产品。

2．汽车电气线路总原则

（1）低压直流

汽车电气设备系统的额定电压有 12V 和 24V 两种。目前汽油机汽车普遍采用 12V，部分大功率柴油机汽车采用 24V。低电压的优点是安全，电源简单，但电功率较小。

汽车发动机的起动机由蓄电池供电，多是直流串励式电动机，而向蓄电池充电也必须用直流，所以汽车电气设备为直流系统。

（2）并联制

汽车上所有低压用电设备均为并联，电压相同。汽车各电气回路均装有保险装置，以防短路烧坏用电设备。除起动机、喇叭、转向灯之外，各用电设备均经过电流表。

（3）单线制

由于低电压和并联制，汽车从电源到用电设备只用一根导线连接，采用机体（汽车底盘、发动机等金属机体）作为另一公共“导线”，称为单线制。单线制导线用量少，线路清晰，安装维修方便。

（4）负极搭铁

单线制时蓄电池的一个电极接至机体上，称“搭铁”，其负极接机体即为“负极搭铁”。负极搭铁对各机体、车架及车身的化学腐蚀较轻，对无线电干扰较小。

3．电气设备

汽车的电气设备可分为电源和用电设备两大部分。

（1）电　源

汽车电源系统由蓄电池和发电机（含调节器）组成，其作用是在汽车上产生和储存电能，并供给一切用电设备。目前大多数汽车采用铅酸蓄电池，发电机则由发动机带动工作，多为三相同步交流发电机，经硅二极管整流器整流后输出直流电。为调节发电机的输出电压，使其稳定在规定的工作范围，还需设置调节器。

汽车起动时，发电机不能发电，由蓄电池给起动机供电。汽车发动机运转时，发电机发电，若发电机发出的电能超过用电设备的需要时，则同时向蓄电池充电；若发电机发出的电能不能满足用电设备的需要时，则由蓄电池部分供电或全部由蓄电池供电。

（2）用电设备

用电设备包括点火系统（汽油机）、起动系统、照明信号系统和仪表显示系统等。点火系统和起动系统在第二章中已有介绍。

仪表警告系统用来指示汽车运行以及包括发动机在内的各大总成运转的状况，以便驾驶员随时了解汽车各系统的工作情况，保证汽车可靠而安全地行驶。仪表设备包括各种机械式、机电式或电子式的燃油表、机油压力表、水温表、电流（压）表、车速里程表、发动机转速表及各种显示装置。

此外，汽车上还有各种辅助电器，如电动刮水器、电动玻璃升降器、电动后视镜、电动车顶、风窗除霜装置、汽车空调、汽车音响等。

4．电子设备

目前，电子技术的应用已经深入到汽车所有的系统，但还没有统一的分类标准。一般可以把汽车电子装置归纳为两大系统：一个系统是汽车电子控制系统，需要和汽车机械系统进行配合使用，构成电子控制系统，或称为汽车计算机控制系统；另一个系统是车载汽车电子系统，它是在汽车中能够独立使用的电子装置，和汽车本身的性能并无直接关系。

（1）汽车电子控制系统

汽车电子控制系统，亦称汽车计算机控制系统，可以实现对汽车系统的优化控制，改善和提高汽车性能。目前，汽车电子控制系统已经涉及动力性、经济性、舒适性、方便性、安全性、可靠性等方面。

汽车电子控制系统一般包括传感器、电控单元（ECU，Electronic Control Unit）、执行器三大部分。传感器用以感测控制系统外部的信息，并把非电量信号变换成电量信号，作为ECU的输入信号；ECU是控制系统的中枢，是系统中的信息处理部分，它通过处理、分析、计算输入信息，形成控制指令并将其传输给执行器；执行器是系统的输出部分，将ECU的控制指令转变为实现控制目标的物理运动。

按控制对象的不同，可以把汽车电子控制装置划归为发动机控制、底盘控制、车身控制和电源控制四大体系。已实现的电控技术按上述划分方法有：

① 发动机控制体系：包括电控燃油喷射（EFI）、电控点火装置（ESA）、怠速控制（ISC）、进气与增压控制、排放控制（EGR）、自我诊断与报警系统、失效保护与备用系统。

② 底盘控制体系：包括传动控制、制动控制、转向控制及行驶控制四类。

③ 车身控制体系：包括安全性、方便性、舒适性三类。

④ 电源控制体系：包括发动机电压调节和过压保护。

（2）车载汽车电子系统

车载汽车电子系统可分为三类：

① 数字式收音机、音响、冰箱、电视、CD/DAT等。

② 汽车信息系统：包括汽车行驶的自身信息系统，车载通信系统、语音信息系统、上网设备等。

③ 导航系统和智能运输系统的辅助设备等。

目前，车载汽车电子系统还没有与汽车性能控制相结合，但并不意味着未来在这方面不会有所改进。

4.2.7 车 身

1．车身的功用和类型

（1）车身的功用

汽车车身既是驾驶员的工作场所，也是容纳乘客和货物的场所。其主要功能有：

① 车身作为整车的一个基础结构，应具有足够的强度和刚度，并为一些零部件、总成提供安装、固定位置。

② 车身应对驾驶员提供便利的工作环境，向乘员提供舒适的乘坐条件，保护他们免受汽车行驶的振动、噪声、废气的侵入以及外界恶劣气候的影响，并且应能保证完好无损地运载货物且装卸方便。

③ 车身上的一些结构措施和装备应有助于安全行车和避免车祸等严重事故的发生。

④ 车身应保证汽车具有合理的外部形状，在汽车行驶时能有效地引导周围的气流，减少空气阻力和燃料消耗。

⑤ 车身还应有助于提高汽车的行驶稳定性和改善发动机的冷却条件。

⑥ 保证车内通风也是对车身的主要要求之一。

⑦ 现代汽车车身还要适应社会对汽车的美学要求。

（2）车身按承载形式分类

① 非承载式车身。非承载式车身的结构特点是有独立的车架，也称车架式车身。车身用弹簧或橡胶垫弹性地固定在车架上。安装和承载的主体是车架，车身只承受人员和行李的重量。

② 半承载式车身。半承载式车身的结构与非承载式车身的结构基本相同，也属于有车架式。它们之间的区别在于：半承载式车身与车架的连接不是柔性的而是刚性的，即车架与车身焊接或用螺栓固定。由于是刚性连接，所以车身只是部分地参与承载，车架是主承载体。

③ 承载式车身。承载式车身的结构特点是没有车架。车身由底板、骨架、内蒙皮和外蒙皮、车顶等组焊成刚性结构，整个车身构件全部参与承载，又称无车架式车身。承载式车身可以减轻车身的自重，增大车内空间，降低地板高度，有利于提高汽车（多为轿车）的行驶稳定性和上下车的方便性。

（3）车身按用途分类

① 轿车车身。由于要求轿车轻量化，现代轿车大多数采用承载式车身。针对轿车行驶速度较高等特点，车身造型应具有尽量小的空气阻力、尽量轻的结构重量、尽量高的结构刚性和强度以保障乘员安全和尽量完美的艺术效果。

② 客车车身。客车车身一般具有规则的厢式形状（长方体外形），多数有完整的骨架，行驶阻力较大。可以是非承载式、半承载式和承载式车身。

③ 载货汽车车身。载货汽车的车身具有车架、驾驶室、车厢三大件独立的结构，驾驶室有长头、平头和短头之分。最普通的货车车厢是由四边栏板加底板围成的槽式车厢，不同的

专用车有不同的车厢类型，如封闭式车厢、保险式货厢、罐式车厢等。

2．车身的基本组成

总的来说，车身包括白车身及其附件。白车身通常是指已经焊装好但尚未喷漆的白皮车身。具体来说，汽车车身结构主要包括车身壳体、车门车窗、前后钣制件、车身内外装饰件、车身附件、车身内部装置、安全防护装置等。在载货汽车和专用汽车上还包括货厢和其他设备。

（1）车身壳体

车身壳体是一切车身部件的安装基础，通常是指纵、横梁和支柱等主要承力元件以及与它们相连接的钣件共同组成的刚性空间结构。车身壳体主要由地板总成、左右侧围总成、前围总成、后围总成、顶盖、行李舱及盖等构成。

（2）车门车窗及钣制件

车门是车身上的重要部件之一，通常按开启方法分为逆开式、顺开式、折叠式、上掀式和水平滑移式，以及外摆式、旋翼式等类型。大型客车还应具备安全门。汽车的前、后窗通常采用视野宽阔又美观的曲面玻璃，借助橡胶密封条扣在窗框上，或用专用的胶粘剂贴在窗框上。

车前钣制件包括发动机罩、翼子板、挡泥板、前保险杆和散热器框架等。

（3）车身内外部饰件

车身内部装饰件包括仪表板、顶篷、侧壁、坐椅等的表面覆饰物以及窗帘和地毯。在轿车上广泛采用天然或合成纤维的纺织品、人造革或多层复合材料、泡沫塑料等表面覆饰材料；在客车上则大量采用纤维板、纸板、工程塑料板、铝板、花纹橡胶板以及复合装饰板等覆饰材料。

车身外部装饰件主要是指装饰条、车轮装饰罩、标志、浮雕式文字等，散热器面罩、保险杠、灯具以及后视镜等附件亦有明显的装饰性。

（4）车身附件

车身附件有门锁、门铰链、玻璃升降器、各种密封件、风窗刮水器、风窗洗涤器、遮阳板、后视镜、扶手、点烟器、烟灰盒等。在现代汽车上常常装有无线电收放音机和杆式天线，在有的汽车车身上还装有无线电话机、电视机、CD 机、小型食品加热器和小型电冰箱等附属设备。

（5）车身内部装置

车身内部的通风、暖气、冷气以及空气调节装置是维持车内正常环境、保证驾驶员和乘客安全舒适的重要装置。坐椅也是车身内部重要装置之一，由骨架、坐垫、靠背和调节机构等组成。

（6）安全防护装置

车外部的防护装置主要是保险杆。在现代汽车上，则广泛采用对乘员施加约束的安全带、头枕、气囊等车内防护装置，以及汽车碰撞时防止乘员受伤的各种缓冲和包垫装置。

3．车身造型

汽车车身（尤其是轿车）造型的发展经历了一个漫长的过程，曾先后出现了马车形、箱形、船形、鱼形、楔形、流线型等车身造型，其发展变化的核心是提高车速。

车身是一种技术和劳动密集型相结合的产品，车身的设计制造成本在汽车总成本中占有较大比重，所以车身设计也是制约汽车制造和新车型开发的关键之一。轿车的车身整体造型更是设计技术和艺术创造的完美结合。车身造型设计涉及空气动力学、人机工程学、制造工艺学、美学、计算机图形学、结构学、材料学、商业心理学等学科。

4.3 汽车性能

4.3.1 动力性

汽车动力性是汽车克服行驶中的各种阻力，驱动汽车前进的性能。动力性是汽车各种性能当中最基本、最重要的性能之一，它直接影响着汽车的平均速度，因而对汽车的运输效率有着决定性作用。

汽车动力性的评价指标有三个：

（1）最高车速

最高车速是指汽车在水平的良好路面（如混凝土或沥青）上行驶，所能达到的最高行驶车速。货车的最高车速一般在 110～130 km/h 之间，轿车的最高车速可达 180～220 km/h，甚至更高。

（2）加速时间

汽车的加速时间是表示汽车在各种使用条件下迅速增加行驶速度的能力。汽车的加速能力对平均行驶速度有较大影响，也和行驶的安全性有关。通常用原地起步加速时间和超车加速时间来衡量汽车的加速能力。

原地起步加速时间是指汽车由第Ⅰ挡（或第Ⅱ挡）起步，并以最大加速强度连续换至最高挡后，达到某一预定距离（如 400 m）或车速（如 100 km/h）所需的时间。例如，中型以上轿车从起步加速到 100 km/h 所需时间约为 10～17 s。

超车加速时间是指用最高挡或次高挡由 30 km/h 或 40 km/h 全力加速到某一高速所需的时间。因为超车时汽车与被超车辆需并行行驶一段时间，易发生事故，所以超车加速能力强，则两车并行行程短，行驶安全性就高。

（3）最大爬坡度

最大爬坡度是表示汽车在满载最低挡时，在良好的路面上能爬上的最大坡度，用坡道角度的正切表示。这对货车和越野车是一个重要指标。一般汽车的最大爬坡度要能达到 30%（16.7°）左右，而越野车的最大爬坡度可达 60%（31°）左右。

4.3.2 燃油经济性

汽车在一定的使用条件下，以最小的燃料消耗量完成运输工作的能力称为汽车的燃料（油）经济性。汽车的燃料经济性是汽车的主要使用性能之一。在汽车运输成本中，燃料消耗费用约占 30%，因此，汽车的燃料经济性是汽车使用性能中的一项重要指标。

汽车的燃料经济性常用一定工况下汽车行驶百·公里的燃料消耗量或一定燃料能使汽车行驶的里程作为评价指标。各国采用的评价方法和指标有所不同。

（1）单位行驶里程的燃料消耗量

在我国和欧洲，燃料经济性的指标为汽车行驶100 km的燃料消耗量，单位为L/100 km，称为百·公里耗油量。其数值愈大，汽车的燃油经济性愈差。汽车在不同的工况下行驶，测得的百·公里耗油量是不同的，比较常用的是等速行驶百·公里耗油量，还有各国各自制定的模拟实际的典型循环工况的百·公里耗油量。

（2）单位燃料消耗的行驶里程

在美国，汽车的燃料经济性用每加仑燃料所能行驶的里程数（英里）作为评价指标，单位是mile/Usgal，简写为MPG（Mile Per Gallon）。

汽车的燃料经济性与使用情况和汽车结构两方面因素有关。使用方面的影响因素有：行驶车速、挡位选择、挂车的使用、正确的维护与调整；汽车结构方面的影响因素有：汽车的尺寸与车重、发动机、传动系、汽车外形与轮胎等。

4.3.3 制动性

汽车的制动性是指汽车在行驶过程中，按需要强制减速直至停车，或在下长坡时维持一定行驶速度的能力。汽车具有良好的制动性，首先是保证汽车行驶安全的需要，它直接关系到人民生命财产的安全，其次也可提高汽车的平均车速，获得较高的运输生产率。

汽车制动性有以下三个方面的评价指标：

（1）制动效能

制动效能是指汽车制动时迅速降低行驶速度直至停车的能力。常用汽车在良好的水平路面上以一定的初速度强制制动时，汽车的制动距离或制动减速度来表示。制动距离越短（即制动减速度越大），制动效能越好。

（2）制动效能的恒定性

制动效能的恒定性是指汽车保持制动力大小不变化（或变化较小）的能力。包括制动器的热稳定性（抗热衰退性）和水稳定性（抗水衰退性）两个方面。

汽车在高速制动或下长坡连续制动时，制动器温度升高，会使制动器所产生的摩擦制动力下降，制动效能变差，此现象称为制动器的热衰退，用抗热衰退性反映。制动器受到水、油等污染物的污染后，制动效能下降的现象，称为水衰退，用抗水衰退性表示。

（3）制动时的方向稳定性

汽车在制动过程中维持直线行驶或按预定弯道行驶的能力，称为汽车制动时的方向稳定性。汽车的制动稳定性主要存在制动跑偏、后轴侧滑和前轮失去转向能力三方面的问题。

汽车制动性的影响因素主要包括：汽车的总质量和质心位置、制动力调节装置、制动器技术状况和摩擦副性能等。

4.3.4 操纵稳定性

汽车的操纵稳定性包括操纵性和稳定性，由于两者互相联系和影响，常统称为操纵稳定性。汽车的操纵性是指汽车能够确切快速地响应驾驶员的操纵指令的能力；汽车的稳定性是指汽车在行驶过程中抵抗各种干扰（力），保持稳定行驶，不翻车、不侧滑、不失控的能力。汽车的操纵稳定性直接影响汽车的行驶安全、汽车的动力性及驾驶员的劳动强度。随着汽车速度的提高，为了确保汽车的行驶安全，汽车的操纵稳定性日益受到重视，成为现代汽车的重要使用性能之一。

汽车操纵稳定性涉及的问题较为广泛，可以采用主观评价和客观评价的方法。客观评价需采用较多的物理量从多方面来进行评价，如转向盘的响应特性、横摆角速度频率响应特性、回正性、最小转向半径、转向轻便性、直线行驶性能、典型工况行驶性能、极限行驶能力等。

在对汽车操纵稳定性的相关特性进行分析和研究时，可将其研究对象看作是驾驶员与汽车作为统一整体的人—车闭路系统，如图 4.23 所示。

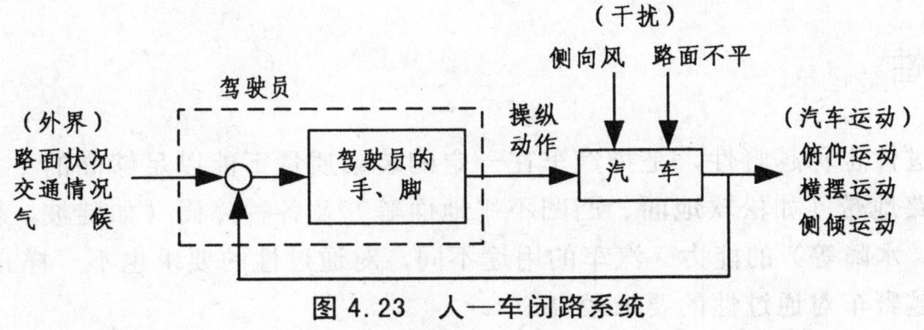

图 4.23　人—车闭路系统

4.3.5　行驶平顺性

汽车的行驶平顺性也称为乘坐舒适性，是指汽车在行驶过程中保持乘员所处的振动环境具有一定舒适度的能力。对于货车而言，还应包括保持货物完好的能力。

汽车是一个振动系统，路面不平会激起汽车行驶时的振动，当振动达到一定程度时，将使乘员感到不舒适和疲劳或货物受损。研究汽车行驶平顺性的目的是要控制振动的传递，其分析和研究方法如图 4.24 所示。

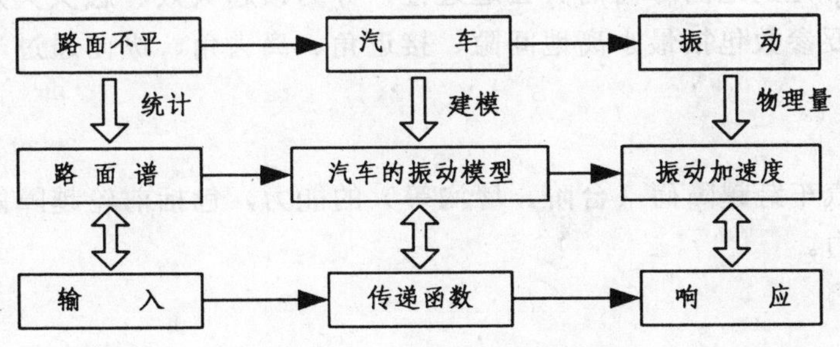

图 4.24　汽车平顺性分析

汽车的平顺性主要根据乘员主观感觉的舒适性来评价。振动对人体的影响，既取决于振动的频率、强度、作用方向、持续时间，也取决于每个人的心理和生理状态，因此一直以来难以得到公认的评价方法和指标。直到 1974 年，国际标准化组织制定了 ISO 2631《人体承受全身振动的评价指南》，汽车平顺性评价则采用了该国际标准中的疲劳－工效降低界线。该标准后来又经过修订、补充，于 1997 年公布了 ISO 2631-1：1997（E）《人体承受全身振动评价——第一部分：一般要求》，我国也对相应标准进行了修订，公布了 GB/T 4970—1996《汽车平顺性随机输入行驶试验方法》。根据这些标准，我们可知：

① 人体站立与坐着的姿态对振动的反应是不同的。ISO 2631-1：1997（E）标准规定了人体坐姿受振时的评价，人体对不同作用方向的振动的敏感程度也是不一样的。

② 人体对不同频率振动的敏感程度不同。根据 ISO 2631-1：1997（E）标准规定，在座椅椅面垂直轴向的最敏感频率范围为 4～12.5 Hz，在 4~8 Hz 这个频率范围人体的内脏器官产生共振，而在 8～12.5 Hz 频率范围的振动对人的脊椎系统影响很大。椅面水平轴向最敏感频率范围为 0.5～2 Hz，大约在 3 Hz 以下，水平振动比垂直振动更敏感。

③ 人体承受振动的持续时间越长，人体能承受的振动加速度越小。

汽车的悬架是影响汽车行驶平顺性的主要结构因素。

4.3.6 通过性

汽车的通过性也称越野性，是指汽车在一定的装载质量下能以足够高的平均车速，通过各种坏路和无路地带（如松软地面、凸凹不平地面等）及各种障碍（如陡坡、侧坡、壕沟、台阶、灌木丛、水障等）的能力。汽车的用途不同，对通过性的要求也不一样。军事、工矿、农林等用途的越野车对通过性的要求较高。

汽车的通过性包括地面通过性、几何通过性和越障能力三个方面。

（1）地面通过性

地面通过性是指汽车在松软路面上的行驶能力，用牵引系数等指标进行评价。汽车在松软路面行驶时，车轮与地面之间的附着力小，而滚动阻力要比在硬路面上大，从而降低了汽车的通过能力。

（2）几何通过性

几何通过性是汽车能克服几何障碍而正常工作的能力。汽车的几何失效形式包括：① 因失稳而失去通过性：汽车在纵向或横向坡道上行使时，由于滑移或翻倾而失去通过性；② 间隙失效：因车辆外形碰到地面障碍而失去通过性，分为顶起失效、触头失效和托尾失效。表征几何通过性的主要参数包括最小离地间隙、接近角、离去角、纵向通过半径、横向通过半径等。

（3）越障能力

越障能力是指汽车跨越障碍（台阶、壕沟等）的能力，包括前轮越障能力、后轮越障能力和跨越壕沟的能力。

第 5 章　公路运输设备

公路运输设备主要包括公路线路、交通管理与控制设备、运输车辆和运输站场等。本章阐述除运输车辆以外的其他公路运输设备。

5.1　公路线路

5.1.1　公路的分类

1．公路的行政等级

根据我国交通部颁发的《中华人民共和国公路管理条例实施细则》中的规定，我国公路分为：国家干线公路（国道）、省干线公路（省道）、县公路（县道）、乡公路（乡道）和专用公路。

① 国道。国道规划以北京为中心，连接各省市重要大、中城市、港站枢纽和工农业基地等。国道网由放射线、南北线、东西线组成，其编号前加字母“G”。

② 省道。是我国各省（自治区、直辖市）根据国道网的总体规划，对全省具有重要政治、经济意义的干线公路加以规划，连接省内中心城市和主要经济区，以及不属于国道的省际的重要公路，其编号前加字母“S”。

③ 县道。县道是指具有全县（旗、县级市）性政治、经济意义，连接县城和县内主要乡（镇）、商品生产和集散地以及不属于国道、省道的县际间公路，其编号前加字母“X”，编号区间为 X001～X999。

④ 乡道。乡道是指主要为乡（镇）内经济、文化、行政服务的公路以及不属于县道的乡与乡之间的公路，其编号前加字母“Y”，编号区间为 Y001～Y999。

⑤ 专用公路。专用公路是专供厂矿、林区、油田、农场、旅游区、军事要地等对外联系的公路，其编号前加字母“Z”，编号区间为 Z001～Z999。

2．公路的技术等级

公路等级是表示公路通过能力和技术水平的指标。根据我国《公路工程技术标准》，公路可分为以下五个等级：

① 高速公路：为专供汽车分向、分车道行驶并应全部控制出入的多车道公路，四车道高速公路应能适应将各种汽车折合成小客车的年平均日交通量，即 25 000～55 000 辆；六车道为 45 000～80 000 辆；八车道为 60 000～100 000 辆。

② 一级公路：为供汽车分向、分车道行驶，并可根据需要控制出入的多车道公路。四车道一级公路应能适应将各种汽车折合成小客车的年平均交通量，即 15 000～30 000 辆；六车道为 25 000～55 000 辆。

③ 二级公路：为供汽车行驶的双车道公路。双车道二级公路应能适应将各种汽车折合成小客车的年平均日交通量，即 6 000～15 000 辆。

④ 三级公路：为主要供汽车行驶的双车道公路。双车道三级公路应能适应将各种车辆折合成小客车的年平均日交通量，即 2 000～6 000 辆。

⑤ 四级公路：为主要供汽车行驶的双车道或单车道公路。双车道四级公路应能适应将各种汽车折合成小客车的年平均日交通量 2 000 辆以下；单车道为 400 辆以下。

3．关于国道

国道是国家干线公路的简称，是国家综合交通网中的重要干线。我国的国道是由以下四类公路组成：一类是首都北京通往各省、直辖市、自治区的政治、经济中心和 30 万人口以上城市的干线公路；二类是通向各港口、铁路枢纽、重要工农业生产基地的干线公路；三类是大中城市通向重要对外口岸、开放城市、历史名城、重要风景区的干线公路；四类是具有重要意义的国防公路。

国道的编号根据国道的地理走向分为三类：

① 以北京为中心的放射线国道，编号为“1××”。如，北京到沈阳的国道编号为 G101；北京到广州的国道编号为 G106；G112 线是以北京为中心的环线。

② 南北走向的国道（纵线国道），编号为“2××”。如，鹤岗到大连的国道编号为 G201；山海关到深圳的国道编号为 G205；G228 国道为台湾环线；最长的纵向国道是锡林浩特到雷州半岛南部的海安，编号为 G207。

③ 东西走向的国道（横线国道），编号为“3××”。如绥芬河到满洲里的国道编号为 G301；上海到瑞丽的国道编号为 G320；最长的横向国道为上海到聂拉木的 G318 国道，也是国道中最长的一条，全长 4 907 km。

关于国道的具体情况可参看有关最新资料（如交通图册）的国道一览表。

5.1.2 公路的构成

公路是设置在大地上供各种车辆行驶的一种线形带状结构物，主要承受车轮荷载的反复作用并经受各种自然因素的长期影响和破坏。公路的结构组成主要有：

（1）路　基

路基是公路线形结构的主体，是由土、石按照一定尺寸、结构要求建筑成的带状土工结构。它与路面共同承受行车荷载的作用，同时抵御各种自然因素造成的危害，因此必须具有足够的力学强度和稳定性，而且又要经济合理。为了保证路基的强度与稳定性，避免外界因素对路基的危害，在修筑路基的同时，根据需要还要修建路基排水及防护设施，如边沟、挡土墙等。

（2）路　面

路面是用各种路面材料按照一定的比例经混合拌制分层铺筑于路基顶面后形成的结构物，主要供车辆安全、迅速和舒适地行驶。因此路面必须具有足够的强度、稳定性、平整度、抗滑性等。路面一般分为面层、基层、垫层和土基。

路面按面层材料的不同，可分为沥青路面、水泥混凝土路面、块料路面和粒料路面；按技术条件及面层类型不同，又可分为高级、次高级、中级和低级路面。

（3）桥梁、涵洞

公路跨越河流、沟谷以及其他线路时，为了保证公路的连续性，则需要修建桥梁或涵洞等结构物来跨越。当结构物的单孔跨径小于5m或多孔跨径小于8m时，称为涵洞；当大于上述值时则称为桥梁。

（4）隧　道

在山区修筑公路，经常有较高的山岭阻拦，如果选择绕过山岭方式，有可能造成里程大大增加，而且纵坡陡峻，线形迂回较多，使公路技术标准较低。在这种情况下，可以考虑在一个适当的高程和地形处，打通一条山洞连接山岭两侧的公路，这样就可以避免上述路线的缺点而取得一条捷径，这类山洞就是公路隧道。还有一种情况，当公路需要穿越深水层或所跨越的江海湖泊不适宜修建桥梁时，也可以考虑隧道方案。较长的公路隧道，还需照明、通风、消防及报警等其他应急设施。

（5）沿线附属设施

在公路上，除了上述各种基本结构物以外，为了保证行车的安全、迅速、舒适、美观，还需要设置交通安全设施、交通管理设施、服务设施及环境保护设施等。

（6）特殊结构物

山区公路在翻山越岭时，往往要在横坡陡峻的山坡上修筑公路，为了保证路基稳定和减少工程数量，常需修筑挡土墙。在悬岩峭壁上修筑公路时，常需要修悬臂式路台。通过沙漠地带的道路可修筑防沙栏栅。

桥梁、涵洞和隧道在本书的第九章第一节“铁路线路”中亦有阐述。

5.1.3　公路的通行能力

公路的通行能力（或称公路容量），是指在通常的道路条件、交通条件和人为度量标准下，在一定的时段内道路某断面可以通过的最大车辆数。

通行能力又分为：

① 基本通行能力：是道路与交通都处于理想条件下，由技术性能相同的某种标准车，以最小的车头间距连续行驶的理想交通流，在单位时间内通过公路断面的车辆数，即理论上所能通行的最大小时交通量。

② 容许通行能力：即公路实际承担的最大交通量。它是在理想条件下人们所允许的最低质量要求时所能通行的小时交通量。

③ 设计通行能力：即根据交通运行的质量要求和该路段的具体道路、交通条件和交通管理水平，对容许通行能力进行修正后所得到的小时交通量。

5.1.4　公路的几何要素

公路的几何要素主要包括：平面、纵断面、横断面、视距和路线交叉等。

1．平面线形

公路的平面线形主要由直线、圆曲线、缓和曲线组成。

直线是平面线形中的基本线形。直线路段的长度应根据线路所处地段的地物、地貌，并结合土地利用、驾驶员的视觉、心理状态以及保证行车安全等合理布设。为了迅速排除道路表面的降水，公路路面做成中间高两侧倾斜的拱形，称路拱，其倾斜度就是路面横坡度。

圆曲线是平面线形中最常用的线形。它在线路遇到障碍或地形需要改变方向时设置。各级公路不论转角大小，均应设置圆曲线。为了平衡因离心力作用可能造成的车辆倾覆，可把道路的横断面设计为向曲线内侧单向倾斜的线形，这种倾斜称作超高。

在直线和圆曲线之间，需插入一段其曲率半径逐渐过渡的缓和曲线。其道理与铁路线路的缓和曲线相同（参见 9.1.2）。

2．纵断面

纵断面指通过公路中线的竖向剖面，它随地形的起伏而变化。由直线坡度段和相邻坡段间插入的竖曲线所组成。汽车爬长坡时，易引起水箱开锅、气阻等问题；汽车在下长坡时，为克服下滑加速度频繁制动，制动器容易发热导致制动性能下降，影响行车安全。所以，对于公路的坡长应给予一定的限制。

3．横断面

公路横断面主要包括行车道宽度、中间带和路肩宽度等。行车道宽度与汽车尺寸、行驶速度、道路交通量和交通构成等因素有关。车道数取决于设计交通量和车道的通行能力。高等级公路一般应设置中间带，以分隔往返车流，保证行车安全，提高通行能力。行车道的两侧需设置路肩，以保持行车道的功能和临时停放车辆，并作为路面横向支撑的作用。

4．视　距

为了行车安全，驾驶员需要能及时看到前方相当长一段距离，以便发现前方障碍物或来车，并能及时采取措施，保证交通安全，我们把这一距离称为行车视距。行车视距是道路使用质量的重要指标之一，行车视距是否充分将直接关系到行车的安全和迅速。根据驾驶员所采取的措施不同，行车视距分为如下几种。

① 停车视距：汽车行驶时，从驾驶员发现前方障碍物时起，至障碍物前能安全制动停车，所需的最短距离。

② 会车视距：在同一车道上，两相向行驶的汽车在发现对方后，采取刹车措施安全停车，防止碰撞所需的最短距离。

③ 错车视距：在无明确分道线的双车道道路上，两相向行驶的汽车在发现对方后，采取措施避让，安全错车所需的最短距离。

④ 超车视距：在双向行驶的双车道道路上，后面的快车超越慢车时，从开始驶离原车道，到完成超车回到自己的车道所需要的距离。

5．路线交叉

道路与道路或道路与铁路相交部位称为道路交叉口。它是道路系统的重要组成部分，是道路交通的咽喉。道路交叉口的存在，降低了道路的通行能力，易发生交通事故，使车辆的燃油、机件等消耗增加。因此，道路交叉口是道路设计的一项重要任务。

道路交叉口可分为平面交叉口和立体交叉口两大类，各自又有不同的形式。

5.1.5　高速公路

1．高速公路的基本概念

高速公路是专供汽车高速行驶的公路。由于在高速公路上采取了限制出入、分隔行驶、汽车专用、全部立交以及采用了较高的标准和完善的交通设施等措施，从而为汽车的大量、快速、安全、舒适、连续运行创造了条件。高速公路已成为适应公路运输交通量迅速增长、减少交通事故、改善道路交通拥塞的新型交通手段和现代公路高速发展的象征。

高速公路是社会经济发展的必然产物，是与整个社会的政治、经济、军事的发展密切相关的。德国是修建高速公路最早的国家，美国是高速公路最多、路网最发达、设备最完善的国家，荷兰是高速公路密度最大的国家。我国第一条高速公路是 1988 年修建完成的沪嘉高速公路，全长 18.5 km。

2．高速公路的特点

高速公路与一般公路相比，在功能上具有如下特征：

① 实行交通限制，规定汽车专用。交通限制主要是指对上高速公路行驶的车辆和速度的限制。我国规定，进入高速公路的车辆，最低时速不能低于 50 km/h。

② 实行分隔行驶。一方面对不同方向行驶的车辆由中央分割带隔开；另一方面对同方向车辆通过设置两个车道以上的方法来分隔同向行驶的快慢车或进行超车。

③ 严格控制出入，实行全“封闭”。即对进出高速公路的车辆加以严格控制，禁止非机动车和行人上路。高速公路沿线还通过设置高路堤、高架桥、护栏分隔网等封闭措施来减少侧向干扰，以保证车辆快速行驶的安全。

④ 采用较高的设计标准，设置完善的交通与服务设施。高速公路线路采用较高的技术指标，沿线还设有完善的安全、服务、交通控制与管理设施等，为高速、安全、舒适行车，方便旅客、保护环境等提供了可靠保证。

但是，高速公路同样也存在一些问题，如投资大，占地多，造成地方支线交通困难，以及管理问题和环境保护问题等。

3．高速公路的沿线设施

高速公路的沿线设施包括安全设施、服务设施、交通控制及管理系统以及绿化设施。这些设施是保证高速行车安全和调节恢复驾驶员和乘客疲劳、方便旅客、保护环境不可缺少的重要组成部分。

① 交通安全设施。交通安全设施包括防护栅、防眩设备、防噪声设施、照明设施、道路标志等。② 服务设施。服务设施包括服务区（加油站、休息室、小卖部、厕所等）、停车区（停车场、电话等）和辅助设施（养路站、园地等）。③ 环境绿化。当前，公路美学已成为设计的重要方面，所以高速公路的线形与构造物应特别注意与周围优美景观及生态环境的协调，尽量减少施工痕迹或通过和谐的修复与绿化来恢复天然景观。中央分隔带应种植高约 1.2～1.4 m 的长绿树木，以美化景色并避免对向汽车灯光眩目。④ 交通控制及管理系统。现代化

的交通管理系统，是利用电子计算机控制及信号自动化来监视路段区段内的交通情况，迅速得知交通堵塞和交通事故，通过发出交通信息变换标志和无线电行车信号，告知司机有关信息，以便其将汽车开到合适的地方并保证交通畅通。

4．我国高速公路简况

1988 年，上海至嘉定高速公路建成通车，我国内地高速公路实现了零的突破。之后的十年，高速公路一直是我国交通建设的主战场。1998 年底，我国高速公路通车总里程达到 6 258 km，居世界第八位；2001 年底达到 1.9 万公里，居世界第二位。截至到 2010 年底，我国高速公路由“十五”期末的 4.1 万公里发展到 7.4 万公里，五年新增 3.3 万公里，仍居世界第二位。目前，美国拥有约 10 万公里高速公路，居世界第一位。

按照国务院公布的高速公路网发展规划，我国正在全力以赴地加快国家高速公路网主骨架建设。新路网由 7 条首都放射线、9 条南北纵向线和 18 条东西横向线组成，简称“7918 网”，预计“十二五”末能基本建成。

5.2 公路运输站场

5.2.1 客运站

公路运输站场是办理客货运输业务及仓储保管、车辆保养修理以及为用户提供相关服务的场所，是汽车运输企业的生产与技术基地，一般包括客运站、货运站、停车场（库）、保修场（站）、加油站及食宿站等。

公路运输客运站的主要功能是发售客票、候车服务、调度车辆、组织乘客上下车、行包受理与交付及其他服务等。客运站的设施主要由站前广场、停车场、发车位、站房以及车辆维修车间、材料库等辅助设施组成。车站广场的各类交通设施及停车场地要配置合理，有条件的地方，可建成交通综合换乘枢纽等。

根据交通部制定的《公路汽车客运站级别核定和建设要求》，我国公路运输（汽车）客运站主要是按站务工作量（主要是指旅客日发送量），并结合所在地政治、经济及文化等因素分为四级：

（1）一级站

站务工作量在 7 000 及 7 000 人次以上的车站，或人口稀少及少数民族地区站务工作量在 5 000 及 5 000 人次以上的车站；省、自治区、直辖市人民政府所在地，如无站务工作量在 7 000 人次以上的车站，可将具有代表性的一个车站列为一级站；省（自治区）辖市、自治州（盟）人民政府和地区行政公署所在地，如无站务工作量在 7 000 人次以上的车站，可将站务工作量在 3 000 及 3 000 人次以上的一个车站列为一级站。

（2）二级站

站务工作量在 3 000～7 000 人次的车站；除已列为一级站的省、自治区、直辖市人民政府所在地及省（自治区）辖市、自治州（盟）人民政府和地区行政公署所在地的车站；县级人民政府所在地，如无站务工作量在 3 000 人次以上的车站，可将站务工作量在 1 500 及 1 500

人次以上的一个车站列为二级站；国家列为重点旅游区的车站。

（3）三级站

站务工作量在 500～3 000 人次的车站；除已列为一、二级车站的县级人民政府所在地车站；一般旅游区车站。

（4）四级站

凡站务工作量不足 500 人次的乡级人民政府及乡级以下行政单位所在地车站。

5.2.2　货运站

公路运输货运站有时也称汽车站或汽车场，其主要功能包括货物的组织与承运，货物的交付、装卸、保管以及运输车辆的停放、保修等。公路货运站又可分为汽车零担站、零担中转站、集装箱货运中转站等。通常汽车货运站比较简单，有的货运站仅有供运输车辆停靠与货物装卸的场地。对于大型的货运站还设有保养场、修理厂、加油站等。

零担货运站一般是按照年工作量（即零担货物吞吐量）划分等级的，年货物吞吐量在 6 万吨以上的为一级站；在 2～6 万吨的为二级；在 2 万吨以下为三级站。零担货运站应主要配备零担站房、仓库、货棚、装卸车场、集装箱堆场、停车场及维修车间、洗车台、材料库等生产辅助设施。集装箱货运中转站应配备拆装库、高站台、拆装箱作业区、业务（商务及调度）用房、装卸机械与车辆等。

5.2.3　停车场

停车场（库）的主要功能是停放与保管运输车辆。现代化的大型停车场还具有车辆维修、加油等功能。从建筑性质来看，可以分为暖式车库、冷式车库、车棚和露天停车场等。目前我国露天停车场采用较为普遍，尤其是专业运输和公交车辆广泛采用。

停车场内的平面布置要方便运输车辆的进出和进行各类维护作业，多层车库或地下车库还需设有斜道或升降机等，以方便车辆出入。

5.3　交通管理与控制设备

5.3.1　公路交通管理

公路交通管理就是按照交通法规及交通规则，规定车辆、驾驶员和行人在道路上的行动准则，并运用各种手段、方法，合理地限制和科学地组织、指挥交通，确保行车和行人的安全。主要包括以下几个方面：

① 车辆管理。这是指车辆的检验管理制度，包括车辆的牌照、车辆的尺寸和性能、车辆的装载（客、货）、车辆的重量以及各种车辆的运行、驾驶和停放的规定。

② 驾驶员管理。这是指对驾驶员的管理制度，包括培训、考核、驾驶执照、对驾驶人员的定期安全教育、交通法规的学习，以及驾驶证的发放、交通违章和事故处理的规定。

③ 步行管理。我国城镇人口密集，步行交通量很大，因此步行管理在我国交通管理中占有特殊的、重要的地位，其基本观念是“以人为本”，基本目标是保障行人的安全，同时，还得考虑如何同其他的交通要求取得协调。

④ 优先通行管理。近年来，城市交通中优先发展公共交通已成为共识。公共交通一般指公共汽车、电车、轻型有轨交通、地下铁道和城市交通等。公交优先通行的科学管理包含多个方面，如公交车辆专用道、公交车辆专用街、公交车辆专用道路、交通信号的公交车辆优先控制、公交车辆的转弯优先及改善公交车辆停靠站的设置等。

针对道路交通管理，我国颁布了多种道路交通法规，其中最基本的是《中华人民共和国道路交通安全法》及其实施条例。

5.3.2 交通控制设备

交通控制设备主要有交通标志、路面标线和交通信号三类，它们的功能主要是对车辆、驾驶员和行人起限制、警告和诱导作用。

1．交通标志

交通标志就是把交通警告、交通禁令、交通指示和指路等交通管理与控制法规用文字、图形或符号形象化地表示出来，设置于路旁或公路上方的交通控制设施。有以下四种：

① 警告标志：即警告车辆、行人注意危险地点的标志，其形状大多为正三角形，颜色为黄底、黑边、黑图案，距危险地点的距离为20～250 m。

② 禁令标志：即对车辆、行人禁止或加以限制的标志，其形状大多为圆形，颜色为白底、红圈、红杠、黑图案。

③ 指示标志：即指示车辆、行人行进的标志，其形状为圆形、长方形或正方形，颜色为蓝底、白图案。

④ 指路标志：即传递道路方向、地点、距离信息的标志，其形状为长方形或正方形，一般指路标志颜色多为蓝底白图案，高速公路多为绿底白图案。

此外，交通标志还包括一些辅助标志。

2．交通标线和路标

路面交通标线与交通标志具有相同的作用，它是将交通的警告、禁令、指示和指路用画线、符号、文字等标示或嵌、划在路面、缘石和路边建筑物上。路面标线有连续实线、间断线和箭头指示线三种形式，其颜色有黄、白两种。

路标为沿道路中线或车道边线或防撞墙埋设的反光标志物。车辆夜间行驶时，在汽车灯光照射下，路标的反光作用勾画出行车道或车道的轮廓，从而为驾驶员提供行驶导向。

3．交通信号

交通信号是最主要的交通控制设备，用于在时间上给互相冲突的交通流分配通行权，使各个方向和车道上的车辆安全而有序地通过交叉路口的一种交通管理措施。交通信号基本可分为定时式和感应式两种。

① 定时式。定时信号是利用定时控制器，按预先设定的时间顺序，重复变换红、黄、绿

三色灯。信号周期时间可按照交叉口处不同方向的车流的情况预先规定一种或几种。这种方式既经济又准确可靠。

② 感应式。感应信号是通过车辆检测器测定到达交通路口的车辆数，及时变换信号显示时间的一种控制方式。它能充分利用绿灯时间，提高通行能力，使车辆在停车线前尽可能不停车，从而得到安全畅通的通车效果。但感应式信号装置的造价很高。

第6章 公路运输组织与管理

6.1 公路运输生产概述

6.1.1 公路运输生产过程

公路运输生产过程是指客货运输对象通过汽车运输实现其空间场所移动的运输过程，通常需要经过许多作业环节才能完成，一般分为运输准备、运输生产和生产辅助等三项主要工作环。

① 运输准备工作：是指运输客货之前所需要进行的全部准备工作，包括运输经济调查与运输工作量预测、营运线路开辟、营运作业点设置、客货运输对象组织、运力配置、运输生产作业计划安排以及制定有关运输组织管理制度、规章等。

② 运输生产工作：是指直接实现客货空间场所位移的车辆运输工作，主要包括乘客上下及货物装卸作业、运送货物或旅客工作以及必要的车辆调控作业等。

③ 运输生产辅助工作：是指为运输生产及其准备工作提供后勤保障服务的各项工作的总称，主要包括车辆选择与技术运用的组织、运输生产消耗材料的组织供应与保管工作、运输劳动组织工作等。

上述各项工作环节是构成汽车运输生产过程所必需的主要工作环节，其中又以运输生产工作为基本运输工作环节，它是运输生产经营中可获营运收入的有效运输工作环节，其余工作环节需要围绕运输生产工作环节的各类需要，科学、及时地进行组织，才能保证运输生产过程正常进行。

6.1.2 公路运输组织管理机构

在我国，当前从事公路客货运输的经营业户主要有专业运输企业、个体（或合伙）运输经营户、公司制运输企业和企业集团、外资运输企业以及各企事业部门所属的运输经营企业等。但不管何种性质的运输企业或经营户，都实现了自负盈亏、自主经营的管理模式，交通部公路运输管理部门只是代表政府主管公路运输的职能部门，其具体职能是通过运用政策、法律、计划、行政等手段，调控运输市场、管理经营户、维护各方权益、合理配置运输资源等，最终达到促进公路运输市场发展完善、提高公路运输行业的整体水平、满足社会经济日益增长对运输的需求以及提高运输资源运用效率的目标。因此，我国公路运输行政管理组织机构是按照交通主管部门组织机构的系统层次来划分和设置的，主要实行五级管理职能机构：

中央（即交通部）设立公路管理司；省（自治区、直辖市）设立公路运输管理局（处）；市（地、盟、州）设立公路运输管理处；县（市、旗）设立公路运输管理所；乡（区、镇）设立公路运输管理站。

由于各级管理机构的具体职责和任务不同，因此其所起的作用也不同。交通部公路管理司和省一级的公路运输管理局（处）属于决策层，分别是全国和地方公路运输行业管理的决策机构，主要职责是对全局性运政管理工作进行筹划与决策。市（地、盟、州）公路运输管理处属于中间层次机构，起承上启下的作用，主要职责是组织、指导、帮助和监督执行层运管机构工作，贯彻和执行决策层所制定的方针、政策和法规，做好各项管理工作。县（市、旗）公路运输管理所和乡（区、镇）公路运输管理站为执行层，是公路运输行业管理的具体执行机构，其主要职责是根据上级及国家有关方针、政策、法规和指令，进行公路运输行业管理的具体业务工作。

6.1.3 公路运输安全

由于公路运输所具有的点多、面广、流动、分散，公路运输车辆使用条件复杂、技术状况不稳定，道路及交通环境多变，货物品种、规格繁多等特点，因此给运输安全的组织与管理带来不少困难。因此，公路运输企业更需建立强而有力的安全保证体系，才能确保整个运输过程的安全。

所谓运输的安全质量特性是指公路运输过程中，能否始终满足旅客及货主安全需要的特性。其主要方面有：

① 安全方便性：是指对旅客及货主在确保安全的前提下，提供尽量周到的服务。例如，在组织旅客及货主购票、办手续、托运、候车、乘车、到站、出站、提货等，做到手续简便、正确。

② 安全可靠性；是指在运输过程中，确保承运对象空间和时间上不出故障（事故）的特性。空间上的安全可靠性是指保证运输对象安全完好抵达目的地的特性。例如，货运的装卸、储存、运输等环节无货损、货差、丢失等事件，行车安全无事故；旅客途中不发生伤害事故等。时间上的安全可靠性是指在确保安全的条件下，准时完成运输的全过程。例如，货物运输按规定时间送达目的地；旅客班车正点开车，安全准时到站等。时间上的安全可靠性不仅是一种体现在运输时间上的质量指标，而且给货主或旅客一种安全感。

③ 安全防护性：是指在运输中确保承运对象身心不受侵害的特性。例如，旅客乘车、货主托运心情舒畅，感觉良好，预防旅客途中因过度颠簸、疲劳和乘坐环境的损害而导致身体和精神上的疾患；严禁旅客携带危险品乘车；禁止车辆违章装载和超速行驶等。

在公路运输过程中，对可能导致某类事故的诸因素，必须采取强而有力的预防措施，最大限度地控制事故。这种在运输生产的全过程中，为保证承运对象的安全可靠，所进行的各项活动的总和，称为运输安全管理。按企业的生产特点，公路运输企业的安全管理，可分为行车安全管理和企业生产安全管理两大类。

行车安全管理　行车安全管理主要包括：合理调度车辆及承运人；正确规划、布局行车路线；加强各层次人员的安全培训教育；避免违章行为及货物途中损失；最大限度地预防行车事故，以及适时地、正确地分析和处理交通事故。为了加强道路运输行业安全生产监督管理，交通部于 2004 年制定了《道路运输行业行车事故统计制度》，以便及时、准确、完整地反映道路运输行业行车事故情况。

企业生产安全管理　企业生产安全管理除了日常的生产安全管理之外，还包括对整个企业的安全管理思想、安全管理组织、安全管理制度、安全管理方法的研究和实施。

因此，为保障运输安全，公路运输企业应该设立专门的安全管理机构，建立安全保证体系，做好各项安全管理工作。

6.2 公路客运组织与管理

6.2.1 公路旅客运输计划

公路旅客运输计划是根据过去一个时期内完成任务的实绩和充分考虑工农业生产发展速度、人口增长、人民生活水平提高等因素，在对今后一个时期的旅客运输量做出科学预测的基础上，制定的运量增长、运力配备等方面的计划。在某种程度上，也可以把它看成是平衡旅客运量与运力的一项措施和办法。旅客运输包括以下三个部分：

① 旅客运输量计划：是运输企业对一定时期运送旅客数量和完成旅客周转量所做的安排。

② 客车运力计划：是实现旅客运输量计划的物质保证，也是运输企业运输计划的基本组成部分，以客车的种类、数量、座位数实际保有及增减变化情况为具体内容。

③ 车辆运用计划：即运输企业全部运营客车运输能力利用程度的计划，是运力和运量平衡的主要依据。

6.2.2 公路客运营运方式

公路客运营运方式主要有班车客运、旅游客运、出租车客运和包车客运等四种。

① 班车客运是有固定线路、站点、班次和班时的营运方式，在线路的起终地点及沿途都可上下旅客。班车客运可分为长途班车和短途班车。对于跨省、区的长途干线上的旅客运输，还可以开行长途直达客运班车，多行驶于高等级公路上。

② 旅游客运是以运送旅客游览观光为目的的，其线路必须有一端位于名胜古迹、风景区等旅游景点的营运方式。

③ 出租车客运是以轿车、小客车为主，根据用户要求的时间和地点行驶、上下及等待，按里程或时间计费的一种营运方式。

④ 包车客运是将客车租给用户安排使用，按行驶里程或包用时间计费的一种营运方式。

公路客运一般主要是以客运班车方式组织旅客运输。

6.2.3 公路客运站务作业

公路客运站是公路客运企业的主要基层生产单位，担负着接送旅客和组织客车运行等工作。客运站通过一系列的站务作业，保证旅客安全、及时、经济、方便、舒适地到达目的地，同时为企业客运计划、统计、经济核算等工作提供原始资料，为企业改善经营管理、提高经济效益作出贡献。为建立正常的汽车运输市场秩序，保障旅客和客运经营者的合法权益，客运站管理应符合交通部颁发的《汽车客运站管理规定》。

客运站站务作业主要包括售票工作、行包托运和交付、候车室服务工作、组织乘车与发车、接车工作。公路客运作业基本程序如图 6.1 所示。

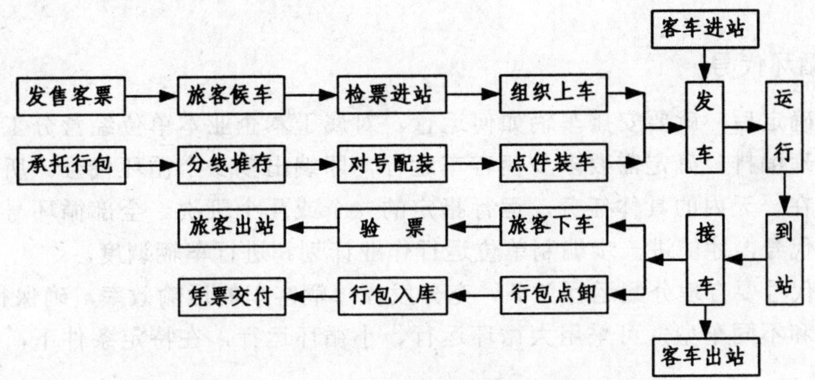

图 6.1　公路客运作业基本程序示意图

6.2.4　公路客车运行组织

搞好公路旅客运输的关键是客车运行组织工作，主要包括：客运营运组织方法，确定客运班次，编排行车路牌，编制单车运行作业计划和调度工作，以及保证安全正点运行等。

1. 公路客运组织方法

公路班车客运可采用直达行驶法和分段行驶法两种行车组织方法。但是，由于采用分段行驶法时，在路段衔接处旅客需要换车，增加旅客在旅途的时间并使旅客感到不便，降低运输工作效率。因此，在大多数情况下，公路客运的行车组织方式都是采用直达行驶法。

2. 客运班次组织

客运班次主要包括行车路线、发车时间、起讫站名、途经站及依靠点等。客运班次的安排是车站提供给旅客安排旅行的依据，也是车站完成旅客运输任务和企业据以安排运输计划的一项重要的基础工作。因此，科学合理地确定客运班次有重要意义。

安排客运班次，必须深入进行客流调查，在掌握各线、各区段、区间旅客流量、流向、流时及其变化规律的基础上，研究确定。具体在安排客运班次时应考虑以下因素：

① 根据旅客流向及其变化规律，确定班次的起讫点和中途停靠站点，兼顾始发站及各中途站旅客乘车的需要。尽可能开行直达班次，以减少旅客不必要的中转换乘。

② 安排班次的多少，取决于客流量的大小，遇到节假日及集会等客流量猛增时，要及时增加班车或组织专车、提供包车等用于疏导客流。

③ 根据旅客流时规律来安排班次时刻。例如，农村公共客运要适应农民早进城晚归乡的习惯。此外，很多旅客要经由其他线路、其他班次或火车、轮船中转换乘，因此各线班次安排应尽量考虑到相互衔接及与其他交通工具的中转换乘方便。

④ 安排班次时刻，应考虑车辆运行时间，旅客中途膳宿地点，驾驶员作息时间，以及有关站务作业安排。

以上各项要求不可能面面俱到，只能从具体情况出发，分清主次，统筹兼顾。客运班次经确定后由车站公布执行，一经公布，应保持班次的稳定性和严肃性。除冬夏两季因适应季节变化需调整行车时刻外，平时应尽量避免临时变动，更不应任意停开班次、减少班次或变动行车时刻。

3．编排循环代号

客运班次确定后，就要安排车辆如何运行。对属于本企业本单位经营分工范围内的全部班次，通过合理编排，确定需要多少辆客车运行，即编出多少个循环代号。所谓一个代号，就是一辆客车在一天内的具体任务，运行指定的一个或几个班次。全部循环号即包括全部班次。有了循环代号，才能进一步编制单位运行作业计划和进行车辆调度。

编排循环代号要合理分配运行任务，充分发挥每辆客车的运输效率，确保行车安全正点。根据不同班次和不同车型，可采用大循环运行、小循环运行，在特定条件下，也可以采用定线定车运行。

4．单车运行作业计划和调度工作

客运调度室应依据循环代号、车辆状况及其运行情况（车辆型号、技术性能、额定座位、完好率、工作率、平均车日行程、实载率、车座产量等），预计保留一定数量的机动车辆以备加班、包车及其他临时用车等，加以统筹安排，综合平衡后，编制各单车运行作业计划并组织执行。在执行计划过程中，可能会遇到各种因素干扰，调度人员应及时采取相应措施，保证运行作业计划的实施。

客运调度室是代表企业执行生产指挥的职能机构，各级调度有权在计划范围内指挥客车运行，在特殊情况下实施计划外调度。驾驶员、乘务员对调度命令必须严格执行，即使有不同意见，在调度未作出更改之前，仍应执行调度命令，以确保运行组织工作顺利进行。

5．安全正点行车

客运工作的服务对象是人。保证旅客运输的绝对安全是运输企业及全体客运工作人员（驾驶员、乘务员、调度员、站务员等）义不容辞的职责。客运工作人员要以对旅客生命财产极端负责任的态度，科学调度，精心驾驶，周到服务，做好本职工作。客运班车的正点发车和正点到达，实现安全正点运输，有着重要意义。

6.3　公路货运组织与管理

6.3.1　公路货运的类型

公路货运有以下三种分类方法：

① 按货运地区范围，可分为城市货运和城间货运。

② 按运输距离，可分为短途货运和长途货运。

③ 按车辆从属关系，可分为公用货运和自用货运。公用货运是由汽车运输企业进行组织，用来完成国民经济各部门的货运要求，并具有盈利性质的货运类型；而自用货运是由拥

有自用车辆的各社会单位等自行组织，仅完成本部门内部货运任务并不具有盈利性质的货运类型。

6.3.2 公路货运组织形式

公路货物运输的主要组织形式有：

（1）多（或双）班运输

多班运输是指在昼夜时间内的车辆工作超时一个班以上的货运形式。组织双班运输的基本方法是每辆汽车配备两名左右的驾驶员，分日、夜两班轮流行驶。它也是提高车辆生产率的有效措施之一，但要注意安排好驾驶员的劳动休息和车辆保修时间。

（2）定点运输

定点运输是指按发货点固定车队、专门完成固定货运任务的运输组织形式。在组织定点运输时，除了根据任务固定车队外，还实行装卸工人、设备和调度员固定在该点进行调度等工作。定点运输组织形式，既适用于装卸地点比较固定集中的货运任务，也适用于装货地点集中而卸货地点分散的固定性货运任务。

（3）定时运输

定时运输是指运输车辆按运行作业计划中所拟定的行车时刻表来进行工作。由于车辆按预先拟定好的时刻表进行工作，也就加强了各环节工作的计划性，提高了工作效率。

（4）甩挂运输

甩挂运输是指利用汽车列车甩挂挂车的方法，以减少车辆装卸停歇时间的一种拖挂运输形式。实行汽车运输列车化，可以相应提高车辆每运次的载重量，从而显著提高运输生产效率。采用甩挂运输时，需要在装卸货现场配备足够数量的周转挂车。

（5）直达联合运输

直达联合运输（即各种运输方式的直达联合运输），是指以车站、港口或供需物资单位为中心，按照货物运输的全过程把供销部门、多种运输工具组织成一条龙，将货物从生产地一直运输到消费地。其主要优点是：

① 有利于各种运输方式的综合利用和发展，促进综合运输网的形成。

② 压缩车船等运输工具的停留时间，提高港站的通过能力，节省运力和降低运输成本。

③ 可以减少货物运输的中间环节，加速物资周转，节约运输费用。

以汽车为主体的中、短途货物联合运输，是汽车运输企业与产销部门之间的运输协作或汽车运输与其他运输方式之间的协作。

（6）集装箱运输

集装箱运输，是指把一定数量的货物集中于一个便于运输、搬运、装卸、储存的集装箱内来进行货物运送的运输组织形式。公路集装箱运输的优越性同样也体现在：可提高货物运输质量，减少货物运输过程中的货损、货差，保证货物运输安全；便于实现装卸、搬运作业机械化，提高装卸作业效率；节约货物包装材料，降低运输成本，加速运输工具的周转，提高运输效率等。

公路集装箱运输常采用的形式有：公路集装箱直达运输，公路、铁路集装箱联运，公路、水路集装箱联运。由此可见，汽车运输除了可独立承担集装箱运输任务外，在集装箱多式联运工艺流程中也是处于第一个和最后一个运输环节。集装箱运输的经济性主要集中表现在“门到门”运输，但它的最终实现只能通过汽车运输才能予以保证，是不可缺少的运输环节。所以说，汽车运输是铁路、水路集装箱运输最有效的集散方式。

（7）零担货物运输

凡一批货物托运的重量、体积或性质在 3 t 以下或不满一整车装运时，该批货物称为零担货物。其一般采用定线定站式货运班车或客运班车捎带货物挂车的形式将沿线零担货物集中起来运输的货运形式。

零担货物具有运量小、流向分散、批数较多、品类繁杂的特点。因此，零担货物运输组织工作要比整车货运复杂得多。零担货运的营运组织形式主要有直达零担车、中转零担车、沿途零担车三种。

6.3.3 特种货物的运输组织与管理

货物运输中，有一部分货物本身的性质、质量、体积特殊，对装卸、运送和保管等环节有特殊要求，这类货物统称为特种货物。特种货物可分为大型物件、危险货物、贵重货物和鲜活易腐货物。

（1）大型物件运输

大型货物包括长大物件和笨重货物。凡整件货物长度在 14 m 以上，宽度超过 3.5 m，高度超过 3 m 时，称为长大货物，如大型钢梁、起吊设备等。货物每件质量在 20t 以上，称为笨重货物，如锅炉、大型变压器等。为加强公路大型物件运输管理，提高运输质量，保证行车安全，大型物件运输应按交通部制定的《道路大型物件运输管理办法》执行。

（2）危险货物运输

凡具有爆炸、易燃、毒害、腐蚀、放射性等性质，在运输、装卸和储存保管过程中，容易造成人身伤亡和财产损毁而需要特别防护的货物，称为危险货物。危险货物的运输管理应遵照交通部制定的《汽车运输危险货物规则》和《汽车运输、装卸危险货物作业规程》的规定执行。

（3）贵重货物运输

贵重货物是指价格昂贵，运输责任重大的货物。贵重货物可分为：货币及主要证券、贵重金属及稀有金属、珍贵艺术品、贵重药材和药品、贵重毛皮、珍贵食品、高级精密机械及仪表、高级光学玻璃及其制品、高档日用品等。贵重货物的运输，在装车时应进行严格清查，装卸时小心谨慎，运输途中严防交通事故和盗抢事件发生（有时需武装押运），交付时要做到交接手续齐全、责任明确。

（4）鲜活易腐货物运输

鲜活易腐货物在运输过程中，需要采取一定措施，以防止货物腐坏变质或运输的动、植物死亡。汽车运输的鲜活易腐货物主要有：鲜鱼虾、鲜肉、瓜果、蔬菜、牲畜、观赏野生动物、花木秧苗、蜜蜂等。良好的运输组织工作，对保证鲜活易腐货物质量十分重要，如运输的及时、车辆的清洁、车辆设备的完好、一些货物的特殊照顾等。

第 2 篇习题

1. 公路运输的含义如何?
2. 根据我国汽车产品编号规则，CA7180 和 EQ1091 分别代表什么含义?
3. 一般认为汽车是哪年诞生的? 是谁发明的?
4. 汽车行驶时，主要受到哪些阻力?
5. 汽车构造包括哪几部分?
6. 汽车发动机的动力是如何传递到驱动轮的?
7. 比较汽车常见的布置形式及其应用。
8. 离合器的功用是什么? 变速器的功用是什么?
9. 解释差速器的作用与原理?
10. 汽车行驶系的组成有哪些?
11. 写出汽车悬架的含义、组成和两种类型。
12. 汽车车轮定位有哪些参数?
13. 转向梯形的作用是什么?
14. 说明汽车制动器的类型与原理?
15. 汽车动力性指标有哪些?
16. 汽车燃油经济性的指标是什么?
17. 哪些因素影响人体对振动的反应?
18. 我国公路的行政等级有哪些? 技术等级有哪些?
19. 我国国道的编号有何规定?
20. 什么是公路的通行能力? 什么是行车视距?
21. 高速公路有何特点?
22. 交通控制设备有哪几类?
23. 公路客运营运有哪几种方式?

第7章 铁路运输概述

7.1 铁路运输基本概念

7.1.1 铁路运输及其分类

铁路运输是以固定轨道作为运输道路，由轨道机械动力牵引车辆运送旅客和货物的运输方式。铁路运输是一种适宜于担负中长距离的大宗客、货运输的重要运输方式。

按运输对象分类，铁路运输可分为旅客运输和货物运输。

按是否以营利为目的分类，铁路运输可分为营业性运输和非营业性运输。

按铁路管理权限分类，可将铁路运输分为国家铁路、地方铁路、专用铁路、铁路专用线、国内合资铁路及中外合资铁路、铁路联运等。

7.1.2 铁路运输的重要性

铁路运输是我国运输业中的主要运输方式，也是世界上大多数国家陆上运输的主要方式。随着重载运输和高速旅客列车在技术上的突破，铁路运输在综合运输体系中具有更加重要的地位。

我国疆域辽阔、人口众多、资源分布不均，各地区经济发展相对不平衡，需要铁路长途运输旅客和大宗货物。在我国，铁路是国家重要的基础设施、国民经济的大动脉、现代化统一运输网中的骨干和中坚。新中国成立以来，一直到20世纪70年代，我国70%的货物周转量和60%的旅客周转量是由铁路运输承担的。截止到2001年，全国铁路运营里程已达7万公里，旅客周转量达到4 637亿人·公里，货物周转量达到14 250亿吨·公里，分别占全国各类交通周转量的36%和30%（表1.2中给出了2000年的数据）。

7.1.3 铁路运输的特点

铁路运输具有以下特点：

① 运量大。铁路每一列旅客列车可载运旅客1 500～2 000人。目前我国铁路的一列货物列车一般能运送3 000～4 000 t货物；重载单元列车可运送5 000 t以上的货物；煤运专线可开行1万吨的重载列车。双线铁路每昼夜通过的货物列车达100多对，因而其货物运输能力每年单方向可超过1亿吨。

② 速度快。我国铁路历经多次大提速。至2001年，我国全路旅客列车平均旅行速度达到61.92 km/h，其中特快旅客列车平均技术速度为92.76 km/h，繁忙干线旅客列车最高速度为140 km/h。货物运输方面，虽然铁路货物列车的速度比不上旅客列车，但长途运输均比水运和

公路运输快得多。

③ 运输成本低。虽然铁路运输成本高于水运和管道运输，但比公路运输和航空运输成本低得多。一般铁路运输的成本比公路运输的成本低几倍到十几倍。

④ 准时、安全可靠。铁路运输基本上不受气候条件的影响，可一年四季不分昼夜地进行生产，有可靠的安全行车设施和运行规章制度。随着先进技术的发展和采用，铁路运输的安全程度越来越高。在各种现代运输方式中，按所完成的旅客人·公里和货物吨·公里计算的事故率，铁路运输是最低的。

⑤ 环境污染小。相比而言，铁路运输对环境和生态平衡的影响程度较小，特别是电气化铁路影响更小。

⑥ 建设周期长，初期投资大。修建铁路时，需要开凿隧道、修建桥梁和开挖大量的土石方工程，需要大量的钢材、水泥、木材等材料及设备。

7.2 铁路运输的发展

7.2.1 铁路运输的发展历程

17 世纪前后，英国的煤矿开始用木轨和有轮缘车轮的车辆运送煤和矿石。蒸汽机的发明和锻铁铁轨的出现，促使铁路获得巨大的发展。1803 年，英国煤矿工程师理查德·特列维锡克，制造了世界上第一辆行驶于钢轨轨道上的实物蒸汽机车，拉了 10 t 钢铁和 70 名旅客，用了 4 h，在一条矿区线路上成功地走行了 9 km。

近代铁路的飞跃发展，应该归功于“铁路之父”乔治·斯蒂芬森。斯蒂芬森是英国工程师，1823 年受聘主持斯托克顿至达林顿铁路的设计和施工，这是世界上第一条客货两用的公用铁路，全长 43.5 km，轨距为 1 435 mm，于 1825 年 9 月 27 日建成通车。

1825 年，斯托克顿至达林顿铁路在英国的出现，揭开了铁路运输发展的序幕。此后，美国、法国、加拿大等国家都步入了铁路建设高潮时期，横贯美国大陆的铁路就是在这个时期建成的。19 世纪后半期，又扩展到了非洲、南美洲和亚洲各国。19 世纪末世界铁路总长已达 65 万 km，20 世纪 20 年代达到 127 万 km。其后由于公路、航空运输的迅速发展，世界铁路修筑速度才逐渐减缓。目前，全世界拥有铁路约 120 万公里，美洲 36.8%，欧洲 34.2%，亚洲 17.5%，非洲 7.5%，大洋洲 4.0%。

表 7.1 给出了世界主要国家铁路相继修通的年份。

表 7.1　世界主要国家铁路通车年份（年）

国　名	修通年份	国　名	修通年份	国　名	修通年份	国　名	修通年份
英　国	1825	加拿大	1836	瑞　士	1844	埃　及	1855
美　国	1830	俄　国	1837	西班牙	1848	日　本	1872
法　国	1832	奥地利	1838	巴　西	1851	中　国	1876
比利时	1835	荷　兰	1839	印　度	1853		
德　国	1835	意大利	1839	澳大利亚	1854		

7.2.2 我国铁路运输的发展历程

中国铁路是在遭受帝国主义侵略中诞生的。1876 年，由英国人在上海修建的吴淞铁路，是中国领土上出现的第一条铁路。它是英国侵略者背着中国政府和人民，采用欺骗和蒙混的手段修筑的。这条铁路从上海至吴淞镇，全长 14.5 km，轨距是 762 mm 的窄轨。该铁路后来由清政府用 28.5 万两白银买回来，然而腐败的清政府根本不认识铁路这种新式运输工具的优越性，反而昏庸地把这条已经赎回的铁路拆毁。拆下的钢轨和其他器材运到了台湾打狗港（今高雄港），开了历史的倒车。

中国自己创办的第一条铁路，是 1881 年修建的唐胥铁路（唐山至胥各庄）。该铁路因清政府为解决开平矿务公司的煤炭运输而修筑，全长 9.7 km，后发展为现在的京沈铁路。由中国人自己集资、自己设计并自己修建的准轨铁路，是 1891 年和 1893 年先后通车的基隆至台北、台北至新竹的两条铁路，全长约 100 km。最值得中国人骄傲的铁路，是在我国杰出的铁路工程师詹天佑领导下，由我国技术人员自己主持、设计、施工的京张铁路（北京至张家口）。该铁路于 1905 年 10 月开工，1909 年建成，比原计划提前两年，采用 1 435 mm 轨距，全长 201 km，其中的两项著名工程分别是青龙桥车站设计的“人”字形爬坡线路和长达 1 091 m 的八达岭隧道。

从 1876 年到 1949 年，新中国成立前总共修建铁路 2.1 万多公里，但由于战乱，新中国成立时初期实际能通车的只有 1.1 万公里，能用的机车仅 1 700 台，车辆约 30 000 辆。

新中国成立以后，铁路建设事业发展迅速。解放初期，铁路工人和铁道兵一起很快修复了饱受战争破坏的 1 万多公里铁路。从 1950 年 7 月 1 日开工修建成渝铁路开始，先后修建了天兰、兰新、宝成、包兰、鹰厦、成昆等 30 多条干线和 60 多条支线。在铁路建设中，飞越天堑的武汉、南京、九江长江大桥，雄伟壮观的长东黄河大桥，长 14.295 km 的大瑶山双线隧道，桥梁隧道占全线 40％的成昆线，我国第一条现代化、行驶单元重轨列车的双线电气化的大秦铁路，世界上海拔最高、线路最长、穿越冻土里程最长的高原铁路——青藏铁路，都是世界铁路工程中罕见的工程。截止到 2000 年，全国铁路营业里程合计 68 649.6 km，其中国家铁路 58 655.9 km，合资铁路 5 181.1 km，地方铁路 4 812.6 km，内燃机车和电力机车占机车总数的 95.84％。到 2001 年底，铁路通车里程已达 70 057 km，其中复线 22 640 km，电气化线路 16 868 km。

7.2.3 铁路运输的发展趋势

由于世界各国的经济发展水平不同，铁路运输的发展策略也各不相同。我国铁路现代化发展的总原则是：以提高运输能力为中心，以保证运输安全为前提，不断提高运输质量、效率和效益，积极采用国内外先进技术，重视各项技术的交叉渗透，根据经济发展水平和不同的运输需求，采用不同层次的技术和装备，系统配套，发挥整体效能，改革管理体制，推动新技术尽快转化为生产力。在此，将铁路运输发展的主要趋势归纳为以下几个方面：

① 客运高速。而今人们对迅速、方便、舒适和安全的出行条件及旅行环境，要求越来越高，由此使得高速铁路对一些经济发达国家铁路复兴产生了积极影响。当今世界各国旅客列车时速达到 200 km 及以上的高速技术已日臻成熟，现正向高速 300～350 km/h 的水平迈进。

我国在建的秦沈客运专线利用国产动车组试验速度已达 250 km/h 以上，同时正在积极筹建线路长度达 1 300 km 的京沪高速客运专线。

② 重载运输。自20世纪60年代以来，铁路重载运输在世界上得到越来越多的国家的重视。在一些幅员辽阔、资源丰富，煤炭、矿石等大宗货物运量占有较大比重的工业发达国家和发展中国家，发展尤其迅速。我国的第一条万吨级重载铁路是大秦线（大同—秦皇岛），主要运输山西的煤炭，年运输量可达到1亿吨以上。

③ 牵引动力革命。牵引动力的现代化，是铁路运输科技进步的先导。近年来，国外铁路电力、内燃牵引技术发展十分迅速，设计更合理、技术更先进、运用更经济的大功率新型电力、内燃机车不断问世。

④ 货物运输集中化和集装化。通过对整个路网布局进行合理调整，减少货运站和编组站的数量，使作业相对集中，加强站场的现代化建设，提高货物装卸机械化和列车编组直达化的水平，充分发挥铁路运输优势。

⑤ 运营管理信息网络化。这是铁路运输实现现代化的重要标志。由于铁路运输具有点多、线长、涉及面广，旅客、货物、车辆、列车流动、分散不断变化，通信联络频繁、系统联系紧密的特点，必须采用先进手段进行组织和管理，建立起科学、有效的信息网络系统，及时掌握客流、货流、车流动态，快速传递并实时处理信息，实行集中指挥，统一调试管理。

⑥ 铁路行车安全技术的发展。世界各国在研制和采用现代化运输安全设备、保证铁路行车安全方面，也在不断深入。

我国铁路运输实现跨越式发展包括以下几个方面：建设快速客运网；建设大能力货运通道；加快西部铁路建设；搞好点线能力配套；为铁路管理体制的根本性转变做好准备。

7.2.4　我国铁路运输发展规划

“十五”期间，我国铁路建设投资约 3 500 亿，其中，基建投资 2 700 亿，机车车辆购置及更新约800亿。到2005年，全国铁路营业里程达到7.5万 km左右。“十五”期间是重点强化“八纵八横”的铁路网主骨架，见表7.2。

表7.2　我国铁路“八纵八横”一览表

路线简称		主要站点
八纵	京哈通道	北京—哈尔滨—<满洲里>
	沿海通道	沈阳—大连—烟台—无锡—<上海>—杭州—宁波—温州—厦门—广州—<湛江>
	京沪通道	北京—上海，建设京沪高速铁路
	京九通道	北京—南昌—深圳—九龙
	京广通道	北京—武汉—广州
	大湛通道	大同—太原—焦作—洛阳—石门—益阳—永州—柳州—湛江—<海口>
	包柳通道	包头—西安—重庆—贵阳—柳州—<南宁>
	兰昆通道	兰州—成都—昆明
八横	京兰通道	北京—呼和浩特—兰州—<拉萨>，建设青藏铁路
	煤运北通道	大同—秦皇岛、神木—黄骅

续表

<table>
<tr><th colspan="2">路线简称</th><th>主要站点</th></tr>
<tr><td rowspan="6">八横</td><td>煤运南通道</td><td>太原—德州、长治—济南—青岛、侯马—月山—新乡—兖州—日照</td></tr>
<tr><td>陆桥通道</td><td>连云港—兰州—乌鲁木齐—阿拉山口</td></tr>
<tr><td>宁西通道</td><td>西安—南京—<启东></td></tr>
<tr><td>沿江通道</td><td>重庆—武汉—九江—芜湖—南京—上海</td></tr>
<tr><td>沪昆（成）通道</td><td>上海—株洲—怀化—贵阳—昆明<怀化—重庆—成都></td></tr>
<tr><td>西南出海通道</td><td>昆明—南宁—黎塘—湛江</td></tr>
</table>

“十一五”期间铁路建设规模之大、标准之高，是中国铁路发展史上从未有过的。按照中央批准的规划，“十一五”铁路拟建设新线 17 000 km，其中客运专线 7 000 km；既有线增建二线 8 000 km，既有线电气化改造 15 000 km。2010 年全国铁路营业里程达到 90 000 km 以上，复线和电气化比例分别达到 45%以上。基建总投资 12500 亿元，是“十五”建设投资规模的近 4 倍。铁路快速客运网的建设对于实现“十一五”铁路发展目标具有至关重要的作用，是“十一五”铁路发展的重中之重。加快建设了京沪、京广、京哈、沈大、陇海等时速 200～300 km 的客运专线，建设了京津、沪宁、沪杭、宁杭、广深、广珠等大城市群的时速 200 km 以上城际轨道交通系统，同时继续推进既有线提速，在 13 000 km 提速干线实现客车时速 200 km，从而初步形成铁路快速客运网。“十一五”期间，根据我国区域发展总体战略部署，要在各大经济区域之间初步形成铁路大能力货运通道网络，实现铁路货运大出大入，基本解决货运“瓶颈”问题。如南北通道，在建设京沪、京广客运专线的同时，对京沪、京广、京九、焦柳四大南北既有干线全部进行电气化改造，发展货物重载运输，使这四条大通道过江货运总能力达到 5 亿吨以上；进出关通道，在建设津秦客运专线的同时，实现津秦沈电气化，构成以京山线为主的进出关大能力货运通道，货运总能力达到 2 亿吨；西部通道，重点建设沪汉蓉大能力通道；西安至安康、昆明至六盘水复线，使进出西南地区通道运输能力达到 3 亿吨以上；建设太中银铁路、兰武复线，对包兰线石嘴山至兰州段进行电气化改造，使进出西北大通道货运总能力达到 2 亿吨以上；煤运通道，重点围绕全国十大煤炭生产基地，结合客运专线建设和既有线扩能改造，对大秦、侯月等重点煤运专线进行扩能改造，使煤运通道总能力达到 18 亿吨以上。“十一五”及其以后几个五年规划期间，铁路运输需求增长空间仍将十分巨大。

第 8 章　机车车辆

铁路运输的载运工具是机车车辆，俗称“火车”，又称“列车”。列车在铁路线上飞驰，是靠铁路机车牵引来实现的。铁路车辆是铁路运送旅客和货物的设备，一般没有动力装置。

8.1　铁路机车概述

8.1.1　铁路机车及其分类

铁路机车是铁路运输的基本动力。铁路车辆大都不具备动力装置，需要把客车或货车连挂成列，由机车牵引沿着钢轨运行。

铁路机车按应用分为：客运机车、货运机车和调车机车。

铁路机车按原动力分为：蒸汽机车、内燃机车和电力机车。

蒸汽机车是通过蒸汽机把燃料的热能转换成机械能，用来牵引列车的一种机车。其热效率很低，煤水消耗量大，已逐渐被取代。

内燃机车是以内燃机为原动力的一种机车，是将燃料的热能转换成机械能。其热效率较高，具有独立性强，线路投资省，见效快等优点。

电力机车本身不带动力装置，它是从外部获取电源用以向列车牵引电动机供电，将电能转换成机械能牵引列车运行。其功率大，获得能量不受限制，能高速行驶，牵引较重列车，起动速度快，爬坡性能强。

8.1.2　铁路机车发展简史

铁路机车俗称“火车头”。应该说，这只是对机车的一种通俗而非科学的叫法。但在内燃机车、电力机车出现之前，蒸汽机车一统天下，它以煤为燃料，炉膛里大火熊熊，所以形象地称之为火车头也算贴切。

第一台蒸汽机车是被人们称之为“铁路蒸汽机车之父”的英国人理查德·特列维锡克 1803 年制造的，1808 年他又制造了第二辆蒸汽机车，机车装有带烟囱的锅炉。1812 年，英国人布伦金索普发明了一种具有齿轮的蒸汽机车，可在带齿的轨道上行驶，这是世界上最早开始成批生产的蒸汽机车。

机车的实用化和最终被世人所接受，乔治·史蒂芬森功不可没。1814 年 7 月，英国人乔治·史蒂芬森经过对布伦金索普机车的多年潜心研究，建造了一辆 5 t 重的“布鲁茨赫号”蒸汽机车，在煤矿的轨道上运行。史蒂芬森是一个目光远大的铁路先驱，四通八达的铁路网是他的设想。他与儿子罗伯特·史蒂芬森不断地探索研究，先后制造出了 10 多辆相当优秀的机车。其中，他设计的“旅行”号机车在 1825 年通车的第一条正式运营的铁路 —— 斯托克顿至达林顿铁路上载重 53.7 t，以每小时 15 mile（合 24 km）的速度运行。1829 年，史蒂芬森父子为参加比赛新造了“火箭”(Rocket) 号机车，其锅炉设计新颖，由 25 根和炉膛相通的管子把水加热成蒸汽，还改良了排气系统，空载时速超过 46 km，如图 8.1 所示。“火箭”号一直行驶到 1844 年。所以，亦有资料将乔治·史蒂芬森称为“蒸汽机车之父”。

图 8.1 史蒂芬森的“火箭”号机车

1912 年，瑞士温特图尔市的絮尔泽工厂制造出了世界上第一台柴油机车，机车重 85 t，功率为 1 200 马力。在此之前，柴油机轨道车已由“汽车之父”——德国人戴姆勒研制成功。但用它来牵引列车却困难重重，关键问题是如何将动力传递给轮轴，因为和蒸汽机相比，柴油机的传动要猛烈得多。解决问题的方法之一是在柴油机和轮轴之间增加液力传动装置，液力传动的内燃机车出现在 20 世纪 30 年代后期，50 年代一度发展较快。解决问题的另一方法是电力传动，即由柴油机带动发电机向电动机供电。自从法国率先推出交—直流电力传动内燃机车之后，液力传动开始一蹶不振。60 年代中期，第一台交—交流电力传动内燃机车在英国诞生。第二次世界大战后，内燃机车逐步取代了蒸汽机车的地位。

1866 年，德国工程师西门子与技师哈卢施卡联营创立电机公司，发明强力发电机，制成世界上第一列电力机车。第二年在巴黎博览会上展出，令世人震惊。1879 年，在柏林的工商业博览会上，这辆世界最早的电力火车公开试运行。列车用电动机牵引，由带电铁轨输送电流，功率为 3 马力，一次可运旅客 18 人，时速 7 km。两年之后的 1881 年，柏林郊外铺设了规模虽小，但为世界最初营业用的电车路线。同时德国又试验成功驾空接触导线供电系统，使电力机车的供电线路由地面转向空中，机车的电压和功率都大大提高。1895 年，在美国的巴尔的摩—俄亥铁路线上首次出现了长途电力机车。机车重 96 t，1 080 马力，采用 550V 直流供电。1901 年，西门子、哈卢施卡电机公司制造的电力机车在柏林附近创造了时速 160 km 的记录。与此同时，1880 年，美国的爱迪生也进行了电力机车的实验。电力机车由于速度快、爬坡能力强、牵引力大、不污染空气，因此发展很快。地下铁路也随着电力机车的出现而得以发展。

而今高速铁路已成为现代铁路发展的一个主要方向，它是一种采用高速动车组的动力牵引模式。它是将机车动力分散到车辆上，使车辆既能牵引又能载客。这种动力车辆可分布在车列的头尾，也可按一定次序排列在车列之间。

8.1.3 我国机车发展概况

我国在修筑唐胥铁路的同时，矿务局的英籍工程师金达利用废旧锅炉、卷扬机铁轮和井架钢梁制造了一台简陋的蒸汽机车。由于朝廷明令禁止使用机车，这台机车暂时没有运行。所以唐胥铁路 1881 年底竣工后一度只能以驴马牵引运煤车，史称“马车铁路”。由于煤矿产量的增加，马拉驴拖实在无法胜任，金达又设计和指导制造了一台机车，这台机车设计规范、制作精良，远胜于第一台，甚至可以与同时代的外国机车相媲美。当时的开平矿务局英籍总工程师薄内之妻仿照史蒂芬森 1829 年设计的著名机车“Rocket”号为之命名为“Rocket of

China”，意即“中国火箭”号。参与制造的中国工匠又在车头两侧各镶嵌了一条金属刻制的龙，因此又称“龙”号机车，如图 8.2 所示。

大约在 1882 年，中国第一次从英国购进了两台机车，通称“O”号机车。之所以叫“O”号，是因为车身上有一个大大的“O”字，没有资料解释这个“O”的含义。可以说中国铁路的早期发展史即是列强瓜分中国铁路权益的历史，这样一来，中国铁路不但制式五花八门，机车车辆的车型也十分繁杂，人称“万国机车博物馆”。英国是最早插手中国铁路的西方工业强国，因此，新中国成立前中国铁路机车有很大一部分来自英国。

图 8.2　中国龙号机车

新中国成立后，铁路机车工业发展很快。1952 年 7 月 1 日，青岛四方机车车辆厂制成了我国第一台干线货运机车 —— 解放型蒸汽机车，从而开始了我国制造机车的历史。1956 年，大连机车车辆厂试制成功了具有当时世界先进水平的前进型蒸汽机车。此后，其他机车车辆厂先后设计制造了“人民”、“建设”、“跃进”等型大功率蒸汽机车。至 1988 年底，铁道部决定停止生产干线蒸汽机车时，共计生产各型蒸汽机车近万台。

1958 年，我国开始研制电力机车和内燃机车。1964 年由大连机车车辆厂开始批量生产东风型电传动内燃机车，1969 年由株洲机车厂开始批量生产韶山型电力机车。

中国第一台自己制造的内燃机车是 1958 年大连机车车辆厂仿照前苏联的 TЭ3 型电传动内燃机车而试制成功的。它就是“巨龙”号电传动内燃机车，后经过改进设计、定型，命名为东风型并成批生产。同年，北京二七机车厂试制成功“建设”号电传动内燃机车，戚墅堰机车车辆厂试制成功“先行”号电传动内燃机车，但这两种车都没有批量生产。四方机车车辆工厂也于 1958 年开始设计，1959 年试制成功中国第一台液力传动内燃机车，当时命名为“卫星”号。后经过长期试验和多次改进，定型为东方红型，于 1966 年成批生产。总的来说，我国内燃机车经过长期试验改进，至 1964 年形成了东风、东方红系列的第一代内燃机车，并正式批量生产。从 1970 年起，在第一代内燃机车的基础上，又生产出我国自行设计的新型机车 —— 以东风$_4$型内燃机车为代表的第二代内燃机车，并成为我国目前铁路运输主型内燃机车。为适应我国铁路运输“重载、高速”的发展需要，以交直流电力传动的东风$_6$型和东风$_{11}$型为代表的第三代内燃机车应运而生。

中国电力机车的研制开始于 1958 年。当时的铁道部田心机车车辆工厂，也就是现在的株洲电力机车工厂在协助湘潭电机厂制造工矿电力机车的同时，设计并试制铁路干线电力机车，1958 年投入运营，成为我国第一代干线主型电力机车。到 1976 年制成韶山 1 型 131 号时已基本定型。1966 年韶山 2 型机车制成，1978 年研制成功韶山 3 型机车。到 20 世纪 80 年代末，我国相继研制成功韶山 4 型等一批大功率货运和高速客运电力机车。目前，已形成以韶山 4 货运和以韶山 8 客运为主型机车的 4，6，8 轴韶山系列交直型电力机车。为适应铁路提速，应对日益增长的市场需求，我国相继研制成功交流传动电力机车和动车组。

根据 2001 年的统计，2000 年底我国全路（不含合资铁路、地方铁路）有机车 14 472 台，其中，内燃机车 10 355 台，占 71.6%；电力机车 3 516 台，占 24.2%；蒸汽机车 601 台，占 4.2%。

8.2 蒸汽机车

8.2.1 蒸汽机车概述

蒸汽机车是一种以蒸汽为原动力，由蒸汽机把燃料的热能转换成机械能，通过连杆推动车轮运转，用来牵引列车的一种机车。

蒸汽机车的构造比较简单，制造和维修比较容易，成本比较低，因此最早被世界各国铁路采用。但是，蒸汽机车也存在着一些无法克服的缺点：

① 热效率太低。蒸汽机车的热效率一般只有 5%～9%。

② 煤水消耗量大。蒸汽机车需要燃烧大量的煤用以产生热量，需要大量的水加热后变成蒸汽。

③ 环境污染严重。蒸汽机车在运行时冒出的滚滚浓烟，像一座“流动的烟囱”污染着大气。

④ 功率小、速度低。一般的，蒸汽机车的功率在 2 000 马力左右，构造速度在 80 km/h 左右。

⑤ 蒸汽机车乘务员劳动强度大、劳动条件差。

自有铁路以来，蒸汽机车在铁路运输中广泛运用，立下了汗马功劳。目前，我国一些次要铁路上还在采用蒸汽机车。但由于蒸汽机车所存在的缺点，在现代铁路运输中，蒸汽机车已逐渐被其他新型机车所取代。我国也于 1988 年底停止生产蒸汽机车。

8.2.2 蒸汽机车构造

蒸汽机车主要由锅炉、汽机、车架、走行部、煤水车、车钩缓冲装置、制动装置七个部分组成。

锅炉是产生和储存蒸汽的装置，其作用是使煤燃烧，将水加热后变成蒸汽，供给机车汽机使用。锅炉由火箱、锅胴和烟箱三部分组成。

汽机的作用是将蒸汽的热能转变为机械能，以推动机车运行。

车架为一长大钢制框架，它将锅炉、汽机、走行部连为一体，并把车架所负重量均匀地分配给每个轮轴。

走行部包括轮对、轴箱及弹簧装置。煤水车是装载机车用煤、水的车辆。

车钩缓冲装置和制动装置等的构造和原理与铁路车辆相同。

8.3 内燃机车

8.3.1 内燃机车概述

内燃机车是以内燃机作为原动力的一种机车，它将热能转换成机械能，再经传动装置，驱动机车走行，用以牵引列车。

与蒸汽机车相比，内燃机车具有以下优点：

① 热效率较高。内燃机车的热效率一般平均可达 30%左右。

② 用水量少。内燃机车只需要几百公斤的水用于循环冷却。

③ 功率大、速度高。目前，大功率的内燃机车可达 4 000～5 000 马力，最高速度可达 140～160 km/h。

④ 乘务员劳动条件好。

但内燃机车也会对大气和环境造成污染。

内燃机车按传动方式的不同可分为电力传动机车和液力传动机车。内燃机车由动力装置（即柴油机）、传动装置、车体与车架、走行部、车钩缓冲装置、制动装置、辅助设备等几个部分组成。以电力传动内燃机车为例，其总体布置可分为司机室、动力室、电气室和冷却室，如图 8.3 所示。

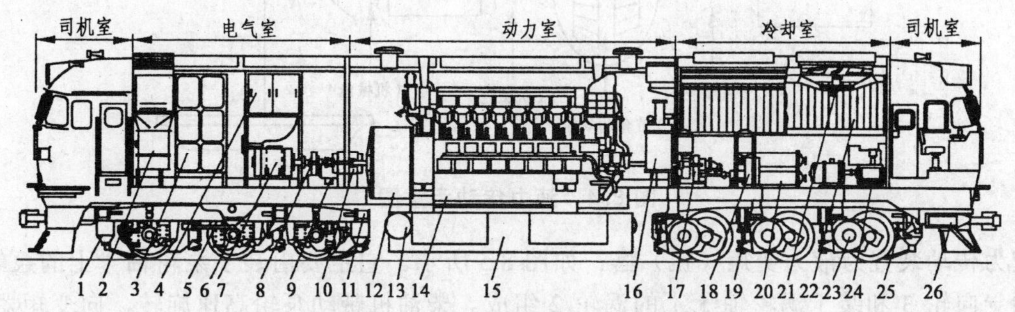

图 8.3　东风 $_{4B}$ 型内燃机车总体布置

1—撒砂装置；2—电阻制动装置；3—电器柜；4—硅整流柜；5—牵引装置；6—走行部；7—启动辅助电机；8—启动变速箱；9—测速发电机；10—励磁机；11—制动缸；12—主发电机；13—总风缸；14—柴油机；15—燃油箱；16—预热锅炉；17—静液压变速箱；18—通风机；19—电机悬挂装置；20—机油热交换器；21—冷却风扇；22—冷却器；23—牵引电动机；24—空气压缩机；25—基础制动装置；26—车钩缓冲装置

8.3.2　内燃机车构造

内燃机车由柴油机、传动装置、车体与车架、走行部、车钩缓冲装置、制动装置、辅助设备等几个部分组成。

1．柴油机

内燃机车所用的内燃机多为四冲程、多缸、废气涡轮增压柴油机。例如，16V240ZJB 型柴油机，16 表示 16 汽缸，V 表示两排汽缸成 V 形排列，240 表示汽缸直径为 240 mm，Z 表示装有废气涡轮增压器，J 表示铁路机车牵引用，B 为产品改进符号。又如，东风 $_{11}$ 型内燃机车上采用的柴油机型号为 16V280ZJA。

2．传动装置

柴油机的外部特性并不能满足机车牵引性能曲线的要求，也就是说，柴油机的转矩和转速关系难以适应列车运行的要求，不能直接用来驱动机车车轮运行。为此，内燃机车从柴油机到动轮之间必须要有传动装置。根据传动装置的不同，内燃机车可分为液力传动内燃机车和电力传动内燃机车。

(1) 液力传动

柴油机驱动液力传动装置的变矩器泵轮，将机械功转变成液体的动能，再经变矩器的涡轮转换成机械功，以适应机车的各种运行情况，然后经万向轴、车轴齿轮箱等部件传至车轮。液力传动示意图如图 8.4 所示。

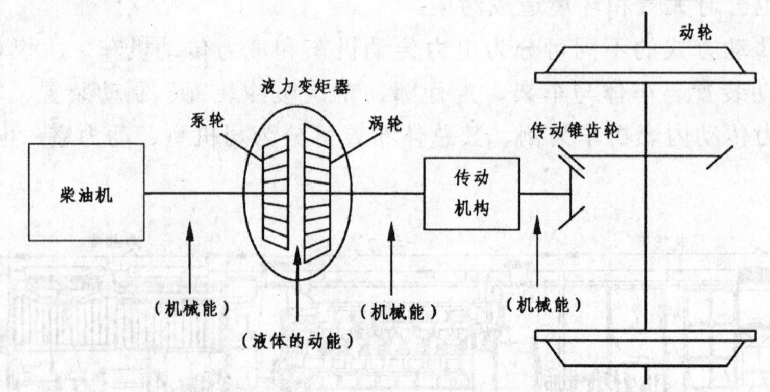

图 8.4 液力传动示意图

液力传动装置为液力变矩（扭）器，如图 8.5 所示。它主要由装于泵轮轴 4 上的泵轮 1、固定的导向轮 3 和装于涡轮轴 5 上的涡轮 2 组成。柴油机带动泵轮高速旋转，向变矩器里面充进工作油且被高速旋转的泵轮叶片带动一起旋转。由于离心力的作用，使工作油从泵轮叶片出口处流出时具有很高的压力和流速。这样的工作油经导向轮冲击涡轮叶片，带动涡轮以相同方向转动。但其转速与泵轮转速并不相同，转速大小取决于涡轮轴上的阻力大小。

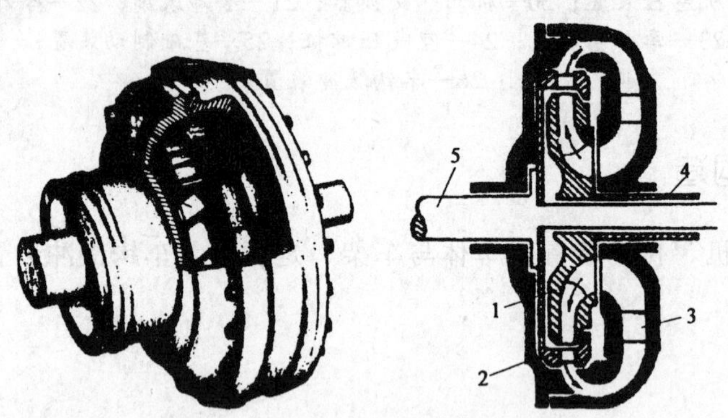

图 8.5 液力变矩器结构与原理

1—泵轮；2—涡轮；3—导向轮；4—泵轮轴；5—涡轮轴

(2) 电力传动

柴油机驱动发电机，然后向牵引电动机供电，并通过牵引齿轮驱动机车轮对转动。根据电机型式不同分为直—直流电力传动、交—直流电力传动和交—交流电力传动。如图 8.6 所示的交—直流电力传动装置：牵引发电机由转子和定子组成，由柴油机带动发出三相交流电；整流装置为三相桥式硅整流柜，将交流电变成直流电；牵引电动机多为直流串励电动机，这种电动机的转矩和转速关系接近理想牵引性能曲线。

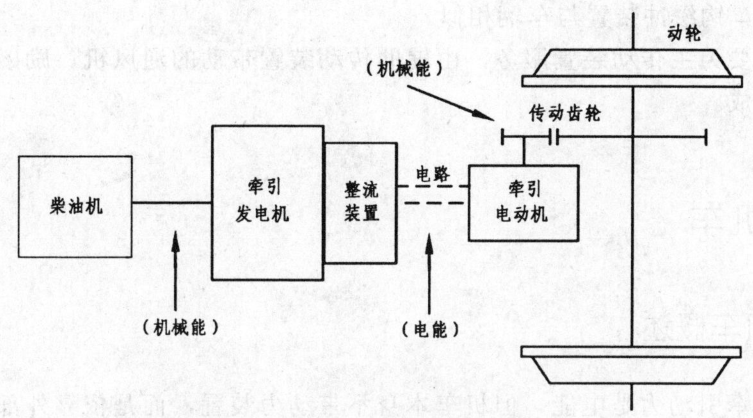

图 8.6　交—直流电力传动示意图

3．走行部

内燃机车走行部的作用是承受机车上部重量，传递牵引力和制动力，以及缓和和吸收来自线路的各种冲击和振动。走行部采用构架式转向架的形式，二轴或三轴。

例如东风 $_{4B}$ 型内燃机车采用两台三轴转向架，每根轴上都单独装有一台发电机。转向架由构架、弹簧装置、车架与转向架连接装置、轮对、轴箱、驱动机构和制动机构组成，如图 8.7 所示。机车轮对如图 8.8 所示。

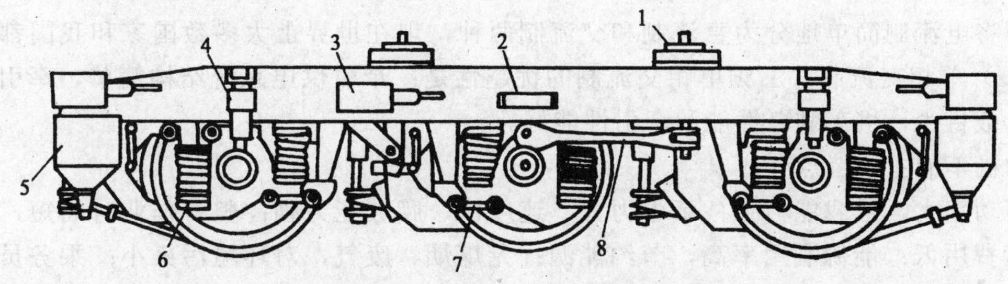

图 8.7　东风 $_{4B}$ 型内燃机车转向架

1—旁承橡胶垫；2—侧档；3—制动缸；4—油压减振器；5—沙箱；6—圆弹簧；7—轴箱连杆；8—牵引杆装置

4．制动装置

内燃机车装有自动空气制动和手制动，电力传动内燃机车还有电阻制动。机车上和车辆上的制动装置构成整个列车的制动系统，内燃机车的空气制动装置与车辆的类似（详见后面章节）。

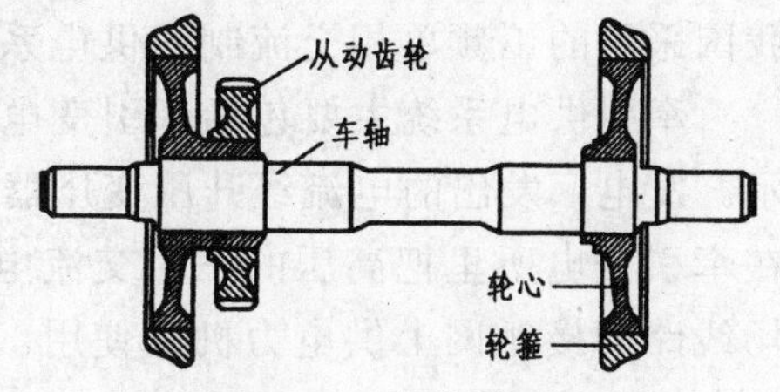

图 8.8　机车轮对

5．其他组成部分

内燃机车车体及车底架与客车车辆相似。电力传动机车的车体内部一般设有五个室，前后各一个司机室，中间是动力室，动力室两侧分别为冷却室和电气室，各室之间有连接通道，参见图 8.3。液力传动机车则没有电气室部分。

内燃机车的车钩缓冲装置与车辆相似。

辅助装置主要为主传动装置服务，由辅助传动装置带动的通风机、励磁机、辅助发电机和冷却风扇等组成。

8.4 电力机车

8.4.1 电力机车概述

电力机车的牵引动力是电能，但机车本身不带动力装置，而是依靠外部供电系统向机车上的牵引电动机供应电力，并通过齿轮传动驱动机车运行。

采用电力机车牵引的铁道称为电气化铁道。电气化铁道由牵引供电系统和电力机车两部分组成。电气化铁道接触网上所用电能的电流种类称为电流制。电流制经历了从直流到交流、从低频到高频的发展过程，主要应用的有四种电流制。

① 直流制：是以直流电源经接触网供电给电力机车。

② 三相交流制：应用两根接触导线和一根钢轨形成三相供电系统。机车采用三相异步电动机，设备简单，维修方便，但调速困难，接触网结构复杂且不安全。

③ 低频单相交流制：采用低于工业频率的单相交流电源进行供电。

④ 工频单相交流制：采用工业频率的单相交流电源供电，供电电压 25kV。

也可将电流制简单地分为直流制和交流制两种，现在世界上大多数国家和我国都采用工频（50Hz）单相交流制。工频单相交流制的优越性是：牵引供电系统结构简单，牵引变电所间距大、数目少，机车黏着性能和牵引性能好。

电力机车的主要特点有：

牵引功率大，过载能力强；牵引力大，速度快，爬坡能力强；整备作业时间短，维修量小，运营费用低；能源利用率高，节约能源；无煤烟、废气，对环境污染小；乘务员工作条件好；电气化铁路基本建设投资大；运用灵活性差。

8.4.2 电气化铁道供电系统

将电能从电力系统传送到电力机车的电力设备总称为电气化铁道的牵引供电系统。现以我国采用的工频单相交流制的供电系统为例加以说明。

牵引供电系统主要包括牵引变电所、馈电线、接触网、钢轨和回流线，其组成如图 8.9 所示。发电厂发出的电流经升压变压器提高电压后，由高压输电线送到铁路沿线的牵引变电所，在牵引变电所里把高压的三相交流电变换成所要求的电流或电压后，再转送到邻近区间和站场线路的接触网上供电力机车使用。牵引供电回路为：牵引变电所→馈电线→接触网→电力机车→钢轨→回流线→接地网。

（1）牵引变电所

牵引变电所沿铁路线建设，任务是将电力系统高压输电线输送来的 110 kV（或 220 kV）的三相交流电改变成不低于 25 kV 的单相交流电后，再转送到邻近区间和所在站场线路的接

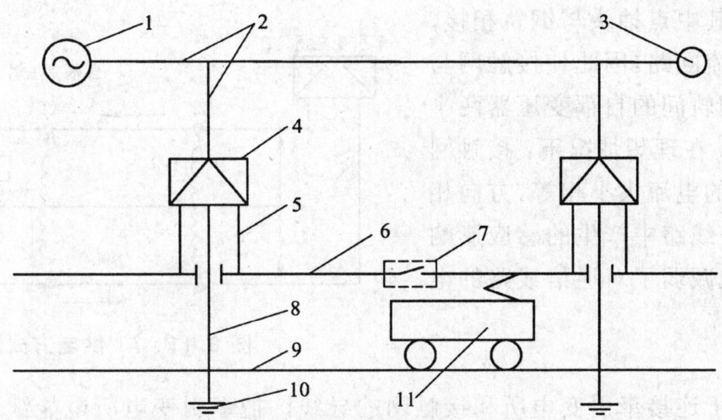

图 8.9　电气化铁道供电系统示意图

1—发电厂；2—高压输电线；3—区域变电所；4—牵引变电所；5—馈电线；6—接触网；7—分区亭；8—回流线；9—钢轨；10—接地线；11—电力机车

触网上，保证可靠而又不间断地向接触网供电。所内设有变压器、电压互感器、电流互感器、高压断路器、各种高压隔离开关以及避雷器等电气设备，各种控制、测量、监视仪表和继电保护装置等。

（2）接触网

接触网是架在电气化铁道上空，向电力机车供电的一种特殊形式的输电线路。接触网是露天设备，无备用，这就要求接触网在结构上应有良好的稳定性和足够而均匀的弹性。接触的质量和工作状态直接影响着电气化铁道的运输能力。

接触网按其悬挂方式不同分为简单悬挂和链形悬挂两种。简单悬挂是由一根接触导线直接固定在支持装置上的接触悬挂。链形悬挂的接触线通过吊弦悬挂到承力索上，如图 8.10 所示。链形悬挂接触网由接触悬挂、支持装置、定位装置、支柱和基础等部分组成。

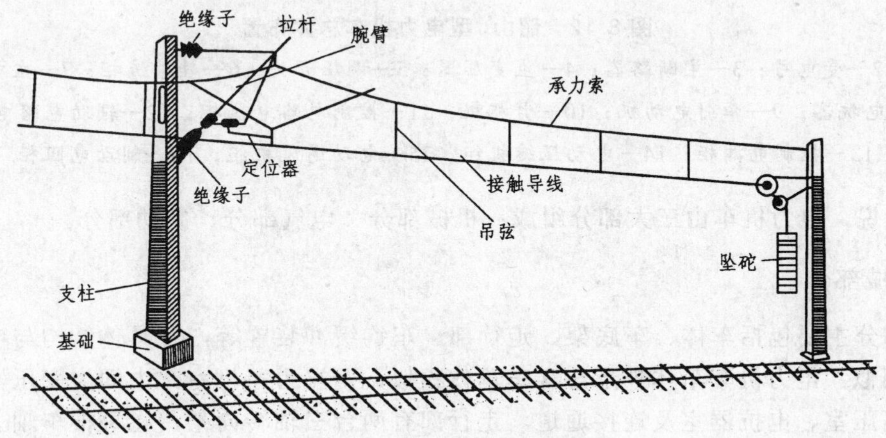

图 8.10　链形悬挂接触网

工频单相 25kV 交流制的接触网在周围空间产生电磁场，对邻近通信、广播设备产生干扰和影响，使通信质量下降，甚至危及设备及人身安全。为了解决这一问题，接触网常采用 AT 供电方式。AT 供电方式是在馈电线中设置自耦变压器，它并联于接触网、钢轨和正馈线上，如图 8.11 所示。其中点抽头与钢轨相接，形成两条牵引电流回路。因此使接触网与钢轨、正馈线与钢轨间的自耦变压器两半线圈上电压相等。在理想情况下，接触网与正馈线中流过的电流大小相等，方向相反。因此，在通信线路中产生的感应影响相互抵消，有效地减弱了对通信线路的电磁影响。

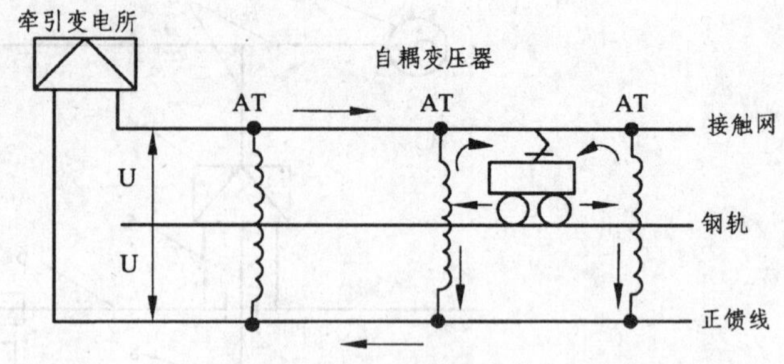

图 8.11　AT 供电方式工作原理

（3）馈电线

馈电线是用于连接牵引变电所和接触网的导线，把牵引变电所电能馈送到接触网。

（4）钢轨和回流线

在电气化铁道中，钢轨还承担导电回流的任务。回流线连接着钢轨和牵引变电所，负责将钢轨中的电流导回牵引变电所。

8.4.3　电力机车构造

电力机车的总体布局和具体结构参见图 8.12。

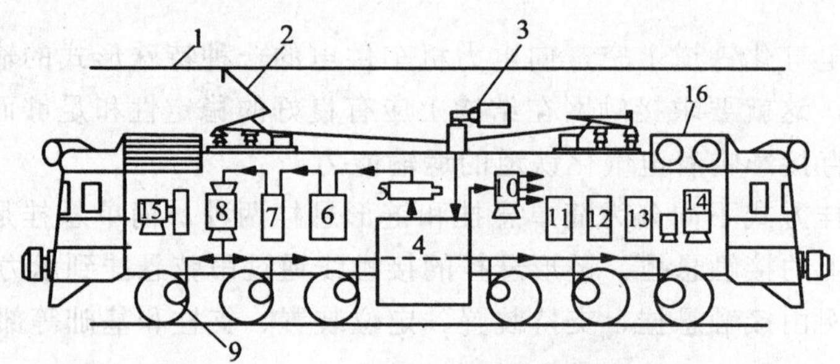

图 8.12　韶山 1 型电力机车总体布置

1—接触网；2—受电弓；3—主断路器；4—主变压器；5—调压开关；6—硅整流柜；7—主电路电器柜；8—平波电抗器；9—牵引电动机；10—劈相机；11—控制电路电器柜；12—辅助电路电器柜；13—控制电源柜；14—电动压缩机组；15—电动通风机组；16—制动电阻柜

概括地说，电力机车由三大部分组成：机械部分、电气部分、制动部分。

1．机械部分

机械部分主要包括车体、车底架、走行部、车钩缓冲装置等，各具体结构与电力传动的内燃机车相似。电力机车车体外形与客车车体相似，两端为司机室，中间为变压器室，还有机械室、高压室、电抗器室及连接通道。走行部有两台三轴转向架，在每根车轴上都装有一台牵引电动机。

2．电气部分

电气部分包括机车上各种电气设备及其连接导线。它主要由主电路、辅助电路和控制电路三个系统组成。

（1）主电路

主电路是将牵引电动机及其相关的各种电气设备连接而成的一个系统，具有电压高、电流大的特点。主电路上的电气设备用以产生牵引力和制动力，实现机车的功率传输，主要包括受电弓、主断路器、主变压器、整流调压电路、电抗器和制动电阻等。

① 受电弓。机车顶部装有两套单臂受电弓，受电弓紧压接触网导线滑行取得电流。机车运行时只需升起一套受电弓，接触网上送来的 25 kV 工频单相交流电就由此引入机车，另一套受电弓则作为备用。

② 主断路器。主断路器是用来接通或断开电力机车高压电路的。当主电路发生短路、接地或调压电路、牵引电动机等设备发生故障时，它能自动切断机车电源，实现对机车上设备的保护。

③ 主变压器。主变压器又称牵引变压器，它把从接触网上取得的 25 kV 高压电降为牵引电动机所适用的电压。变压器共有四个绕组：一个原边绕组接 25 kV 高压电；三个副边绕组中，牵引绕组用来向牵引电动机供电，励磁绕组用在电阻制动时给电动机提供励磁电流，辅助绕组用来给机车的辅助电机供电。

④ 整流调压电路。整流调压电路包括调压开关和硅机组等，用来把主变压器中副边牵引绕组的交流电整流成可调节的直流输出电压，从而改变牵引电动机的端电压，达到调节机车速度的目的。

⑤ 电抗器。由于牵引电动机本身的电感极小，不足以将整流后的电流滤平到所需要的范围。因此，在牵引电动机电路中串接一个增大电感的平波电抗器，以减小整流电流的脉动，改善了牵引电动机的工作条件。

总之，主电路电流流经路线为：25 kV 工频单相交流电（从接触导线来）→受电弓→主断路器→主变压器→整流调压电路→平波电抗器→牵引电动机。

（2）辅助电路

辅助电路是将辅助电机（如劈相机、压缩机电机、通风机、油泵等）、辅助设备（如取暖设备、电热玻璃等）及其相关的电气设备连接而成的一个系统。它的电源主要来自主变压器的辅助绕组，通过劈相机将单相交流电转变成三相交流电后，供给牵引通风机、油泵机组和空气压缩机等辅助机械使用。其工作电压一般为交流 380 V，220 V 和直流几百伏。

（3）控制电路

控制电路将主电路和辅助电路中各电气设备的控制电器（包括各种控制开关、接触器、继电器、电空阀等）同电源、照明、信号等控制装置连成一个电路系统，便于控制和操作。一般采用低压直流电源，电压值为 50～110 V，所以又叫低压线路。

以上三个电路系统在电气方面一般是相互隔离的，但三者通过电磁、电空或机械传动等方式相互联系，配合动作，用低压电控制高压电，以保证操作的安全和实现机车的运行。

3．制动部分

电力机车制动时，除使用空气制动装置（见 8.6.4）外，还可以辅以电阻制动。

电阻制动时，司机扳动转换开关，使它从牵引位转向制动位，把牵引电动机从串励电动机改为他励发电机，把电枢绕组同制动绕组连接起来。这样，车辆带动电动机的电枢旋转，发出的电流就会被制动电阻变成热能散发，从而消耗了机车惰行时的机械能。如果将电能重新反馈回电网中去加以利用，就称之为“再生制动”（或“反馈制动”）。尤其是在长大下坡道上，电力机车可以进行恒速再生制动。但再生制动的电力机车必须采用全控整流线路，控制电路复杂，对主电路的保护系统要求也较高。

8.5 铁路车辆概述

8.5.1 铁路车辆的分类

铁路车辆有多种分类方式。按用途可分为客车、货车和特种用途车三大类；按每辆车车轴数可分为四轴车、六轴车和多轴车等，我国铁路车辆以四轴车为主；货车按每辆载重量不同又可分为 50 t，60 t，75 t，90 t，150 t，280 t，370 t 等多种。

1．客　车

客车是指运送旅客和为旅客服务的车辆。运送旅客的车辆可分为普通客车和双层客车。普通客车包括硬座车、软座车、硬卧车和软卧车；双层客车设有上、下客室，大多用于短程运送旅客或高速铁路使用。为旅客服务的车辆主要有餐车、行李车和发电车等。

2．货　车

货车主要用来装运货物。按其用途分为三类：通用货车、专用货车和特种货车。

① 通用货车是指能装运多种货物的车辆，主要包括以下几种。

棚车：车体由地板、侧墙、端墙、车顶、门和窗组成，主要运送粮食、日用品及仪器等比较贵重和怕晒、怕湿的货物。大多数棚车都是通用型的。

敞车：车体由侧墙、端墙及地板组成，主要用来运送煤炭、矿石、钢材等不怕湿的货物。必要时，亦可在所装运的货物上面加盖防水篷布。

平车：大部分平车车体只有地板，主要用于运送钢材、木材、汽车、机器等体积或重量较大的货物。

② 专用货车是指专供装运某些种类货物的车辆，如家畜车、罐车、保温车、水泥车、集装箱车等。

③ 特种货车是指专供运送特大、特重、特长货物的车辆。

3．特种用途车

特种用途车是指不直接用于运送客、货，有特殊用途的车辆，如邮政车、卫生车、文教车、检衡车、发电车、救援车和扫雪车等。

8.5.2 铁路车辆标记

为了表示车辆的类型和特征，满足运用、检修、管理和统计上的需要，每一铁路车辆上均应按有关规定涂打各种标记。车辆标记通常又分为运用、产权、制造、检修 4 类。

1．运用标记

运用标记是铁路运输部门如何运用车辆的依据，有以下 6 个方面。

（1）车 号

车号（车辆编码）是车辆的主要标志，必须涂刷在侧墙明显位置，一般由基本型号、辅助型号及号码三部分组成。基本型号用汉语拼音字母表示，代表车辆种类；辅助型号代表同一车型中车辆结构特征（重量系列或顺序系列、车辆的材质或结构等）；号码表示车辆的唯一编号，同种车具有一个顺序的编号范围。根据更新后的相关规定，常见车种编码和编号范围见表 8.1。

表 8.1 车辆车种、车号编码表

客车				货车		
序号	车种	代码	车号范围	车种	代码	车号范围
1	软座车	RZ	110000～199999	棚车	P	3000000～3499999
2	硬座车	YZ	300000～499999	敞车	C	4000000～4899999
3	软卧车	RW	500000～599999	平车	N	5000000～5099999
4	硬卧车	YW	600000～799999	罐车	G	6000000～6309999
5	餐车	CA	800000～899999	保温车	B	7000000～7231999
6	行李车	XL	200000～299999	守车	S	9000000～9049999
7	邮政车	UZ	7000～9999	特种车	T	8605000～8074999
8	双层软座车	SRZ	—	长大货物车	D	5600000～5699999
9	双层硬座车	SYZ	—	自备车		0000001～0999999

例 1，YW_{25G}678536：YW 为基本型号，代表硬卧车；25G 为辅助型号，代表车长和结构；最后为号码。例 2，C_{60}4768543：C 为基本型号，代表敞车；60 为辅助型号，代表装载量；最后为号码。

（2）自重、载重及容积

自重是空车时车辆本身的重量，以 t 为单位，保留一位小数。载重是车辆允许的最大装载重量，以 t 为单位。容积是货车内部可容纳货物的体积，以车体内部长、宽、高的乘积表示。

（3）车辆全长及换长

车辆全长是在无纵向外力作用的情况下，车辆两端车钩在锁闭位置时两钩舌内侧面间水平的距离，以 m 为单位。

换长是为了编组列车时统计工作的方便，将车辆全长换算成辆数来表示的长度。换算时以载重 30 t 的敞车（全长 11 m）为换算标准，即

$$换长=车辆全长/11m$$

计算结果四舍五入保留一位小数。

（4）车辆定位标记

如图 8.13 所示，以制动缸活塞推出的方向为车辆的一位端，另一端为二位端。手制动机都安装在第一位。车辆的车轴、车轮、轴箱、车钩、转向架等的

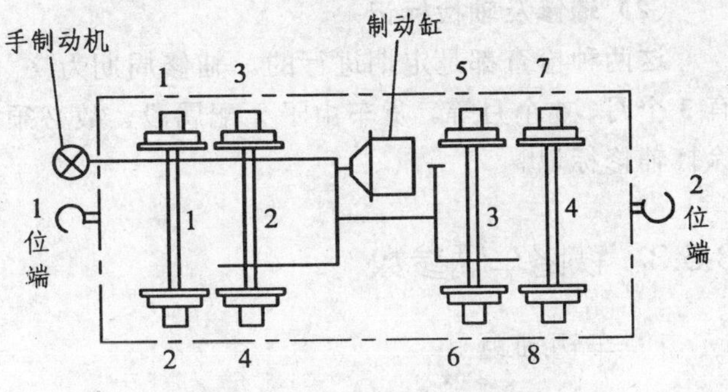

图 8.13 车辆定位示意图

位置称呼，均由一位端数起，左右对称时从左到右，顺次数到二位端。

（5）表示车辆设备、用途及结构特点的各种标记（主要指货车）

如Ⓜⓒ表示可以参加国际联运的客货车；㊇表示禁止通过机械化驼峰的货车；㊅表示具有车窗、床托等的棚车，必要时可供运送人员用；㊁表示具有拴马环或其他拴马装置的货车等。

（6）客车车种汉字标记及定员标记

为了便于旅客识别，在客车侧墙上会与车号一起涂打汉字车种名称。定员标记用于标明按坐席或铺位可容纳的定员数。

2．产权标记

（1）国　徽

凡参加国际联运的客车须在侧墙外中部悬挂国徽。

（2）路　徽

凡产权归铁道部的车辆均应在侧墙或端墙适当位置涂刷路徽。对于货车还应在侧梁适当部位安装产权牌。我国路徽如图 8.14 所示，整图代表机车正面；上部为人字，代表人民；下部为钢轨的横断面，代表铁路；整个意义表示人民铁路。

图 8.14　铁路路徽

（3）路外厂矿企业自备车辆的产权标记

路外厂矿企业的自备车因运送货物或委托路内厂、段检修而需要在正线上行驶时，一般在侧墙上或其他相应部位用汉字涂打上“××企业自备车”字样。

（4）配属标记

所有客车以及个别有固定配属的货车，必须涂刷上所属局、段的简称。

3．检修标记

检修标记是便于车辆计划预防性修理制度执行与管理的标记，即厂修、段修标记和辅修及轴检标记。它记下本次修程、类型及检修责任单位并提醒下次同类修程在何时进行等。

（1）厂修段修标记

如

08.03　05.09　南昌　　←段修标记
12.04　02.04　四厂　　←厂修标记

其中左侧为下次检修年月，右侧为本次检修年月及检修单位的简称。

（2）辅修及轴检标记

这两种检查都是定期进行的。辅修周期为 6 个月；轴检须视轴承的不同形式规定周期，有 3 个月、6 个月等。货车由于无配属段，故必须涂打标记以备查考；客车有配属段，故不必涂打辅修标记。

8.5.3　铁路车辆参数

1．车辆轴距

① 车辆全长：是在无纵向外力作用的情况下，车辆两端车钩在锁闭位置时两钩舌内侧面

间的距离，如图 8.15 所示的 A。

② 全轴距：最前位轮轴中心线和最后位轮轴中心线间的距离。如图 8.15 所示的 B。

③ 车辆定距：又称车辆销距，即车辆两端支承处之间的距离，对有转向架的车辆则为两心盘间的距离。如图 8.15 所示的 C。

④ 转向架固定轴距：同一转向架上其最前位轮轴中心线和最后位轮轴中心线间的距离。如图 8.15 所示的 D。

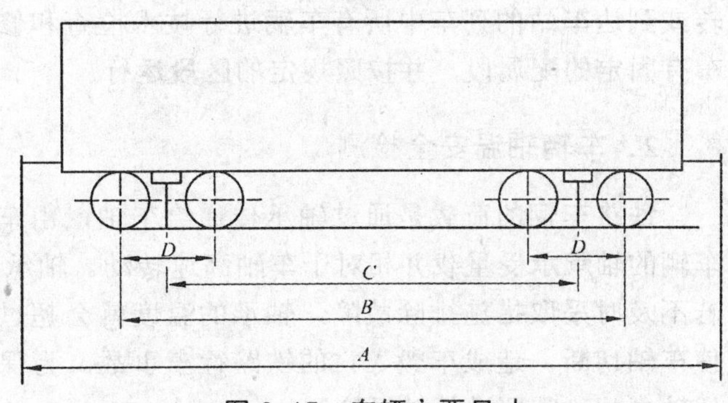

图 8.15　车辆主要尺寸

2．车辆技术参数

车辆技术参数是用以表明车辆结构上和运用上的某些特征的一些指标，除了自重、载重、容积和定员等已在前文作了阐述以外，还有以下几项：

① 自重系数：车辆自重与标记载重的比值。自重系数越小，说明机车对运送每一吨货物所做的功越少，比较经济。它是衡量货车设计合理性的一个重要参数。

② 轴重：车辆总重与轴数之比，即车辆每一轮对加于轨道上的重力。车辆的轴重受轨道和桥梁结构强度（允许的荷载）的限制，所以不允许超过规定值。目前我国线路允许的最大轴重为 23 t。

③ 比容系数：车辆设计容积与标记载重之比，它是说明车辆载重能力与容积能否达到充分利用的指标。

④ 每延米轨道载重：车辆总重量与车辆全长之比。它是车辆设计中与桥梁、线路强度密切相关的一个指标，同时又是能否充分利用站线长度、提高运输能力的一个指标。按目前桥梁设计规范，允许车辆每延米轨道载重可取到 8 t/m。我国规定线路允许载荷一般不得超过 6.6 t/m。

⑤ 构造速度：指车辆设计时，按安全及结构强度等条件所允许的车辆最高行驶速度。车辆实际运行速度一般不允许超过构造速度。

⑥ 通过最小曲线半径：指配用某种形式转向架的车辆在站场或厂、段内调车时所能安全通过的最小曲线半径。

8.5.4　铁路车辆的检修

1．车辆检修

为了完成运输任务，铁路必须拥有相应数量的、性能良好的车辆。因此，一方面要不断地新造足够数量的车辆，另一方面车辆部门还要做好车辆在日常运用中的维修保养工作，使已有车辆处于质量良好的状态，确保安全、高速、平稳地运送旅客和货物，并延长车辆的使用寿命。我国铁路车辆的计划预防检修分为定期检修和日常维修两种。

① 定期检修。车辆定期检修就是按照规定的期限，对整个车辆或某些部分进行全部或部分的检修。

② 日常维修。日常维修工作由列车检修所和站修所等单位承担。列车检修所对经本站中转或到达车站的列车中所有车辆进行技术检查和修理，同时还负责扣修定检到期的车辆。客车有固定的配属段，并按照规定的区段运行。

2．车辆轴温安全检测

铁路车辆的荷载是通过轴承传递给车轴，由车轴再传递给车轮和钢轨。高速运行的机车车辆的轴承承受重载并相对于车轴高速转动。轴承若发生故障，其正常的油润摩擦就被破坏，若不及时采取措施排除故障，轴承的温度就会超过正常值而急剧上升，导致轴承燃烧，甚至使车轴切断，造成车毁人亡的铁路行车事故。为保证行车安全，防止机车和客货车辆燃轴、切轴事故，需要进行轴温检测。

目前常用的检测设备为红外线轴温探测设备。红外线轴温探测器由红外探头、控制部分、记录部分及信号传输等部分组成。当列车通过时，用安装在线路两侧的红外探头来拾取每个轴承所产生的红外线并将红外线能转变成电信号。之后传输到记录器，红外值班员就可根据记录的脉冲波形进行分析、判断来监测运行在铁路线上的机车车辆的轴承状况。

目前，我国铁路线上已建成了红外线轴温探测网，一般有几个轴温探测点和一个分局红外调度中心，并用微型计算机进行控制和监测。

8.6 铁路车辆构造

铁路车辆的种类很多，但基本构造都是相似的。铁路车辆主要由车体及车底架、走行部、车钩缓冲装置、制动装置和车辆内部设施等五个基本部分组成。

8.6.1 车体及车底架

车辆供乘坐旅客和装载货物的部分叫车体。货车车体既要确保货物运输安全，又要考虑货物装卸方便，加之货物品种繁杂，所以其车体的结构形式是多种多样的，一般由地板、侧墙、端墙、车门及车顶等组成。客车车体的骨架为钢材，多由底架、侧墙、车顶和端墙四个主要部分焊接而成，骨架外面包有地板、侧板、顶板和端板，形成一个上部带圆弧下部为矩形的封闭壳体，称为筒形结构车体。

车底架是车体的基础，它与车体构成一个整体，支承在转向架上。车底架承受车体和货物的重量，并通过上下心盘将其重量传给走行部，在列车运行时，它还承受机车牵引力和各种冲击力。

货车车底架由中梁、侧梁、枕梁、横梁、端梁及补助梁等组成，如图 8.16 所示。中梁是底架的主要受力部件。它既承受垂直方向的荷载，又承受纵向的牵引力和冲击力。中梁两端安装车钩缓冲装置。枕梁位于底架的两端和转向架摇枕相对处。在枕梁下部的中央安装有上心盘，靠近两端下部安装有上旁承、分别与转向架摇枕上的下心盘及下旁承相对。枕梁负担全车的重量（不包括走行部），并通过上下心盘将重量传给走行部。侧梁与枕梁及各栋梁连接，其上安装侧墙。端梁位于底架的两端，其上安装端墙。端墙中部与中梁端部配合处设一缺口，并配装冲击座，以便装入车钩缓冲装置。

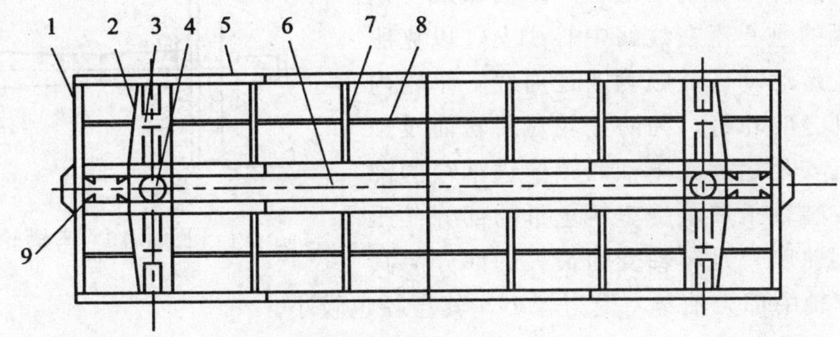

图 8.16　货车车底架

1—端梁；2—枕梁；3—上旁承；4—上心盘；5—侧梁；6—中梁；
7—大横梁；8—地板托梁；9—从板座

8.6.2　走行部

走行部的作用是引导车辆沿着轨道运行，并把车辆的全部重量传给钢轨。它应保证车辆以最小的阻力在轨道上安全、平稳、高速地运行，并顺利地通过曲线。对于四轴车，车辆的走行部由两台二轴转向架组成。转向架由两组轮对和侧架、摇枕、弹簧减振装置、轴箱油润装置等组成一个整体，又称为台车。它通过摇枕上的下心盘、心盘销和车底架枕梁上的上心盘相连接，心盘销垂直安插在上、下心盘的中心孔内，以避免上、下心盘脱开。运行时，转向架可以相对于车底架作自由转动，随时在运行中转向，使车辆顺利地通过曲线。货车转向架和客车转向架分别如图 8.17 和图 8.18 所示。

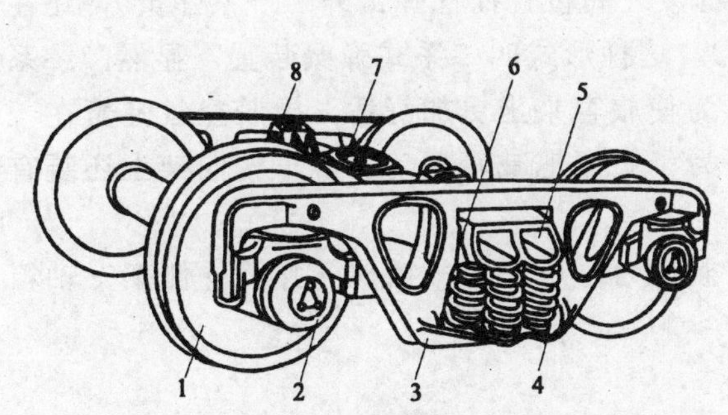

图 8.17　转 8A 型货车转向架

1—轮对；2—无轴箱滚动轴承；3—侧架；4—弹簧；
5—摇枕；6—楔块；7—下心盘；8—下旁承

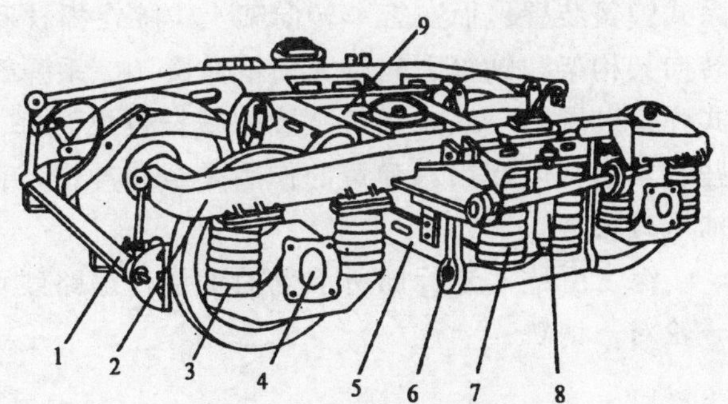

图 8.18　209T 型客车转向架

1—基础制动装置；2—构架；3—轴箱弹簧；
4—轴箱；5—弹簧托板；6—摇枕吊；
7—枕弹簧；8—油压减振器；9—摇枕

(1) 轮　对

轮对是两轮一轴的总称，两个车轮压装在一根车轴上，如图 8.19 所示。轮对承受车辆的全部重量，并以较高的速度引导车辆在钢轨上行驶。

车轮与钢轨顶面接触的外圆周面称为踏面，它与轨面在一定摩擦力下作滚动运行。踏面做成一定的斜度，使车辆的重心落在线路中心线上，以克服和减轻车辆的蛇形运动，并顺利通过曲线。车轮内侧外缘凸起的部分叫轮缘，为防止轮对脱轨而设，使车辆在轨道上安全运行。车轴两端伸进轴箱的部分叫轴颈，是安装轴承和承受车辆重量的部分；压装车轮的部分叫轮座，是车轴受力最大的部分，其直径也较大；车轴中部为轴身，受力较小，其直径也较小。

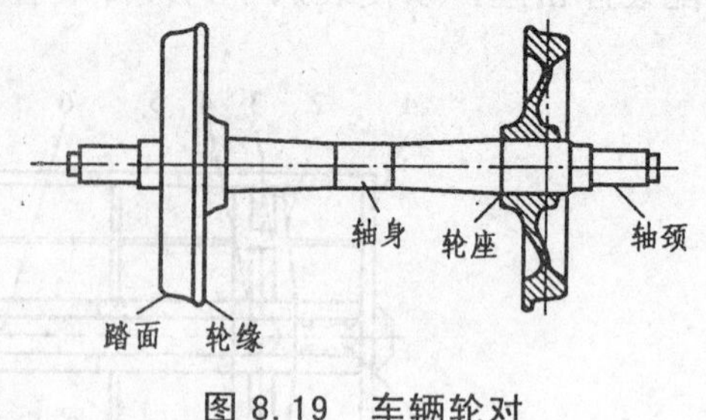

图 8.19 车辆轮对

（2）轴箱油润装置

轴箱油润装置的主要作用是保护轴颈，使轴瓦与轴颈之间得到正常的润滑，防止高速运行中热轴，还连接轮对与侧架，承受并传递荷载。按使用的轴承不同，轴箱分为滑动轴承轴箱和滚动轴承轴箱两种。现在基本上采用的是滚动轴承轴箱装置。滚动轴承轴箱装置由轴箱体，轴箱前后盖、滚动轴承、防尘挡圈等组成。

（3）侧架及摇枕

侧架与摇枕是货车转向架的主要部件，可把转向架各零部件组成一个整体，承受、传递各种作用力。侧架的两端有轴箱导框，中部设有弹簧承台，是安装弹簧减振装置的地方。摇枕连同下心盘、旁承座铸成一体，其两端支座在摇枕弹簧上。车体的重量和载荷通过下心盘经摇枕传给两端的摇枕弹簧，并通过摇枕将两侧架联系起来。上、下心盘的用途是使车体和走行部连接成一体，承受并传递车体的重量及牵引力和冲击力。

（4）弹簧减振装置

弹簧减振装置的作用是缓和并减轻车辆在运行中垂直方向的振动和冲击，常用的弹簧有螺旋弹簧和叠板弹簧。在货车转向架上，只在摇枕和侧架之间设置摇枕弹簧，这种形式叫一系式弹簧装置。而在客车转向架上，除在摇枕和构架之间设置摇枕弹簧外（一系弹簧），还在转向架构架和轴箱之间设置轴箱弹簧（二系弹簧），这种形式叫二系式弹簧装置。显然，二系式弹簧装置比一系式弹簧装置的减振效果要好。为使旅客乘坐更加舒适，橡胶空气弹簧在一些客车上得以应用。弹簧的作用是缓和冲击，而为了更好地减轻振动，客车转向架上还装有油压减振器。

综上所述，走行部所承受的重量传递路线可概括为：车底架→摇枕→弹簧→侧架→轴箱→轮对→钢轨。

8.6.3 车钩缓冲装置

车钩缓冲装置的作用是使机车和车辆以及车辆和车辆之间实现连挂，传递牵引力和制动力，缓和列车运行或调车作业时所产生的冲击力。它由车钩、缓冲器、钩尾框、从板等组成，安装在车底架中梁的两端。图 8.20 为货车车钩缓冲装置的一般结构形式。

（1）车 钩

车钩由钩头、钩身和钩尾三部分组成。钩头部分装有钩舌、钩舌销、钩舌推铁、钩锁铁和锁提销等零件；钩身为中空胴体；在钩尾上开有钩尾销孔，用钩尾销与钩尾框连接，钩尾框内设缓冲器等零件。

车钩在车辆上的安装方法有上作用式和下作用式两种。所谓上作用式，就是车钩提杆位于钩头上方，向上提起锁提销使钩舌全开；下作用式的车钩提杆则位于钩头下方。一般货车以采用上作用式车钩为主；为了便于装载长大货物，对设有端门的敞车和平车等才使用下作用式，客车因端部设有通过台，所以也采用下作用式。

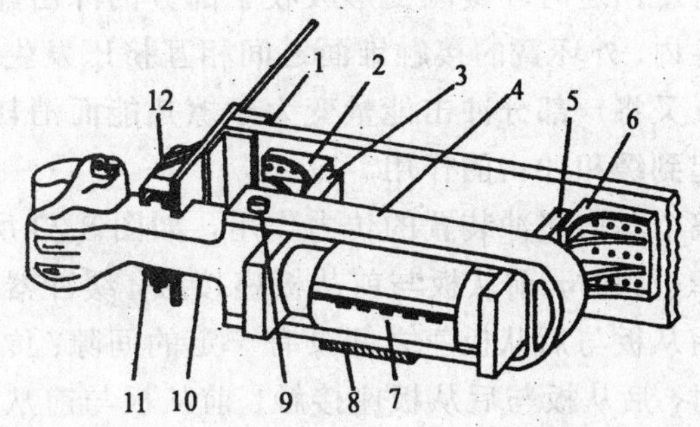

图 8.20 车钩缓冲装置

1—中梁；2—前从板座；3—前从板；4—钩尾框；5—后从板；6—后从板座；7—缓冲器；8—钩尾框托板；9—钩尾销；10—车钩；11—钩体托板；12—冲击座

为了实现挂钩或摘钩，使车辆连接或分离，车钩具有以下三种位置（俗称“三态作用”）：

① 锁闭位置（图 8.21a）：是车钩互相连接在一起时的位置。此时钩舌 2 的尾部被钩锁铁 1 挡住，钩舌不能绕钩舌销 3 向外转开，从而使互相抱住的车钩不会分离。

② 开锁位置（图 8.21b）：是车辆准备互相分离，车钩准备摘钩时的位置。此时通过锁提销 5 将钩锁铁提起，钩舌只要受到拉力就可绕钩舌销向外转开，使互相抱住的车钩分离。

③ 全开位置（图 8.21c）：是车辆准备互相连接时的位置。此时钩锁铁进一步被提起，钩锁铁的顶部被钩头内肩阻挡而使其向后转动，并带动钩舌推铁 4 转动，钩舌推铁的另一端就将钩舌推开，使钩舌完全向外转开。

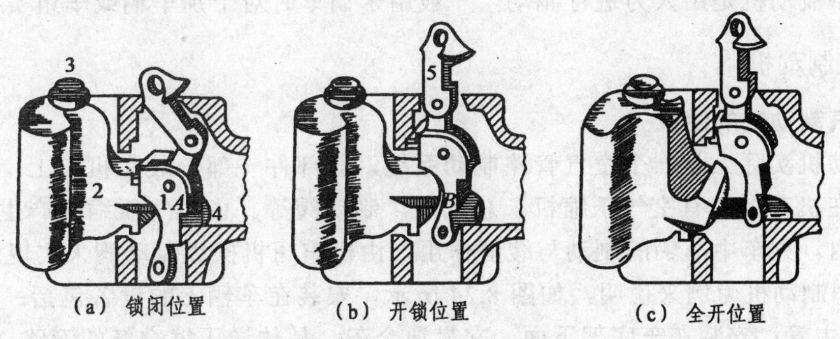

图 8.21 车钩三态作用位置图

摘钩时，只要其中一个车钩处于开锁位置，用机车拉动就可以把两辆车分开。需要连挂时，只要其中一个车钩处于全开位置，与另一个车钩碰撞后就可连挂。因为，碰撞后两个钩舌互相抱合，钩锁铁因自重落下，两车钩都成锁闭位置，连挂完成。

（2）缓冲器

缓冲器的作用是缓和并削减列车运行时车辆之间的冲击力，提高列车运行的平衡性，延长车辆的使用寿命。目前，常用的缓冲器为环簧缓冲器，由弹簧盒盖、弹簧盒、内外环弹簧、弹簧盒底板等组成，如图 8.22 所示。内、外环弹簧互相套合，其接触面为 15° 锥角。未压缩之前，相邻环弹簧之间留有空隙。受压时，使各环簧相互挤压，这时环簧因变形吸收了部分的冲击能量；同时各内、外环簧的接触锥面之间相互挤压发生剧烈摩擦，又将一部分冲击能量变为摩擦热能而消耗掉，从而起到缓和冲击的作用。

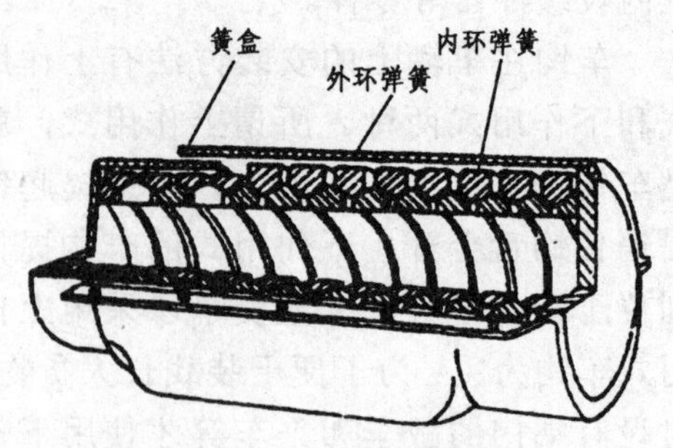

图 8.22 缓冲器结构

整个车钩缓冲装置的传力作用，如图 8.23 所示。传递牵引力时，前从板与前从板座接触，缓冲器受压而使后从板与后从板座之间具有一定的间隙；传递制动力时，后从板与后从板座接触，前从板与前从板座之间具有一定的间隙。

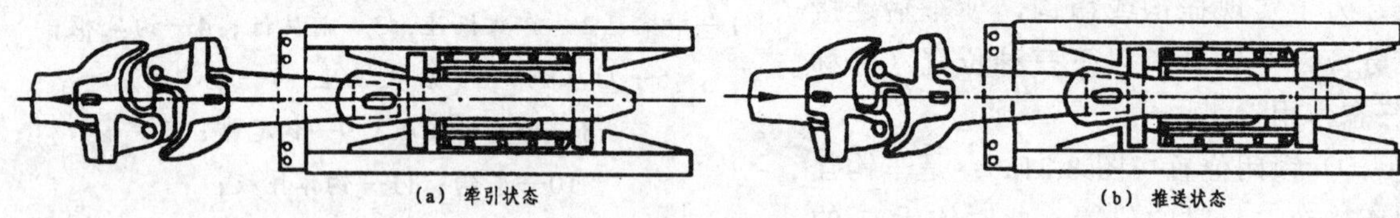

图 8.23 车钩缓冲装置的受力

8.6.4 制动装置

制动装置是用外力迫使运行中的机车车辆减速或停车的一种设备。它是列车安全运行的重要保证，也是提高列车重量和运行速度的前提条件。

制动装置由制动机和基础制动装置两部分组成。我国机车车辆上安装的制动机主要有空气制动机和手制动机。空气制动机又叫自动制动机，是利用压缩空气产生制动力，一般用于列车制动；手制动机是用人力进行制动，一般用于调车时对个别车辆或车组实行制动用。

1．空气制动机

（1）空气制动机的组成

空气制动机实际上是一个空气管路制动系统，其部件一部分装在机车上，另一部分装在车辆上。装在机车上的有空气压缩机、总风缸、制动阀等。由空气压缩机产生的压缩空气储存在总风缸内。列车中车辆的制动与缓解作用，由机车司机操纵制动阀来实现。

以 GK 型制动机为例来说明，如图 8.24 所示，安装在车辆上的设备包括：

① 制动主管：安装在车底架下面，它贯通全车，是传送压缩空气的管路。

② 截断塞门：安装在制动支管上，用以开通或遮断制动支管的空气通路。它平时总在开放位置，只有当车辆上所装的货物按规定应停止制动机的使用，或当制动机发生故障时，才将它关闭，以便停止制动机的作用，此时的车辆称作“关门车”。

③ 远心集尘器：利用离心力的作用，将压缩空气中的灰尘、水分、铁锈等杂质沉淀于集尘器的下部，以免进入三通阀。

④ 三通阀：连接制动支管、副风缸和制动缸，用来控制压缩空气的通路，使制动机起制动或缓解作用，是车辆制动机中最重要的部件。

⑤ 副风缸：是车辆中储存压缩空气的地方。制动时，利用三通阀的作用将压缩空气送入

制动缸起制动作用。

⑥ 制动缸：当压缩空气进入制动缸后，推动制动缸活塞，将空气的压力变成机械推力，然后通过制动杠杆使闸瓦紧抱车轮而起制动作用。

⑦ 降压风缸：与制动缸相连，两者之间设有空重车调整装置，可满足空、重车不同制动压力的要求。

⑧ 空重车调整装置：在GK型制动机上安装，用它来控制降压风缸与制动缸的通路，可以达到调整制动力的目的。它包括空重车转换手把和空重车转换塞门。

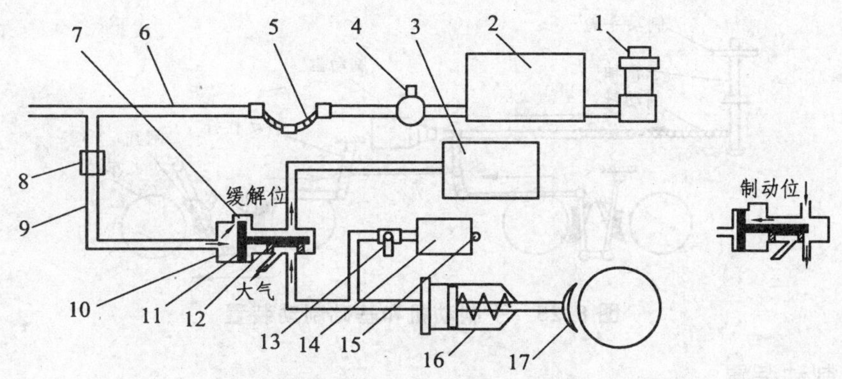

图 8.24 GK型空气制动机

1—空气压缩机；2—总风缸；3—副风缸；4—制动阀；5—连接软管；6—制动主管；7—充气沟；8—截断塞门；9—制动支管；10—三通阀；11—主活塞；12—滑阀；13—空重转换手把；14—降压风缸；15—安全阀；16.制动缸；17—闸瓦

为适应车辆向大吨位、高速度方向发展，我国已大量使用新型制动机。新型制动机除增设一个工作风缸，用空气分配阀代替三通阀外，其余部分和上述空气制动机基本相同。

（2）空气制动机的工作原理

① 缓解作用。当司机将制动阀4放在缓解位时，总风缸2的压缩空气进入制动主管6，经制动支管9进入三通阀10，推动主活塞11向右移动，打开充气沟7，使压缩空气经充气沟进入副风缸3，直到副风缸的空气压力和制动主管内的压力相等时为止。在三通阀主活塞移动的同时，和它连在一起的滑阀12也跟着向右移动，使得制动缸16内的压缩空气经过滑阀下的排气口排出，于是制动缸活塞被弹簧的弹力推回原位，使闸瓦17离开车轮而缓解。

② 制动作用。当司机将制动阀移到制动位时，制动主管内的压缩空气向大气排出一部分，这时副风缸内的空气压力相对地大于制动主管内的压力，因而推动三通阀的主活塞向左移动，截断充气沟的通路，使副风缸内的压缩空气不能回流。在三通阀主活塞移动的同时，带动滑阀也向左移动，截断了制动缸通向大气的出口，同时使副风缸内的压缩空气进入制动缸，推动制动缸活塞向右移动，通过制动杆的传动，使闸瓦紧抱车轮而制动。

由上可知，空气制动机的特点是：第一，向制动主管充气（增压）时缓解；将制动主管内的压缩空气排出（减压）时制动，所以称为“减压制动”。当列车分离或拉动车长阀时，由于制动主管内的压缩空气向大气排出，压力突然降低，就可以自动地产生紧急制动作用，使列车立即停车，以防事故的发生或扩大；第二，这种制动装置在制动过程中不是直接用总风缸的压缩空气送入制动缸，而是用预先储存在副风缸内的压缩空气送入制动缸起制动作用，因此称为“间接制动”。它能使列车前后车辆的制动作用不致差别过大。

2．手制动机

在每节车辆的一端，都装有一套手制动机，可以用人力来使单节车辆或车组减速或停车。我国铁路货车上多用链式手制动机（又叫链子闸），如图 8.25 所示。它结构简单、操作灵活、制动力强。当进行手制动时，将手制动轮按顺时针方向转动，使制动链绕在轴上，拉动制动杆，使闸瓦紧压车轮而产生制动作用。

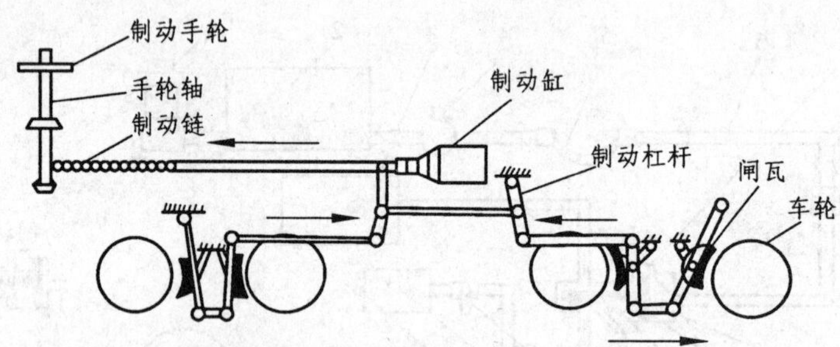

图 8.25 手制动机和基础制动装置

3．基础制动装置

基础制动装置装设在转向架上，是利用杠杆原理，将空气制动机或手制动机产生的力扩大适当倍数，再均衡地向各个制动机传力的装置。我国目前广泛使用的是闸瓦式制动装置，参见图 8.25。客车多为双瓦式，货车多为单瓦式。

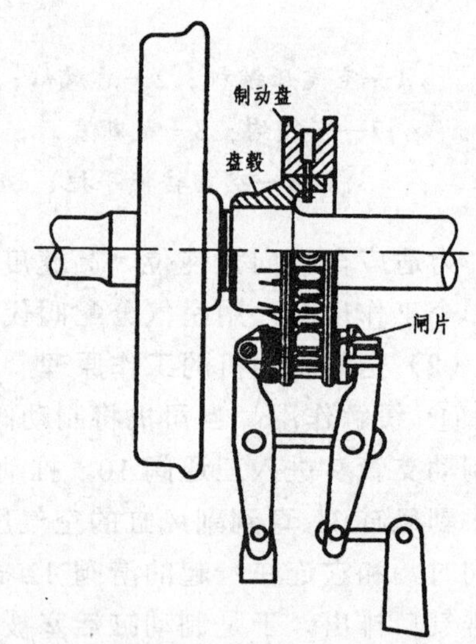

图 8.26 盘形制动装置

随着高速转向架的发展，盘形制动装置得到越来越广泛的应用。盘形制动是利用制动夹钳使闸片夹紧固装在车轴上的制动圆盘而产生制动力的，如图 8.26 所示。

闸瓦制动和盘形制动都是通过产生摩擦力矩来制动，其制动力需通过车轮来体现，因而受到轮轨黏着的限制。随着列车速度的不断提高，可采用不受黏着限制的非黏着制动方式，如电磁轨道制动和电磁涡流制动。电磁轨道制动是通过电磁作用，使该设备上的摩擦板与钢轨摩擦而产生制动力；电磁涡流制动是靠电磁铁与钢轨间的相对运动，将列车的动能转换成电磁涡流并产生热能，达到制动的目的。

8.6.5 车辆内部设备

车辆内部设备是一些能良好地为运输对象服务而设于车体内的固定附属装置。货车由于类型不同，内部设备也因此千差万别，一般来说比客车简单。客车为了满足旅客旅行需要，装有多种直接为旅客生活服务的设施，如供水装置、采暖装置、通风装置、空调装置、电气装置等，又如列车信息显示系统、列车有线和无线通话系统、播音系统等。

第 9 章　铁路运输设备

铁路运输设备主要包括铁路线路、机车车辆、车站和信号及通信设备等。本章阐述除机车车辆以外的其他铁路运输设备。

9.1　铁路线路

9.1.1　铁路线路概述

线路是铁路列车运行的基础，起着承受列车巨大重量、引导列车运行方向等作用。铁路线路是由路基、桥隧建筑物和轨道组成的一个整体工程结构。

（1）铁路等级

铁路等级是铁路线路的基本标准。设计铁路时，首先要确定铁路等级。铁路的技术标准和装备类型则要根据铁路等级去选定。我国《铁路线路设计规范》规定，我国铁路共划分为三个等级，如表 9.1 所示。该规范还规定了各级铁路的行车最高车速（旅客列车预期能到达的最高速度）：Ⅰ级双线为 140 km/h、单线为 120 km/h；Ⅱ级单线为 120 km/h；Ⅲ级单线为 100 km/h。

表 9.1　铁路等级

等　级	铁路在路网中的意义	远期年客货运量
Ⅰ级	在路网中起骨干作用的铁路	≥20 Mt
Ⅱ级	1. 在路网中起骨干作用的铁路	＜20 Mt
	2. 在路网中起联络、辅助作用的铁路	≥10 Mt
Ⅲ级	为某一区域服务，具有地区运输性质的铁路	＜10 Mt

注意：① 远期指交付运营后第 10 年；② 年客货运量为重车方向的货运量与客车折算的货运量之和，每天 1 对旅客列车按 1.0 Mt 货运量折算。

（2）铁路主要技术标准

铁路主要技术标准包括：正线数目、限制坡度、最小曲线半径、牵引种类、机车类型、机车交路、车站分布、到发线有效长度和闭塞类型等。这些标准是确定铁路能力大小的决定因素，一条铁路选用不同的标准对设计线的工程造价和运营质量有重大影响，同时又是确定设计线的工程标准和设备类型的依据。

选定铁路主要技术标准是设计铁路的基本决策，应根据国家要求的年输送能力和确定的铁路等级，考虑沿线资源分布和国家科技发展规划，并结合设计线的地形、地质、气象等自然条件，经过论证比选，慎重确定。

（3）列车运行阻力

列车在线路上运行，总会受到各种阻力，主要有基本阻力和附加阻力两大类。

基本阻力是指列车在空旷地段沿平、直轨道运行时所受到的阻力，包括空气阻力、车轴与轴承之间的摩擦阻力、轮轨之间的摩擦阻力、钢轨接头对车轮的撞击阻力等。基本阻力在列车运行时总是存在的。

附加阻力是列车在线路上运行时受到的额外阻力，主要包括坡道阻力、曲线阻力、起动阻力、隧道阻力等。

9.1.2 铁路线路的平面和纵断面

铁路线路在空间的位置是用它的中心线表示的。线路的平面和纵断面确定了线路在空间的位置，同时也为路基、桥涵、隧道及车站等其他设备的设置提供了依据，对铁路通过能力及输送能力的大小都有直接影响。

1．线路平面

线路中心线在水平面上的投影，叫线路平面。它表明线路的直、曲变化状态。直线和曲线是线路平面的组成要素。

（1）曲线与曲线阻力

线路平面上有了曲线（弯道）后，给列车运行造成阻力增大和限制行车速度等不良影响。列车通过曲线时，由于离心力的作用，使得外侧车轮轮缘挤压外轨，摩擦增大；同时还由于外轨长于内轨，内侧车轮在轨面上滚动时产生相对滑动，从而给运行中的列车带来一种附加阻力，称为曲线附加阻力。

（2）缓和曲线

在铁路线路上，直线和圆曲线不是直接相连的，它们之间需要插入一段缓和曲线，以保证行车平顺，如图 9.1 所示。

缓和曲线的作用是在缓和曲线范围内，其半径由无限大逐渐变化到等于它所衔接的圆曲线半径（或相反），从而使车辆产生的离心力逐渐增加（或减小），以利于行车平稳；在缓和曲线范围内，外轨超高由零递增到需要的超高量（或相反），使向心力与离心力相平衡。

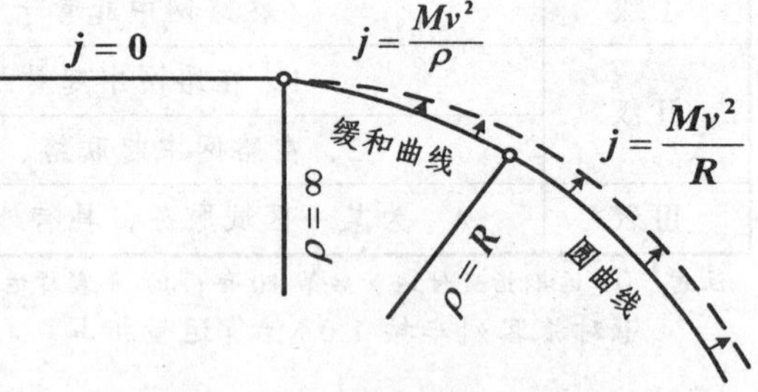

图 9.1 缓和曲线示意图

（3）铁路线路平面图

用一定比例尺，把线路中心线及其两侧的地面情况投影到水平面上，就是铁路线路平面图。线路平面图和纵断面图是铁路设计的基本文件。线路平面图中还标示出里程标、沿线车站、桥隧建筑物等的数量和位置，以及用等高线表示的沿线地形和地物等情况。

2．线路纵断面

线路中心线纵向展直后在铅垂面上的投影，叫线路纵断面。它表明线路的起伏变化情况。

平道和坡道是线路纵断面的组成要素。

（1）**坡度与坡道阻力**

坡道的陡与缓常用坡度来表示。坡度是指坡道线路中心线与水平夹角的正切值，如图 9.2 所示。它的大小通常用千分率来表示

$$i‰ = \frac{h}{L} = \tan\alpha$$

式中　i —— 坡度千分数；

α —— 坡道线路中心线与水平线夹角。

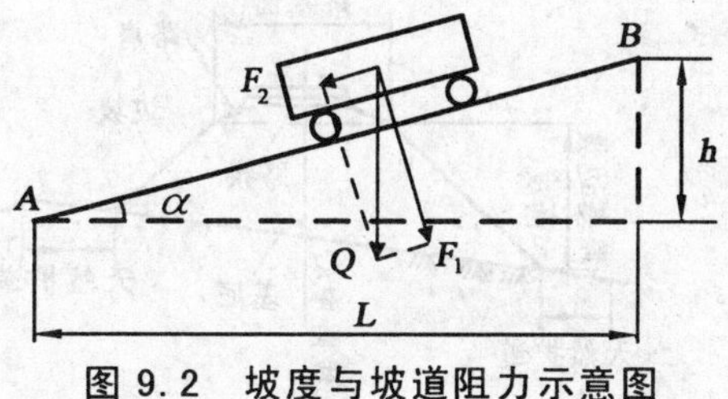

图 9.2　坡度与坡道阻力示意图

当列车在坡道上运行时，会受到一种由坡道引起的阻力，称为坡道附加阻力。从图 9.2 可知，坡道阻力实际就是列车重力 Q 在平行于坡道方向上的分力 F_2，用 W_i 表示。列车上坡时，坡道阻力规定为“＋”，下坡时规定为“－”。

$$W_i = Q \cdot \sin\alpha \approx Q \cdot \tan\alpha \approx Q \cdot i‰\ (\mathrm{KN}) = Q \cdot i\ (\mathrm{N})$$

（2）**限制坡度**

坡道的坡度不同，对列车运行的影响也就不同。在一个区段上，决定一台某一类型机车所能牵引的货物列车重量（最大值）的坡度，叫做限制坡度。在一般情况下，限制坡度的数值往往和区段内陡长坡道的最大坡度值相当。

如果在坡道上又有曲线，那么这一坡道的坡道阻力值和曲线阻力值之和，不能大于该区段规定的限制坡度的阻力值。

限制坡度的大小，影响一个区段甚至全铁路线的运输能力。限制坡度小，列车重量可以增加，运输能力就大，运营费用就越省。但是限制坡度过小时，又不容易适应地面的天然起伏，特别是在地形变化很大的地段，会使工程量增大，造价提高。

平道与坡道、坡道与坡道的交点，叫做变坡点。为了保证列车运行平稳和安全，当相邻坡段的坡度代数差大于规定时，应以竖曲线连接。竖曲线是纵断面上的圆曲线，其半径规定：Ⅰ、Ⅱ级铁路为 10 000 m，Ⅲ级铁路为 5 000 m。

（3）**铁路线路纵断面图**

用一定的比例尺，把线路中心线展直后投影到垂直面上，并标明平面、纵断面各项有关资料的图纸，叫做线路纵断面图。纵断面图的上部是图的部分，主要内容是设计线，还有地面线、填方和挖方的高度、桥隧建筑物资料、车站资料等。纵断面图的下部是表格部分，主要内容是路肩设计标高和设计坡度。

铁路线路纵断面图和平面图是全面、正确反映铁路线路主要技术条件的重要文件，无论在铁路的勘测设计阶段及指导施工阶段，或是交付运营之后都要使用。

9.1.3　路　基

铁路路基是为满足轨道铺设和运营条件而修建的土工构筑物。路基必须保证轨顶设计标高，并与桥梁隧道连接组成完整贯通的铁路线路。路基面应当平顺，应有足够的宽度，符合轨道铺设、附属构筑物设置和线路养护维修作业的要求。

路基常见的两种基本形式是路堤和路堑。当铺设轨道的路基面高于天然地面时，路基以

填筑方式构筑，称为路堤，如图 9.3（a）所示。当铺设轨道的路基面低于天然地面时，路基以开挖方式构筑，称为路堑，如图 9.3（b）所示。另外，还有不填不挖、半堤、半堑、半堤半堑等形式的路基。

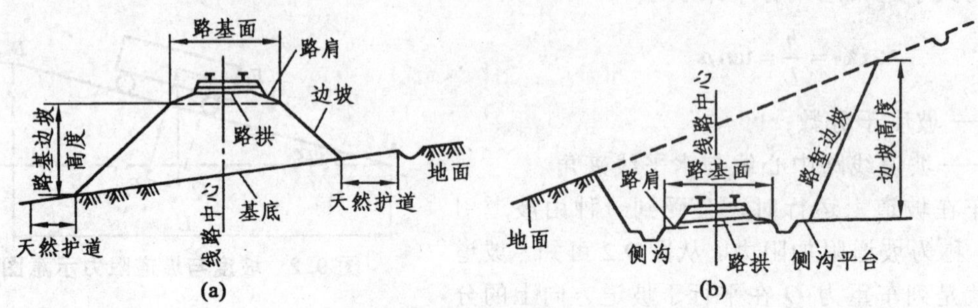

图 9.3 路基的基本形式

路基的修筑还应考虑排水和防护问题。为了保证路基的坚实和稳固，使路基经常处于干燥状态，路基上设有一套完整的排水设施。如纵向排水沟或取土坑，侧沟和截水沟都是为了排泄地面水而设置的。除了地面水以外，地下水也是破坏路基良好状态的一个重要原因。为了拦截地下水，降低地下水位，常常采用渗沟、渗管等地下排水设备，如图 9.4 所示。地下水渗入渗沟以后，可通过渗管纵向排出路堑以外。

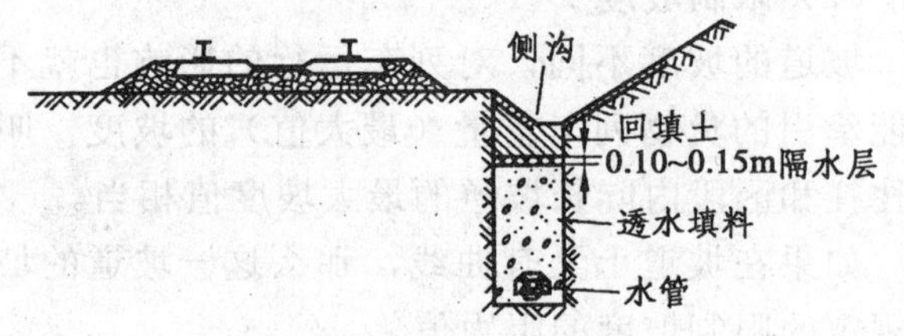

图 9.4 渗沟和渗管

对路基坡面地表水流的浸泡冲刷应及时进行坡面防护，并修筑排水设备，保证排水畅通。常用的坡面防护措施有：种草、铺草皮、植树、抹面、灌浆和砌石护坡等，此外，还可以设置挡土墙或其他拦挡建筑物。

9.1.4 桥隧建筑物

当铁路线路要通过江河、溪沟、谷地以及山岭等天然障碍，或要跨越公路、铁路时，就需要修建桥隧建筑物，以使铁路线路继续向前延伸。桥隧建筑物主要包括桥梁、涵洞、隧道等。

1. 桥 梁

（1）桥梁的结构

一般桥梁由上部结构和下部结构组成。上部结构（或称桥跨结构）包括承重结构和桥面系，其作用是承受车辆荷载，并通过支座传递给墩台。下部结构包括桥墩和桥台，其作用为支承上部结构并将结构重力和车辆荷载传给地基。

以铁路梁桥为例，其主要由桥面、桥跨结构、墩台及基础三大部分组成，如图 9.5 所示。

桥面是桥梁上的轨道部分，直接承受列车载重，并比较均衡地传递给桥跨结构。常用的桥面有道碴桥面和明桥面。道碴桥面的轨道和区间一样，在道碴槽上铺设道碴、轨枕及钢轨，一般用于钢筋混凝土桥。在明桥面上，支承钢轨的桥枕直接铺在钢梁上。

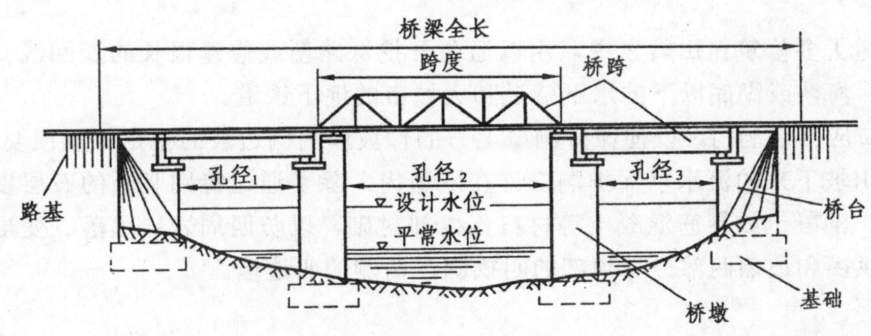

图 9.5　桥　梁

桥跨结构是桥梁承受荷载、跨越空间的部分。常见的桥跨结构有各式钢板梁、钢桁梁、钢筋混凝土梁等。拱桥的桥跨结构是拱，如钢筋混凝土拱、石拱等。

墩台及基础中，桥墩是中间支承，将相邻两孔桥跨连接起来；桥台是桥梁两端与路基相连部位的支承，它使桥梁与路堤相连接并起着挡土墙的作用；基础是指支承墩台，并与地基土层直接接触的结构，它承受桥梁墩台传来的一切荷载。

桥跨是指横跨在两墩台之上的部分。桥孔是两个墩台之间的空间。孔径是每个桥孔在设计水位处的距离。净空是指从桥跨结构底部到设计水位高度以及相邻两墩台之间的限界空间。跨度是指每一桥跨两端支座间的距离。桥长是指两桥台挡碴墙前缘间的距离。

（2）桥梁的分类

桥梁的形式多样，种类繁多，其主要分类方式归纳如下。

按桥梁结构类型可分为：

① 梁桥：桥梁上部结构的主体部分是梁，并由支座支承在桥墩和桥台上。

② 拱桥：桥跨结构的主体是拱，即两端支承在墩台上的曲梁。

③ 钢架桥：桥梁的梁部结构与墩台固结在一起的整体结构，具有很大的刚性。

④ 吊桥（悬索桥）：由桥塔、主缆、吊索、加劲梁、锚碇及鞍座等组成。

⑤ 斜拉桥：由斜索、塔柱和主梁组成，常用的有三跨双塔式、独塔式等结构形式。

2. 涵　洞

涵洞设在路堤下部的填土中，是用以通过水流的一种建筑物。

如图 9.6 所示，涵洞主要由洞身（由若干管节所组成）、基础、端墙和翼墙所组成。管节埋在路基之中，从进口向出口具有一定的纵向坡度，以便排水。端墙和翼墙的作用是便于水流进出涵洞，同时还可以保护路堤边坡，使之不受水流的冲刷。

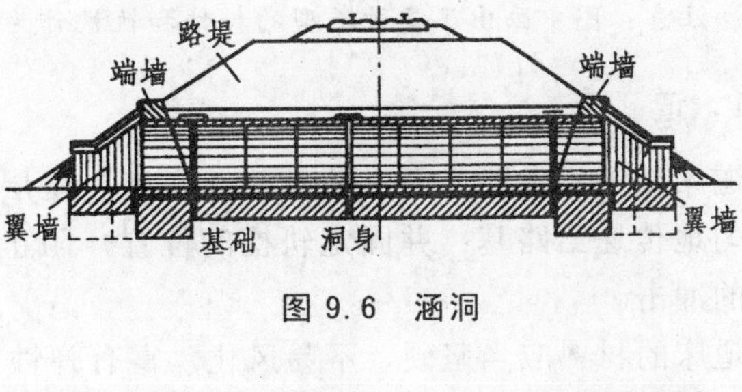

图 9.6　涵洞

按照建筑材料的不同，涵洞有石涵、混凝土涵、钢筋混凝土涵、铁涵等多种。涵洞的截面有矩形、圆形、拱形等不同形式。涵洞的孔径一般是 0.75～6 m。

3. 隧 道

铁路隧道大多修筑在山岭之中，用以避免开挖深路堑或修建很长的迂回线。此外，还有建筑在河床、海峡或湖底以下的水下隧道和大城市的地下铁道。

在隧道口应修筑洞门，以便保持洞口上方的仰坡和两侧边坡的稳定；洞顶要修筑截水沟，用以拦截从山坡下来的流水以保护洞口。在隧道内，除了通过特别坚硬的石层以外，一般还要用砖、石、混凝土或钢筋混凝土等材料作内部衬砌，以防四周岩层塌落、变形、涌水或渗水。衬砌分拱圈和边墙两部分，顶部的叫拱圈，两侧的叫边墙。

9.1.5 轨 道

路基和桥隧建筑物都是轨道的基础，它们直接承受轨道的重量，以及机车车辆及其荷载的压力。在路基、桥隧建筑物修成之后，就可以在上面铺设轨道。轨道起着机车车辆运行的导向作用，直接承受由车轮传来的巨大压力，并把它传布给路基或桥隧建筑物。我国铁路正线轨道共分为特重型、重型、次重型、中型、轻型五种类型。

轨道由道床、轨枕、钢轨、联结零件、防爬设备和道岔等主要部件组成，如图 9.7 所示。道床是铺在路基面上的道碴层。在道床上铺设轨枕，在轨枕上架设钢轨。相邻两节钢轨的端部以及钢轨和轨枕之间，用联结零件互相扣连。在线路和线路的联结处铺设道岔。在钢轨和轨枕上，安设必要的防爬设备。

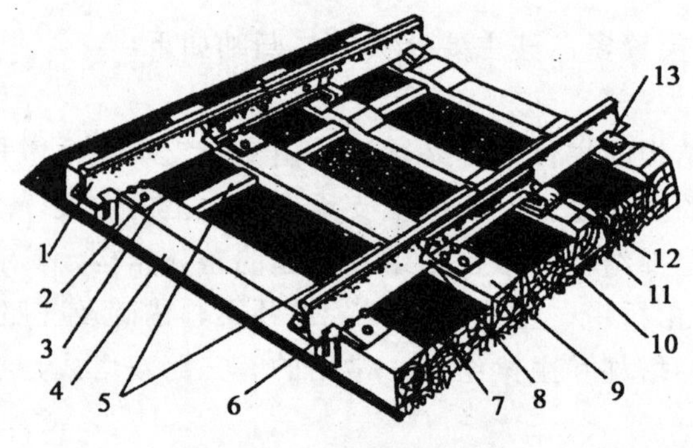

图 9.7 轨道的基本组成

1—钢轨；2—普通道钉；3—垫板；4，9—木枕；5—防爬撑；6—防爬器；7—道床；8—双头夹板；10—螺栓；11—钢筋混凝土轨枕；12—扣板式扣件；13—弹片式扣件

注意：图中画出了多种类型的扣件和轨枕作为示例之用，并非现场线路的实际使用情况

1. 道 床

道床是铺设在路基面上的石碴（道碴）垫层。主要作用是支承轨枕，把从轨枕上部的压力均匀地传递给路基；并固定轨枕的位置，阻止轨枕纵向或横向移动；缓和机车车辆轮对对钢轨的冲击。

道床的材料应当坚硬，不易风化，富有弹性，并有利于排水的特点。常用的材料有碎石、卵石、粗沙等。其中以碎石为最优，我国铁路一般都采用碎石道床。道床的断面呈梯形，其顶面宽度、边坡坡度及厚度等均按轨道的类型而定。

有一种整体式道床，是用碎石加水泥浆或者混凝土，钢筋加混凝土直接在路基面上筑成坚固的轨道基础，用以代替通常的碎石道床。这是一种刚性轨下基础，线路的强度高、维修工作量少，适合于高速运行。目前我国大部分是在隧道内铺设。

2．轨　枕

轨枕是钢轨的支座，它除承受钢轨传来的压力并将其转给道床以外，还起着保持钢轨位置和轨距的作用。

轨枕按照制作材料主要分钢筋混凝土枕和木枕两种。木枕具有弹性好、形状简单、加工容易、重量轻、铺设、更换方便等优点。其主要缺点是要消耗大量的木材，而且使用寿命较短。经过防腐处理的木枕，一般可用 15 年左右，为了保护生态平衡和森林资源，木枕的使用将受限制。钢筋混凝土轨枕使用寿命长、稳定性高和养护工作量小，加上材料来源较广，所以在我国铁路上得到广泛地采用。

我国普通轨枕的长度为 2.5 m。每公里线路上铺设轨枕的数量，应根据运量及行车速度等运营条件确定，一般在 1 520～1 840 根之间。轨枕数量越多，表明轨道的强度越大。

有一种宽钢筋混凝土轨枕（又称混凝土轨枕板），其外形和普通钢筋混凝土轨枕相似，但更宽而且稍薄，它在线路上是连续铺设的。这种轨枕的底部和道床、上部和轨底的接触面积大，因此沉陷较小，提高了线路的稳定性，改善了钢轨的受力条件，有利于高速行车。我国已在隧道内、大桥桥头和大客运站内铺设，并且在主要干线上逐步扩大使用。

3．钢　轨

钢轨的作用是直接承受车轮的巨大压力并引导车轮的运行方向，因而它应当具备足够的强度、稳定性和耐磨性。为了使钢轨具有最佳的抗弯性能，钢轨的断面形状采用“工”字形，上、中、下三部分分别称作轨头、轨腰和轨底。

在我国，钢轨的类型或强度以每米长度的重量（公斤数）表示，现行的标准钢轨类型有：75 kg/m、60 kg/m、50 kg/m 等。

钢轨的长度长一些好，可以减少接头的数量，列车运行平稳并可节省接头零件和线路的维修费用，但是由于加工条件和运输条件的限制，一根钢轨的轧制长度是有限的。目前我国钢轨的标准长度有 25 m 和 12.5 m 两种。75 kg/m 钢轨只有 25 m 长一种。此外，还有专供曲线地段铺设内轨用的标准缩短轨若干种。

4．联结零件

联结零件包括接头联结零件和中间联结零件两类。

接头联结零件是用来联结钢轨间的接头的，包括鱼尾板（又称夹板）、螺栓、螺帽和弹性垫圈等部分。钢轨接头处必须保持的缝隙叫做轨缝。当气温变化使钢轨产生伸缩时，它可以起调节作用。钢轨接头是线路上最薄弱的环节，它使行车阻力和线路维修费用显著增加，因此它是线路维修工作的重点对象。

中间联结零件（又称扣件）的作用是将钢轨紧扣在轨枕上。木枕用扣件包括普通道钉和垫板。钢筋混凝土用的扣件有扣板式、拱形弹片式和ω形弹条式三种。ω形弹条式扣件不仅比前两种使用的零件少，结构简单，而且弹性好，扣压力最大，因此在主要干线上大量使用。各种扣件如图 9.8 所示。

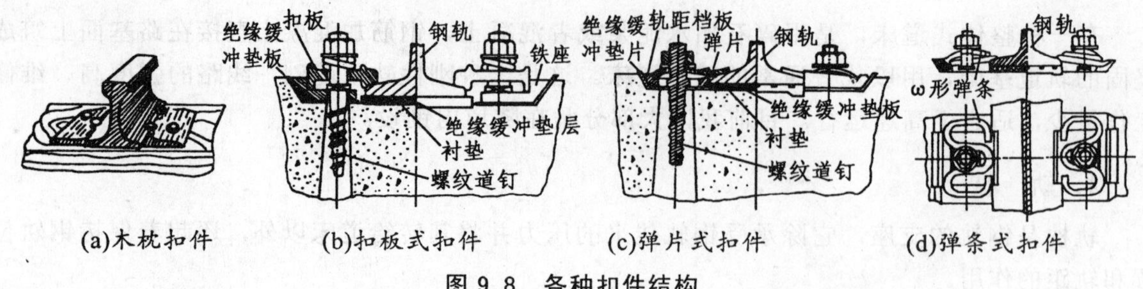

(a)木枕扣件 (b)扣板式扣件 (c)弹片式扣件 (d)弹条式扣件

图 9.8 各种扣件结构

5. 防爬设备

因列车运行时纵向力的作用，使钢轨产生纵向移动，有时甚至带动轨枕一起移动，这种现象叫轨道爬行。轨道爬行经常出现在单线铁路的重车方向（运量大的方向）、双线铁路的行车方向以及长大下坡道上和进站前的制动距离内。

轨道爬行往往引起轨缝不匀、轨枕歪斜等线路病害，对轨道的破坏性极大，严重时还会危及行车安全。因此，必须采取有效措施加以防止。通常的做法是，一方面加强钢轨与轨枕间的扣压力和道床阻力；另一方面是设置防爬设备（防爬器和防爬撑）。常用的防爬器为穿销式防爬器。

6. 道 岔

道岔是一种能使机车车辆从一股道转入另一股道的线路连接设备，在车站上大量铺设。最常见的是普通单开道岔。

（1）普通单开道岔

普通单开道岔由转辙器、辙叉及护轨、连接部分组成，如图 9.9 所示。

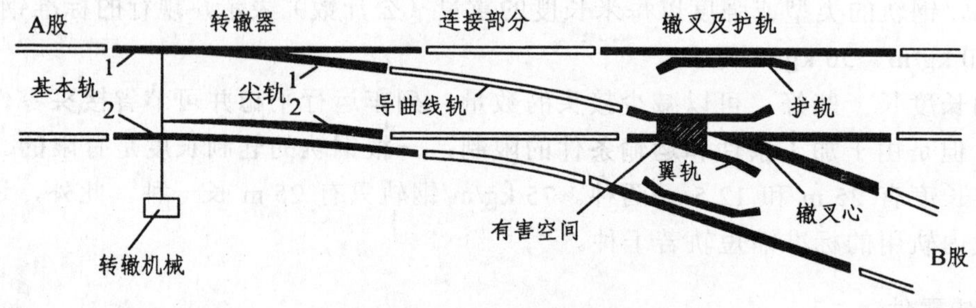

图 9.9 普通单开道岔

① 转辙器：包括两根尖轨、两根基本轨和转辙机械，是引导机车车辆转线的部分。尖轨是转辙器的主要部件，通过连接杆与转辙机械相连，操纵转辙机械可以改变尖轨的位置，以确定道岔的开通方向。

② 辙叉及护轨：包括辙叉心、两根翼轨和两根护轨，作用是保证车轮安全通过互相交叉的两根钢轨。从两翼轨最窄处到辙叉心实际尖端之间，有一端钢轨中断的空间，叫做辙叉的有害空间。当列车逆向通过辙叉有害空间时，车轮轮缘有可能走错辙叉槽而导致脱轨的可能，因此，必须设置护轨以强制引导车轮的运行方向，保证车轮安全通过。

③ 连接部分：包括两根直轨和两根导曲线轨，是将转辙器和辙叉及护轨连接起来的部分。

由于导曲线的半径较小，又不设置缓和曲线和超高，所以列车在侧向过岔时，速度受到严格限制。

道岔上的有害空间是限制列车过岔速度的一个重要因素。为了消除有害空间，减轻车轮对翼轨和心轨的冲击，适应列车高速运行，可以采用活动心轨辙叉道岔。如图 9.10 所示，当尖轨开通某一方向时，活动心轨的辙叉心就与开通方向一致的翼轨密贴，与另一翼轨分开，从而消除有害空间。

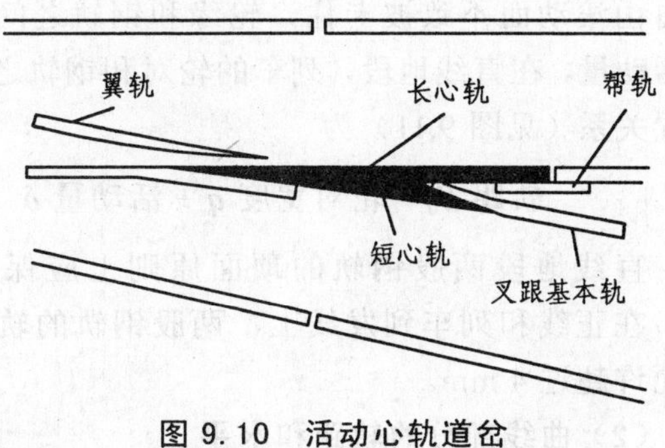

图 9.10　活动心轨道岔

（2）**道岔号数**

道岔因其辙叉角的大小不同，有不同的道岔号（*N*）。道岔号数表明了道岔各部分的主要尺寸。道岔号数用辙叉角（α）的余切值来表示。辙叉角越小，道岔号数就越大，导曲线半径也相应越大，列车侧线通过道岔时允许速度也就越高。所以，采用大号数道岔对于列车运行是有利的，然而，道岔号数越大，道岔全长就越长，铺设时占地就越多。

目前，我国生产的普通单开道岔主要有 9，12，18，30 号等型号，它们所允许的侧向过岔最高速度分别为 30 km/h，45 km/h，80 km/h，140 km/h。

（3）**道岔的类型**

除了普通单开道岔以外，按照构造上的特点及所连接的线路数目，还有以下类型的道岔：

① 双开道岔（对称道岔）：由主线向两侧对称分为两条线路。它与单开道岔有两点不同，一是道岔连接部分有四条导曲线轨，没有直轨；二是整个道岔对称于主线的中线或辙叉角的中心线，无直向与侧向之分。

② 三开道岔：同道岔相衔接的有 3 条线路，有两组转辙机械以实现道岔开通方向的选择。

③ 交分道岔：有 4 个辙叉、4 条导曲线轨和 8 条尖轨，两组转辙机械，每组带动 4 条尖轨同时动作，来实现线路开通方向的选择。

对两条平行的线路，当需要使列车能从一条线路进入另一条线路时，可设置渡线。渡线通常有普通渡线（又称单渡线）和交叉渡线两种。

除了各种道岔以外，在线路上还有一种交叉设备。交叉设备没有转辙器，列车只能在原来的线路上通过交叉后继续前进，不能转线，通常为菱形交叉。

9.1.6　线路其他相关问题

1．轨道的几何形位

（1）**直线段的轨距和水平**

轨距是两股钢轨头部顶面下 16 mm 处之间的距离。我国和大多数国家的铁路主要采用 1 435 mm 的标准轨距。相应的，1 520 mm、1 676 mm 为宽轨距；1 067 mm、1 000 mm、762 mm 为窄轨距。如前苏联和东欧各国采用 1 520 mm 的宽轨距，我国台湾省采用 1 067 mm 的窄轨距，昆明铁路局部分线路是 1 000 mm 的窄轨距。

在机车车辆运行的作用力下，轨距可能产生一定的误差。我国标准轨距线路规定允许的误差为 +6 mm 和 −2 mm。为使车轮轮缘能在两股钢轨之间自由滚动而不致被卡住，轮缘和钢轨之间应有一定的活动量。在直线地段，列车的轮对和钢轨之间的相互位置关系（见图 9.11）为

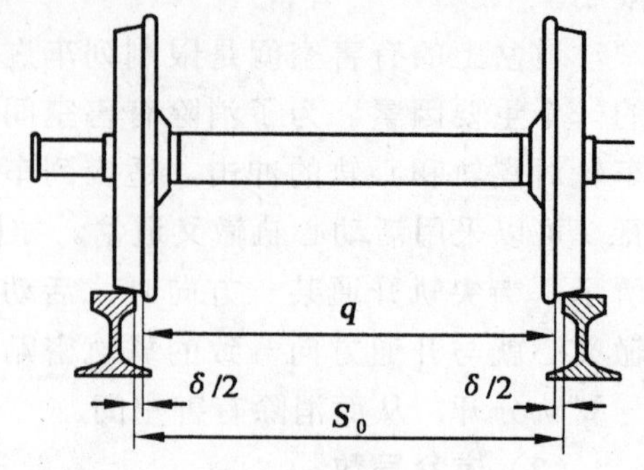

图 9.11 轮对和钢轨相对位置

$$\text{轨距 } S_0 = \text{轮对宽度 } q + \text{活动量 } \delta$$

直线地段两股钢轨的顶面原则上应保持同一水平，在正线和列车到发线上，两股钢轨的轨顶面高差不允许超过 4 mm。

（2）曲线部分的轨距和水平

① 轨距加宽。机车车辆走行部只能保持平行而不能作相对运动的车轴中心线间的最大距离，叫做固定轴距（见 8.5.3）。由于机车车辆具有固定轴距，在曲线上运行时转向架的纵向中心线与曲线轨道中心线并不一致，因而引起转向架前一轮对外侧车轮轮缘和后一轮对内侧车轮轮缘压挤钢轨的情况。所以小半径曲线的轨距应适当地加宽。

② 外轨超高。机车车辆在曲线上运行时，由于离心力的作用使曲线外轨承受了较大的压力，因而造成两股钢轨磨耗不均匀的现象，并使旅客感到不舒适，严重时还可能造成翻车事故，因此通常要将曲线上的外轨抬高，使机车车辆内倾，以平衡离心力的作用。外轨比内轨高出的部分称为超高。

外轨超高和轨距加宽的设置办法，都是从缓和曲线的起点开始，逐渐增加，到圆曲线起点时，超高和加宽都应达到规定的数值。

2．线路标志

为了列车行驶和线路养护维修等工作的需要，在铁路沿线设有各种线路标志，其中常见的线路标志有：里程标、曲线标、圆曲线与缓和曲线始终点标、桥梁标、坡度标及管界标等。线路标志一般应埋设在里程增加方向的线路左侧的适当地点。

里程标包括公里标、半公里标和百米标，设于相应的里程处。曲线标上标明了曲线全长、缓和曲线长度、曲线半径、外轨超高、轨距加宽等曲线技术参数，设于曲线的中部。圆曲线和缓和曲线始终点标设于直线与缓和曲线、缓和曲线与圆曲线的连接处，表明缓和曲线的起点和终点。桥梁标一般设于桥头，标明桥梁编号和桥梁中心里程。坡度标设于变坡点处，标有两相邻坡道的坡道大小、坡段长度和变坡点位置。管界标设于各单位管辖地段的分界处，两侧分别标明所面向的单位名称。

3．限　界

为了确保机车车辆在铁路线路上运行的安全，防止机车车辆撞击邻近线路的建筑物和设备，而对机车车辆和接近线路的建筑物、设备所规定的不允许超越的轮廓尺寸线，称为限界。铁路基本限界可分为机车车辆限界和建筑接近限界两种。

机车车辆限界是机车车辆横断面的最大极限，它规定了机车车辆不同部位宽度、高度的最大尺寸和底部零件至轨面的最小距离。机车车辆限界是和桥梁、隧道等限界起相互制约作

用的，当机车车辆在满载状态下运行时，也不会因产生摇晃、偏移等现象而与桥梁、隧道及线路上的其他设备相接触，以保证行车安全。

建筑物接近限界是一个和线路中心线垂直的横断面，它规定了保证机车车辆安全通行所必需的横断面的最小尺寸。凡靠近铁路线路的建筑物及设备，其任何部分（和机车车辆有相互作用的设备除外）都不得侵入限界之内。

机车车辆限界和建筑物接近限界之间，留有一定的空间，以免碰撞，保证行车安全。

4．无缝线路

无缝线路又称长钢轨线路，就是把若干标准长度钢轨焊接成 1 000～2 000 m 长钢轨而铺设的铁路线路，每段长钢轨之间仍铺设 2～4 根标准轨作为缓冲区。若进一步延长无缝轨条长度，消除缓冲区的影响，则成为超长无缝线路。

与普通线路相比，无缝线路在其长钢轨段内消灭了轨缝，从而消除了车轮对钢轨接头的冲击，使得列车运行平稳、旅客舒适，延长了线路设备和机车车辆的使用寿命，减少了线路养护维修工作量，并能适应高速行车的要求，是轨道现代化的发展方向。而铺设无缝线路的关键是设法克服长钢轨因温度变化而产生的温度力问题。

9.2　铁路车站

9.2.1　铁路车站概述

1．车站的作用与分类

车站是办理旅客运输与货物运输的基地，旅客的上下车和货物装卸车及其有关作业都是在车站上进行的。车站通过办理上述业务，使铁路运输生产与国民经济的发展和市场的需求联系起来，也是铁路和旅客、货主联系的纽带。

车站还是铁路运输的基层生产单位。在车站上，除了办理旅客与货物运输的各项作业外，还要办理与列车运行有关的各项作业，如列车的接发、会让与越行，车列的解体与编组，机车的换挂与整备，车辆的检查与修理等。车站不仅是铁路内部各项作业的汇合点，也是提高铁路运输效率和运输安全的保证。

目前，我国铁路上有大小车站几千个。根据它们所担负的任务量和在国家政治上、经济上的地位，共分为六个等级，即特等站、一、二、三、四、五等站。车站按技术作业的不同可分为编组站、区段站和中间站，编组站和区段站总称为技术站。按业务性质又分为货运站、客运站和客货运站。

2．车站的有关概念

（1）区间与分界点

为了保证行车安全和必要的线路通过能力，铁路上每隔一定距离（10km 左右）需要设置一个车站。车站把每一条铁路划分成若干个长度不同的段落，每一段线路叫做一个区间。而车站就成为相邻区间之间的分界点，因此，区间和分界点是组成铁路线路的两个基本环节。

车站上除了正线以外，还配有其他线路（到发线、牵出线等），所以我们把各种车站称为有配线的分界点。此外，还有一种无配线的分界点，它包括非自动闭塞区段两车站间设置的线路所和自动闭塞区段的两车站间划分为若干个闭塞分区处所设置的通过色灯信号机。因此，区间也有不同的分类。车站与车站之间的区间称为站间区间，车站与线路所之间的区间称为所间区间，自动闭塞区段上通过色灯信号机之间的段落称为闭塞分区。两相邻技术站间的铁路线段通常称为区段，它包含了若干个区间和分界点。区段的长度一般取决于牵引动力的种类或路网状况。

（2）车站线路种类与线间距

车站应设有正线，根据车站作业的需要还需配置各种用途的站线。正线即直接与区间连通的线路，站线则包括到发线、牵出线、调车线、货物线及站内指定用途的其他线。到发线是用于接发旅客列车与货物列车的线路；牵出线是用于进行调车作业时将车辆牵出的线路；货物线是用于货物装卸作业的货车停留线路；调车线是用于车列解体和编组并存放车辆的线路；站内指定用途的其他线路主要有机车走行线、车辆站修线、驼峰迂回线及驼峰禁溜线等。

线间距是指两相邻线路中心线之间的距离，它应能保证行车和车站工作人员工作时的安全。线间距的大小是根据线路限界、是否通过装载超限货物列车以及股道间是否装设信号机等因素而确定的。站内正线与到发线之间、正线和到发线与其他站线之间的最小线间距为 5 m。双线区间正线的最小线间距为 4 m。

（3）站界、警冲标与股道有效长

为了保证行车安全和分清工作责任，车站和它两端所衔接的区间应有明确的界限，通常称为“站界”。在单线铁路上，站界的范围以两端进站信号机柱的中心线为界，外方是区间，内方则属于车站。在双线铁路上，站界是按上下行正线分别确定的：一端以进站信号机柱中心线为界，另一端以站界标的中心线为界。

警冲标是信号标志的一种，设在两会合线路间距离为 4 m 的中间，用来指示机车车辆的停留位置，防止机车车辆的侧面冲撞。

股道有效长是指股道上可以停放列车或机车车辆而不妨碍邻线正常行车部分的长度。

3．股道和道岔的编号

（1）股道编号方法

站内正线规定用罗马数字编号（Ⅰ，Ⅱ…），站线用阿拉伯数字编号（1，2，3…）。

① 在单线铁路上，应当从站舍一侧开始顺序编号，如图 9.12 所示。

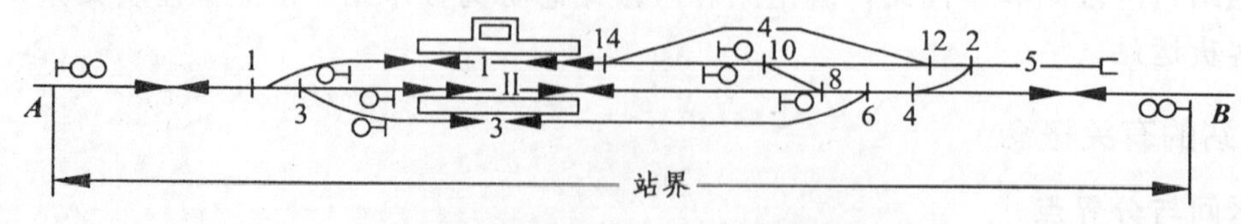

图 9.12 单线铁路中间站布置图

② 在双线铁路上，下行正线一侧用单数，上行正线一侧用双数，从正线向外顺序编号，如图 9.13 所示。

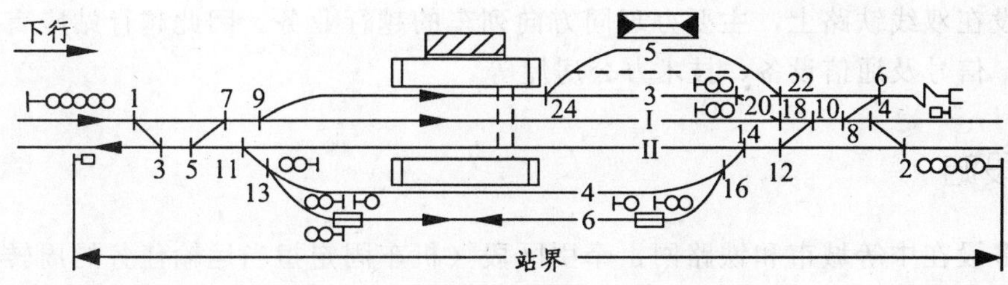

图 9.13 双线铁路中间站布置图

③ 大站上股道较多，应分别按车场各自编号。

（2）道岔编号方法

① 用阿拉伯数字从车站两端由外向里依次编号，上行列车到达一端用双数，下行列车到达一端用单数，如图 9.12 和图 9.13 所示。

② 每一道岔均应编为单独的号码，对于渡线、交分道岔等处的联动道岔，则应编为连续的单数或双数。

③ 站内道岔，一般以车站站舍中心线作为划分单数号与双数号的分界线。

④ 当车站有几个车场时，每一车场的道岔必须单独编号，此时道岔号码应使用三位数字，百位数字表示车场号码，个位和十位数字表示道岔号码，避免在同一车站内有相同的道岔号码。

9.2.2 中间站

中间站是铁路上数量最多的车站，一般位于中小城镇，是城乡联系的重要纽带。在联系工业和农业、加强城乡人民的往来和物资交流中起着重要的作用。此外，中间站还可以提高铁路区段通过能力，保证行车安全。单线、双线铁路中间站布置图分别如图 9.12 和图 9.13 所示。

（1）中间站的作业

① 旅客的乘、降和行李、包裹的承运、保管、装卸与交付。

② 货物的承运、保管、装卸与交付。

③ 接发列车作业（包括接车、发车和放行通过列车），这是中间站的主要行车工作。

④ 摘挂列车的车辆摘挂作业，以及向货物线、专用线取送车辆的调车作业。

（2）中间站的设备

中间站的设备应根据作业的性质和工作量大小而定。主要包括以下几类：客运设备，包括旅客站舍（售票房、候车室、行包房）、旅客站台、雨棚和跨越设备（天桥、地道、平过道）等；货运设备，包括货物仓库、货物站台和货运室、装卸机具等；站内线路，包括到发线、牵出线和货物线等，它们分别用于接发列车、进行调车和货物的装卸作业；信号及通信设备。

此外，某些中间站还设有机车整备设备和列车检查设备等。

（3）会让站和越行站

在我国铁路上，还有数量不多的，主要是为了提高线路通过能力而设置的车站，称为会让站和越行站。根据规定，会让站和越行站均包括在中间站之内。

会让站设在单线铁路上，主要办理列车的到发和会让，也办理少量的客货运业务。因此，会让站应铺设到发线、旅客乘降设备，并设置信号及通信设备、技术办公用房，但没有专门的货运设备。在会让站上，既可以实现会车，也可以实施越行。

越行站设在双线铁路上，主要办理同方向列车的越行业务。因此越行站应有到发线、旅客乘降设备、信号及通信设备、技术办公房屋等。

9.2.3 区段站

区段站多设在中等城市和铁路网上牵引区段（机车固定担当运输任务的周转区段，也叫机车交路）的起点或终点。区段站的主要任务是为邻接的铁路区段供应及整备机车，为无改编中转货物列车办理规定的技术作业，并办理一定数量的列车解编作业及客货运业务。区段站的作业和设备在数量和规模上都不是最大的，但其种类却是比较齐全的。

1．区段站的作业

根据区段站所担负的任务，它要办理的作业可以归纳如下：

① 客运业务。与中间站办理的客运业务基本相同，只是数量较大。

② 货运业务。与中间站办理的货运业务大致一样，但作业量要大。

③ 运转作业。包括与旅客列车有关的运转作业，主要办理通过旅客列车的接发作业，有的车站还办理局管内或市郊旅客列车的始发、终到作业及个别车辆的甩挂作业；与货物列车有关的运转作业，主要办理无改编中转列车的接车和有关作业，对区段列车和沿零摘挂列车，要进行解体和编组作业，同时还办理向货场、工业企业线取送作业车等，某些区段站还担当少量的始发直达列车的编组任务。

④ 机车业务。主要是换挂机车和乘务组，对机车进行整备、修理和检查等。

⑤ 车辆业务。办理列车的技术检查和车辆的检修任务。在少数设有车辆段的区段站上，还办理车辆的段修业务。

由上述可知，区段站所办理的作业，无论从数量上或种类上，都远较中间站繁多。而在所办理的解、编及中转列车中，又以无改编中转列车所占的比重为大。所有到达区段站的货物列车，按它在该站所进行的作业性质，可以分为两类：一类是到达本站不解体，只作技术检查和机车换挂等作业，然后继续运行的列车，叫做无改编中转列车；一类是到达本站后，要将列车解体，这种列车叫做改编列车（解体列车）。

2．区段站的设备

① 客运业务设备。主要有旅客站房、站台、雨棚及跨越线路设备等。

② 货运业务设备、货场及其有关设备。如装卸线、货物站台、仓库及装卸机械等。

③ 运转设备。包括旅客列车到发线、货物列车到发线、调车线、牵出线（有时设简易驼峰）、机车走行线等。

④ 机务设备。包括机务段或机务折返段。在机务段所在的区段站上，如采用循环运转制时，在到发场应设有机车整备设备。采用长交路轮乘制时可设置机车运用段或换乘点。

⑤ 车辆设备。包括车辆段、列车检修所和站修所等。

⑥ 信号、通信等设备。

3．区段站的布置形式

由于地形、城市规划要求、运量及运输性质、正线数目等因素的影响，为合理布置区段站的各项设备而形成了多种多样的布置图形。常见的有横列式、纵列式及客货纵列式区段站三类。

① 横列式区段站布置。上、下行到发线（场）平行布置在正线一侧，调车场在到发场的一侧。这种布置宜在单线铁路上采用，其优点是布置紧凑，站坪长度短，占地少，设备集中，管理方便，作业灵活性大，对各种不同地形的适应性强。缺点是，一个方向列车的机车出入段走行距离长，对站房同侧的货物取送车和正线有交叉干扰。

② 纵列式区段站布置。上、下行到发场分设在正线两侧，并逆运行方向全部错移，在其中一个到发场一侧，设一个双方向共同的调车场。这种布置宜在运量较大的双线铁路上采用。其优点是作业交叉干扰较少；机车出入段走行距离短；当机车采用循环运转制时，到发线上的整备设备比较集中，对站舍同侧的支线或工业企业线的接轨较方便。缺点是，站坪长度大，占地多；设备分散，投资大；定员较多，不便管理。

③ 客货纵列式区段站布置。客运运转设备（主要指旅客列车到发场）与货运运转设备（主要指货物列车到发场）纵向配列。此种形式往往是改建时逐步形成的，其优缺点与纵列式布置大致相同。

9.2.4 编组站

编组站是铁路网上办理大量货物列车解体和编组作业，并设有比较完善调车设备的车站。编组站按列车编组计划的要求，编制各种类型的列车，为合理组织车流服务，是一个编组列车的“工厂”。编组站通常设在几条主要干线的汇合处，也可以设在有大量装卸作业地点的大城市、港口或大工矿企业附近。

1. 编组站在作业和设备上的特点

编组站和区段站同属技术站。从技术作业上看，编组站和区段站都要办理列车的接发、解编、机车的供应或换挂，列车的技术检查及车辆的检修等。但是，区段站主要是办理中转列车的作业，解体和编组的列车数量少，而且大多是区段列车或摘挂列车。而编组站的主要作业是大量办理列车的解体和编组，而且其中多数是直达列车和直通列车。

编组站的设备，从种类上看，一般与区段站一样，也有旅客和货物运转、客货运业务及机务、车辆等设备。但位于大城市郊区的编组站，可能不设客、货运设备；在货物运转设备方面，调车场和调车设备的规模和能力比区段站大得多。

2. 编组站布置的主要类型

编组站的各项作业是在各个车场上完成的。因此，调车设备的数量与规模及各车场的相互位置，就构成了编组站不同形式的布置图。

（1）按调车设备套数分类

① 单向编组站。只有一个调车场，上、下行合用一套调车设备（包括驼峰、调车场、牵出线），其驼峰溜车方向一般朝向主要改编车流运行方向。

② 双向编组站。有两个调车场，上、下行各有一套调车设备。两系统的驼峰溜车方向朝向各自的改编车流运行方向。

（2）按车场的相互位置分类

① 横列式编组站。上、下行到发场与调车场并列配置。

② 纵列式编组站。到达场、调车场、出发场等主要车场顺序纵向排列。

③ 混合式编组站。部分主要车场纵列，另一部分车场横列。

我国编组站布置图的基本类型有单向横列式、单向纵列式、单向混合式、双向横列式、双向纵列式、双向混合式等六种。此外，我国铁路现场习惯上对编组站图形有“几级几场”的称呼。“级”是指同一调车系统中的纵向排列数。“场”是指车场，有几个车场，就叫做几场。

3．调车驼峰

（1）驼峰的含义与分类

调车工作是铁路运输过程中的重要部分，对于编组站来说，更是日常运输生产的主要活动。调车工作按使用设备分为牵出线调车和驼峰调车。牵出线调车时，车辆的动力是靠调车机车的推力作用，适合车列的编组作业。驼峰调车时，是利用其高差的位能，车辆溜放的动力以其本身的重力为主，调车机车的推力为辅，适合车列的解体作业。

驼峰按日均解体作业量分三类：大能力驼峰、中能力驼峰、小能力驼峰。根据设备条件的不同，驼峰还可分为简易驼峰、非机械化驼峰、机械化驼峰、半自动化驼峰和自动化驼峰。

（2）驼峰的平、纵断面

驼峰的范围是指峰前到达场（在不设峰前到达场时为牵出线）与调车场之间的一部分线段，包括推送部分、溜放部分和峰顶平台等，机械化驼峰如图 9.14 所示。

① 推送部分。是指经驼峰解体的车列其第一车钩位于峰顶时车列全长所在的线路范围。设置这一部分的目的是为了使车辆得到必要的高度，并使车钩压紧，便于摘钩。

② 溜放部分。由峰顶至调车场头部各股道警冲标后 100 m（对机械化驼峰）或 50 m（对非机械化驼峰或简易驼峰）处的线路范围。

③ 峰顶平台。即推送部分与溜放部分的连接处设置的一段平坦地段。

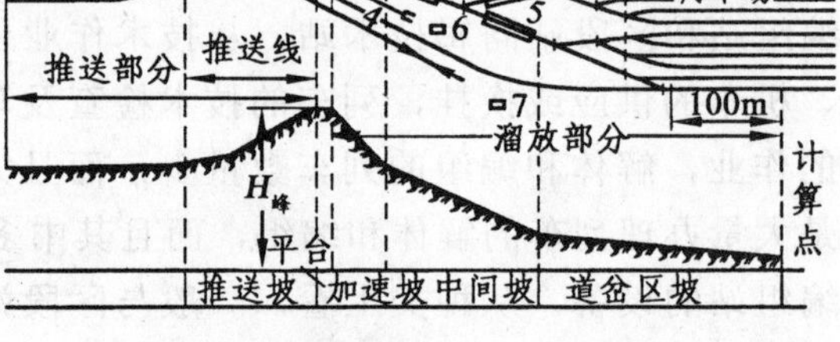

图 9.14 机械化驼峰平、纵断面图

1—推送线；2—溜放线；3—禁溜线；4—迂回线；5—缓行器；6，7—信号楼

（3）驼峰调速工具

驼峰调车场调速工具，是为了提高驼峰的改编能力，保证作业安全所必需的设备。目前，我国铁路上常用的调速工具有手闸、制动铁鞋和车辆减速器、减速顶等。在机械化驼峰上，除调车场内使用铁鞋制动外，在驼峰溜放部分均采用车辆减速器。而在自动化驼峰上，是根据车辆的走行性能、重量、预定的停车地点以及溜放速度等条件，由自动化装置控制减速器的制动能力。

我国采用的减速器主要有压力式钳形减速器和重力减速器两种。压力式钳形减速器利用压缩空气作为动力，由钢轨两侧的制动夹板挤压车轮进行制动。重力式减速器主要借助于车辆本身的重量使制动夹板产生对车轮的压力而进行制动。而减速顶是一种不需要外部能源的、可以自动控制车辆溜放速度的调速工具。

9.2.5　铁路枢纽

铁路枢纽是铁路网的一个组成部分。在铁路网的交汇点或终端地区，由各种铁路线路、专业车站以及其他为运输服务的有关设备组成的总体，称为铁路枢纽。铁路枢纽对于工农业生产的发展，城市和国防建设以及各种交通运输工具之间的分工与协作，都有密切的关系。

铁路枢纽是客货流从一条铁路转运到各接轨铁路的中转地区，也是所在城市客货到发及联运的地区。除枢纽内各种车站办理的有关作业外，在货物运转方面，有各铁路方向之间的无改编列车和改编列车的转线，以及担当枢纽地区车流交换的小运转列车的作业。在旅客运转方面有直通、管内和市郊旅客列车的作业。在货运业务方面，办理各种货物的承运、装卸、发送、保管等作业。此外，还要供应运输动力，进行机车车辆的检修等作业。

（1）铁路枢纽设备

为了完成以上复杂而繁重的任务，枢纽内需要配备成套的技术设备，它们在统一指挥下协调工作。

① 铁路线路。包括引入正线、联络线、环线、工业企业专用线等。

② 车站。包括客运站、货运站、编组站、工业站、港湾站等。

③ 疏解设备。包括铁路线路与铁路线路的平面和立交疏解、铁路线路与城市道路的立交桥和道口以及线路所等。

④ 其他设备。包括机务段、车辆段、客车整备所等。

（2）铁路枢纽的分类

铁路枢纽是因铁路新线建设及城市和工业的发展等逐步形成和壮大起来的。因此，枢纽所在地区的政治与经济特征、在地理上和路网中的位置、城市和工业建设的要求等对它所承担的运输业务有着密切的关系。

铁路枢纽按其在铁路网上的地位和作用可分为路网性铁路枢纽、区域性铁路枢纽、地方性铁路枢纽。

影响一个铁路枢纽的形成及布置的因素是多样而复杂的。铁路枢纽按其车站、线路及其他设备的不同位置，可形成不同类型：一站枢纽、三角形枢纽、十字形枢纽、顺列式枢纽、并列式枢纽、环形枢纽、混合形枢纽和尽端式枢纽等。

9.3　铁路信号及通信设备

9.3.1　铁路信号设备

铁路信号设备是铁路信号、联锁、闭塞等设备的总称。其主要作用是保证列车运行与调车工作的安全和提高铁路通过能力，同时对提高铁路运输经济效益、改善铁路职工劳动条件也起着重要作用。

1．铁路信号的分类

铁路信号是指示行车和调车运行条件的命令，行车和调车人员必须执行信号显示的要求，才能确保安全和提高生产效率。

铁路信号按感官可分为视觉信号和听觉信号两大类。视觉信号是以物体或灯光的颜色、形状、位置、数目或数码显示等特征表示的信号。例如，用信号机、机车信号、信号旗、信号牌、火炬等表示的信号就是视觉信号。听觉信号是以不同声响设备发出音响的强度、频率、音响长短和数目等特征表示的信号，如用号角、口笛、响墩发出的音响及机车、轨道、车鸣笛等发出的信号。

视觉信号按信号装置又可分为固定信号、移动信号和手信号。用手拿信号灯、信号旗或手势显示的信号叫手信号，临时设置的信号牌、信号灯等叫移动信号，在固定地点安装的信号设备叫固定信号。

2．固定信号机

固定信号机主要有臂板信号机和色灯信号机两种。臂板信号机已很少使用。色灯信号机一般采用灯光的颜色、数目表达显示意义，分为透镜式和探照式两大类。

色灯信号机的灯光颜色主要有红、黄、绿三种基本颜色和月白、蓝色两种辅助颜色，分别表示的含义为：红色 —— 停车；黄色 —— 注意或减速行驶；绿色 —— 按规定速度行驶；月白色 —— 允许调车或引导信号；蓝色 —— 禁止调车或容许信号。

根据用途的不同，固定信号机有不同的类型：

① 进站信号机：设置在车站入口，指示列车能否进入车站，起到防护车站及车站进路的作用。

② 出站信号机：设在发车进路起点，防护发车进路和区间，指示列车能否向区间发车，可同时兼调车信号机。

③ 调车信号机：指示调车机车进行调车作业，防护调车进路。

④ 进路信号机：指示能否由车站的一个车场进入另一个车场，分为接车进路信号机和发车进路信号机。

⑤ 通过信号机：防护自动闭塞区段的闭塞分区和非自动闭塞区段的所间区间，一般设于区间闭塞分区的入口处或线路所在地。

⑥ 遮断信号机：设于需要防护的道口、桥梁、隧道的前方，当有危及行车安全的情况发生时，指示列车停车。

⑦ 预告信号机：设于主体信号机前方，用于对进站信号机、非自动闭塞的通过信号机进行预告，一般设于非自动闭塞区段。

⑧ 复示信号机：是当进站、出站、通过信号机受地形、地物影响，达不到规定的显示距离时，在其前方设置的信号机。

⑨ 驼峰信号机：设在驼峰调车场的驼峰顶部，指示机车进行推峰作业。

信号机的设置地点对信号显示距离远近和安全行车等都有很大关系，需要符合相关的规定和要求。我国铁路实行左侧行车，所以固定信号机一般应设置在列车运行前方线路的左侧位置或所属线路的中心线的上空。

3．移动信号及手信号

在站内或区间，当线路上出现临时故障或进行施工，要求列车或调车车列禁止驶入或减速运行时，都应按照有关规定设置移动信号、安放响墩或用手信号进行防护，以便保证安全。

移动信号分为停车信号、减速信号和减速防护地段终端信号，昼间相应的显示方式分别为红色方牌、黄色圆牌、绿色圆牌；夜间相应的显示方式为柱上红色灯光、柱上黄色灯光、柱上绿色灯光。

手信号是铁路行车有关人员在作业中，进行指挥、联系时广泛采用的视觉信号，昼间使用不同颜色的信号旗，夜间使用不同颜色的灯光。

响墩是一种听觉信号。它的外壳是扁圆形的薄铁皮，里面装有炸药。用响墩进行防护时，把它安放在要求紧急停车地点两端的轨面上，车轮压上后响墩就会爆炸，司机听到爆炸声应紧急停车。

4．信号表示器和信号标志

信号表示器和信号机不同，它没有防护的意义，而是用来表示行车人员的意图、与行车有关设备的位置和状态及信号显示的某种附加含义。信号表示器的种类很多，常用的有道岔、进路、脱轨、车挡表示器等。

信号标志常见的有警冲标、站界标、预告标、司机鸣笛标等。信号标志用来表示线路所在地点的某种情况或状态，以便引起行车有关人员的注意。

9.3.2　车站联锁设备

1．联锁概述

车站联锁设备是保证车站内列车和调车作业的安全，以及提高车站通过能力的一种信号设备。

在车站上，为列车进站、出站所准备的通路，称为列车进路，凡是为各种调车作业准备的通路，则称为调车进路。一般每一个列车、调车进路的始端都应设立一架信号机进行防护，以保证作业时的安全。列车的进、出站和站内的调车工作通常是根据防护每一进路信号机的显示状态进行的，而被防护的进路又是靠操纵道岔来排列。因此，在有关信号机和道岔之间，以及信号机和信号机之间应建立起一种互相制约的关系，才能保证车站的安全，我们把这种制约关系叫做联锁。为完成这种联锁关系而安装的技术设备叫联锁设备。

联锁设备应满足下列几项要求：

① 当开放某一进路时，必须先将进路上的所有道岔扳到正确位置后，防护这一进路的信号机才能开放。

② 当防护某一进路的信号机开放以后，这一进路上的全部道岔应被锁闭，不能再扳动。

③ 当某一进路的信号机开放以后，与之敌对进路（两条或两条以上的进路，有一部分相互重叠或交叉，有可能发生列车或机车车辆冲突的进路）的信号机应全部被关闭，不能开放。

④ 主体信号机开放前，预告信号机不能开放；在正线出站信号机开放前，进站信号机不

能显示正线通过信号。

2．联锁设备分类

① 电锁器联锁。使用臂板信号机或色灯信号机，用电锁器来实现道岔、信号机间的联锁关系，是早期的联锁设备类型。

② 电气集中联锁。又称继电联锁，使用色灯信号机和动力转辙机，用继电器实现道岔、进路、信号机三者之间的联锁关系，在集中控制的区域都设有轨道电路，是目前使用较为广泛的联锁设备类型。

③ 计算机联锁。在电气集中联锁的基础上，使用计算机实现联锁关系，用计算机对道岔、轨道电路、信号机等设备进行信息的采集和处理并对相应设备进行控制，是一种更为高效和安全的联锁设备。

3．电气集中联锁

在采用电气集中联锁的车站上使用色灯信号机和电动转辙机，由车站值班员在控制台上实行集中操纵；在联锁区域内，股道和道岔区段上都装设有轨道电路；车站值班员通过控制台直接指挥列车运行和调车工作，并监督现场设备的动作情况，用继电器电路来实现道岔、进路与信号机之间的联锁关系。

电气集中联锁设备包括室外设备和室内设备。室外设备主要有色灯信号机、电动转辙机、轨道电路；室内设备主要有控制台、继电器、电源屏等。

（1）电动转辙机

电动转辙机一般使用直流电动机驱动，可以实现正转或反转，从而使道岔具有两种不同的开通位置。电动转辙机动作可靠，安全程度高，便于实现自动控制和远程控制。

（2）继电器

继电器是一种电磁开关，是继电联锁设备中的主要电气元件。直流无极继电器是最简单的一种继电器，当有电流通过继电器线圈时，铁心吸动衔铁可使中簧片与前接点闭合而与后接点断开；当线圈断流时，铁心失磁，衔铁释放使中簧片与前接点断开而与后接点闭合。

（3）轨道电路

轨道电路是利用铁路的两条钢轨作为一段导线所构成的电气回路，它可以反映线路和道岔区段是否有车占用，以及钢轨是否完整。

采用直流电源的轨道电路叫做直流轨道电路，其结构如图 9.15 所示。送电端包括电源、限流装置、引接线，其中作为限流装置的可调电阻可起防止电源短路的作用；线路包括钢轨、轨端（轨缝）接续线、轨道绝缘；受电端使用引接线、电缆连接轨道继电器，反映轨道电路

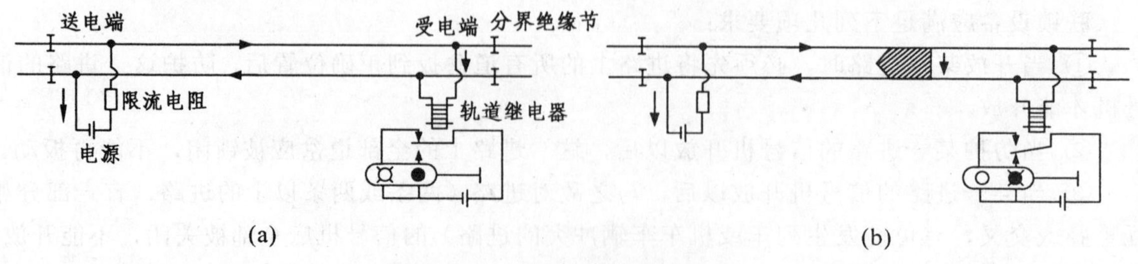

图 9.15 直流轨道电路示意图

的状态。轨道电路的三种工作状态分析如下：

① 当线路空闲时（图 9.15a），继电器线圈通电将衔铁吸起，接通绿灯电路，信号机亮绿灯；

② 当线路区段有车占用时（图 9.15b），由于轮对的电阻很低，轨道电路被短路，继电器线圈无电流通过，衔铁释放，接通红灯电路，信号机亮红灯；

③ 当发生断轨、断线故障时，继电器断电，信号机亮红灯。

（4）控制台

控制台是对设备进行操作控制的中心，设在车站值班员室。控制台正面装有照明盘，盘面上有全站股道平面图及各种进路按钮、道岔按钮和其他按钮等。控制台上的主要表示器是光带和表示灯，用途是正确反映室外监控对象的状态及线路运用情况，表示操作手续是否完成，并反映继电器电路的工作状态，若发生故障可及时发现故障发生地点。

（5）电源屏

外电网必须经过电源屏稳压、变压及整流得到不同的稳定电源，向车站各联锁设备供电。如转换道岔所用的直流 220 V，色灯信号机所用的交流 220 V，继电器线圈所用的控制电源直流 24 V 等各类电源。

4．计算机联锁

计算机联锁是一种运用微型计算机对车站值班员的操作命令及现场表示信息进行逻辑运算，从而实现对信号机及道岔等进行集中控制的车站联锁设备。计算机联锁包括硬件设备和软件设备，硬件设备有控制盘、智能显示器、打印机、主机、现场信号设备、传输通道、电源等；软件设备有操作输入、状态输出、联锁处理、控制输出、表示输出、诊断与其他系统联系等模块。

计算机联锁的主要特征简述如下：

① 利用计算机对车站值班员的操作命令和现场采集的表示信息进行逻辑运算，完成对信号机、道岔及进路的联锁和控制。

② 控制命令和表示信息由传输通道串行传输，节约了大量的干线电缆。

③ 用显示器代替了传统的控制台。

④ 模块化硬件和软件设计，易于故障检测和处理。

9.3.3 区间闭塞设备

1．闭塞概述

闭塞设备是用来保证列车在区间内运行安全，并提高区间通过能力的区间信号设备。

在单线铁路上，为防止一个区间内同时进入两列对向运行的列车而发生正面冲突，以及避免两列同向运行的列车（包括双线区间）发生追尾事故，铁路上规定区间两端车站值班员在向区间发车前必须办理的行车联络手续，叫做行车闭塞（简称闭塞）手续。用以办理行车闭塞的设备叫闭塞设备。闭塞设备必须保证一个区间内，在同一时间里只能允许一个列车占用这一基本原则的实现，这种方法也叫做空间间隔法。

行车基本闭塞方法有下列两种：

① 半自动闭塞：需人工办理闭塞手续，列车凭出站信号机的显示发车，但列车出发后，

出站信号机能自动关闭。

② 自动闭塞：通过列车运行及闭塞分区的情况，通过信号机可以自动变换显示，列车凭信号机的显示行车。

2．半自动闭塞

半自动闭塞是通过装在区间两端车站值班员室内的半自动闭塞机和两站相对出站信号机之间实现相互控制的一种闭塞设备。以出站信号机的开放（线路所为通过信号机的开放）作为列车占用区间的凭证，出站信号机不仅满足站内的联锁关系，而且要受本站闭塞机的控制。

这种设备一部分由人工操作(办理闭塞及开放信号机)，另一部分由运行列车自动完成(出站信号机在列车进入闭塞轨道电路时自动关闭)，所以叫半自动闭塞。半自动闭塞的设备主要包括闭塞机、出站信号机、轨道电路等。

半自动闭塞设备投资小，安装工期短。所以，在我国铁路上（特别是单线区段）得到了广泛应用。当运量不断增加，要求进一步提高区间的通过能力时，就必须采用更先进的自动闭塞设备。

3．自动闭塞

自动闭塞是由运行中的列车自动完成闭塞任务的一种设备。采用自动闭塞设备时，将两个相邻车站之间的区间正线划分成若干个小段——闭塞分区（其长度一般为 1 200～1 300 m），在每个分区的起点设置一架通过色灯信号机进行防护。各闭塞分区都装设轨道电路，因而能反映列车运行或线路发生断轨等情况。利用运行的列车占用或空出闭塞分区的轨道电路，来控制信号机的自动变换显示，以指示后续列车的运行。

使用自动闭塞能增加区间的行车密度，提高区间通过能力，简化办理接发列车的程序，减轻车站值班员的劳动强度。

（1）三显示自动闭塞

目前，我国铁路上广泛采用的是三显示自动闭塞，它用红、黄、绿三种颜色的灯光来指示列车运行的不同条件。亮红灯表示前方闭塞分区被占用，列车需要在信号机前停车；亮黄灯表示前方仅有一个闭塞分区空闲，列车应注意运行；亮绿灯表示前方至少有两个闭塞分区空闲，列车不必减速。

三显示自动闭塞的基本原理如图 9.16 所示，每一闭塞分区构成一个独立的轨道电路。当分区内无列车占用时，轨道继电器有电吸起衔铁，闭合前接点而断开后接点。

① 当列车在闭塞分区 $1G$ 内运行时，轨道继电器 $1GJ$ 断电，继电器接通后接点，使 1 号信号机显示红灯，表示该闭塞分区有车占用。

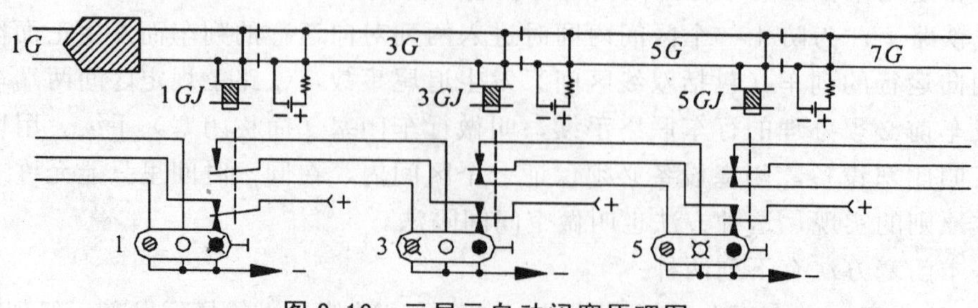

图 9.16 三显示自动闭塞原理图

② 3G 内无车。3GJ 有电，3GJ 接通前接点且 1GJ 接通后接点，使 3 号信号机黄灯电路接通，3 号信号机亮黄灯，表示它所防护的闭塞分区空闲，要求列车注意运行，前方只有一个闭塞分区空闲。

③ 5G 内也无车。5GJ，3GJ 都有电且均接通前接点，闭合 5 号信号机的绿灯电路，5 号信号机亮绿灯，表示前方至少有两个闭塞分区空闲，准许后行列车按规定速度运行。

当线路上的钢轨折断时，由于轨道电路断电，继电器断电释放衔铁而使信号机显示红灯，所以能更好地保证行车安全。

（2）四显示自动闭塞

随着列车重量、速度和密度的不断增加，三显示自动闭塞已不能适应需要，在我国运输繁忙的铁路线上，将逐步采用四显示自动闭塞。此外，在今后修建的高速铁路上，也将采用这种闭塞方式。

四显示自动闭塞在三显示自动闭塞的基础上再增加一种黄绿色，能预告列车前方三个闭塞分区的状态，依次用红、黄、黄绿、绿色来表示。高速列车按规定速度越过黄绿显示的通过信号机后必须减速，而对于低速列车来说，越过黄绿显示的通过信号机时，则不必减速。实际上，对于低速列车来说黄绿显示的意义相当于绿灯显示，而对于高速列车来说是将两个闭塞分区作为一个制动距离来对待。

（3）移频自动闭塞

移频自动闭塞是以轨道为通道，利用移频信号的形式传送低频信息并自动控制区间通过信号机的显示，以指示列车运行的一种自动闭塞制式。移频信号是用低频信号调制高频信号，高频信号作为低频信号的运载工具，这样得到高端载频和低端载频的交替变换，每秒变换次数为低频信号的频率的信号。移频信号在轨道电路中传输，被接受端接收解调成低频信号，控制信号机显示不同的灯光。

9.3.4 铁路通信设备

1．概 述

铁路部门是庞大的综合性企业，铁路运输生产必须在分散的基础上实现高度的集中统一指挥，因而必须设置性能完善的现代化通信系统，把各个车站和部门单位联系起来，实现统一集中领导，正常组织生产，以保证行车安全，提高运输效益。

铁路通信按传输方式可分为有线通信和无线通信；按服务区域可分为长途通信、地区通信、区段通信和站内通信等；按业务性质不同可分为公用通信、专用通信及数据传输等。

2．主要的铁路专用通信设备

① 列车有线调度电话。列车有线调度电话供列车调度员与其管辖区段内所有的分机进行有关列车运行通话用。

② 列车无线调度电话。列车有线调度电话仅供列车调度员和车站值班员之间进行通信联系，而列车无线调度电话则可供列车调度员、机车调度员、车站值班员等调度指挥人员和列车司机通话用。

③ 铁路专用电话。铁路专用电话是为铁路沿线各基层单位如车站、工区间以及与基层系

统的上级机构相互间联系使用，可分为区段电话和站场电话两类。

④ 铁路公用电话。它包括地区电话和长途电话。地区电话是为同一城市中各铁路单位相互之间公务联系用的电话，即铁路部门的市内电话。长途电话分为干线和局线长途电话，干线长途电话用于铁路局之间的公务联系；局线长途电话用于路局与分局以及分局之间的公务联系。

⑤ 列车确报电报、电话。它是相邻编组站及编组站与区段站之间及时传递有关列车编组的资料使用，以便对方站能正确、及时地掌握车流的情况。

列车无线调度系统的功能较为强大，它既可以完成火车站（不仅仅指大站，也包括火车可能根本不停靠的小站）同在其附近运行的列车之间的无线通信，也可以完成某个调度区段的调度员（这个区段可能长达数百公里，有无数个小站）同在其区段内运行的列车之间的直接通信。车站同列车的通信当然采用无线通信方式，而调度员同列车的通信采用有线与无线相结合的方式。其中，铁路分局调度员、车站值班员、机车司机之间的通信称为“大三角”通信；车站值班员、机车司机与机车车长之间的通信称为“小三角”通信。

3．几种公用通信设备

① 载波通信。载波电话把每对讲话人频率几乎相同的话音电流，分别提高到不同的频率高度，然后把这些不同频率的话音电流同时送到一对导线上，并向对方发送，这叫调制；当话音电流到达通话的对方时，再把它还原成话音频率电流，这叫解调。这样就可以使用一对线路容纳多对人同时通话而互不影响，节省架线费用。

② 微波通信。微波是指波长在 1 mm 至 1 m 波段范围内的很短的电磁波，或相当于频率 300 MHz 至 300 kHz 频率范围内的电磁波。微波中继通信则在两个终端电台之间加设若干微波中继站。微波通信具有频带宽、容量大，抗干扰性能好；抗灾能力强；可维护性强等优点。铁路数字微波通信是铁路干线长途通信网的重要组成部分，是不可缺少的现代化数字通信手段，将在铁路上得到大规模的应用。

③ 卫星通信。卫星通信是指利用人造地球卫星作为中继站转发或反射无线电波，在两个或多个地球站之间进行的通信，它实际也是微波通信。它具有通信距离远，覆盖面积大，通信质量高，灵活可靠等优点。我国铁路利用卫星数据通信网，将乌鲁木齐、兰州、柳州铁路局与铁道部联通。

第 10 章　铁路运输组织与管理

简单地说，铁路运输组织包括旅客运输组织、货物运输组织与行车组织三个部分。它的基本任务是运用现代科学管理方法，充分发挥运输部门各级组织的作用，调动广大职工的积极性，合理地运用铁路现有的技术设备，安全、准确、迅速、经济、便利地运送旅客和货物，完成运输任务。

10.1　铁路旅客运输组织

10.1.1　客流与旅客列车种类

旅客根据其旅行需要，选择一定的运输方式，在一定的时间和空间范围作有目的的移动便形成客流。客流由流量、流向、流时和流距四个主要因素构成，我国铁路采用按旅行距离结合铁路局管辖范围的分类方法，将客流分为直通、管内和市郊三种。

① 直通客流：即旅行距离跨及两个及其以上铁路局的客流。此种客流旅行距离较长，要求列车服务标准高，旅客注重舒适度。

② 管内客流：即旅行距离在一个铁路局范围以内的客流。此种客流旅行距离较短，旅行时间要求能早出晚归。

③ 市郊客流：即往返于大城市和附近郊区之间的客流。这种客流主要是通勤职工、通学学生和去城镇赶集的商贩，旅客乘车距离短，对列车准点、售票便捷要求高。

根据不同的客流及其旅行需求特点，要求不同的线路设备和机车车辆装备条件，还需铁路开行不同等级的旅客列车。随着客运市场竞争的发展和客运需求的多元化，旅客列车种类也呈现多元化的趋势。我国目前主要旅客列车种类及其车次编码的规定见表 10.1。

表 10.1　主要旅客列车种类及车次编号表

列车种类		车　次
动车组列车	跨　局	D1 ~ D4000
	管　内	D4501 ~ D7300
直达特快旅客列车	跨　局	Z1 ~ Z9998
特快旅客列车	跨　局	T1 ~ T5000
	管　内	T5001 ~ T9998
快速旅客列车	跨　局	K1 ~ K2000
	管　内	K7001 ~ K9850

续表

<table>
<tr><th colspan="3">列车种类</th><th>车　次</th></tr>
<tr><td rowspan="5">普通旅客列车</td><td rowspan="3">普通旅客快车</td><td>跨三局及以上</td><td>1001～1998</td></tr>
<tr><td>跨两局</td><td>2001～2998</td></tr>
<tr><td>管　内</td><td>4001～5998</td></tr>
<tr><td rowspan="2">普通旅客慢车</td><td>跨　局</td><td>6001～6198</td></tr>
<tr><td>管　内</td><td>6201～8998</td></tr>
<tr><td colspan="2" rowspan="2">临时旅客列车</td><td>跨　局</td><td>L1～L998</td></tr>
<tr><td>管　内</td><td>L7001～L9850</td></tr>
<tr><td colspan="2" rowspan="2">临时旅游列车</td><td>跨　局</td><td>Y1～Y498</td></tr>
<tr><td>管　内</td><td>Y501～Y998</td></tr>
</table>

在编车次时，原则上规定以开往北京方向为上行方向，车次编为双数；下行车次编为单数。一趟旅客列车在运行途中变换上下行方向时，其车次也随之变换，如北京西－南昌（经由武汉），车次为 T145/8，南昌－北京西车次为 T146/7。另外，我国目前还开行了高速铁路动车组（G 字头）和城际动车组列车（C 字头）。

10.1.2　旅客运输计划

铁路旅客运输计划的目的是为了充分挖掘运输潜力，组织旅客均衡运输，提高客运服务质量，保证旅客安全、迅速、准确、便利地旅行。旅客运输计划根据执行期的不同，可以分为以下三种：

① 长远计划。一般为五年、十年或更长时期的规划，是铁路旅客运输的发展计划，通常根据国民经济计划的期间进行编制。

② 年度计划。是旅客运输的任务计划，根据长远计划结合年度具体情况编制，是确定旅客列车行车量及客运运营支出计划的根据。

③ 日常计划。是日常旅客运输的工作计划，根据年度计划任务，结合日常和节假日客流波动而编制，是实现年度计划的保障。

旅客运输计划主要依据客流调查资料和旅客运输统计资料来编制，其主要组成部分是客流计划。根据客流计划，可确定旅客列车的开行区段和对数，同时，参照以往的客流规律，对每次列车的票额进行分配，从而使运输能力得到充分利用，保证旅客均衡运输。

10.1.3　客运站运输工作组织

1．旅客运输生产过程

铁路旅客运输生产的主要过程为：售票→候车→检票→旅客上车→列车服务→旅客下车→出站。车票是铁路旅客运输合同的基本凭证。铁路旅客运输合同从售出车票时成立，自旅客进站检验车票为合同履行开始，至按票面规定运输结束，旅客出站时止，合同履行完毕。

① 售票。车票是旅客乘车的凭证，同时也是旅客加入铁路旅客意外伤害强制保险的凭证。车票包括客票和附加票两部分。客票包括软座、硬座客票。附加票包括加快票、卧铺票、空调票。附加票是客票的补充部分，除了儿童外不能单独使用。

② 候车。候车室是旅客休息和等候乘车的场所，一般实行凭票候车。候车室工作人员提供相应的服务。为维护车站的良好秩序，确保运输安全，方便旅客进出站、上下车，一般在旅客进入候车室之前需对旅客的随身携带品进行检查。此外，每个成人旅客可免费携带的物品也有具体规定。

③ 检票。为维护车站秩序，保证旅客安全，防止旅客乘错车，车站对进站的旅客和人员持有的车票、站台票要检验和加剪。车票“加剪”表明铁路旅客运输合同开始履行，铁路旅客意外伤害强制保险开始生效。

④ 旅客上下车。上下车极易发生事故，为确保旅客安全，客运人员应有秩序地组织旅客上下车，做好进出站引导工作。

⑤ 列车服务。列车服务工作由列车乘务组担当。列车乘务组包括客运人员（列车长、列车员、广播员、行李员、餐车服务员等）、公安乘警（乘警长、乘警）和车辆乘务员（检车长、检车员、车电员等）三部分人员。

⑥ 出站。旅客到达车站出站时，车站应收回车票。旅客需报销时，应事先声明，学生票不作为报销凭证。中途下车及换乘的车票，出站时不收回。

2．客运站工作组织

客运站是铁路旅客运输的基层生产单位，专门办理旅客运输业务，是客运部门与旅客之间联系的纽带。客运站的主要任务是保证旅客安全、迅速、便捷地办理一切旅行手续（问询、售票、候车、上下车），安全地承运、装卸、保管、中转与交付行李、包裹，及时地组织旅客列车的到达、出发和旅客列车车底的取送等。

（1）生产管理

客运站的生产管理也称业务管理，主要包括售票、行包、乘降、服务四个方面的组织与管理。

① 车票及其发售。售票是旅客运输过程的开始，买了车票，旅客与客运企业之间立即产生了权利义务关系。售票工作是车站的重点工作之一。在使用计算机联网售票后，改善了售票服务水平，在任一售票窗口可发售任意方向和任意车次的客票，并实现异地售票。

② 行李、包裹的运送。行包运输是旅客运输的附属组成部分。行李是指旅客携带品超过规定重量时，为轻装旅行，按规定凭客票办理随车托运的一定限度的物品。

③ 客运服务工作。客运服务工作主要包括问事处、旅客携带品寄存及候车室工作。

④ 旅客乘降工作组织。乘降工作组织的目的是迅速集散和疏导旅客，维持车站正常秩序。对进站人员持有的车票和站台票要进行检验和加剪，确保旅客安全地进行乘降。

（2）技术管理

客运站的技术管理包括车站线路固定使用方法，旅客列车到、发和通过技术作业过程，客车车底整备作业过程以及调车机车运用，行包仓库运用等内容。

（3）财务管理

客运站的财务管理包括固定资金管理、流动资金管理、成本管理、运输收入管理、运输进款管理和专用基金管理等。

除以上管理工作外，客运站为适应客运市场日趋剧烈的竞争，还必须加强营销管理，采取强有力的销售策略，组织促销，以稳定客运市场占有率。随着整个社会现代化水平的提高，近年来我国铁路客运站也应用了一系列新研制开发的现代化设备和管理手段，如客票发售和预订系统、检票记数统计系统、行包检斤制票系统、常备客票结账系统以及自动广播系统、计算机查询系统等。

10.2 铁路货物运输组织

10.2.1 货物运输及其种类

铁路货物运输是利用铁路运输工具将货物从发站运往到站的运输生产过程，在法律上体现为铁路运输合同关系。

（1）按一批托运的条件

“批”是铁路承运货物和计算运输费用的一个单位。“一批”是指使用一张运票和一份货票，按照同一运输条件运输的货物。按一批托运的条件是：托运人、收货人、发站、到站和装卸地点相同（整车分卸货物除外）。

（2）货物运输种类

根据托运人托运货物的数量、性质、形状和运输条件等，结合我国铁路技术设备条件，铁路货物运输分为整车、零担和集装箱运输三类。

① 整车运输。一批货物的重量、体积或形状需要以一辆及以上货车运输的，应按整车托运。整车货物运输费用较低，运送速度较快，安全性能好，承担的运量也较大。

② 零担运输。一批货物的重量、体积和形状不够以整车运输的，应按零担托运。但一件货物体积最小不得小于 0.02 m^3（一件重量在 10 kg 以上的除外），每批不得超过 300 件。零担货物运输具有运量零星、批数较多、到站分散、品种繁多、性质复杂、包装条件不一、作业复杂等特点。

③ 集装箱运输。托运人托运的货物符合集装箱运输条件的，使用铁路集装箱或自备集装箱装运，可按集装箱托运。集装箱是货物运输过程中一种可供重复使用的大型容器，分通用和专用集装箱。危险货物、鲜活货物及可能损坏或污染箱体的货物，不能使用铁路通用集装箱装运。集装箱运输具有保证货运安全、简化货物包装、提高装卸效率、加速车辆周转、便于组织“门到门”运输等优点，是一种现代化的运输方式，是铁路运输的发展方向。

（3）货物运到期限

货物运到期限是铁路在现有技术设备和运输组织水平的条件下，将货物运送一定距离所需要的时间。货物运到期限是从承运人承运货物的次日起算，至到站卸车完了时止或货车调到卸车地点、货车交接地点时止的时间，由三部分时间组成：物发送期间为 1 日；货物运送期间为每 250 运价公里或未满为 1 日，按快运办理的整车货物每 500 运价公里或未满为 1 日；特殊作业时间按相关规定（如需要中途加冰的货物，一件重量或体积超过有关规定的零担货物等）确定。货物运到期限起码天数为 3 日。

10.2.2 车站货运工作组织

货物运输生产过程可分为发送作业、途中作业和到达作业三部分。

（1）发送作业

① 托运。托运人向车站按批提出货物运单和运输要求，称为货物的托运。托运人托运的货

物分为保价运输与不保价运输两种，按哪种方式运输，由托运人确定，并在货物运单中注明。

② 受理。托运人提出的货物运单经车站审查，符合运输要求后，车站在货物运单上签证，指定进货日期或装车日期，即为受理。

③ 进货与验货。托运人凭车站签证后的货物运单，按运单上指定的日期将货物搬入货场指定的货位，即为进货。对搬入货场的货物，为了保证货物运输安全、完整，分清承运人与托运人之间的责任，货运员应按照货物运单记载认真检查现货。

④ 制票。整车货物装车后（零担货物过秤完了，集装箱货物装箱后或接收重箱后），货运员将签收的运单移交货运室填制货票，向托运人核收运杂费。货票是铁路运输货物的凭证，也是一种财务性质的票据。

⑤ 承运。填制货票，核收运杂费后，发站在货物运单和货票上加盖车站日期戳时起，即为承运。承运后，托运人应及时将领货凭证寄交收货人，便于收货人及时领取货物。

⑥ 装车。应在保证货物安全的条件下，积极组织快装、快卸，昼夜不间断地作业，以缩短货车停留时间，加速货物运输。装车工作还需按一定的要求进行。

（2）途中作业

① 货物的交接、检查。为了保证行车安全和货物的安全、完整，明确各自的责任，列车和车站（车务段）各工种之间对运输中的货物（车）和运输票据，应进行交接检查，并按规定处理。

② 货物的换装整理。货物的换装整理是指装载货物的车辆在运送过程中，有发生危及行车安全和货物完整的可能时，所进行的更换货车或货物的整理作业。

③ 货物运输合同的变更和解除。托运人或收货人由于特殊原因，对已经装车挂运的货物，可按批向货物所在的中途站或到站提出变更到站、变更收货人，即为货物运输合同的变更。托运人对承运后装车前（整车货物和大型集装箱在承运后挂运前）的货物可向发站提出取消托运，经承运人同意，货物运输合同即告解除。

④ 运输阻碍的处理。因不可抗力的原因致使行车中断、货物运输发生阻碍时，铁路局对已承运的货物，可指示绕路运输；或者在必要时先将货物卸下，妥善保管，待恢复运输时再行装车继续运输。因货物性质特殊，绕路运输或卸下再装可能造成货物损失时，车站应联系托运人或收货人提出处理办法。

（3）到达作业

① 重车和票据的接受。重车到达车站后，车站应按规定接收重车及票据。车站有关人员检查核对无误后，将到达票据送交货运室。

② 卸车作业。卸车作业是铁路运输的又一个重要环节，其工作质量直接影响装车质量、车辆的周转速度以及排空任务的完成。做好卸车工作也有相应的要求。

③ 货物的催领和保管。承运人组织卸车的货物，到站应在不迟于卸车完了的次日内，用电话、电报、登广告或书信等通知方式，向收货人发出催领通知。收货人也可与到站商定其他通知方式。货运运至到站，收货人应及时领取，及时领取货物是收货人应尽的义务。收货人应于承运人发出催领通知的次日起 2 日内将货物搬出货场，否则要核收保管费。

④ 交付。收货人在到站领取货物时，须提出领货凭证，如领货凭证未到或丢失，须提出相关证明。承运人在收货人办完货物领取手续和支付完费用后，应将货物连同运单一并交给收货人。交付完毕，运输合同的权利义务终止。

10.3 铁路行车组织

10.3.1 列车的编组

铁路车辆按规定重量、长度及编挂条件编成车列，并挂有机车及规定的列车标志时，称为列车。为判明列车的性质和等级，便于列车运行组织和管理，每类列车都有一定的编号，称为车次（上行编为双号，下行编为单号）。列车按运输性质和用途分为旅客列车、货物列车、行包快运专列以及单机和路用列车等。

（1）旅客列车编组

我国旅客列车种类及其车次编码如前文的表 10.1 所示。旅客列车的组织主要有以下几个方面:

① 旅客列车重量和速度的选择。在综合考虑众多因素的基础上，选择旅客列车最佳重量和速度。

② 旅客列车开行方案的制订。旅客列车的开行方案，是指确定旅客列车运行区段、列车种类及开行对数的计划。确定旅客列车的开行方案，除了客流条件之外，还需考虑运行设备的配置条件。

③ 旅客列车运行方案图。制定了旅客列车的开行方案之后，需要为开行的每一趟列车排点铺图，以便基层站段按图组织行车。

④ 确定车底需要组数。旅客列车编组的客车车种、辆数和编挂顺序，一般是固定的，并以旅客列车编组表加以规定。这种固定连挂在一起的车列，叫客车固定车底，它在固定的运行区段内来回行驶，平时不进行改编。

⑤ 客车车底周转图。车底周转图表示列车的始发、终到时刻和需用车底组数，并由此计算车底在配属站的折返站的停留时间。

（2）货物列车编组

旅客列车采用固定车底和运行区段，运行组织比较有规律。货物列车编组工作比较复杂。货物列车的种类有:

① “五定”班列：定点、定线、定车次、定时、定价的货物快运直达列车。

② 快运货物列车：快速运送鲜活易腐及其他急运货物的列车。

③ 直达列车：经过一个及其以上编组站不进行改编作业的列车。

始发直达列车　在一个车站或相邻几个车站装车后编组的直达列车；

技术直达列车　在技术站编组的直达列车。

④ 直通列车：经过一个及其以上区段站不进行改编作业的列车。

⑤ 区段列车：在技术站编组，到达相邻技术站，在区段内不进行摘挂作业的列车。

⑥ 摘挂列车：在技术站编组，到达相邻技术站，在区段内进行摘挂作业的列车。

⑦ 小运转列车：在技术站与中间站之间开行的列车。

⑧ 重载货物列车：牵引总重达到 5 000 t 及其以上的列车。

在一定时期内，货物由发送地点向到达地点输送就形成了货流。货流包括流量、流向、运距和构成四个主要因素。车流是指在一定时期内，在某一方向、某一区段或某一车站上，车辆的去向或到站（流向）和数量（流量）的总称。货流是车流组织的基础，货流通过货车运送转化为车流。

在铁路上，如何将发、到站各不相同的重车流及不同车种的空车流合理地组织起来，在适当的地点编组各种不同去向和种类的列车，并使之互相配合、互相衔接，保证各站产生的车流都能迅速而经济地运送到目的地，就是车流组织所要解决的问题。对此，铁路通过制定货物列车编组计划来进行车流组织。货物列车编组计划是全路车流组织计划，由装车地直达列车方案和技术站列车编组方案两大部分组成。它根据全路车流结构、各站设备能力和作业条件，统一安排全路各站的解编作业任务，具体规定全路各货运站、编组站和区段站编组货物列车的种类、到站及车组编挂方法。

10.3.2 车站行车组织工作

车站行车组织工作的主要内容包括接发列车工作和调车工作等。

（1）接发列车工作

铁路行车与公路行车不同，列车的会让和越行往往必须在车站上进行，因此要办理接发列车作业。保证不间断地接发列车、严格按列车运行图行车是对车站接发列车工作的基本要求。车站内的接发列车工作由车站值班员统一指挥。

接发列车工作包括办理闭塞、布置进路（准备进站）、开闭信号（交接凭证）、接送列车等作业。接车工作和发车工作都有相应的程序。

（2）调车工作

列车的形成离不开调车。除了列车在车站到、发、通过及在区间的运行之外，凡是机车车辆在站线或其他线路上进行的一切有目的的移动，统称为调车。调车工作是列车解编、摘挂、车辆取送过程中不可缺少的重要环节，对编组站来说，调车工作更是它的主要生产活动。车站的调车工作，由车站调度员统一指挥。

调车工作按其作业目的的不同又可分为：解体调车、编组调车、摘挂调车、取送调车和其他调车。调车作业方法包括牵出线调车和驼峰调车。

10.3.3 分局行车组织工作

（1）列车运行图

铁路运输是一个庞大复杂的多部门多工种组成的系统，在实现运输过程中要利用多种技术设备，各个环节、各个部门必须相互配合、紧密联系、协同动作，才能保证行车安全、提高运输效率。列车运行图在这方面起着及其重要的作用。

列车运行图是列车运行的图解，是全路组织列车运行的基础。列车运行图规定了各次列车占用区间的次序，列车在每个车站的到、发或通过时刻，列车在区间内的运行时间和在车站上的停站时间及机车交路，列车的重量和长度标准等。

列车运行图实际上是利用坐标原理来表示列车运行的一种图解。它以垂直线等分横轴表示时间，将纵轴用横线划分代表各车站中心线的位置，图中用斜线表示列车运行线。列车运行图可分为不同的类型。

（2）铁路通过能力

为了完成国家规定的运输生产任务，铁路线路必须具有一定的通过能力。铁路通过能力主要是指铁路区段通过能力，是指一个区段根据现有各种固定设备，在一定类型的机车、车辆和行车组织方法的条件下，单位时间内（通常指一昼夜）所能通过的最大列车对数或车数。此外，也可以用车辆数和货物吨数表示。与铁路行车组织有关的是区间通过能力和车站通过能力。

（3）铁路运输调度指挥

铁路运输业具有点多、线长、部门分工细、各作业环节紧密联系等特点。为使铁路这一庞大而复杂的系统能够不间断地、均衡地、高效地运转，就必须对铁路的日常生产活动实行分级管理，集中统一指挥。为此，我国铁路的各级运输部门都建立了相应的调度机构，即铁道部设调度处，铁路局设总调度室，铁路分局设调度所，车站（主要是编组站、区段站、大货运站）设调度室。在各级调度机构中按照业务分工设有若干不同职名的调度员，如计划调度员、列车调度员、机车调度员、货运调度员、客运调度员等，分别代表各级领导掌管一定范围内的日常运输指挥工作。

铁路运输调度工作的基本任务是：认真执行国家运输政策，完成国家规定的旅客和货物运输任务；正确地编制和执行运输工作日常计划；科学地组织客流、货流、车流，搞好均衡运输，经济合理地使用机车车辆和运输设备；坚持“一卸、二排、三装”的运输原则，按运行图行车，在确保安全的基础上，努力提高运输效率。

为提高铁路运输管理水平和运输能力及服务质量，适应市场经济和各种交通竞争的局面，铁路运输调度指挥管理系统（DMIS）应运而生。

10.3.4 铁路运营管理自动化

运营管理自动化是铁路运输现代化的重要标志之一。实现运营管理自动化，首先要在全路建立完善的计算机网络，即在铁道部建立大型信息处理中心，通过公用数据传输网与设在铁路局（集团公司）、铁路分局（总公司）的计算中心以及设在站段的微机或终端设备相连接，并用网络软件把网络上的所有设备管理起来，实现资源共享，使整个系统成为一个整体。

铁路运输管理信息系统（TMIS）是铁路综合运营管理信息系统的核心，其目标是通过建立全路计算机网络，将全路部、局、分局、主要站段的计算机设备连成一个整体，实现对全路的货车、列车、集装箱及所运货物的追踪管理，从而为铁道部、铁路局、分局及主要站段进行运输生产指挥及管理人员提供及时、准确、完整的信息，以实现均衡运输，提高运输效率，最终提升运输管理的现代化水平。

我国铁路正在加快建设全路分组数据交换网和运输管理信息系统（TMIS），计划在 2010 年建成全路运营管理信息系统（OIS）。

10.4 铁路运输安全

10.4.1 铁路运输安全概述

铁路运输安全主要是指行车安全、货运安全和客运安全等。它是运输生产系统运行秩序正常、旅客生命财产无险、货物和运输设备完好无损的综合表现。铁路运输安全有着极其重要的意义，必须摆在铁路运输企业各项工作的首要位置。铁路运输事故分为行车事故、货物事故、客运事故和铁路职工人身伤亡事故等。

① 行车事故。按照铁道部《铁路行车事故处理规则》规定：凡因违反规章制度及劳动纪律，以及技术设备不良及其他原因，在行车工作中造成人员伤亡、设备损坏、经济损失的，均构成行车事故。

② 货运事故。货运事故发生的原因是多方面的，如火灾、被盗、丢失、损坏、变质、污染等。货运事故按事故性质和损失程度分为三等，即重大事故、大事故和一般事故。

③ 客运事故。客运事故包含旅客伤害事故和行李、包裹事故，可分为重大事故、大事故和一般事故三等。旅客人身伤害事故的种类按伤害程度分为死亡、重伤和轻伤三种。

10.4.2　行车安全

行车安全是铁路运输生产能够正常进行的最重要条件，还是人身安全和货运安全的基础。铁路行车事故分为列车事故和调车作业事故两类。依据铁道部的《铁路行车事故处理规则》，按照事故的性质、损失及对行车造成的影响，行车事故分为特别重大事故、重大事故、大事故、险性事故和一般事故。

① 特别重大事故。列车发生冲突、脱轨、火灾、爆炸或调车作业（包括机车车辆整备作业）发生冲突、脱轨、造成人员死亡 50 人及以上或直接经济损失 1 000 万元及以上后果的为特别重大事故。近年来，在实际操作中，一次死亡 10 人以上即算特大事故。

② 重大事故和大事故。重大事故、大事故的构成条件见表 10.2。

③ 险性事故。凡事故性质严重，但未造成损害后果（有可能或即将造成损害后果）或已造成后果，但不够重大、大事故条件的为险性事故。

④ 一般事故。凡事故性质或损害后果不够重大、大事故及险性事故的为一般事故。

表 10.2　铁路行车重大事故、大事故构成条件

<table>
<tr><th colspan="3" rowspan="3">类　别</th><th colspan="3">重　大　事　故</th><th colspan="3">大　事　故</th></tr>
<tr><th colspan="2">造成下列后果之一的冲突、脱轨、火灾、爆炸</th><th rowspan="2">调车冲突、脱轨造成下列后果之一的</th><th colspan="2">造成下列后果之一的冲突、脱轨、火灾、爆炸</th><th rowspan="2">调车冲突、脱轨造成下列后果之一的</th></tr>
<tr><th>客运列车</th><th>其他列车</th><th>客运列车</th><th>其他列车</th></tr>
<tr><td rowspan="9">繁忙干线</td><td rowspan="2">人员伤亡</td><td>死亡</td><td>3 人及以上</td><td>3 人及以上</td><td>3 人及以上</td><td></td><td></td><td></td></tr>
<tr><td>死亡或重伤</td><td>5 人及以上</td><td>5 人及以上</td><td>5 人及以上</td><td></td><td></td><td></td></tr>
<tr><td rowspan="3">中断时间</td><td>单线或双线之一线</td><td>3h</td><td>4h</td><td>4h</td><td>2h</td><td>3h</td><td>3h</td></tr>
<tr><td>延误本列</td><td>3h</td><td></td><td></td><td>2h</td><td></td><td></td></tr>
<tr><td>双线</td><td>2h</td><td>3h</td><td>3h</td><td>1h</td><td>2h</td><td>2h</td></tr>
<tr><td colspan="2">客车中途摘车</td><td>2 辆</td><td></td><td></td><td>1 辆</td><td></td><td></td></tr>
<tr><td colspan="2">机车破损</td><td>大破 1 台</td><td rowspan="2">机车、车辆脱轨 6 辆(台)及以上</td><td></td><td>中破 1 台</td><td rowspan="2">机车、车辆脱轨 3 辆(台)及以上</td><td></td></tr>
<tr><td colspan="2">车辆破损</td><td>报废 1 辆或大破 2 辆</td><td></td><td>中破 1 辆</td><td></td></tr>
<tr><td colspan="2">直接经济损失</td><td>500 万元及以上</td><td>500 万元及以上</td><td>500 万元及以上</td><td>100 万元及以上</td><td>200 万元及以上</td><td>200 万元及以上</td></tr>
</table>

续表

类别			重大事故			大事故		
			造成下列后果之一的冲突、脱轨、火灾、爆炸		调车冲突、脱轨造成下列后果之一的	造成下列后果之一的冲突、脱轨、火灾、爆炸		调车冲突、脱轨造成下列后果之一的
			客运列车	其他列车		客运列车	其他列车	
干线	人员伤亡	死亡	3人及以上	3人及以上	3人及以上			
干线	人员伤亡	死亡或重伤	5人及以上	5人及以上	5人及以上			
干线	中断时间	单线或双线之一线	4h	6h	6h	3h	4h	4h
干线	中断时间	延误本列	4h			3h		
干线	中断时间	双线	3h	4h	4h	2h	3h	3h
干线	客车中途摘车		2辆			1辆		
干线	机车破损		大破1台	机车、车辆脱轨8辆(台)及以上		中破1台	机车、车辆脱轨4辆(台)及以上	
干线	车辆破损		报废1辆或大破2辆			中破1辆		
干线	直接经济损失		500万元及以上	500万元及以上	500万元及以上	100万元及以上	200万元及以上	200万元及以上
其他线路	人员伤亡	死亡	3人及以上	3人及以上	3人及以上			
其他线路	人员伤亡	死亡或重伤	5人及以上	5人及以上	5人及以上			
其他线路	中断时间	单线或双线之一线	6h	8h	8h	4h	6h	6h
其他线路	中断时间	延误本列	6h			4h		
其他线路	客车中途摘车		2辆			1辆		
其他线路	机车破损		大破1台	机车、车辆脱轨10辆(台)及以上		中破1台	机车、车辆脱轨4辆(台)及以上	
其他线路	车辆破损		报废1辆或大破2辆			中破1辆		
其他线路	直接经济损失		500万元及以上	500万元及以上	500万元及以上	100万元及以上	200万元及以上	200万元及以上

第3篇习题

1. 世界上第一条公用铁路是哪一年出现的？
2. 1905—1909年，詹天佑领导下修建的铁路是哪条？
3. 根据原动力不同，铁路机车分为哪几种类型？
4. 内燃机车为什么要有传动装置？
5. 内燃机车的传动装置有哪两种类型？简要图示其原理。
6. 我国电气化铁道供电系统的制式是什么？

7. 电气化铁道采用AT供电方式的目的是什么?
8. 简述电力机车主电路电流的主要流经路线。
9. 简述电力机车主电路的组成及各自作用。
10. 简述电力机车主变压器的作用。
11. 铁路车辆的分类有哪些?
12. 铁路车辆编码的主要内容有哪些?
13. 铁路车辆轴温检测的目的是什么?
14. 铁路车辆有哪些主要组成部分?
15. 本书图示的货车转向架与客车转向架有何主要区别?
16. 何谓"车钩三态"?简述车钩缓冲装置的作用。
17. 对于铁路列车,何谓减压制动?何谓间接制动?
18. 名词解释:换长;车辆的一位端;车辆定距;电阻制动。
19. 列车运行时的阻力有哪些?
20. 铁路线路上,何谓缓和曲线?其作用是什么?
21. 铁路轨道由哪些主要部件组成?
22. 我国钢轨的标准长度是多少?标准轨距是多少?
23. 普通单开道岔的组成有哪些?
24. 名词解释:轨道爬行;轨距加宽;外轨超高。
25. 区段站的作业内容有哪些?
26. 何谓技术站?
27. 调车工作分为哪几类?
28. 名词解释:列车进路;连锁;轨道电路;闭塞分区。
29. 简述三显示自动闭塞的含义。
30. 客流和货流的主要因素分别有哪些?
31. 铁路货物运输的种类有哪几种?
32. 名词解释:上行方向;直通客流。

第 11 章 航空运输概述

11.1 航空运输基本概念

11.1.1 航空运输的含义

航空运输是指使用航空器运送人员、行李、货物和邮件的一种运输方式。

航空运输设备体系包括飞机、机场、空中交通管理系统和飞行航线四个部分。这四个部分有机地结合，在空中交通管理系统的协调和管理下，分工协作，共同完成航空运输的各项业务活动。此外，航空运输体系还有商务运行、机务维护、航材供应、油料供应、地面辅助及保障系统等。

我国的航空运输体系已形成了以航空公司、机场、管理局（航管部门）为主体的基本格局。

11.1.2 航空运输的重要性

航空运输是交通运输体系的一个重要组成部分。航空运输是长距离旅行，特别是国际、洲际间旅行的主要方式。它和其他交通运输方式分工协作、相辅相成，共同满足社会对运输的各种要求。随着社会经济的发展、人民生活水平的提高、工作节奏的加快，航空运输将越来越普及。例如美国年人均航空旅行距离，1950 年、1960 年、1970 年、1980 年和 1990 年分别为 183 km、630 km、2 274 km、4 704 km 和 7 576 km。

航空运输促进了全球经济、文化的交流和发展，它使国际经济、文化、科技的交流往来十分方便，有利于国家或地区间的相互协作、共同发展，有利于经济发达国家或地区到经济不发达国家或地区投资与开发。航空运输本身是国家经济领域的一个重要行业，除了其自身的经济效益外，还带动了一批相关产业的发展，如旅游业等。

我国航空运输在国际和国内运输系统中的地位都在不断提高。1978 年我国航空运输总周转量在国际民航组织中的排位为第 37 位，1996 年为第 10 位，到 2005 年已上升至世界第 2 位（总周转量为 257.765 亿吨 • 公里，不包括港澳台地区）。我国最大的三个航空公司 —— 国际、东方和南方航空公司，已跻身世界航空公司 50 强之列。

在国内，航空运输完成的旅客周转量占各运输方式总周转量的比例逐年提高，1950 年、1980 年、1995 年、2000 年和 2005 年航空客运周转量所占比例分别为 0.04、1.73、7.46、7.92 和 11.76。

11.1.3 航空运输的特点

（1）航空运输的主要优点

① 速度快。航空运输是各种运输方式中运输速度最快的，这是航空运输的最大特点和优

势。早期的活塞式发动机飞机所达到的最大速度为 600 km/h。现代喷气式飞机时速为 1 000 km/h 左右，距离越长，所能节约的时间越多，快速的优势也越显著。因而航空运输最适用于中长距离的旅客运输、邮件运输和精密、贵重或鲜活易腐物品的运输。

② 机动性大。飞机在空中飞行，受航线条件限制的程度相对较小，可跨越地理障碍将任何两地直线连接起来。航空运输的这一优点使其成为执行救援、急救等紧急任务中必不可少的手段。

③ 舒适、安全。现代民航客机平稳舒适，且客舱宽敞、噪音小，机内有供膳、视听等设施，旅客乘坐的舒适程度较高。在各种运输方式中，航空运输的事故率和死亡率最低。随着科技进步和管理的不断完善，航空运输的安全性将进一步提高。

④ 基本建设周期短、投资少。发展航空运输的设备条件是添置飞机和修建机场。这与修建铁路和公路相比，建设周期短、占地少、投资省、收效快。

（2）航空运输的主要缺点

① 飞机机舱容积和载重量都比较小。

② 运载成本和运价比地面运输高。

③ 飞机飞行往往受气象条件限制，影响其正常、准点。

④ 航空运输速度快的优点在短途运输中难以体现。

11.2　航空运输的发展

11.2.1　航空发展史

20 世纪人类在科学技术方面最伟大的贡献之一，就是发明了飞机。1903 年 12 月 17 日，美国莱特兄弟驾驶自己制造的飞机，实现了人类首次持续的、有动力的、可操纵的飞行，从此开创了人类航空史上的新纪元。航空百年的历史就是航空技术随着以各种作战飞机为主的航空兵器的发展的历史，从第一架飞机诞生之日到今天，可将人类航空发展史大致分为四个阶段：

（1）初始阶段（1903—1938 年）

莱特兄弟的航空试验，实现了人类多年来在天空飞翔的梦想，进而实现了航空器动力升空自主飞行。在 1911—1912 年的意土战争中，意大利第一次使用航空兵对土耳其军队进行侦察和轰炸。在第一次世界大战中，飞机开始得到大规模使用，推动了军用飞机的发展。20 世纪 20 至 30 年代初，由于科学技术的日益发展，研究建立了飞机设计方法，并积累了空气动力、飞行力学和结构强度等方面的大量实验资料。这一时期，飞机从采用机翼面积很大的多翼机，发展到张臂式单翼机，从木布结构到全金属结构，从敞开式座舱到密闭式座舱，从固定式起落架过渡到收放式起落架。飞机的发展由此走过了初始阶段。

（2）完善阶段（1939—1945 年）

这一阶段正处第二次世界大战期间，因战争的需要促进了空军迅猛发展，飞机数量、种类以及性能得到空前提高。当时飞机研发的目标首先是加大发动机的功率，提高效能和高空性能；其次是对亚音速气动布局的精心设计和推敲。在提高发动机功率方面，采用了加大汽缸容积，增加汽缸数量，加大发动机转速和预压缩工作介质等措施。在改进气动方面，采取了整流措施，如发动机加整流罩，由此大大降低了飞机的废阻力。这期间在翼型研究上也有突破，出现了层流翼型、尖锋翼型等低阻翼型。这一时期，由于仍然采用活塞式发动机，受到音障限制，飞行速度已经接近这类飞机的极限（时速 750 km/h 左右）。因此，这一时期可称为飞机的完善发展阶段，也可以说是活塞式内燃发动机发展到极限的特殊阶段。

（3）突破阶段（1946—1957 年）

活塞发动机发展到了极限，在第二次世界大战的推动下，燃气轮机技术开始走向实用化，并用于制造大批涡轮喷气发动机。第二次世界大战结束后，美、苏两国都利用从德国缴获的资料和设备，在德国技术人员的帮助下，大力研发喷气式飞机。在这一阶段主要解决喷气动力飞机的三大航空科学技术难题，即声障、气动弹性和疲劳断裂问题。声障是指把飞机飞行速度提高到超过音速时遇到的障碍；气动弹性是指飞机由于飞行速度的提高而产生的结构变形，通过气动力耦合致使飞机翼面等结构部件发生高频振动；疲劳断裂是高空飞机的气密机舱在升降过程中，由内外压差交变而引发疲劳、发生断裂。20 世纪 50 年代初，在朝鲜战争中喷气式飞机已大规模用于空战。50 年代中期，喷气战斗机的飞行速度已达到音速的两倍。

（4）高超音速阶段（1958）

从 1958 年开始，航空器发展到高级阶段，其主要标志是人类社会开始进入航空超音速时代（飞机的航速达到或超过两倍音速，即两马赫），航空高新技术不断出现并综合应用。由于喷气发动机发展迅速，日益趋向于“三高”（高涵道比、高压缩比和高涡轮前温度），不仅使发动机的推力和推重比大大提高，而且耗油率和经济性也大为改善。军用飞机出现了俄罗斯的第五代和欧美的第四代战斗机。它们形式各异，但气动性能大致相近，在机动性、灵敏性和隐身方面有突出表现，航速最高达到 3 马赫以上。在民用航空领域，最引人注目的是欧洲联合研制的 2.2 马赫的“协和”式超音速客机。

11.2.2 航空运输的发展趋势

（1）推出新一代航空运输载运工具

20 世纪的航空设计和制造技术决定了目前绝大部分民用飞机只能是亚音速客机，最大载客量不超过 500 人。预计到 21 世纪，在解决音爆、高升阻比、高温材料、一体化飞行推力控制系统等问题的基础上，将推出一批新机型。届时，超音速客机的飞行速度将达 2～3 倍音速，亚音速客机的最大载客量将达 800～1 000 人，旋转翼垂直起降运输机可达到载客 100 人左右的能力。两栖运输船（又称地效飞机）是 21 世纪最被看好的运输工具之一，可搭载 100 名左右的乘客，沿水面或较平坦的地面飞行。

（2）实施新一代通信、导航、监视和空中交通管理系统

现行的空管系统有三大缺陷：覆盖范围不足，对大洋和沙漠地区无法有效控制；运行标准不一致，跨国（地区）飞行安全难以保障；自动化程度不够，管制人员的负担过重。为此，ICAO（国际民用航空组织）正在全球部署实施新一代通信、导航和空中交通管理系统（Communication Navigation System and Air Transportation Management，简称 CNS/ATM）系统。预计新系统 21 世纪上半叶完成。

（3）信息技术在航空运输中得到更普遍应用

从 20 世纪 50 年代起，计算机就开始应用于美国航空公司的航班订票系统。现在，计算机信息处理已渗透到商务、机务、航务、财务等各个领域。预计 21 世纪航空公司的生产组织和运行管理将进入系统化的动态控制时期，届时信息技术将广泛应用于航空运输的市场预测、机队规划、航班计划、价格决策、收益管理、订座系统、机务与航材管理、飞机运行管理、财务数据分析、运行统计评估等各个方面。机场及其设施的现代化、自动化和管理信息化也将实现。

11.2.3　我国航空运输发展规划

改革开放以来，中国民航事业取得了长足的发展和进步。“十五”期间，我国民用航空事业更是跃上了一个新台阶，可归纳为：

① 发展速度加快。2005 年全行业航空运输总周转量 261 亿吨·公里，“十五”期间年均增长 15.3%；旅客运输量 1.38 亿人次，年均增长 15.5%；货邮运输量 306.7 万吨，年均增长 13.8%。“十五”期间通用航空生产飞行累计 33.7 万小时，年均增长 11.7%。

② 安全、质量提高。“十五”期间运输飞行百万小时重大事故率 0.29，通用飞行万小时事故率 0.06。2005 年航班正常率 82%。

③ 经济效益良好。“十五”期间全行业利润总额 100 亿元。2005 年正班客座率 71.5%，正班载运率 65%。

④ 基础建设加强。“十五”期间完成机场建设项目 73 个。2005 年末我国运输机场 142 个，比 2000 年增加 21 个。空管系统运行保障能力明显增强。

⑤ 科教成绩突出。

⑥ 管理体制转型。

⑦ 国际地位提升。运输总周转量在国际民航组织缔约国中的排位由 2000 年第 9 位提高到 2005 年的第 2 位，大型航空公司和机场地位也有所提高，我国以高票当选国际民航组织第一类理事国。航空大国地位基本确立。

“十一五”期间我国航空运输的发展目标是：航空运输快速增长，质量有较大改善；通用航空总量扩大，结构趋于优化；基础设施建设得到加强，保障能力显著提高；体制和法制基本完善，行业文化基本形成。2010 年航空运输总周转量达到 500 亿吨·公里，年均增长 14%；旅客运输量达到 2.7 亿人次，年均增长 14.5%；货邮运输量达到 570 万吨，年均增长 13%。“十一五”期间，全行业运输飞机达到 1 550 架，年均增长 12%。机场方面：到 2010 年，全国民用运输机场达到 190 左右，比 2005 年净增约 50 个。其中枢纽机场 3 个，大型机场 8 个，中型机场 40 个，小型机场 140 个左右。航路方面：新建 11 条横向航路和 4 条纵向航路，基本形成由 26 条横向航路、15 条纵向航路组成的我国民航干线航路网络框架。发展国际航空运输方面：加强北京、上海、广州三大城市国际枢纽机场建设，逐步开放业务权市场准入，构建具有国际竞争能力的国内国际航线网络。

第 12 章　飞　机

12.1　飞机概述

12.1.1　飞机的含义与分类

1．飞行器

现代飞行器分为航空器和航天器两大类。航空器是指凡在地球表面 30 km 高度以下的稠密大气层内飞行的各种飞行器。航天器是指在稠密大气层外的飞行器，如运载火箭、人造卫星、航天飞机、空间站等。

航空器按其产生升力方式的不同，可进一步分类，如表 12.1 所示。

表 12.1　航空器的分类

- 航空器
  - 轻于空气的航空器（浮空器）
    - 气球
    - 飞艇
  - 重于空气的航空器
    - 固定翼航空器
      - 飞　机
      - 滑翔机
    - 旋　翼航空器
      - 直升机
      - 旋翼机
    - 扑翼机
    - 倾转旋翼航空器：垂直起落飞机

根据表 12.1，可以将飞机广义地理解为重于空气的航空器，狭义地理解为一种固定翼航空器。下面所述及的飞机的分类是指广义的飞机。

2．飞机的分类

（1）按构造分类

按机翼数目　飞机一般可分为双翼机和单翼机。

按发动机类型　可分为活塞发动机及螺旋桨式飞机和喷气式飞机。

按发动机数目　可分为单发动机、双发动机、三发动机和四发动机飞机等。

按起落方式　可分为滑跑起落式飞机和垂直/短距起落式飞机。

按旅客过道数目　大多数客机的客舱内只有一个旅客通道，若客舱内有两个客舱通道，则称其宽体（或双通道）客机。

此外，飞机还可按尾翼位置或数量、机身数量等分类。

（2）按用途分类

根据用途的不同　飞机可分为军用机、民用机和研究机。

军用机包括歼击机（战斗机）、轰炸机、强击机、军用运输机、侦察机、军用教练机、早期警戒机和空中指挥机、反潜机、空中加油机、救护机、联络机、观察机等。

民用机包括客机、货机、民用教练机、农业机、林业机、体育运动机、多用途轻型飞机等。

研究机主要包括试验机和记录机等。

3．民用飞机

对于民用飞机而言，根据起飞重量分为大型（最大起飞重量 100 t 以上）、中型（最大起飞重量介于 40～100 t）和小型（最大起飞重量 40 t 以下）飞机；根据航程分为远程、中程和近程飞机；根据用途分为客机和货机。

客机用于运载旅客和邮件，联络国内各城市与地区或其他国家的城市。客机按航线性质可分为：洲际航线上使用的远程（大型）客机、国内干线上使用的中程（中型）客机和地方支线上使用的近程（轻型）客机。目前各国使用的远程客机大都是亚音速机。超音速客机有两种，一种是前苏联的图-144，另一种是英、法合作的“协和”号，最大巡航速度约为两倍音速。中型客机使用比较广泛，既有喷气式的，也有带螺旋桨的。

货机是专用于运送货物的飞机，一般载重较大，有较大货舱和舱门，或机身可转折，便于装卸货物。

12.1.2　飞机的诞生与发展

在生产力非常落后的古代，人类的飞行理想无法实现，于是便把它寄托于神话和传说。它们在文化古国，如中国、希腊、罗马、埃及和印度等，都有着广泛的流传。我国的嫦娥奔月，列子驾风飞行等神话故事就是其中的典型例子。

我国古代文化很发达，在航空方面也曾有过不少创造。例如，春秋时代的墨子和公输般曾经制造能飞的木鸟；西汉出现了风筝；王莽时代曾有人用羽毛作两翼，从高山上滑翔而下，飞行了数百步才落下来。晋朝的葛洪发现了上升气流和鸟类的滑翔原理；唐朝发明了火药；宋朝有人利用火药制成火箭和其他火器。现代燃气涡轮的雏形——走马灯，也出现于宋朝。原始的热空气气球——“松脂灯”（又名“孔明灯”或“灯球”）则出现于五代。元朝元军作战时，曾用过不同颜色的“灯球”升到空中作为联络信号。到了明朝，曾有人尝试利用火箭和风筝制造载人的飞行器。明朝劳动人民还创造了名叫“飞螺旋”（又叫“竹蜻蜓”）的玩具，它的飞行原理和直升机相同。另外，现代飞机上使用的磁罗盘也是由指南针发展而来的。

在历史上有许多针对飞机的设计家和试验家。15 世纪意大利著名的艺术家兼科学家达·芬奇（1452—1519 年）是第一个运用科学知识，对飞行问题进行研究的人。他曾绘出扑翼机、直升机和降落伞的草图及鸟翼的结构图，对飞行作了许多研究。

经过长期的探索，人们终于靠比空气轻的气球，在征服天空方面迈出了第一步。18 世纪后期的 1783 年 6 月，法国蒙哥尔费兄弟首次研制出利用热气上升的热气球，同年的 11 月 21 日，这种热空气气球装载了两个人升空，飞越巴黎，飞行高度达 900 m，飞行了 12 km，完成了历史上第一次气球载人的飞行。同年的 8 月 26 日，法国科学家里查用氢气充填的气球试验飞行也获得了成功。

气球只能随风飘飞，不能操纵。1852 年，法国人吉法尔发明了飞艇，飞艇相当于装上动力、具有操纵性的气球，人类终于实现了自主飞行。吉法尔的飞艇装有螺旋桨、用三马力蒸汽发动机推进，但操纵不善，未能返回原地。直到1900年，德国齐伯林的硬式飞艇完善了操纵系统，飞艇才成为第一种空中交通工具。1910年，德国建立了用齐伯林飞艇作为运输工具的第一条定期空中航线。1921年齐伯林飞艇用20天环绕地球飞行一周。因此，齐伯林也被誉为“世界飞艇之父”。一战时期曾有几百艘飞艇最先投入战场。

公元9年，中国的“王莽飞人”首先完成了滑翔飞行的壮举。19世纪，英国的凯利提出利用固定翼产生升力的理论。而在滑翔飞行方面贡献最大的是德国的奥图·李林塔尔（1849—1896年）。他从1867年起，研究滑翔飞行二十多年。1891年至1896年他作了两千多次滑翔，熟练地掌握了滑翔飞行、稳定和操纵的技术。不幸的是，他在1896年的一次滑翔试飞中失事牺牲。可是他却留下了有关飞行技术的丰富著作，给后人以很大的教益。

美国的威尔伯·莱特（1867—1912年）和奥维尔·莱特（1871—1948年）兄弟，从李林塔尔和其他人的著作中吸取了很多有益的经验，终于在1903年发明了世界上第一架动力飞机。他们是修理和制造自行车的技师，有丰富的机械制造知识和经验，自幼热爱航空，对飞机进行了多年的研究和试飞。1903年12月17日，莱特兄弟制造的飞机公开试飞成功，宣告了飞机的诞生。当天，莱特兄弟轮流驾驶共飞行了四次，第一次飞行了36.58 m，留空12 s；最久的一次留空59 s，飞行了260 m。

从1903年12月17日飞机诞生到1918年11月11日第一次世界大战结束，共历时15年。经过4年战火的历练，以飞机为代表的航空事业发生了第一次飞跃，飞机的设计、构造和性能比战前有了极大的改进。第一次世界大战后，飞机继续发展，20世纪20年代后期，飞机由上下双翼逐渐向单翼机过渡；1922年已造出飞行性能良好的全金属飞机；1930年前后，起落架开始由固定式改为收放式；到1939年，飞机的速度纪录达到755.1 km/h，这差不多是活塞发动机飞机的速度极限。

第二次世界大战（1939—1945年）的6年中，航空的发展又出现了第二次飞跃，航空科学技术有了新的发展，飞机的性能和构造得到极大提高，而且出现了喷气式飞机。20世纪30年代，德、英、美、苏、日等国开始研制喷气发动机。1935年德国的汉斯·梵·俄海因申请了涡轮喷气发动机的专利权，1937年制成了第一台喷气发动机，1939年8月27日试飞成功了世界上第一架涡轮喷气发动机推进的喷气飞机。第二次世界大战后，由于喷气技术发展带来的诸多航空科学技术难题，均得以解决和突破。现在，航空技术已发展到了超音速的高级阶段。

12.1.3 飞机的基本认识

1．尺寸数据

尺寸数据指飞机的外廓尺寸的大小，通常反映在飞机的三面图上和手册中，主要尺寸数据有翼展、机长和机高等。对宽机身运输机还要标明机身直径或宽度。

翼展　指左右翼尖间的距离，表示飞机的最大宽度，又称展长。

机长　是从机头到机尾的纵向最大尺寸，表示飞机的最大长度。

机高　指飞机最高点距地面的距离。

这些数据对飞机的制造、停放和运输都很有价值，同时也反映了飞机的大小。如果翼展在20 m以下，即为小型飞机，40 m以上即为大型飞机。

2．重量数据

重量数据反映飞机的重量级别和运载量，主要有空重、总重、正常起飞重量、最大起飞重量、有效载重、载弹量（军用飞机）和燃油重量等。

空重　指飞机的空机重量，包括机体结构和机载设备的重量，但不包括乘员和燃油重量。

有效载重　是指全部运输业务的重量。

载弹量　指可发射或投放的武器弹药重量。

总重　包括空重、有效载重或载弹量及燃油等全部重量的总和。其中按设计指标装载的总重称正常起飞重量，而按最大装载量装载的总重即为最大起飞重量。

例如：

美国波音 747-320B 客机，4 发动机，翼展为 67.64 m，机长 70.5l m，从机轮到垂直尾翼最高处的机高为 19.33 m；最大起飞重量 373.395 t，最大载重达 l06.640 t，载客最多可达 537 名。

美国的 C-5A“银河”号重型军用运输机，翼展为 67.88 m，机长 75.54 m，机高 19.85 m；总重 349 t，载重 120 t。

1988 年，俄罗斯 6 发动机的安-225 运输机横空出世，翼展达 88.4 m，机长 84 m，机高 18.20 m；总重 600 t，一次可装进 250 t（有效载重）货物或 80 辆轿车，成为当今最大（重）的货运飞机。

3．飞行原理

飞机（狭义）的飞行原理可简单地概况为动力原理和升力原理。

动力原理　飞机的动力是由航空发动机产生的向前的推力或拉力。飞机动力用以克服飞行中的各种阻力。低速飞机的阻力主要包括摩擦阻力、压差阻力、诱导阻力和干扰阻力，高速飞机还包括激波阻力。早期飞机通常使用活塞式发动机作为动力，现代高速飞机多数使用喷气式发动机（关于飞机的动力装置在下一节中作具体介绍）。

升力原理　飞机升力的来源是飞行中空气对机翼的作用。如图 12.1 所示，飞机机翼的上表面是弯曲的，下表面是平坦的，因此在机翼与空气相对运动时，流过上表面的空气在同一时间内走过的路程（*S*1）比流过下表面的空气的路程（*S*2）远，所以在上表面的空气的相对速度比下表面的空气速度快。根据伯努利定理——“流体对周围的物质产生的压力与流体的相对速度成反比。”，因此上表面的空气施加给机翼的压力 *F*1 小于下表面的 *F*2。F1 及 *F*2 的合力就必然向上，这就产生了升力。此外，机翼的迎角对飞机的升力影响也很大，对阻力也有影响。

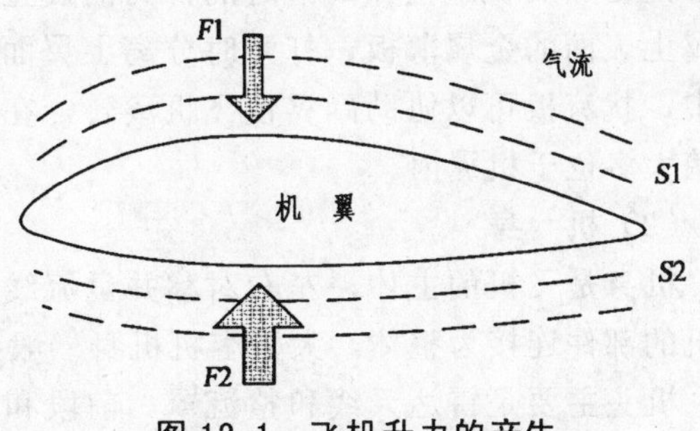

图 12.1　飞机升力的产生

12.2　飞机构造

飞机有四个基本组成部分：机体、动力装置、飞机系统和机载设备。

12.2.1 机 体

飞机机体由机翼、机身、尾翼（组）、起落架等组成，如图 12.2 所示。现代民用飞机机体除起落架外一般都是以骨架为基础加蒙皮的薄壁结构，其特点是强度高、刚度大、重量轻。机体使用的材料主要有两大类，一是金属材料，大多采用比强度和比刚度高的铝合金；二是复合材料，多为纤维增强树脂基层状结构材料。

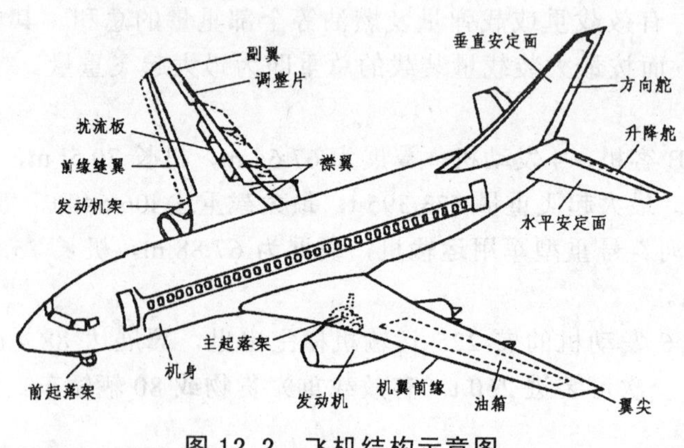

图 12.2 飞机结构示意图

（1）机 翼

机翼是为飞机飞行提供升力的部件。亚音速飞机机翼的翼型几乎都是下表面平直而上表面凸起的，以产生升力。机翼上装有很多用于改善飞机气动特性的装置，包括副翼、襟翼、前缘缝翼、扰流板等。

副翼是飞机的主操纵面之一，位于机翼后缘外侧（远离机身），一对副翼总是以相反的方向偏转，使一侧机翼的升力增加而另一侧机翼的升力减小，从而使飞机滚转。襟翼和前缘缝翼都是增加飞机起飞和降落时的升力的装置，以缩短飞机的起降滑跑距离。扰流板是铰接于机翼上表面的金属薄板，打开时分离上翼面的气流，造成机翼上的升力下降、阻力增加。在空中，扰流板可以协助副翼使飞机滚转，在地面，扰流板可起减速板的作用。民用飞机的燃油箱大多位于机翼内。

（2）机 身

机身是飞机的主体，左右对称并呈流线型。机身用来装载人员、货物、安装设备，并将飞机的部件连接为整体。大型客机机身一般由机头、前段、中段、后段和尾锥组成。

机头主要是雷达天线和整流罩。前段和中段为气密增压舱，空间被地板分成上、下两部分，上部为驾驶舱和客舱，下部为货舱、设备舱和起落架舱。后段主要安装尾翼及部分设备。尾锥主要是辅助动力装置的排气管。

（3）尾翼组

尾翼组由垂直尾翼和水平尾翼组成。垂直尾翼包括垂直安定面和方向舵，提供方向（航向）稳定性和操纵性。水平尾翼包括水平安定面和升降舵，保证俯仰稳定性和操纵性。

（4）起落架

飞机起落架的主要部件有支柱、机轮、减震装置、刹车装置和收放机构等。其功用主要是使飞机起降时能在地面滑跑和滑行，以及使飞机能在地面移动和停放。现代飞机的起落架都是可收放的，可以大大减小飞机阻力，也有利于飞行姿态的控制。

12.2.2　动力装置

航空发动机是飞机的动力装置，亦称推进装置。飞机发动机有多种类型，如表 12.2 所示。民用飞机主要采用的是活塞式发动机和燃气涡轮发动机。

表 12.2　航空发动机分类

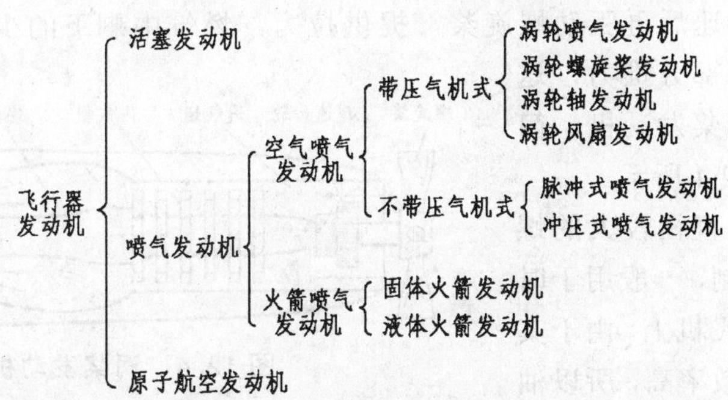

活塞式发动机多是以汽油作燃料的一种四冲程内燃机（本书第二章已有叙述）。值得一提的是，飞机上的活塞式发动机还有一种汽缸呈星形布置的结构形式。目前，活塞式发动机仍是时速小于 300 km/h 的轻型飞机最经济的动力装置。

燃气涡轮发动机的工作原理是使进入发动机的空气经压气机压缩后提高压力，流入燃烧室与喷入的燃油（航空煤油）混合后燃烧，形成高温、高压燃气，再进入燃气涡轮中膨胀做功，使涡轮高速旋转并输出驱动压气机及发动机附件所需的功率。由燃气涡轮出来的燃气，仍具有一定的压力和温度，对这股燃气能量加以利用的方式不同，就相应地产生了不同类型的燃气涡轮发动机，如涡轮喷气、涡轮螺旋桨、涡轮轴和涡轮风扇发动机。

（1）涡轮喷气发动机（涡喷发动机）

涡喷发动机通常由进气道、压气机、燃烧室、涡轮和尾喷管（喷口）组成，如图 12.3 所示。压气机主要为扇叶形式，叶片转动对气流做功，使气流的压力、温度升高。随后高压气

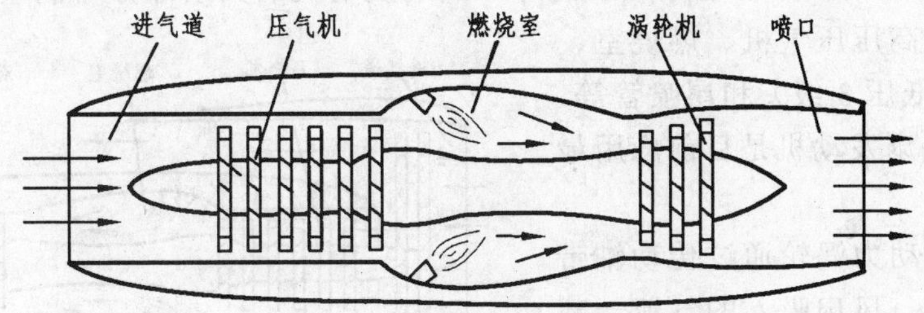

图 12.3　涡喷发动机示意图

流进入燃烧室，燃烧室的燃油喷嘴喷射出油料，与空气混合后点火，产生高温高压燃气，向后排出。高温高压燃气向后流过涡轮，部分能量在涡轮中膨胀做功驱动涡轮旋转，转化为机械能。由于高温涡轮同压气机装在同一条轴上，因此也驱动压气机旋转，从而反复地压缩吸入的空气。从高温涡轮中流出的高温高压燃气，在尾喷管中继续膨胀，以高速从尾部喷口向后排出。这一速度比气流进入发动机的速度大得多，从而产生了对发动机的反作用推力，驱

使飞机向前飞行。

涡喷发动机加速快、设计简便，是较早实用化的喷气发动机类型。但由于涡喷发动机的推力是由高速排出的高温燃气获得的，所以在得到推力的同时有不少由燃料燃烧所产生的能量以燃气的动能和热能形式排出发动机，能量损失大、耗油率较高。对于涡喷发动机，提高推力和降低油耗是相矛盾的。

（2）涡轮螺旋桨发动机（涡桨发动机）

从燃气涡轮出来的燃气大部分在其后的动力涡轮中膨胀做功，使动力涡轮高速旋转，然后通过减速装置降低转速后再驱动螺旋桨，提供拉力，燃气中剩下的少部分能量再从尾喷管中膨胀喷出，产生一小部分推力，这种发动机称为涡轮螺旋桨发动机，简称涡桨发动机，如图 12.4 所示。

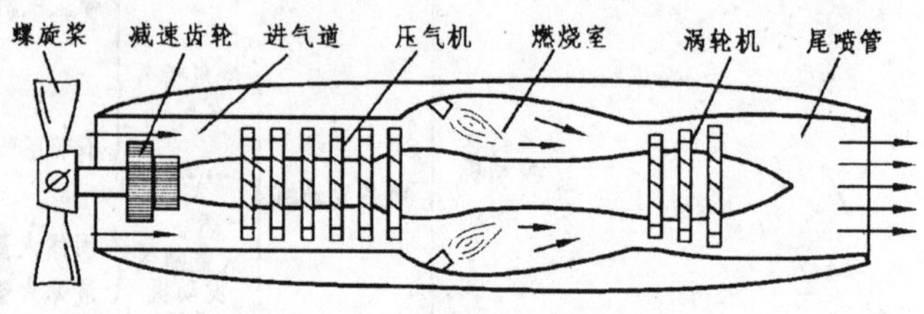

图 12.4　涡桨发动机示意图

涡桨发动机由于有直径较大的螺旋桨，飞行速度受到限制，一般用于时速为 300～400 km/h 的飞机上。由于其排气能量损失少，推进效率高，所以油耗低，目前仍是支线飞机的主要动力。

（3）涡轮轴发动机（涡轴发动机）

在带压气机的涡轮喷气发动机中，涡轮轴发动机是出现较晚的一种，于 20 世纪 50 年代初期开始应用于直升机和垂直/短距起落飞机。其工作原理和结构基本与涡桨发动机相同。不同的是燃气涡轮输出的能量主要是驱动直升机旋翼而不是螺旋桨。此外，燃气涡轮排出的燃气基本上在动力涡轮中完全膨胀，燃气由喷管排出时气流速度很低。

涡轴发动机产生的功率较大、重量小、燃油消耗低。其缺点是制造比较困难且成本较高，减速齿轮的重量较大。

（4）涡轮风扇发动机（涡扇发动机）

涡轮风扇发动机是在涡轮螺旋桨的基础上发展起来的。将螺旋桨的直径大大缩短，增加桨叶的数目，取消减速器，同时把所有缩短了的桨叶片用一个大圆筒包起来，就成为一种新的发动机部件 —— 风扇。除了增加风扇而外，涡扇发动机的其余部分与涡喷发动机很相像，有进气道、低压和高压压气机、燃烧室、涡轮（高压1级，低压 3 级）和尾喷管等，如图 12.5 所示。涡扇发动机是目前应用最广泛的发动机。

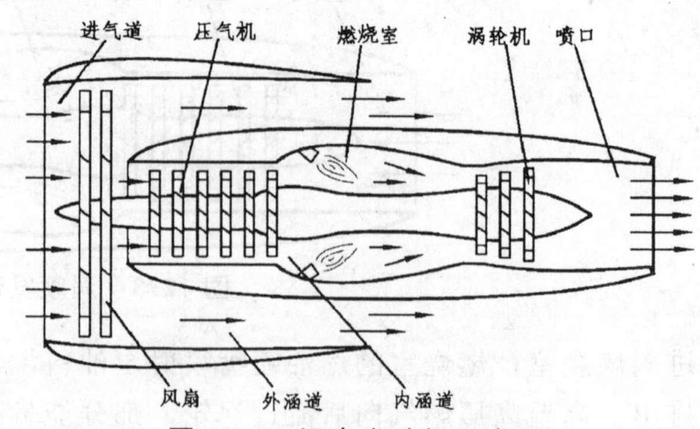

图 12.5　涡扇发动机示意图

涡扇发动机的动力涡轮通过传动轴带动一定数量的风扇。风扇吸入的气流一部分如普通喷气发动机一样，送进压气机（内涵道），称为内涵气流；另一部分则直接从涡喷发动机壳外围向外排出（外涵道），称为外涵气流。发动机由内涵、外涵气流分别产生推力。外涵与内涵空气量之比称为涵道比或流量比。

外涵道结构，可避免大幅增加排气速度，使热效率和推进效率取得了平衡，发动机的效率得到极大提高。因此，涡扇发动机具有油耗低、推力大、航程远、噪声低等优点。但涡扇发动机技术复杂，尤其是如何将风扇吸入的气流正确地分配给外涵道和内涵道（涵道比）是一个技术难题，而且涡扇发动机的价格相对高昂。

12.2.3 飞机系统

飞机系统包括飞机操纵系统、液压传动系统、燃油系统、空调系统、防冰系统等。

飞机操纵系统将驾驶员在驾驶舱内发出的操纵指令传递给有关装置，驱动舵面，改变和控制飞行姿态。

液压系统的作用主要是传动和控制操纵系统和起落架系统等。

燃油系统用于储存飞机所需的燃油，并在飞机的不同飞行状态和工作条件下按要求的压力和流量连续可靠地向发动机供油。同时，燃油还可以冷却飞机上的有关设备和平衡飞机。

现代飞机都采用气密座舱加座舱空气调节系统以抵御飞机在高空飞行时的低压、缺氧和低温给人体带来的不适。

飞机在高空飞行时，大气温度都在0°C以下，飞机的迎风部位，如机翼前缘、尾翼前缘、驾驶舱挡风玻璃、发动机进气道等易结冰。防冰系统是防止结冰给飞机飞行带来危害。它包括防止结冰与除去结冰。

12.2.4 机载设备

机载设备主要是为驾驶员提供有关飞机及其系统的工作情况的设备，通过机载设备驾驶员能随时得到飞行所必需的信息，并可在飞行后向维修人员提供有关信息。现代大型运输机驾驶舱内的机载设备包括飞行和发动机仪表、导航、通信和飞行控制等辅助设备。机载设备随着飞机性能不同而有所区别。

飞机的飞行仪表包括指示飞行速度、飞行高度、升降速度的全静压系统仪表，指示飞行姿态和方向的仪表，指示时间和加速度的仪表等。现代飞机上还有自动驾驶仪等。

发动机仪表测量并指示发动机的工作状态，其测量的参数包括不同部位的温度、压力、转速等。

导航、通信以及有关辅助设备是为了保证飞机的安全飞行，而提供定位信息和通信联络信息等。

12.3 飞机性能

不同用途的飞机，对飞行性能的要求有所不同。对现代民用飞机，主要性能指标包括速度性能、爬升性能、续航性能和起降性能四个方面。

（1）速度性能

反映飞机速度性能的指标主要有两个：

① 最大平飞速度：是指飞机作水平直线飞行，当飞机的阻力与发动机的最大可用推力相等时，飞机所能达到的最大飞行速度。飞机飞行在不同的高度所受到的阻力和发动机的推力

都是不相同的，因此，飞机在不同的高度上有不同的最大平飞速度。在 11 km 左右的高度，飞机的最大平飞速度最大。

② 巡航速度：即发动机每公里消耗燃油最少时的飞行速度。显然，当飞机以巡航速度飞行时，最为经济、航程最远或航时最长。

飞机不可能长时间地以最大平飞速度飞行，因为一方面会损坏发动机，另一方面消耗的燃油也太多。因此对需作长途飞行的飞机而言，更注重的是巡航速度。

（2）爬升性能

爬升性能主要指飞机的最大爬升速率和升限。

① 飞机起飞后，在爬升过程中单位时间内能上升的最大高度即为爬升速率，单位为 m/min 或 m/s。其值越大，上升到预定高度的时间越短。

② 飞机的爬升高度要受到发动机推力的限制，因为高度越高，发动机的推力就越小，当飞机爬升到某一高度，发动机的推力只能克服平飞阻力时，飞机就不能再继续爬升了，这一高度称为飞机的"理论升限"。通常使用的概念是实用升限，即飞机还能以 0.5 m/s 的垂直速度爬升时的飞行高度。

（3）续航性能

续航性能主要指航程和续航时间（航时）。

① 航程：是指飞机起飞后，爬升到平飞高度平飞，再由平飞高度下降落地，且中途不加燃油和润滑油，所获得的水平距离的总和。飞机的航程既取决于飞机的载油量和飞机单位飞行距离耗油量，也和其业务载重量有关。飞机的最大航程是指飞机在最大载油量和飞机单位飞行距离耗油量最小的情况下飞行所获得的航程。

② 续航时间：是指飞机一次加油，在空中所能持续飞行的时间，增加续航时间的措施同增加航程的措施相类似。

（4）起降性能

飞机的起降性能包括飞机起飞离陆速度、起飞滑跑距离、飞机着陆速度和着陆滑跑距离。

① 在地面滑跑的飞机，当其前进速度所产生的升力略大于飞机的起飞重量时，飞机就能够离陆了，此时飞机的速度即为离陆速度。但在正常起飞时，为了保证安全，离陆速度要稍大于最小平飞速度（飞机能够保持平飞的最小速度）。

② 离陆距离，包括起飞滑跑距离和起飞爬升距离两部分。起飞滑跑距离是指飞机从松开刹车沿跑道向前滑跑至机轮离开地面所经过的距离。起飞爬升距离指机轮离开地面到升高至规定的安全高度，飞机沿地平线所经过的距离。飞机发动机的推力越大，最小平飞速度越小，其离陆距离也就越短。

③ 飞机在着陆过程的速度，分为着陆进场速度和着陆接地速度。着陆进场速度是指飞机下滑至安全高度进入着陆区时的速度。着陆接地速度（简称为着陆速度）即为飞机在着陆区接触陆地时的速度。

④ 着陆距离可分为着陆下滑距离和着陆滑跑距离。着陆下滑距离指飞机开始下滑着陆至机轮接触地面时所经过的距离。着陆滑跑距离指从机轮着地开始滑跑至刹车时止所经过的距离。

为了改善飞机的起降性能，使飞机在起降阶段在较小的速度下能获得较大的升力，现代民用飞机采用了不同的增升装置，如襟翼、前缘缝（襟）翼等，从而减低了飞机的离地和接地速度。

第 13 章　航空运输设备

航空运输设备体系主要包括飞机、机场、空中交通管理系统和飞行航线四个部分。本章阐述除飞机以外的其他航空运输设备。

13.1　飞行航线

13.1.1　航线的概念

飞行航线是航空运输的线路，是由空管部门设定飞机从一个机场飞抵另一个机场的通道。民航运输企业在获得航空运输业务经营许可证之后，可以在允许的一系列站点（即城市）范围内提供航空客货邮运输服务。由这些站点形成的航空运输路线，称为航线。

航线由飞行的起点、经停点、终点、航路、机型等要素组成。它是航空运输承运人经营运输业务的地理范围，是航空公司的客货运输市场，是航空公司赖以生存的必要条件。

民用航空运输航线按照其结构，可以分为城市对式和中心枢纽式两类。按照飞行的地区范围，航线可以分为国内航线、国际航线和地区航线。

下面给出几个相关的概念以便比较：

① 航路（Air Way）：经政府有关当局批准的、飞机能够在地面通信导航设施指挥下沿具有一定高度、宽度和方向在空中作航载飞行的空域。我国民用航路的宽度规定为 20 km。

② 航线（Air Route）：站点之间形成的航空运输路线。

③ 航段：通常分为旅客航段（Segment，简称航段）和飞行航段（Leg，通常称为航节）。旅客航段指能够构成旅客航程的航段，例如，北京—上海—旧金山航线，旅客航程有 3 种可能：北京—上海、上海—旧金山和北京—旧金山。飞行航段是指航班飞机实际飞经的航段，例如北京—上海—旧金山航线，飞行航段为北京—上海和上海—旧金山。

④ 航班（Flight Service）：按照民航管理当局批准的民航运输飞行班期时刻表，使用指定的航空器、沿规定的航线在指定的起讫、经停点停靠的客货邮运输飞行服务。我国国内航班号的编排是由航空公司的两字母代码加 4 位数字组成的，航空公司代码由民航总局规定公布。后面四位数字的第一位代表航空公司的基地所在地区，第二位代表航班基地外终点所在地区。其中，数字 1 代表华北，2 为西北，3 为华南，4 为西南，5 为华东，6 为东北，8 为厦门，9 为新疆；第三、第四位表示航班的序号，单数表示由基地出发向外飞的航班，双数表示飞回基地的回程航班。以 CA1585 为例，CA 是中国国际航空公司的代码，第一位数字 1 表示华北地区，国航的基地在北京；第二位数字 5 表示华东，烟台属华东地区；后两位 85 为航班序号，末位 5 是单数，表示该航班为去程航班。CA1586 则为国航飞烟台至北京的回程航班了。国际航班号的编排，是由航空公司代码加 3 位数字组成。第一位数字表示航空公司，后两位为航

班序号，与国内航班号相同的是单数为去程，双数为回程。例如MU508，由东京飞往北京，是中国东方航空公司承运的回程航班。

13.1.2 航线的规划

航线规划基于两个方面的因素：一是国家发展航空运输的总体规划，有利于国家和地区经济的发展；二是航空公司本身的市场发展规划和经济利益。此外还必须考虑以下原则：

① 航线布局的自然基础。开辟新航线，必须考虑航路的地理条件和气象条件，有利于飞机运输飞行安全。

② 航线站点地区的经济水平。航线站点地区的经济发达程度和开放程度，决定客货运量和航空运输市场的发展潜力。

③ 运输协调能力。新航线的建立，必须充分考虑与其他航线的衔接以及地面交通的综合运输能力，以便航空运输的客货集散。

根据上述基本原则，应进行新航线可行性研究，对拟开辟航线的必要性和可能性进行综合分析，为决策提供依据。首先进行市场分析，对社会需求进行调查，预测、分析客货流量及其流向。同时分析、研究航线沿途经停机场跑道等级、通信导航设备的先进性、机队运输能力以及地面交通能力等因素。根据研究、分析的结果，提出航线布局方案。

对于航线布局，不仅要满足社会发展的需要，还要充分考虑它的经济效益；不仅要考虑它的投资规模，更要考虑它的投资回报率，即收益与利润以及资金回收周期。

13.2 机　场

13.2.1 机场的概念与分类

机场是提供飞机起飞、着陆、停驻、维护、补充给养及组织飞行保障活动的场所。它是民航运输网络中的节点，是航空运输的起点、终点和经停点，机场可实现运输方式的转换，是空中运输和地面运输的转接点，因此也可把机场称为航空站（简称航站）。

机场可以有多种分类方法。

① 按航线性质划分，分为国际航线机场和国内航线机场。

国际机场有国际航班进出，并设有海关、边防检查（移民检查）、卫生检疫和动植物检疫等政府联检机构。

国内航线机场是专供国内航班使用的机场。我国的国内航线机场还包括“地区航线机场”，是指我国内地城市与港澳地区之间定期或不定期航班飞行使用的机场，并设有相应的类似国际机场的联检机构。

② 按机场在民航运输网络系统中所起作用，划分为枢纽机场、干线机场和支线机场。

国内、国际航线密集的机场称为枢纽机场。

干线机场是指各直辖市、省会、自治区首府以及一些重要城市或旅游城市的机场。干线机场连接枢纽机场，空运量较为集中。

支线机场空运量较少，航线多为本省区内航线或邻近省区支线。

③ 按机场所在城市的性质、地位划分，我国分为Ⅰ、Ⅱ、Ⅲ、Ⅳ类机场。

Ⅰ类机场　即全国政治、经济、文化大城市的机场，是全国航空运输网络和国际航线的枢纽，运输业务繁忙，除承担直达客货运输外，还具有中转功能。北京、上海、广州三大城市机场均属于此类机场，亦为枢纽机场。

Ⅱ类机场　即省会、自治区首府、直辖市和重要的经济特区、开放城市和旅游城市，或经济发达、人口密集城市的机场，亦为干线机场。

Ⅲ类机场　即国内经济比较发达的中小城市，或一般的对外开放和旅游城市的机场，也可以称为次干线机场。

Ⅳ类机场　即省、自治区内经济比较发达的中小城市和旅游城市，或经济欠发达，但地面交通不便城市的机场，也称为支线机场。

④ 按旅客乘机目的划分，分为始发/终程机场、经停（过境）机场和中转（转机）机场。

⑤ 按服务对象划分，分为军用机场、民用机场和军民合用机场。

13.2.2 机场的构成

机场主要由飞行区、航站区及进出机场的地面交通系统三部分构成，如图 13.1 所示。

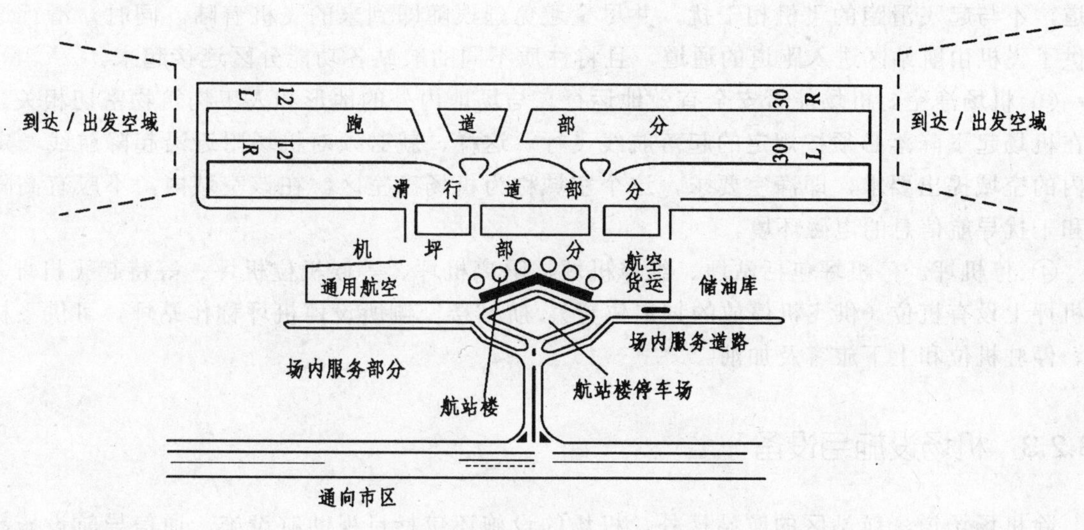

图 13.1　机场平面示意图

（1）机　场

① 飞行区是机场内用于飞机起飞、着陆和滑行的区域，通常还包括用于飞机起降的空域在内。飞行区由跑道部分、滑行道部分和机场净空区构成。

② 航站区是飞行区与机场其他部分的交接部，包括旅客航站楼、站坪（停机坪）、车道边、站前停车设施（停车场或停车楼）等。

③ 进出机场的地面交通系统通常是公路，也包括铁路、地铁（或轻轨）和水运码头等。如上海浦东国际机场还有磁悬浮线路连通，其功能是把机场和附近城市连接起来，将旅客和货邮及时运进或运出航站楼。

习惯上又可将机场分为空侧和陆侧两部分。空侧（又称对空面或向空面）是受机场当局控制的区域，包括飞行区、站坪及相邻地区和建筑物，进入该区域是受控制的；陆侧是为航空运输提供各种服务的区域，是公众能自由进出的场所和建筑物。

（2）机场场道

飞行区和停机坪组成了机场场道，具体阐述如下：

① 跑道。跑道是机场工程的主体，为一块长方形区域，它提供飞机起飞、着陆、滑跑以及起飞滑跑前和着陆滑跑后运转的场地。

机场的构成主要取决于跑道的数目、方位以及跑道与航站区的相对位置。跑道数目取决于航空运输量的大小。跑道方位是指跑道的走向，主要与当地风向有关。飞机最好是逆风起降，但过大的侧风也会妨碍飞机起降。因此，跑道的方位应尽量与当地常年主导风向相近。

跑道还必须有长度、宽度、强度、粗糙度、平整度以及纵向与横向坡度方面的要求。跑道的长度是机场的关键参数之一，它与飞机的起降安全直接有关。跑道应有足够的宽度，因为飞机在跑道上滑跑、起飞、着陆不可能总是沿着中心线，可能会有偏离，有时还要掉头。跑道要有足够的强度和刚度，以承受飞机运行的荷载。跑道横向应有坡度，且宜采用双面坡，以加速道面的排水。应尽量避免跑道的纵向坡度及坡度的变化，以保证飞机起飞、着陆和滑跑的安全。跑道道面应具有良好的平整度和摩擦特性，以便保证飞机滑跑时的稳定性。

② 滑行道。滑行道的主要功能是提供从跑道到航站区的通道，使已着陆的飞机迅速离开跑道，不与起飞滑跑的飞机相干扰，并尽量避免延误随即到来的飞机着陆。同时，滑行道也提供了飞机由航站区进入跑道的通道，且将性质不同的航站各功能分区连接起来。

③ 机场净空。机场能否安全有效地运行，与场地内外的地形和人工构筑物密切相关。飞机在机场起飞降落必须按规定的起落航线飞行。这样，就必须对机场附近沿起降航线一定范围内的空域提出要求，即净空要求，这个空域称为机场净空区。在该空域内，不应有高障碍物和干扰导航信息的电磁环境。

④ 停机坪。停机坪包括站坪、维修机坪、隔离机坪、等候机位机坪、等待起飞机坪等。停机坪上设有机位（供飞机停放的划定位置）。航站楼空侧所设停机坪称作站坪，可供飞机滑行、停驻机位和上下旅客及加油。

13.2.3 机场设施与设备

除机场场道、航站区的航站楼外，机场的设施还包括目视助航设施、通信导航设施、空中交通管制设施、航空气象设施、供油设施、应急救援设施、动力与电信系统、环保设施、旅客服务设施、安检设施、保安设施、货运区及航空公司区等。

① 航站楼。航站楼（主要指旅客航站楼，即候机楼）是航站区的主体建筑物。航站楼一侧连着机坪，另一侧又与地面交通系统相联系。旅客、行李及货邮在航站楼内办理各种手续，并进行必要的检查以实现运输方式的转换。旅客航站楼基本功能是安排好旅客和行李的流程，为其改变运输方式提供各种设施和服务，使航空运输安全有序。旅客航站楼的基本设施应包括车道边、公共大厅、安全检查设施、政府联检机构、候机大厅、行李处理设施（行李分拣系统和行李提取系统）、机械化代步设施（人行步道、自动扶梯等）、登机桥和旅客信息服务设施等。大型机场的旅客航站楼还设有特许商业经营和服务设施。因此，航站楼不仅是民航

的营运中心，而且还是商业中心。旅客航站楼内还设有机场和航空公司的办公机构和特许经营部门。

② 目视助航设施。为了满足驾驶员的目视要求，保证飞机的安全起飞、着陆、滑行、应在跑道、滑行道、停机坪及相关区域内设置目视助航设施，包括指示标和信号设施、标志、灯光、标记牌和标志物。此外，还要设置表示障碍物及限制使用地区的目视助航设施。

③ 地面活动引导和管制系统。地面活动引导和管制系统是指由助航设备、设施和程序组成的系统。该系统的主要作用是使机场能安全地解决运行中提出的地面活动需求，即防止飞机与飞机、飞机与车辆、飞机与障碍物、车辆与障碍物以及车辆之间的碰撞等。

④ 地面特种车辆和场务设备。进出港的飞机都需要一系列的地面服务，这些服务往往都是由工作人员操作各种车辆（牵引车、电源车、清洗车、垃圾车、加油车、行李车、升降平台、客梯车等）或设备来完成。为了保证飞机在飞行区内正常运行，机场应配备维护、检测设备（清扫车、吹雪车、推雪车、割草机、道面摩擦系数测试车等）以及驱鸟设备等。

13.3　通信与导航设备

13.3.1　通信设备

民航客机用于和地面电台或其他飞机进行联系的通信设备包括以下三种系统：

① 高频通信系统（HF）：一般采用两种制式工作，即调幅制和单边带制，以提供飞机在航路上长距离的空与地或空对空的通信。它工作在短波波段，频率范围一般为 2～30 MHz。

② 甚高频通信系统（VHF）：一般采用调幅方式工作，主要提供飞机与地面塔台、飞机与飞机之间近距离视线范围的话音通信。其工作于超短波波段，频率范围一般为 113～135.975 MHz。

③ 选择呼叫系统（SELCAL）：选择呼叫指地面塔台通过高频或甚高频通信系统对指定飞机或一组飞机进行联系。当被呼叫飞机的选择呼叫系统收到地面的呼叫后，指示灯亮，钟响，告诉飞行员地面在呼叫本飞机。

13.3.2　导航设备

民航客机的导航主要依赖于无线电导航系统，其设备有以下几种：

① 甚高频全向无线电信标/测距机系统（VOR/DME）：甚高频全向信标系统（VOR）是一种近程无线电导航系统，ICAO 确定为国际标准航线的无线电导航设备。它由地面发射台和机载设备组成。地面设备通过天线发射从 VOR 台到飞机的磁方位信息，机载设备接受和处理该信息，并通过有关指示器指示出飞机到 VOR 台的磁方位角。测距机系统（DME）是为驾驶员提供距离信息的设备，是 ICAO 确定的标准测距系统。它由机载测距机和地面测距信标台配合工作。一般情况下，地面测距台与 VOR 台安装在一起，形成极坐标近程定位导航系统。它是通过询问应答方式来测量距离的。

② 无方向性无线电信标系统（NDB）：NDB 即导航台，是用来为机上无线电罗盘提供测

向信号的发射设备。根据要解决的导航任务，导航台可以设置在航线上的某些特定点、终端区和机场。航线上的导航台，可以引导飞机进入空中走廊的出、入口，或到某一相应的导航点以确定新的航向；终端区的导航台，用来将飞机引导到所要着陆的机场，并保证着陆前机动飞行和穿云下降，也用来标志该机场的航线出口位置；机场着陆导航台，用来引导飞机进场，完成机动飞行和保持着陆航向。

③ 仪表着陆系统（ILS）：ICAO 确定 ILS 为飞机标准进近和着陆设备。它能在气象恶劣和能见度差的条件下，给驾驶员提供引导信息，保证飞机安全进近和着陆。ILS 包括三个分系统：提供横向引导的航向信标、垂直引导的下滑信标、距离引导的指点信标。每一分系统由地面发射设备和机载设备所组成。

13.3.3 监视设备

目前实施空中交通监视的主要设备是雷达，它是利用无线电波发现目标，并测定其位置的设备。雷达系统一般分为两种类型：一次雷达（包括气象雷达、航行雷达、多普勒雷达及监视雷达）和二次雷达。

一次雷达的工作方式是依靠目标对雷达天线所辐射的射频脉冲能量的反射而探测目标的。地面一次监视雷达通常工作于 L 波段（1 000～2 000 MHz）和 S 波段（2 000～4 000 MHz），具有很强的脉冲功率，其探测距离可达 400 km 或更远，因而发射设备和天线都相当庞大。

二次雷达是由地面询问机与机载应答机配合，采用问答方式工作的。地面二次雷达发射机产生询问脉冲信号由其天线发射，机载应答器在接收到询问信号后发射相应的应答信号，地面二次雷达接受这一应答信号，在进行一系列处理后获得所需的飞机代码等信息。二次雷达可以获得的信息主要有飞机的距离与方位信息、目标的识别信息（即飞机的代码）、飞机的气压高度信息和一些紧急告警信息。

在同时装备一、二次雷达的空中交通管制系统中，通常二次雷达的天线安装在一次雷达天线的上方，二者同步扫掠，协同工作。

第 14 章　航空运输组织与管理

14.1　空中交通运行与管理

14.1.1　空中交通管制

空中交通管制工作在民用航空运输中发挥着重要作用。它的主要目的是：使航空器按计划飞行，使保障工作有条不紊；维护飞行秩序，合理控制空中交通流量，防止航空器之间、航空器与障碍物之间相撞，保证飞行安全；对违反飞行管制的现象，查明情况，进行处理。空中交通管制分为程序管制和雷达管制。

① 程序管制。程序管制是依照《空中交通管制规则》、机场和航路的有关规定，依靠通信手段进行管制的方法。它要求机长报告飞行中的位置和状态，管制员依据飞行时间和机长的报告，通过精确的计算，掌握飞机的位置和航迹。程序管制的主要职责是为飞机配备安全间隔。

② 雷达管制。雷达管制是依照《空中交通管制规则》，依靠雷达监视的手段进行管制的方法。它对飞行中的飞机进行雷达跟踪监视，随时掌握飞机的航迹位置和有关的飞行数据，并主动引导飞机运行。

14.1.2　空域管理

为了在广阔的空间对航空运输飞行的飞机提供及时、有效的管制服务，飞行情报服务和告警服务，防止飞机空中相撞和与地面障碍物相撞，保证飞行安全，促使空中交通有秩序地运行，必须进行空域管理。空域管理的主要内容包括空域划分与空域规划。

（1）空域划分

空域划分包括飞行高度层规定和各种空中交通服务区域的划分。规定不同的飞行高度层是为了防止飞机在飞行中相撞，因此，要根据飞机的飞行方向、气象条件和不同的飞机性能，规定不同的飞行高度层。

按照统一管制和分区负责相结合的原则，我国将全国空域划分为若干飞行情报区和飞行管制区，并建立相应的机构，对在该区内的民用航空飞行提供空中交通服务。同时，为了对民用航空飞行实施有效的管制，要求飞机沿规定的路线在规定的区域内飞行。因此，在飞行情报区和管制区内划定飞行的航路、航线、空中走廊和机场区域；并对一些禁止飞行和在规定时间与高度范围内禁止飞行的区域，划定了空中禁航区、限制区和危险区。

① 飞行情报区：为飞行提供情报服务和告警服务而划定范围的空间。

② 飞行管制区：对飞行提供空中交通管制服务而划定范围的空间。我国民航飞行管制区分区域管制区和机场管制区。

③ 空中禁航区：是指在一个国家的陆地或领海上空，禁止航空器飞行的划定空域，分永久性禁航区和临时性禁航区。我国的永久性禁航区如北京市、上海市等。

④ 限制区：是指在一个国家的陆地或领海上空，根据某些规定的条件，限制航空器飞行的划定空域。如炮射区、靶场等。

⑤ 危险区：是指一个在某些规定的时间内存在对飞行有危险活动的空域。

我国的空中交通管制区划分为9个飞行情报区、28个高空管制区、37个低空管制区、141个塔台管制区。

（2）空域规划

空域规划是指对某一给定空域（通常为终端区），通过对未来空中交通量需求的预测，根据空中交通流的流向、大小与分布，对其按高度方向和区域范围进行设计和规划，并加以实施和修正的全过程。其目的是增大空中交通容量，理顺空中交通流量，有效地利用空域资源，减轻空中交通管制员工作负荷，提高飞行安全水平。

14.1.3 空中交通流量管理

空中交通流量管理是当空中交通流量接近或达到空中交通管制可用能力时，适时地进行调整，保证空中交通量最佳地流入或通过相应的区域，尽可能提高机场、空域可用容量的利用率。

随着国际民航运输业的快速发展，空中交通流量增长较快，出现了世界范围内机场、空域和航线网的拥挤。这种拥挤不仅导致飞行冲突的频繁发生，而且还形成了空中交通网络的“瓶颈”。为此，利用先进、科学的流量管理方法，建立流量管理中心，不仅对空中交通流量的协调、控制和管理起到了重要作用，而且还大大提高了空域利用率，减轻了管制员负担，增加了空中交通流量，提高了飞行安全水平。

14.2 航空旅客运输管理

14.2.1 航空运输生产体系

航空旅客运输是航空运输业的主要生产任务。随着世界经济的发展和航空运力的不断提高，航空旅客运量逐年增长，对服务质量要求越来越高，生产过程也变得越来越复杂。因此，航空运输生产计划安排要求更加周密、组织实施更加严格，以保障航空运输安全正点、优质高效。

航空运输是一个复杂的生产过程，它需要地面保障和空中服务等多方面工作的密切配合，通过各生产体系中有关部门的综合协调来共同完成。航空运输生产的地面保障可以分成机场保障、机务维修、航空管理、油料供应和运输服务五个生产体系，各生产体系分别由民航系统的有关部门负责管理和协调。

① 机场保障体系：为空中运输的地面准备和空中飞行提供跑道、灯光、特种车辆、旅客候机场所和相关服务设施，并提供安全检查和紧急救援服务。在国际机场，还设有边检、海关、检疫等派出机构，为国际航班旅客运输提供必要的服务。

② 机务维修体系：维护航空器正常运行，施行对航空器、发动机、通信导航和驾驶控制

等机械与电子电气设备的检测与维修，使航空器保持适航状态。

③ 航行业务管理体系：负责航行调度、通信导航、气象信息、航行情报以及空勤人员管理等工作，为航空运输提供一个完整的空中飞行保障体系。

④ 油料供应体系：为航空运输飞行提供航空燃油。在我国民航管理体制改革以后，民航系统成立了航油专业公司，负责航空运输必需的航空燃油的供应和管理。

⑤ 运输服务体系：负责制定运输生产计划、组织客货运输、提供运输飞行、保证服务质量、开拓运输市场，以达到最佳经济效益。民航运输各部门的工作，始终围绕着“安全正点、优质高效”这一宗旨，为运输生产服务。

14.2.2　航空旅客运输生产过程

航空旅客运输生产过程可以分为五个阶段；

① 航班计划阶段。航空公司根据公司的发展目标、航线计划、运力、人力资源以及资金等情况，在市场调查的基础上，进行航班安排，具体确定飞行班次、航班频率和经停机场，并制定航班时刻表。航空公司和机场的所有生产活动，将以航班计划为核心进行组织安排，确保航班计划的顺利实施。

② 市场销售阶段。根据航班计划，航空公司市场销售部门以及销售代理，在公布的订座期限内，进行航班座位销售。市场销售是航空公司回收投资的主要环节。航班座位销售将直接影响航空公司的经济收益。

③ 旅客乘机阶段。航空公司根据航班时刻表，为旅客安排登机准备，接受旅客的行李交运。同时，机场有关部门对旅客和行李进行安全检查，提供候机服务和查询服务。

④ 运输飞行阶段。运输飞行阶段是具体实施运输任务的具体过程，分为飞行准备和飞行实施两部分。

飞行准备阶段　为了保证运输飞行安全和正点，航空公司的机务维修部门必须保证飞机各项性能指标符合适航标准，地勤部门必须保障机上服务用品（如配餐、用水等）；机场当局必须确保跑道等设施条件良好，为航班飞机牵引，提供登机桥和其他特种车辆服务；航务管理部门确保飞行调度和通信导航设备可靠，为飞机的起飞、飞行和降落提供可靠的航行指挥和通信服务设施；油料供应必须保证航油优质充足。

飞行实施阶段　在飞机的空中飞行阶段，飞行任务主要由机组和地面空中交通管制指挥部门协作完成；在飞行旅途中，乘务人员向旅客提供优质的空中服务。

⑤ 旅客离港阶段。在飞机安全抵达目的地机场后，运输服务部门安排旅客下机，卸运行李；航空公司为旅客提供查询和领取行李服务。

14.2.3　航空旅客运输生产的组织与实施

① 市场营销组织。航空公司的主要经济收益来源是客货运输。为了达到预期的经济收益目标，市场销售工作十分重要。在对市场进行调查分析之后，根据企业的发展目标，制定可行的市场计划。根据市场计划，对销售网点的分布、销售渠道的拓展、促销方案的拟订、价格政策和销售策略的制定，客源的组织、运力的安排等进行有效地组织和实施。

② 制定航班计划。航班计划是航空运输企业组织生产的核心，是组织和协调生产部门与管理部门各项工作的依据，是企业赖以生存的基础。

③ 座位管理。航班座位管理是保证实现航班计划的重要环节之一。通过科学地管理座位，充分发挥运力作用，以获得最大的经济效益。

④ 吨位控制。吨位控制的目的，是在保证运送乘客的基础上，充分利用飞机运载能力，配以足够的货物或邮件，提高飞机的载运率，降低成本。吨位控制过程，是通过对航班飞机进行配载平衡实现的。

⑤ 运输飞行组织。航空运输生产活动的目的，就是要将旅客、货物、邮件安全正点地运送到目的地。运输飞行组织的任务，就是为圆满完成这项目标有效地组织航班飞行。

⑥ 生产调度。由民航总局统一调度、监控，协调管理全国各大区域的飞行计划和飞行活动。各地区（地方）的调度部门，对本管理区域内的飞行活动进行协调与管理。

14.3 航空货物运输管理

14.3.1 航空货运市场

航空货运是一种快捷的现代运输方式。它除具有速度快、超越地理限制、运价高的特点外，还具有运输方向性（来回程运量有差异）、对象广泛性（货物种类多）、销售集中性（货物市场相对集中、稳定）等特点。随着现代科技的发展，高性能、大运载量、低油耗新型飞机的投入以及人们对时空的新需求，航空货运市场将会不断地拓展和繁荣。

（1）航空货运市场分类

航空货物运输市场分布十分广泛。根据顾客需求，航空货运市场可以分为以下三类：

① 急快件货物运输市场。急快件货物运输，是顾客紧急需要把货物以最快的速度运达目的地。这一类货物的特点首先是时间快，而运输费用在其次，如商业信函票证、生产部件、急救用品、救援物资以及紧急调运物品等。

② 易腐货物运输市场。广义上来说，常规易腐货物是指货物的价值与时间密切相关的货物。这一类货物主要有两种：一种是物品本身容易腐烂变质，对运输时间要求严格。如鲜花、海鲜、应时水果等；另一种是物品价值与时间密切相关，对进入市场的时间要求快。如某些商品进入市场时间越早越能抢占市场，或希望在市场需求处于最佳时机投放市场，可以取得最佳经济效益。

③ 常规货物运输市场。尽管急快件和常规易腐货物运输在航空运输市场中占有重要地位，但是航空运输货物中大部分仍是常规非易腐货物，即普通货物。

（2）航空货运市场的组织方式

航空货运市场应按照市场销售计划，积极开拓市场，组织货源，收集货物，为运输生产做好充分准备。组织航空货运市场主要有三种方式：

① 直接销售。航空运输企业通过自己的营业处或收货站，直接进行航空货运业务的销售。与航空旅客运输一样，从事直接销售的业务点一般分布在运量较大的城市，航空公司可以直接组织市场。直接销售的优越性是能够直接控制市场，减少中间环节，提高销售利润。

② 代理销售。航空运输企业进行直接销售可以减少代理费用。但是，直接销售的业务量不足时，会增加销售成本。因此，航空公司的相当一部分货运吨位通过代理人销售。销售代理人根据与航空公司之间的协议，代表航空公司销售空余吨位，并按照协议收取代理费用。销售代理人可以同时代理多家航空公司的货运销售业务。

③ 联运。由于一个航空公司能够提供服务的航线有限，对于本身不能运达的部分航线，航空公司之间可以采用联运服务。这种服务是有偿的，上一个承运人即为下一个承运人的销售代理人，他们之间通过协议分配销售收入。

14.3.2 航空货运生产组织与管理

航空货物运输生产的任务，就是承运人按照货运单上的发运日期和航班要求，组织运力将货物运达目的地。

航空货运生产过程大致分为货物收集、进港、运送、到港和交货等阶段。从生产性质上来看，航空货物运输生产可以分为两大部分，一部分是以货物收集为中心的货运市场组织和管理；另一部分是以货物运送为中心的货物进港、货物运送、货物出港和交付过程。

（1）运输生产计划

根据航空货运市场调查和预测，估算航空货物在各机场之间的流量和流向，确定本公司的市场目标和市场份额。在此基础上，将制定货物运输生产计划，主要包括运力计划、运输量计划、周转量计划、收入计划以及运输综合计划等。

（2）货物进出港生产组织与管理

航空货物运输市场销售部门接收的交运货物，一般在机场组织进港和出港生产。相当一部分航空公司委托机场进行进出港的组织和管理，大型航空公司一般在基地机场自行组织货物进出港生产。

货物进出港是一个组织严密的生产过程，有严格的工序控制和定时要求，有严格的操作规范和重量指标，包括载重标准、舱位标准、安全标准等。涉及的部门多，需要统一组织、协调和密切合作。对于旅客航班的货运生产工序，与客运同步进行，以保证航班正点。

（3）吨位控制与配载

航空旅客运输通过座位控制来提高乘坐率。座位控制只考虑客舱的可用座位数，整个客舱空间的占有费用已计入客票之中。航空货物运输则需要通过吨位控制来提高载运率。换言之，货运既要考虑货物的体积，还要考虑货物的重量。因此，吨位控制的任务是通过舱位预订与分配来提高货舱的载运率，避免吨位浪费、超售或装运过载。

由于航空货运可以采用全货机或客货混装型飞机运输。因此，吨位控制和配载管理的原则不完全相同。

① 全货机方式运输。采用全货机方式运输时，吨位控制和配载过程比较单一，主要控制货物体积（不能超高、超长）、形状（易于固定），不能超重。

② 客货混装方式运输。客货混装方式运输，由于必须首先考虑运送旅客，因此货运吨位控制和配载要在保证客运的前提下进行。首先必须根据乘客的座位分布情况，按照飞机的配载要求，进行货物的重量和位置控制，在保证飞机飞行平稳安全的前提下充分提高飞机载运率。

无论是航空旅客运输，还是航空货物运输，吨位控制与配载管理都是非常重要的工作。

必须科学地、严格地按照飞机的性能指标进行控制，在保证飞机飞行安全的前提下，充分提高生产效率和经济效益。

14.4 国际航空运输管理

14.4.1 基本概念

航空运输是当前主要的国际运输方式之一。当开展国际航空运输业务时，将涉及领空主权、国家关系、航空法律、运价、航线权、航班等问题，需要通过国际性民航组织来协调。

① 国家主权概念：在国际事务中，尊重国家主权是一个至关重要的原则性问题。国际航空运输的所有活动应建立在这个原则基础之上。一个国家行使它的主权，对在本国领土和领空范围内，国内和国外的所有航空运输活动以及本国航空运输企业在国外的航空运输事务进行管理。

② 领空主权概念：第一次世界大战之后，各国政府考虑到本国安全和利益，对其领土之上的空间提出了主权要求。1919 年 10 月通过的《国际民用航空公约》（又称巴黎公约）确立了领空主权原则。1944 年 12 月在美国芝加哥修订的《国际民用航空公约》（又称芝加哥公约）中，进一步明确了领空主权的原则。该公约认为，国家领空主权是“缔约各国承认每一个国家对其领土之上的空气空间具有完全的和排他性的主权”。航空器的空中活动场所或范围，称为空域或空气空间（Air Space）。根据各国达成的一致原则，空气空间实行领空主权制度，每一个国家对其领空（Territorial Air）享有完全的、排他性的主权。

14.4.2 国际航空管理组织

国际航空运输管理机构负责制定国际航空运输活动的行为规范，协调国际航空运输业务，以保障国际航空运输的安全和国际航空运输业的有序发展。目前世界上有多个国际性航空组织，具有较大影响的主要有两个：

① 国际民用航空组织（ICAO—International Civil Aviation Organization）。ICO 是主权国家政府之间的国际性织织，成立于 1947 年 4 月 4 日，总部设在加拿大的蒙特利尔市。它的宗旨是：保障《国际民用航空公约》的实施，开发国际航行的原则和技术，促进国际航空运输的规划和发展。它的作用是：制定和监督执行有关航空运输飞行安全和飞行秩序的标准，在业务上，促进发展与和平利用航空技术，保证飞行安全；在政治上，尊重主权，协调发展。我国于 1974 年 2 月 25 日宣布承认《国际民用航空公约》和有关修正协议书，并于同年 9 月，在 ICAO 大会上当选为理事国。

② 国际民用航空运输协会（IATA—International Aviation Transport Association）。IATA 是全世界航空公司之间最大的一个国际性民间组织，于 1945 年 4 月在古巴的哈瓦那成立。总部设在加拿大的蒙特利尔市，四个地区办事处分别设在安曼、圣地亚哥、新加坡和华盛顿。IATA 的宗旨是：促进国际航空运输安全、规范和经济的发展；促进航空运输业界的合作。它的主要任务是：制定国际航空客货运输价格、运载规则和运输手续，协助航空运输企业间的财务结算，执行 ICAO 制定的国际标准和程序。

14.4.3 国际民用航空主要法规

自 1918 年 11 月 11 日第一次世界大战结束以后，各国政府为保护本国的安全和利益，关于建立空中交通秩序、保障航行和旅客安全的呼声日益高涨。在世界各国政府的共同努力下，先后通过了一系列国际性航空公约。具有重大影响的国际公约有：

《巴黎公约》 1919 年 10 月 23 日，在法国巴黎会议上通过了《国际民用航空公约》，即《巴黎公约》。这是国际民航史上的第一部大法，对国际民航的发展产生了重要的影响。它第一次确立了领空主权原则，规定了无害通过领空的权利和限制以及国际航线的规则和条件，并对航空器的分类、国籍登记、适航性、出入境、机组人员执照以及禁运物品等作了具体的规定。

《哈瓦那公约》 1928 年 2 月在古巴哈瓦那通过的《哈瓦那公约》，对国际商业性航空运输和造成的地面损害赔偿问题达成共识，作出了明确规定。

《华沙公约》 1929 年 10 月通过的《华沙公约》，对航空运输凭证、承运人的责任和管辖权等进行了规定。

《芝加哥公约》 1944 年 12 月在美国芝加哥修订的《国际民用航空公约》，即《芝加哥公约》。它对国家领空主权和保证国际航行安全等作了进一步明确的规定，对航行技术、行政管理、运输经营等国际性问题，作了详细阐述，成为一部更为广泛接受的航空法典。《芝加哥公约》在 1947 年开始执行。

《日内瓦公约》 1948 年 6 月在瑞士日内瓦通过的《关于国际承认航空器权利的公约》，规定了航空器的拥有权、转让权、租赁权、抵押权、典当权等。

《东京公约》 1963 年 9 月在日本东京签订的《关于在航空器内犯罪和犯有某些其他行为的公约》，为制止航空器内的犯罪行为制定了国际性的制裁依据。1979 年 2 月，中国政府承认《东京公约》。

《海牙公约》 1970 年 12 月在海牙通过的《关于制止非法劫持航空器的公约》，对共同打击非法劫机犯罪活动达成协议。1979 年 10 月，中国政府承认《海牙公约》。

《蒙特利尔公约》 1971 年 9 月在加拿大蒙特利尔通过了《关于制止危害民用航空安全的非法行为的公约》，对共同制止和打击危害航空运输和旅客安全的非法行为制定了更为详细的规定。1979 年 10 月，中国政府承认《蒙特利尔公约》。

第 4 篇习题

1. 航空运输设备体系包括哪几个部分？
2. 航空运输有哪些优缺点？
3. 航空器与航天器有何区别？
4. 飞机是哪年诞生的？是谁发明的？

5. 飞机的基本参数有哪些？
6. 飞机的基本组成如何？飞机机体的组成如何？
7. 飞机发动机中，燃气涡轮发动机有哪几种？并比较它们之间的异同。
8. 飞机主要有哪些性能？
9. 名词解释：最大平飞速度；巡航速度；升限；航程；续航时间。
10. 航路、航线与航段有何区别？
11. 机场的主要构成有哪些？
12. 民航客机用于联系的通信设备有哪几种系统？
13. 航空运输生产体系由哪些组成？
14. 何谓吨位控制与配载管理？
15. ICAO 和 IATA 分别指什么？

第 15 章 水路运输概述

15.1 水路运输基本概念

15.1.1 水路运输及其分类

水路运输是利用船舶和其他浮运工具，在海洋、江河、湖泊、水库及人工水道上运送旅客和货物的一种运输方式。

按航行的区域，水路运输分为内河运输和海洋运输。海洋运输又分为沿海运输和远洋运输。沿海运输是指利用船舶在沿海区域各港口之间的运输。我国沿海航线分为北方沿海航区和南方沿海航区。北方沿海航区：以上海、大连为中心，主要海港有：秦皇岛、天津、烟台、青岛、连云港、宁波等。南方沿海航区：以广州为中心，主要海港有：厦门、汕头、湛江、海口等。远洋运输通常是指除沿海运输以外所有的海上运输，在实际工作中又有“远洋”和“近洋”之分。我国近洋航线有：港澳线——到中国香港和澳门地区；新马线——到新加坡和马来西亚的巴生港、槟城和马六甲等港；澳大利亚、新西兰线——到澳大利亚的悉尼、墨尔本、布里斯班和新西兰的奥克兰、惠灵顿和利特尔顿等港；日本线——到日本神户、大阪、名古屋、横滨和川崎（Kawasaki）等港，以及其他海运航线。我国远洋航线有：美国加拿大线——包括加拿大温哥华、多伦多等港，美国西雅图港、旧金山、洛杉矶、纽约等港；地中海线——到地中海东部黎巴嫩的贝鲁特，叙利亚的拉塔基亚，埃及的塞得港、亚历山大，意大利的热那亚，法国的马塞，西班牙的巴塞罗那等港；西北欧线——到比利时的安特卫普，荷兰的鹿特丹，德国的汉堡、不来梅，法国的勒阿弗尔，英国的伦敦、利物浦，丹麦的哥本哈根，挪威的奥斯陆，瑞典的斯德哥尔摩和哥德堡，芬兰的赫尔辛基等港口。

15.1.2 水路运输的重要性

水路运输既是一种古老的运输方式，也是一种现代化的运输方式。在出现铁路以前，水上运输同以人力、畜力为动力的陆上运输相比，无论运输能力、运输成本，还是方便程度，都处于优越的地位。在历史上，水运的发展对工业的布局带来很大的影响。资本主义国家早期的工业大多沿通航水道的两岸设厂，形成沿着江、河布局的所谓“工业走廊”。

虽然受到其他运输方式发展的影响，但正因为水上运输具有载量大、成本低的特点，所以直到今天大宗物资的运输仍依靠水路，或者说尽量利用水路。如我国海上的“北煤南运”、“南粮北调”，以及长江流域各省市的物资调运，等等。这些畅通的水运路线常被人们誉为“黄金水道”。我国内河航运主要以长江、珠江、淮河水系及其水网地区为主，通航里程占全国水运的80%以上。我国东部毗邻渤海、黄海、东海、南海，有1.8万公里的海岸线，沿海运输具有重要地位。

地球表面积 51 100 万平方公里，其中海洋约占总表面积的 71%，海洋运输具有极其重要的地位。它是增进人类全球性经济联系的纽带，是沟通联系各个国家和地区的主要运输方式，尤其是国际贸易和国际货物运输的最主要手段。在人类历史走向 21 世纪的今天，在航空仍不能解决大批量货物运输的现实情况下，量大价廉和较为便捷的海上运输仍将是联系全球性经济贸易的主要方式，承担着全球性、区域间的货物运输，成为世界经济全球一体化和区域化服务的主要运输纽带。目前，世界贸易总运量的 75%以上是利用海洋运输来完成的；我国的对外贸易运输中 90%以上的货物运输是通过海洋运输实现的。

15.1.3 水路运输的特点

水路运输具有点多、面广、线长的特点。通过内河运输和海洋运输，将内陆经济腹地与世界联通，使处于运输交汇口的港口城市产生了极为宽阔的应用前景。联江通海的水路运输线路长，沿线的站点多，为腹地的经济建设提供了量大价廉的运输服务，对国民经济的发展起了重要作用。

（1）水路运输的主要优点

① 运输量大。船舶货舱与机舱的比例比其他运输工具都大。因此，可以供作货物运输的舱位及载重量均比陆上运输或空运庞大。世界上最大的石油船转载量达 56.3 万吨。巨型客轮已达 15.8 万吨，可容纳 4 375 名乘客和 1 365 名船员；集装箱船载重量达 13.76 万吨，可装载 13 798 TEU（集装箱计算单位 TEU，Twenty-feet Equivalent Units，把 20 英尺集装箱作为一个计算单位），内河运输中，美国最大顶推船队运载能力超过 5 万～6 万吨。

② 运输成本低。虽然水运的站场费用高，但由于船舶的载运能力大，运输距离比较远，路途费用低，所以总的来说运输成本低。美国内河航运的运输成本只有铁路运输的 1/5～1/4，海运成本只是铁路运输的 1/8 多一些。载运量大和运输成本低是水运最突出的两个优点。

③ 通过能力强。利用天然航道完成运输，航道四通八达，通过能力一般不受自然条件限制。尤其是海上航道，其通过能力几乎不受限制。

④ 占地少、投资小。水路运输利用天然航道，投资较少，且节省土地资源。海上运输航道的开发几乎不需要支付费用。内河虽然有时要花费一定的开支疏通河道，但比修建铁路的费用小很多。而且，航道的建设还可以与兴修水利和电站结合起来。水路运输的主要投资用于修建港口、码头、导航设施和购置运输设备。

⑤ 劳动生产率高。船舶的载运能力大，所需要的劳动力与载运量并不成比例增加，所以劳动生产率相对较高。

⑥ 开展国际贸易。海洋运输是实现国际贸易和各国友好往来的主要运输方式。

（2）水路运输的主要缺点

① 速度慢。轮船在水中行驶，阻力较大，速度提高比较困难。

② 适应性差，受气候影响大。内河运输受自然条件的限制很大，如：航道水深、航道走向、通航质量、季节性缺水、冬季冰冻等问题。海洋运输也受到港湾的水深、风浪等气候和水文条件的限制。

③ 货物直达性较差。如果托运人或收货人不在航道上，就要依靠公路或铁路运输进行转运。

④ 其他方面。大型船舶投资巨大且回收期长，面临国际化经营的激烈竞争，海运市场受经济的影响较大等。

15.2 水路运输的发展

15.2.1 水路运输的发展历程

人类使用船舶作为运输工具的历史，几乎和人类文明史一样悠久。从远古的独木舟发展到现代的运输船舶，水路运输大体上经历了 4 个时代：舟筏时代、帆船时代、蒸汽机船时代和柴油机船时代。

早在公元前6250年，当时的荷兰就有了独木舟，这是目前已知的世界上最早的水上交通工具。地中海东岸的腓尼基是人类古代文明的发祥地之一，早在公元前3 500年这里就成为当时世界的造船中心。古埃及是著名的宗教圣地，在公元前1 000余年的新王国时期，许多教徒不远万里，乘坐大型游船前来参加朝圣活动和进行观光浏览。

中国是世界四大文明古国之一，同时也是古代水上运输最发达的国家之一。1978 年在浙江余姚河姆渡母系氏族公社遗址出土了一支船桨，据考证已有7 000年的历史，从而证实中国早在原始社会末期就已发明了舟。春秋战国时期，中国古代水运已初具规模。吴国于公元前506～486年开凿了沟通太湖与长江的胥溪、连接太湖与东海的胥浦、连通邗（今扬州东南）与淮河的邗沟，用于漕粮和军事运输。秦统一中国后，于公元前214年开凿灵渠，沟通了湘江和漓水，使漕船直下五岭南粤。早在公元前219年，秦始皇派徐福率3 000童男童女和2 000多名官兵水手出海求仙寻找“长生不老药”。可见当时中国的水上交通工具已可以进行近海航海活动。

汉代时期，中国已能制造长30 m、宽6～8 m、载重50～60 t的大船，并根据不同用途分为客船、运输船、渔船等若干种类，船上设备已有纤绳、橹、帆、楫等，可以进行远洋航行。隋朝时期，中国的内河运输发展到鼎盛时期。隋炀帝为了乘船巡游江都（扬州）下令开通了北起涿郡（北京），南抵余杭（杭州），长达1 794 km的南北大运河。隋炀帝一次巡游就动用游船4 700多艘，摇船民夫近9万人。唐代的海船体型巨大，结构坚固，许多外国客商都喜欢乘坐中国船只。宋元时期，中国每年建造航海船舶两三百艘，开辟了以泉州、广州等地为起点，经印度洋通往罗马的海上航线。起初，这条航线主要运送丝绸，被称之为海上“丝绸之路”，当时的远洋航海技术领先于其他各国。15世纪初，中国明朝著名航海家郑和先后7次下西洋，历经 30 多个国家，最远到达赤道以南的非洲东海岸。郑和的船队由 62 艘“宝船”和200多艘其他船只组成，人有2.7万多名，并配有指南针和航海图等当时先进的技术设施。

15世纪的欧洲出现了多桅快速帆船，并会使用指南针。1492年，意大利航海家哥伦布率领由 3 只帆船组成的船队横渡大西洋，最终发现了美洲大陆。1497年，葡萄牙贵族达·伽马率船队绕过好望角，到达印度，开辟了欧洲通往东方的新航线。另一位葡萄牙航海家麦哲伦，于1519—1522年率5艘帆船成功地进行环球航行。新航线的开通，加强了各国之间的经济、政治和文化往来，为国际旅游活动的产生奠定了基础。

现代水路运输以第一艘蒸汽机船的诞生为标志。1807 年，美国人罗伯特·富尔顿首次在“克莱蒙特”号船上用蒸汽机驱动装在两舷的明轮，在哈德逊河上航行成功，从而发明了世界上第一条现代蒸汽机船。蒸汽机船与原始的非机动船相比，具有速度快、载运量大、乘坐舒适等特点，可节省旅途时间，降低旅行费用。

1896年，英国的帕森斯发明了汽轮机船。进入 20 世纪以后，经过改进的船用汽轮机具有重量轻、功率大、旋转均匀等特点，被普遍应用于大型高速船。

20 世纪初，效率高、油耗低的柴油机船问世，并得到广泛应用。20 世纪 40 年代末，柴油机船的吨位超过蒸汽机船，成为水上运输的重要交通工具。第二次世界大战结束后，柴油机船逐步取代了蒸汽机船，并在一定程度上替代了汽轮机船，世界船舶运输业进入柴油机船时代。

15.2.2 水路运输的发展趋势

（1）运输功能拓展，运输方式变革

现代运输强调物流的系统观念，在拓展港口功能、充分发挥港口集疏运作用的前提下，建立以港口为物流中心的由铁、公、水、空、管道等多种运输方式优化组合的多式联运系统，以使由原材料供应，产品生产、储存、运输，到商业销售地的整个物流流通更畅通，从而使货方、运输方、销售方和购买方在合理的多式联运中全面受益，体现运输服务于社会经济的宗旨。物流的系统观念是运输的时代新特征。

（2）船舶现代化

在经济贸易全球化的今天，运输全球化是必然的趋势，长距离的海上运输促进了船舶现代化的发展。船舶现代化主要包括大型化、专业化、高速化和自动化四个方面，详见 16.1.2 部分中的内容。

（3）港口现代化

船舶大型化的趋势对港口航道、水域和泊位前沿的水深提出了新的要求，流量大而稳定的货物（如散货、石油，及其成品油类和集装箱运输）对于专用码头、装卸机械自动化程度也提出了更高的要求。为提高港口通过能力，港口现代化势在必行。港口现代化主要包括泊位深水化、码头专业化、装卸机械自动化三个方面（参见 17.2.3 部分中的内容）。

（4）现代信息技术的应用

随着国际互联网和电子商务的发展，一些大型船舶公司已实现了网上租船、定舱、货物跟踪和港口货物托运、仓储、查询等业务。电子商务的实现，提高了运输商务谈判、信息管理和服务的效率，使客户得到增值服务。

（5）航运经营观念和经营机制的转变

在现代航运充分发达的情况下，在现代物流观念的冲击下，在航运市场激烈的竞争形势下，航运公司经营观念从单纯追求利润转变为追求低运输成本和努力为客户提供增值服务，以使自己获得新的生存和发展机会。近几年，世界航运业实现“强强联合，优势互补”的企业联合，表明了航运公司经营机制有了现代化的转变。

15.2.3 我国水路运输发展规划

（1）沿海港口

以优化港口布局和调整泊位结构为主，通过新建与改造，重点完善沿海港口集装箱运输系统、大宗散货运输系统。加快港口设施的技术进步，提高技术装备的现代化水平，实现由数量增长型向质量提高型、由管理粗放型向集约经营型的两个转化。

“十五”期间，沿海港口建设深水泊位 140 个，新增吞吐能力 2.6 亿吨。其中：集装箱泊位

50 个，吞吐能力 1 650 万标准箱；大型原油接卸泊位 3 个，吞吐能力 3 000 万吨；大型矿石接卸泊位 3 个，吞吐能力 3 000 万吨。“十一五”规划确定的目标是：至 2010 年，沿海港口新增深水泊位 639 个，新增年吞吐能力 21 亿吨；沿海港口深水泊位 1 752 个，年总通过能力达到 46 亿吨；沿海集装箱专业化泊位数量达到 377 个，通过能力 1.36 亿标箱。资料表明，我国沿海规模以上港口（含长江下游 8 港）码头泊位数由 2000 年的 3 674 个增长到 2009 年的 5 588 个；码头泊位年综合通过能力有 18.2 亿吨增长到 46.2 亿吨，年均增长 10.9%；港口吞吐量由 14.2 亿吨增长到 56 亿吨；码头泊位能力与需要相比，2000 年能力适应率（能力/吞吐量）为 1.28，2009 年仅为 0.83。

强化上海国际航运中心和沿海主枢纽港口的建设，重点建设集装箱码头、大型专业化原油、铁矿石接卸码头；通过新建和技术改造使沿海港口适应货物的结构性变化和专业化、大型化、集约化的运输发展要求，积极推动部分老港区的功能调整；大力改善主要出海口航道及主要港口进出港航道的通航条件；相应发展地区性重要港口，适度建设地方中小港口，继续改善岛屿交通条件。目前，我国港口总吞吐量与集装箱吞吐量双双跃居世界首位，上海港成为世界第一大港口，上海、天津、大连三个国际航运中心正在建设。

（2）内河航运

根据《全国内河航道与港口布局规划》，到 2020 年，将形成长江干线、西江干线、京杭运河、长江三角洲航道网、珠江三角洲航道网、18 条高等级航道（两横一纵两网十八线）和 28 个主要港口的布局。

建设贯通东部沿海经济发达地区的海上南北大通道和以长江、珠江、黑龙江、淮河、京杭运河中千吨级航道为主的约 3 万公里的内河航道，形成干支直达，江海畅通，水陆联运的航运大动脉。长江水系：上游加快三峡库区重点水运基础设施的复建工程；中下游实施航道清淤应急工程，整治武穴航道、碾子湾河段、张南及东流水道；建设嘉陵江、湘江、汉江、赣江、安徽合裕线等主要航道；长江三角洲按四、五级航道标准建设跨省航道，基本建成江南五级以上航道网，起步建设杭甬运河。珠江水系：加快西江航运干流向上游延伸工程，为云南、贵州等西部省区打通出海航道，重点建设柳黔江、红水河和右江三条出海通道；重点整治小榄水道、陈村水道、劳龙虎水道、潭江水道等航道，基本建成珠江三角洲三级航道网。黑龙江和松花江水系：重点建设松花江哈尔滨至佳木斯段航道，使松花江哈尔滨以下全线达到三级航道标准。京杭运河、淮河主通道：京杭运河重点改善北段航行条件，提高船舶吨级和航道管理水平。

“十一五”期间，全国内河增加三级及以上航道 2 000 km，增加四级航道 1 800 km，新增港口泊位 340 个，新增年吞吐能力 6 400 万吨，内河高等级航道总里程突破 10 000 km。水路基础设施紧张状况得到总体缓解，服务国防、经济安全的能力进一步增强，为形成能力匹配、组织协调、运行有序、管理规范、服务优质、安全环保的水路交通系统提供了有力支撑。“十一五”末，预计我国改善内河航道里程 5 900 km，三级及以上航道里程将达到 1 万公里左右。

我国水路运输“十二五”规划（草案）的主要指标有：煤炭、石油、铁矿石和集装箱专业化码头合理布局基本形成，沿海港口通过能力适应度达到 1.1∶1，内河高等级航道达标率达到 70%。其中，“两横一纵一网十线”基本达到规划等级；沿海港口货物吞吐量约 80 亿吨，年均增长约 6%；内河货运量约 19 亿吨，货运周转量约 6 200 亿吨公里，年均增长约 5%和 6%；沿海港口方面要稳步推进基础设施建设，进一步完善主要货类运输系统布局；内河水运方面要全面加快基础设施建设；促进沿海运输船舶向大型化、专业化方向发展；大力发展多式联运，重点推进集装箱多式联运，鼓励发展滚装运输，继续推进干支和江海直达运输，完善江海转运体系。

第16章 船 舶

16.1 船舶概述

16.1.1 船舶的定义与分类

船舶是水上运输和工程作业的主要工具，其种类繁多、数目庞大。船舶的分类方式也是多种多样。按用途分，有民用船和军用船；按船体材料分，有木船、钢船、水泥船和玻璃钢船等；按航行区域分，有远洋船、近洋船、沿海船和内河船等；按动力装置分，有蒸汽机船、内燃机船、汽轮机船、电动船和核动力船等；按推进器形式分，有螺旋桨船、平旋推进器船、喷水推进器船、喷气推进器船、明轮船等；按航行状态分，有排水量船、滑行艇、水翼船、气垫船、冲翼艇等。

民用船和军用船的进一步分类分别如表16.1和表16.2所示。

表16.1 民用船舶分类

民用船舶：

- **运输船：**客船、客货船、货船（杂货船、散货船、集装箱船、滚装船、载驳船、油船、液化气体船、冷藏船等）、渡船、驳船等；
- **工程船：**挖泥船、起重船、测量船、打捞船、破冰船、浮船坞、潜水工作船、打桩船、布设船（布缆船、敷管船等）等；
- **渔业船舶：**渔政船、网类渔船（拖网渔船、围网渔船、刺网渔船等）、钓类渔船、捕鲸船、渔业辅助船（渔业加工船、渔业调查船、冷藏运输船）等；
- **港务船：**港作推船、带缆船、破冰船、引航船、消防船、供应船、交通船、助航工作船（测量船、等标船、航标船等）、浮游回收船等；
- **海洋开发船：**海洋资源开发船、海水资源利用船、海洋调查船、深潜器（艇）、钻井船、钻井平台等；
- **拖船和推船：**海洋拖船、港作拖船、内河拖船、海洋推船、内河推船等。

现针对民用运输船舶作进一步阐述。运输船舶是指载运旅客与货物的船舶，通常又称为商船。简单地可将运输船舶分为客船和货船两大类。

客船是用于运送旅客及其行李和邮件的运输船舶。而那些以载运旅客为主，兼运一定数量货物的运输船舶则称为客货船。由于客船多为定期定线航行，故又称客班船。承担国际邮政业务的远洋客船又可称为邮船。在SOLAS公约（国际海上人命安全公约）中规定，凡载客超过12人者均视为客船。

货船是运送货物的船舶的统称，一般不载旅客。货船的类型多种多样：

① 杂货船：又称普通货船，也是目前最基本的一种货船，主要装运各种成捆、成包、成箱和桶装的杂货件。

② 散货船：用以装载无包装的大宗货物的船舶，可分为干散货船和液体散货船。干散货船可用于装载谷物、矿砂、煤炭、化肥、水泥等；液体散货船是指专门运载石油等液体货物的船舶，如油船、液体化学品船和液化气体船等。

表 16.2 军用舰船分类

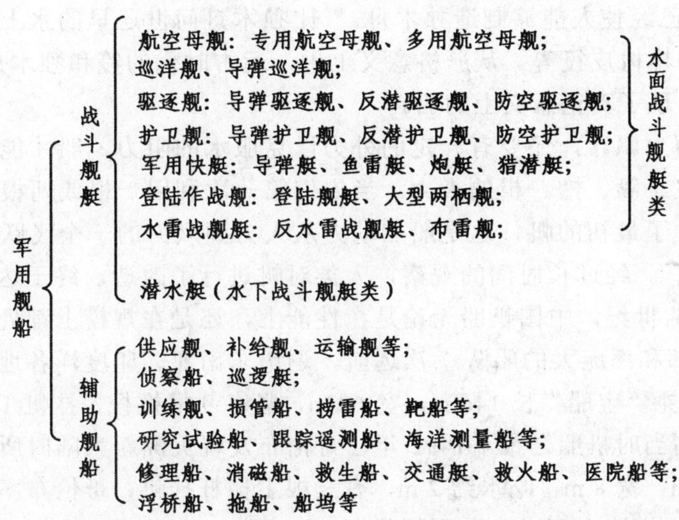

③ 冷藏船：专门用于运送肉、鱼、蔬菜和水果等易腐货物的船舶。船上设有冷藏系统，能调节多种温度以适应各舱货物对不同温度的需要。

④ 木材船：专门用以装载木材或原木的船舶。

⑤ 集装箱船：指以装运集装箱货物为主的船舶，基本上可分为全集装箱船和半集装箱船。全集装箱船是指专门用以装运集装箱的船舶；半集装箱船则是部分货舱装运集装箱，其他舱位仍装运杂货或散货。

⑥ 滚装船：又称滚上滚下船，主要用来运送汽车和集装箱。这种船本身无需装卸设备，一般在船的首部、尾部或舷侧有跳板放到码头上，汽车或集装箱（装在拖车上）直接开上开下，实现货物的装卸。

⑦ 载驳船：又称子母船，先将货物装在规格相同的小驳船里，再将这些驳船装到母船上一起运输。载驳船的主要优点是不受港口水深限制，不需要占用码头泊位，装卸货物均在锚地进行，装卸效率高。

⑧ 油船（轮）：专门运输原油或成品油的船舶，是一种液体散货船。油船多为单甲板、尾机型船，即机舱都设在船尾。由于货油通过油泵和输油管路进行装卸，故甲板上无起货设备，也不设大的舱口。

16.1.2 船舶的诞生与发展

1．船舶的发展简况

水路运输是随着船舶的发展而发展的。前文已述，人类使用船舶作为运输工具的历史，几乎和人类文明史一样悠久，船舶的发展大体上可分为 4 个阶段：舟筏、木帆船、蒸汽机船和现在的柴油机钢船时代。随着世界经济的发展，现代运输船舶已形成了种类繁多、技术复杂及高度专业化的运输船舶体系。

关于船的由来，在中国、埃及、英国等地都有不少古老的传说。《圣经》中诺亚方舟和我国大禹治水造船的故事等，留传甚为广泛。神化和传说不等于现实。在远古时代，人们首先是对浮力有了一定的认识，而后在具备了工具和圆木等相应条件下，才出现独木舟。马克思说：“火和石斧通常已经使人能够制造独木舟。”比独木舟问世还早的水上运输工具是筏，有竹筏、木筏、皮筏和桦树皮筏等。从严格意义上讲，远古时代的筏和独木舟还不是真正的船。舟筏之后，才逐渐出现了真正意义上的船。

但有了船在水面上飘浮，还要有一定的外力以克服水的阻力，船才能运动前进。这个力最初只能是借助于浆、篙、橹、楫的人力。当人们第一次利用一根或两根木棍撑起一块兽皮或织物时，也就产生了最初的帆，这是船舶动力从人力到风力的一个飞跃。初期的帆不能转动，只能“一帆风顺”。经过长时间的观察，人类对帆进行了改造，终于达到能在水上“船行八面风”的境地。15 世纪，中国帆船无论是在性能上，还是在规模上都处于领先地位。1405—1438 年，明朝的郑和率庞大的船队 7 次远航，遍历东南亚、印度洋各地，最远到达非洲东海岸。据载，郑和所乘“宝船”长 146 m，宽 60 m，竖有 9 根桅杆，挂帆 12 张，上下有 4 层，排水量 3 100 t，可谓当时帆船之最。1492 年，哥伦布发现美洲新大陆时所乘坐的“圣玛利亚号”帆船，长约 24 m，宽 8 m，吃水约 2 m，有三根主桅杆挂帆，哥伦布率领三艘这种类型的木帆船，历时 69 天，横渡大西洋，达到了美洲。

早在我国唐代，有个名叫李皋的人，发明了一种车轮船，它的两舷装着会转动的桨轮，人力踩动车轮，推动船航行。后来，南宋起义军领袖杨么改进了车轮船，用它抵抗宋王朝官军。这种船已略具现代化机动船舶（明轮船）的雏形。而最早建造蒸汽轮船的是法国发明家乔弗莱，他在 1769 年就建造了世界第一艘蒸汽轮船“皮罗斯卡菲”号，用蒸汽机驱动。后来，英国人薛明敦在 1802 年也建成一艘蒸汽轮船。可惜它们均未得到实际应用。

直到 1807 年 9 月，美国人罗伯持·富尔敦（Robert Fulton）把锅炉、蒸汽机和明轮装到内河船“克莱蒙特号”上，并在纽约与奥尔巴尼之间的哈得逊河上进行了有实用价值的航行，这才使轮船开始真正成为水上舞台的主角。富尔顿设计、制造的该船全长 45.72 m，宽 9.14 m，排水量 100 t，船速每小时 6.4 km。早期的轮船，在两舷装有类似水车的设备，称为明轮，由蒸汽机驱动而转动，安装在轮缘的桨片设在水中，转动时把水向后推，靠水的反作用力使船前进。1838 年出现了装在船舶尾部的螺旋桨推进装置。1843 年，英国人建成了全部是铁制的螺旋桨作推进装置的“大不列颠号”轮船，从利物浦到纽约作了横渡大西洋的初次航行，历时 14 天 21 小时。

1896 年，英国的帕森斯发明了汽轮机船。在这之前，蒸汽轮船都是使用往复活塞式蒸汽机作为动力的。帕森斯发明的蒸汽涡轮机直接用高压蒸汽喷射叶轮使其转动，再把动力传给螺旋桨，比往复式蒸汽机体积小、重量轻、推力大、经济性好。进入 20 世纪以后，经过改进的船用汽轮机具有重量轻、功率大、旋转均匀等特点，被普遍应用于大型高速船。

1897 年，德国人狄塞尔发明了柴油机。20 世纪初，效率高、油耗低的柴油机船问世，并得到广泛应用。20 世纪 40 年代末，柴油机船的吨位超过蒸汽机船，成为水上运输的重要交通工具。第二次世界大战结束后，柴油机船逐步取代了蒸汽机船，并在一定程度上替代了汽轮机船，世界船舶运输业进入柴油机船时代。再以后船舶又出现了燃气轮机动力装置和核动力装置等。

2．船舶现代化

近十年来，船舶产品的发展取得了十分巨大的进步，与同是交通运输工具的汽车和飞机相比，船舶产品不仅在基本形式，甚至在基本原理方面都发生了深刻变化。各国造船业为了争夺市场，抢占船舶科技制高点，争相加强科研开发的强度，船舶产品的发展获得了许多重大进步。无论在新船型的开发，老船型的优化，还是在船舶性能改进提高等方面，其发展速度都达到了前所未有的程度，船舶产品的发展已进入一个新的阶段。船舶技术发展的特点可归纳为：

（1）船舶大型化

船舶大型化是船型发展中最明显的特点之一，也是船舶创新的主要方向。这是因为大型船舶具有明显的规模经济优势，可以明显降低运输成本。以油船为例，当载重量从2.5万吨增加到25万吨时，每吨石油的运输成本可下降40%；集装箱船，当载箱能力从4 000 TEU增加到8 000 TEU时，每箱运输成本可下降15%。但是，船舶大型化趋势要受到以下几个方面的限制：一是船舶在港口停泊时间的长短对规模经济的限制，若大型船舶装卸效率不能同步提高，那么船舶越大，在港口时间越长，在港口的单位成本也将随之增加；二是货主发货批量大小和时间间隔长短；三是货源是否充足；四是集疏运系统效率的限制；五是运河通航条件的限制。船舶大型化在油轮和集装箱船上发展很快。

（2）船舶专业化

传统货船的装卸搬运工艺已经不能满足运输的需求，且装卸效率低、劳动强度大、船舶在港时间长、周转速度低。船舶专业化的实现扭转了上述被动的局面，改善了各种运输工具之间的换装作业，加速了货物的整个运输流程和船舶周转。但我们也应看到，专用船只适合单一货种，返程常常放空，船舶载重量利用率低。然而，随着世界经济高速发展和经济一体化的进程，海上物流形态和品种不断变化，专用船将得到进一步发展。

（3）船舶高速化

船舶的高速化主要表现在船舶航速的提高和高速船舶的长足发展。由于船舶设计技术、动力技术、推进技术的不断改进和提高，近年来各主要船种的航速普遍呈增高趋势。尤其是滚装船、渡船、集装箱船等船舶，航速提高的幅度更大。船舶航速越高，航线上需配备的船舶数就越少。但航速越高，船舶运行阻力越大，船舶主机的功率及燃料消耗量几乎与航速的三次方呈正比关系，尤其是在油价较高的情况下，船东对提高航速往往持谨慎态度。

短途客船在高速化方面发展较快，特别是在海湾、陆岛、岛岛之间等具有地理优势及其他运输工具无法或难以竞争的地区，发展尤为迅速。高速船中具有代表性的是水翼船和气垫船。高速船体一般都采用铝合金材料焊接而成，目的在于减轻船舶自身的重量而提高装载能力。

（4）船舶自动化

由于造船和航海技术及自动化技术发展的不断加快，船舶自动化程度越来越高，许多先进的仪器、仪表和自动化系统得以应用。随着全球卫星导航系统（GPS）、自动雷达标绘仪（ARPA）、电子海图显示与信息系统（ECDIS）、国际海事卫星组织（INMARSAT）、船舶交通管理系统（VTS）、全球海上遇险和安全系统（GMDSS）、船舶维修与保养系统（CWBT）、港口维修中心（PMC）等系统的广泛应用，船舶及其公司的管理将发生一场根本性变革，船舶的管理不但实现机电合一、驾通合一，而且实现驾机合一。

16.1.3 船舶的基本认识

1．船舶部位名称

船舶各部位名称如图 16.1 所示。船的前端叫船首；后端叫船尾；船首两侧船壳板弯曲处叫首舷；船尾两侧船壳板弯曲处叫尾舷；船两边叫船舷；船舷与船底交接的弯曲部叫舭部。连接船首和船尾的直线叫首尾线。首尾线把船体分为左右两半，从船尾向前看，在首尾线右边的叫右舷，左边的叫左舷。与首尾线中点相垂直的方向叫正横。

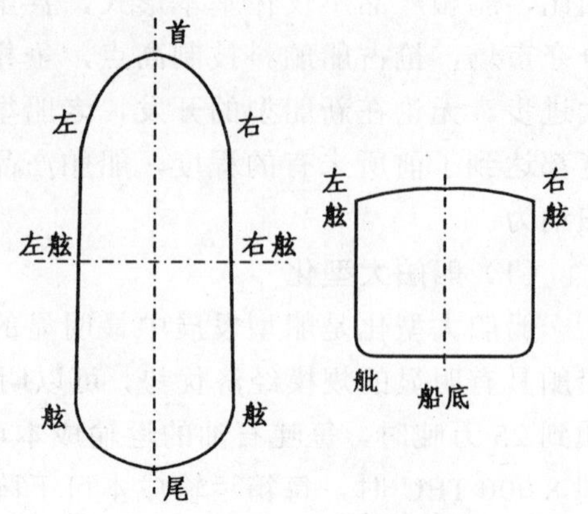

图 16.1 船舶部位名称

2．甲板名称

船体水平方向布置的钢板称为甲板，船体被甲板分为上下若干层。最上一层船首尾的统长甲板称上甲板。这层甲板如果所有开口都能密封并保证水密，则这层甲板又可称主甲板，在丈量时又称吨甲板。少数远洋船舶在主甲板上还有一层贯通船首尾的上甲板。

主甲板把船分为上下两部分，在主甲板以上的部分统称为上层建筑；主甲板以下部分叫主船体。在主甲板以下的各层统长甲板，从上到下依次叫二层甲板、三层甲板等。在主甲板以上均为短段甲板，习惯上是按照该层甲板的舱室名称或用途来命名的，如驾驶台甲板、救生艇甲板，等等，如图 16.2 所示。

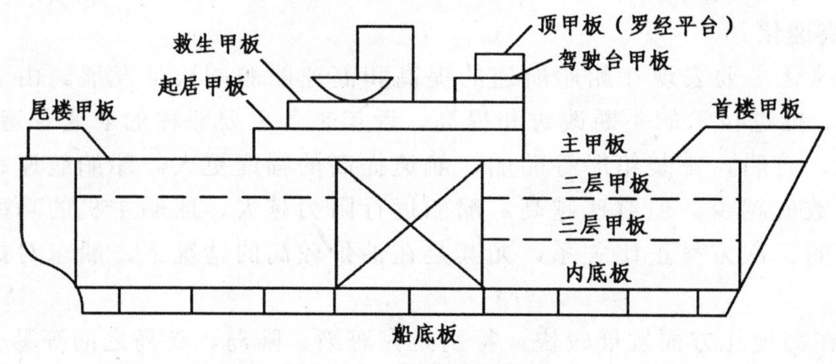

图 16.2 船舶甲板名称

3．舱室名称

（1）主船体舱室

在主船体内，根据需要用横向舱壁分隔成很多大小不同的舱室，这些舱室都按照各自的用途或部位而命名，如图 16.3 所示，从首到尾分别叫首尖舱、锚链舱、货舱、机舱、尾尖舱和压载舱等。在货舱中两层甲板之间形成的舱间称甲板间舱。

（2）上层建筑舱室

上层建筑分船楼和甲板室两大类。所谓船楼是指两侧都延伸至船舷或很接近船舷的上层建筑；甲板室是指两侧不接近舷边的上层建筑。船楼又有首楼、尾楼和驾驶台之分。上层建筑的各舱室一般按用途命名。

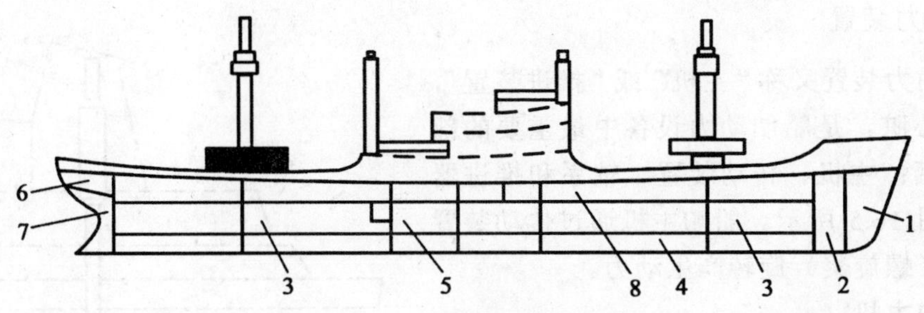

图16.3　船舶舱室名称

1—首尖舱；2—锚链舱；3—货舱；4—压载舱；5—机舱；6—舵机舱；7—尾尖舱；8—甲板间舱

4．船舶尺度

船舶主要尺度是用以表达船舶大小的度量，包括船长、船宽、船深（或船高）和吃水等。这些船舶的主要尺度都遵循统一的度量规定。根据船舶主尺度的用途和丈量规则不同，主尺度可分为三类：最大尺度、登记尺度和型尺度。

船舶吃水可以理解成水线面与船底基平面之间的垂直距离。

船舶的一些主要尺度如图16.4所示。

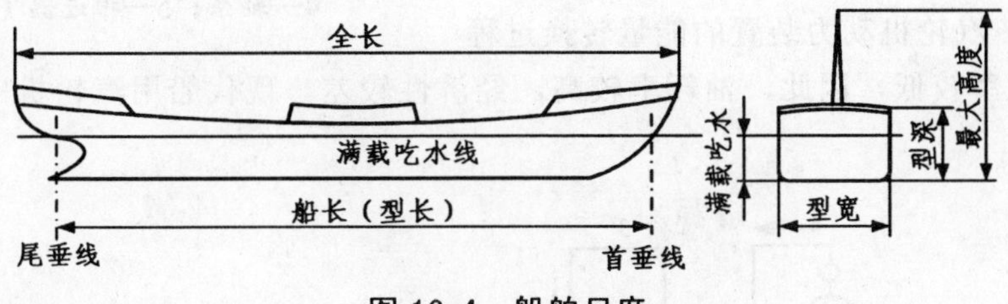

图16.4　船舶尺度

16.2　船舶构造

船舶的构造从外观上看主要由船壳、船架、甲板、船舱（主船体）和船面建筑（上层建筑）等组成。船壳是船的外壳；船架是指为支撑船壳所用各种材料的总称；甲板是铺在船梁上的钢板；船舱是甲板以下的各种用途空间；船面建筑是主甲板上面的建筑。

从设备的角度看，船舶主要由动力设备、操纵设备、装卸设备和安全设备等几部分组成。

16.2.1　动力设备

船舶必须配置一整套符合规范要求的动力装置和辅助设备后，才能在水上航行。这些动力装置包括船舶主动力装置、辅助动力装置（电力系统）、蒸汽锅炉、制冷和空调装置、压缩空气装置、船用泵和管路系统、造水装置和自动化系统等。所以，这里所说的船舶动力设备是一个比较广义的概念。这些机电动力设备主要集中于机舱，专门管理这些设备的技术部门是轮机部。

1．主动力装置

船舶主动力装置又称“主机”或“推进装置”，它是船舶的心脏，是船舶动力设备中最重要的部分，主要包括：主机、传动装置、轴系和推进器四部分，如图 16.5 所示。船舶主机通过传动装置带动推进器（螺旋桨）旋转产生动力。

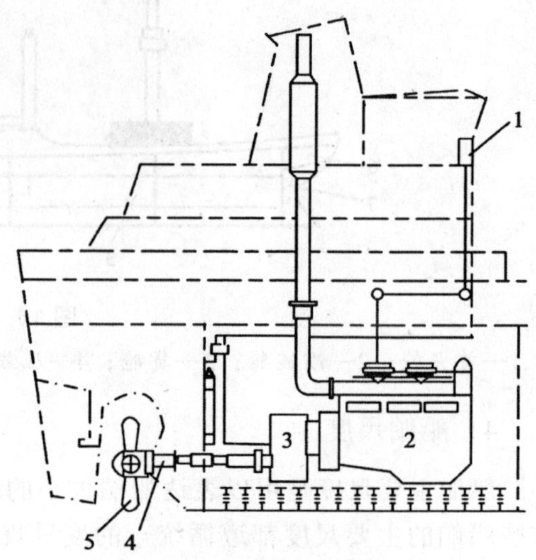

图 16.5 船舶推进装置示意图

1—遥控操纵台；2—主机；
3—传动设备（包括离合器和齿轮箱）；
4—轴系；5—推进器（螺旋桨）

（1）船舶主机

船舶主机是产生船舶推进动力的发动机，包括为主机服务的各种泵和换热器、管系等。船舶主机的主要类型有汽轮机、燃气轮机、柴油机、核动力等。目前商船的主机以船舶柴油机为主，其次是汽轮机。

① 汽轮机动力装置：汽轮机是一种旋转式蒸汽机，它由锅炉产生蒸汽以蒸汽推动汽轮机（多为多级叶轮）旋转，再通过齿轮减速传递功率带动螺旋桨工作。汽轮机动力装置的基本工作原理如图 16.6 所示。汽轮机动力装置的能量转换过程比较复杂，热效率较低，因此，油耗率较高，经济性较差。现代船用汽轮机向大功率、高参数方向发展。

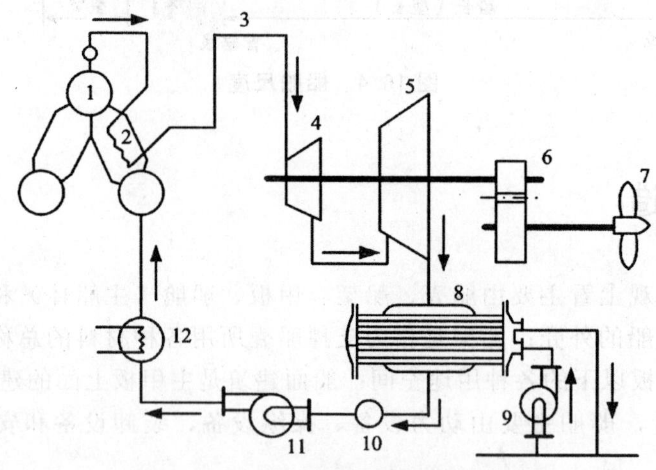

图 16.6 汽轮机动力装置示意图

1—锅炉；2—过热器；3—主蒸汽管路；4—高压汽轮机；5—低压汽轮机；6—减速齿轮；7—螺旋桨；
8—冷凝器；9—冷却循环泵；10—凝水管；11—给水泵；12—给水预热器

② 燃气轮机动力装置：燃气轮机是近几十年来发展起来的一种机型，目前已逐渐推广使用。燃气轮机的基本工作原理与汽轮机大致相似，所不同的是前者使用蒸汽推动叶轮工作，而后者是使用具有一定温度和压力的燃气推动叶轮工作。但其燃料是在机器内部燃烧，所以也是一种内燃机。燃气轮机动力装置基本工作原理如图 16.7 所示，供燃烧的空气首先进入压

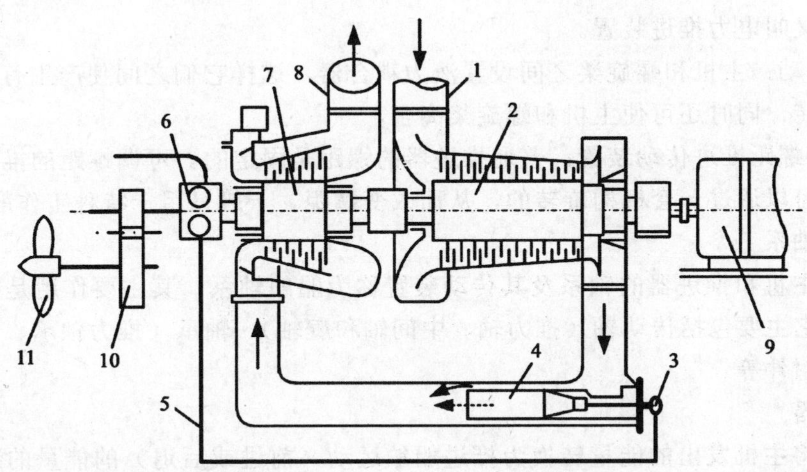

图 16.7 燃气轮机动力装置示意图

1—进气管；2—压缩机；3—喷油嘴；4—燃烧室；5—油管；6—油泵；7—动力涡轮；
8—排气管；9—启动电动机；10—减速齿轮；11—螺旋桨

缩机 2，经压缩后成高温高压空气，再送到燃烧室 4 中与燃油混合后经点火即开始燃烧，产生的燃气进入动力涡轮 7 使之旋转，进而通过减速齿轮 10 带动螺旋桨 11 工作。这种机型重量轻、体积小、转速高、起动迅速，但耗油率高、对燃油要求较高、效率较低、经济性较差，主要用在军舰和气垫船上，用于一般商船的比例很小。

③ 柴油机动力装置：船上使用的内燃机动力装置的主机主要是柴油机，柴油机的结构原理已在第二章中作了详细介绍。目前在内燃机船上，大功率低速柴油机占优势，从发展趋势看，大功率中速柴油机正在崛起。

④ 核动力装置：核动力装置是一种最新型的船舶动力装置，它只需用极少的燃料即可作长期的航行。其主要部分是原子反应堆，原子燃料在燃烧室内进行化学反应，放出大量热能，通过载热介质把热量传给蒸汽发生器，产生大量蒸汽，带动汽轮机转动。这种动力装置多用在军舰（潜艇和航空母舰）或破冰船上，在商船中很少应用。

（2）**传动装置**

把主机发出的功率传递给螺旋桨的整套装置称为船舶传动装置。船舶主机除低速柴油机外，转速一般都比较高，转速太高会使螺旋桨效率下降。因此船舶传动装置不仅仅是一个传动问题，而且还存在减速和离合的问题。传动形式和设备因主机型式的不同而有所差异，主要有以下几种形式：

① 直接传动：这种传动方式没有中间传动设备，而是直接用轴系将主机输出轴和螺旋桨轴连接起来，这时主机转速和螺旋桨转速相等。它是一种最简单的传动方式，低速大型柴油机船舶都采用这种传动方式。

② 齿轮减速间接传动：这种传动形式是在主机与轴系之间装设一套离合器与齿轮减速箱。它一般与各种类型的中、高速主机配套使用。一般齿轮箱多采用一级减速，减速比多在 2～3 之间。离合器则主要用来脱开或接通主机传递给传动轴和推进器的功率，有时它还担负着完成倒顺车的任务，其形式有机械式、液力式和电磁式之分。

③ 电力传动：主机带动主发电机，然后由配电板供电给推进电动机，通过轴系带动推进

器，这种传动又叫电力推进装置。

④ 液力传动：主机和螺旋桨之间设置液力耦合器，这样它们之间使产生有挠性的连接，可以减速和反转，同时还可使主机和螺旋桨离合。

⑤ 可调节螺距推进传动装置：普通推进器的螺距是固定的。可调螺距的推进器，其桨叶相对于桨壳是可以通过一套机构旋转的，从而改变螺距。一般只用于特种工作船上。

(3) 船舶轴系

用以连接主机和推进器的轴系及其传动装置称为船舶轴系，其主要作用是将主机功率传送给推进器。它主要包括传动轴（推力轴、中间轴和艉轴）、轴承（推力轴承、中间轴承和艉管轴承）和密封件等。

(4) 推进器

推进器是将主机发出的能量转换为推进船舶运动（前进或后退）的能量的装置。推进器的类型有螺旋桨、平旋推进器、喷水推进器、喷气推进器等，以螺旋桨应用最为广泛，大多采用固定螺距或可变螺距的螺旋桨推进器。

2. 辅助动力装置

船上不仅许多设备靠电驱动，例如电动水泵、锚机、舵机、空压机、制冷机、通风机等，而且照明也需用电，这些靠船舶的电力系统来完成。船舶电力系统主要包括船舶发电站、船舶电力网和电负载等三部分。船舶电制可以是直流或交流。

这里，船舶辅助动力装置指的是船上的发电机组，又称“辅机”。它为船舶在正常情况和应急情况提供电能。发电机组和配电盘等机电设备构成了船舶电站。

(1) 发电机组

发电机一般都以柴油机作为原动机。基于船舶安全可靠和维护管理的考虑，大型船舶配置有不少于两台同一型号的柴油发电机组，根据需要可多部同时发电。

为了节能，航行中，有的船舶可利用主机的传动轴来带动发电机发电（轴带发电机）或利用主机排出气的余热生产低压蒸汽来推动汽轮发电机组发电等。

(2) 配电盘

它进行电的分配、控制、输送、变压、变流以保证各电力拖动设备及全船生活、照明、信号及通讯等的需要。

3. 辅助机械及装置

为了保证柴油机主、辅机的正常工作，保证管路系统及时有效地输送工质，在机舱里必须设置许多辅助机械（机舱辅机）为其服务。另外，为了满足船员、旅客工作、生活的需要，机舱里还必须设置一些辅助装置。

机舱辅机按其所输送工质的不同，可以分为：水力机械，如各种水泵、油泵、净油机等；气体压送机械，如空气压缩机、风机等。船舶的辅助装置有：制冷与空调装置、制淡装置、船舶的辅助锅炉等。

(1) 船用泵和管路系统

船上为了泵送海水、淡水、燃油、润滑油等液体，需要一定数量和不同类型的泵。一般在机舱中就必须设置舱底水泵、燃油和润滑油输送泵、锅炉给水泵、冷却水泵、压载水泵、卫生水泵等主要的油泵和水泵。与泵相连接，船上设置了各种用途的管路。

（2）压缩空气装置

一般船上配置有多台空气压缩机和多个压缩空气瓶，以供应并储存全船所需的压缩空气，如用压缩空气启动主、辅柴油机，主机换向为汽笛、甲板气动机械等设备提供气源。其主要设备有空气压缩机、储气瓶、管系及安全、控制元件等。

（3）蒸汽锅炉

以柴油机为主机的船上都需要设置蒸汽锅炉。它由辅助燃油锅炉和废气锅炉以及为其配套服务的管系、设备所组成。辅助燃油锅炉是为了供应船上一些辅助性蒸汽的需要，如加热燃油和润滑油、暖气、生活用水、厨房、开水等，并满足一些辅助机械用蒸汽的需要。为节能，航行中废气锅炉利用柴油机排气中的余热来产生蒸汽，在停泊时只能使用辅助燃油锅炉。

（4）制冷和空调装置

船舶安装制冷装置的目的是冷藏运输货物、冷藏一定数量的食品以及改善船员和旅客的生活工作条件等。空气调节装置的任务在于保持舱室中具有适于人们工作和生活的气候条件，它包括夏季降温、除湿，冬季加热、加湿以及一年四季通风换气工作。其主要设备有制冷压缩机、蒸发器、冷凝器、空调器及其自动化控制元件等。

（5）制淡装置

又称造水机，是在真空状态下对海水进行加热产生蒸汽，然后将蒸汽凝结成淡水的设备。

4．船舶系统

船舶系统是船上输送液体和气体所需的管子及其附件、阀件、机械和仪表的总称。它是为船舶达到良好航行性能和安全创造条件，并能满足船舶管理上和船上人员生活上的需要而设置的。船舶系统在一般运输船上主要包括舱底水系统、压载水系统、消防系统、日用供水系统、通风系统、取暖或空气调节系统等。

（1）舱底水系统

船舶在营运过程中总有可能积水于舱底，如果不加排除，就会使货物受潮而引起腐烂，使舱室空气潮湿而引起结构锈蚀加剧等。因此船上必须设有将舱底水排出舷外的舱底水系统。

（2）压载水系统

船上的燃料、货物、食品、饮用水等在营运过程中是有变动的，为了使船只在这些变动的情况下仍具有良好的各项航行性能，必须使船舶维持一定的吃水与纵倾度。为此，船舶经常需要从舷外吸水进入船舱并对船进行压载和纵倾调整，这就是压载水系统。

（3）消防系统

船舶长年航行于水上，发生火灾只能以自救为主。为了保证火灾的扑灭和航行的安全，在船上必须设有消防系统。

（4）日用供水系统

日用供水系统是保证船舶管理上和船上人员生活上所必需的上、下水道系统。上水道系统就是供水系统，其任务是供给船上的饮用水、洗涤水和冲洗用的清水与舷外水。下水道系统就是泄水系统，它是将厕所的粪便水、浴室、洗脸间、厨房等的污水，甲板的冲洗水和雨水等排泄至舷外。泄水系统又分为粪便水系统、疏水系统和甲板落水管等。

（5）通风系统

通风系统的作用在于供给舱室新鲜空气、排除室内污浊气体，使室内空气维持在一定的纯度、温度、湿度和速度，从而保证船上人员的健康，避免货物的腐烂，有利于各种机械器材、仪表的正常工作。船上的通风方式有自然通风和机械通风两种。

16.2.2 操纵设备

就一般运输船舶而言，船舶操纵设备主要包括锚设备、舵设备和系泊设备。在航行中，港内操作或系泊时都要扮演重要的角色，是保证船舶安全所必不可少的。

1．锚设备

船舶要停泊于某一水域，必须抛锚，利用锚抓住水底泥沙的力量以及锚和锚链的重量，来克服风和水流等使船舶漂移的外力。锚设备还可以辅助船舶的操纵，如在狭水道掉头、靠离码头、系离浮筒时等辅助操作；船舶发生搁浅事故后，可用锚来稳定船位，或利用锚自力将船舶拉出浅滩。

锚设备主要由锚、锚链、锚链筒、制链器、锚机、锚链管、锚链舱和弃链器等组成，一般有左右两套，如图 16.8 所示。

锚是能够抓入水底泥土的钢铁结构，锚有多种类型，如图 16.9 所示。锚链是连接锚和船体的锁链，用来传递锚的抓力。锚机是抛锚、起锚以及绞收缆绳的机械装置。锚链筒是锚链进出船体和收藏锚杆的孔道。制链器设置在锚机和锚链筒之间，用来夹住锚链，锚泊时承受外力作用而保护锚机。锚链舱是存放锚链的舱室。弃链器是在紧急情况必须弃锚时，能使末端锚链迅速脱离船体的一种专用装置。

图 16.8 锚设备

1—锚；2—锚链；3—锚链筒；4—制链器；5—锚机；6—锚链管；7—锚链舱

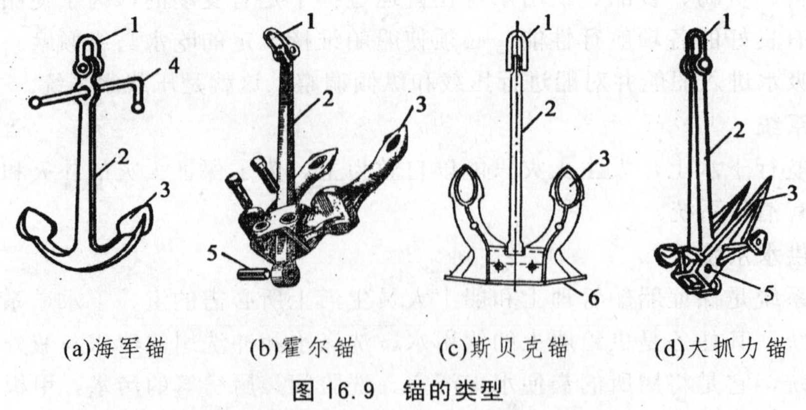

图 16.9 锚的类型

1—锚卸扣；2—锚柄；3—锚爪；4—锚杆；5—锚轴；6—锚冠板

2．舵设备

舵设备是操纵船舶的主要设备，用以保证船舶在航行中能够保持和改变航向。它主要由舵装置、舵机、转舵装置及操舵装置等设备组成，它们分别安置在驾驶台、舵机房和船尾下部，如图 16.10 所示。舵的操作是由舵手转动舵轮或扳动操舵手柄，启动液压或电力操舵装置来控制舵机，使舵正转、反转或停止。

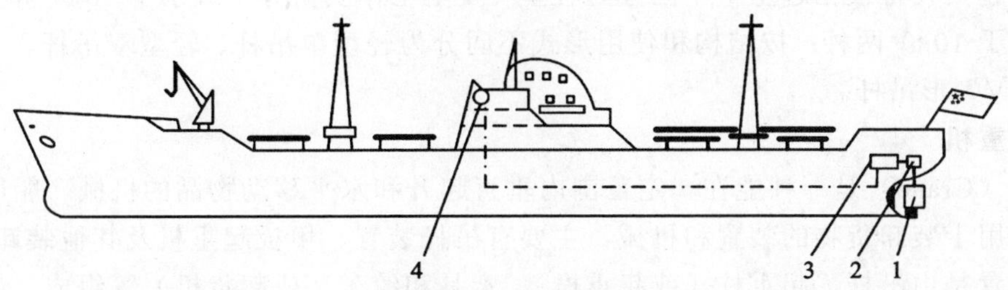

图 16.10　舵设备

1—舵；2—转舵装置；3—舵机；4—操舵装置

舵及其支承部件统称为舵装置。舵是一块在船舶尾部纵剖面上可转动的平板或流线型剖面的板状结构，其种类多样。舵机是用以产生转舵力矩而使舵偏转的机械，现多采用电动舵机和液压舵机。转舵装置在舵机和舵叶之间起传递力矩的辅助作用，舵机通过转舵装置扭转舵杆使舵叶偏转。操舵装置是将驾驶台的转舵指令传递给舵机，使舵机按要求工作的整套装置的总称。其传动方式有电传动和液压传动两种。

3．系泊设备

船舶靠离码头、系离浮筒、傍靠他船或拖带时，用以带缆、绞缆的设备统称为系泊设备。系泊设备由系船缆、导缆装置、挽缆装置、绞缆机械、系缆卷车及属具组成。

系船缆也称系缆，靠泊时用于绑牢船身，拖带时用于传递拖力。导缆装置供船舶系泊时，导引系船缆由舷内通向舷外，变换方向，限制其导出位置及减少缆索磨损。缆桩供挽缆用，安装在甲板上的导缆装置附近，用来固定系船缆的自由端，其类型多样，如图 16.11 所示。绞缆机械又称系缆绞车，用于绞收缆绳。系缆卷车又称卷缆车，是卷收存放缆绳的装置。系泊属具包括撇缆绳、碰垫、制索绳或链和挡鼠板等。

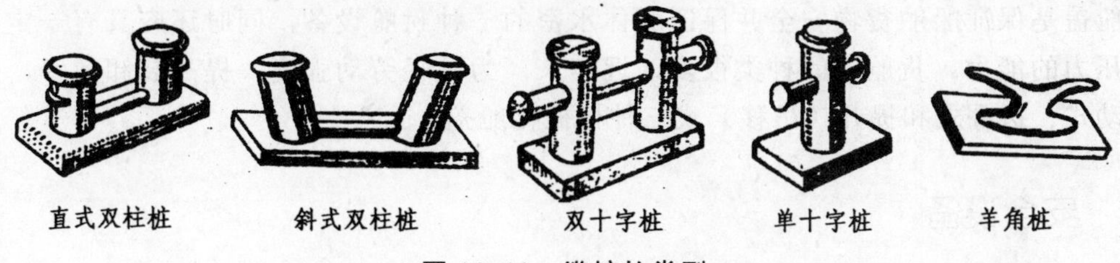

图 16.11　缆桩的类型

16.2.3　装卸设备

船舶装卸设备，又称起货设备，是指船舶进行装卸货物时所用装置和机构的总称，包括各种类型的起吊货装置和封舱设备。由于船舶的种类或所载货物的种类不同而采用的装卸设备也有所不同，如液体货物通常利用船上或岸上的输送泵和管路来进行装卸；专用散货船有采用带式或链斗式运输机构以连续方式进行装卸；集装箱船可通过集装箱装卸桥或吊车进行装卸；等等。从船用装卸设备发展过程看，最早使用的是吊杆式起货设备，继而采用更为先进的起重机，这两种起货设备在一般货船上使用比较普遍。

（1）吊杆式起货设备

吊杆式起货设备根据起重量不同分为轻型（安全工作负荷等于或小于 10 t）和重型（安全工作负荷大于 10 t）两种；按结构和使用形式不同分为轻型单吊杆、轻型双吊杆、一般重型吊杆和特殊“V”形吊杆。

（2）起重机

起重机（Crane）是一种能在一定范围内垂直起升和水平移动物品的机械。船用起重机是船舶自备的用于装卸货物的装置和机械，主要有吊杆装置、甲板起重机及其他装卸机械。

吊杆装置是由吊杆、起重柱（或起重桅）、索具和绞车（或起货机）等组成。吊杆装置是船上传统的起货设备，虽然绳索繁多，操作麻烦，但因结构简单、制造容易、成本低廉，至今仍被广泛采用。

甲板起重机是设置在船舶甲板上的机械。这种起重机结构紧凑，使船舶有较多的甲板面积可利用，对桥楼上视线的影响较小。甲板起重机操作简便，装卸效率高，机动灵活，作业前没有繁琐的准备工作，应用日益广泛。 甲板起重机常用的有固定旋转起重机、移动旋转起重机和龙门起重机，传动方式有电力传动和电力—液压传动两种。

其他装卸机械主要有升降机、提升机和输送机。升降机是船上沿导轨垂直移动的机械，供各层甲板间提升和下降货物用，如滚装船上多采用升降机连接各层甲板以运送货物；提升机是在垂直方向或较大的倾斜方向连续输送货物；输送机是在水平方向或坡度不大的方向连续输送货物。这两种机械多用在自卸船上或通过舷门进行装卸的船上。

（3）货舱与舱盖

一般货船必须配置有供装载货物之用的货舱、货舱口以及封盖货舱、保证货舱水密的舱盖。

货舱是由左右船壳板、前后水密横舱壁、甲板和内底板构成的水密舱室，供装载货物之用。随着船舶的发展和所运输货物种类的不同，货舱的结构和类型也各不相同。

甲板上供装卸货物的进出口称为货舱口。在货舱口四周用钢板焊成高出上甲板的舱口围板，以保证在盖上舱盖之后，甲板能保持水密性。

货舱盖是保证船舶货物安全并保证船体水密的一种封舱设备，同时还应具有一定的抵抗大件货压力的能力。货舱盖的种类很多，近年来，为减轻劳动强度，提高装卸效率，船上多采用滚动式、折叠式和提升（吊移）式三种机械化舱盖。

16.2.4 安全设备

由于自然和人为的潜在危险的存在，船舶难免发生碰撞、触礁、火灾、爆炸、破损等事故，所以船上必须配备相应的消防、救生、堵漏等安全设备，保障船舶上的旅客和船员的生命财产安全。

（1）消防设备

在船舶各类事故中，名列榜首的是火灾和爆炸，因此船舶必须按要求配备消防设备。船舶消防设备一般分为移动式和固定式两种。此外，许多船舶（尤其是客船）还配有失火报警设备。

① 移动式消防设备。常称消防器材，主要是用于扑灭初起的小火，主要有手提式灭火机、移动式灭火机、可携式机动泵、消防员装备和其他消防用具，如太平斧、铁锹和铁钩等成套消防工具，沙箱、消防水桶、防火毯、防火绳和救生带等消防用品，以及国际通岸接头等设备。

② 固定式灭火系统。固定式灭火系统是指将灭火设备安装在固定场所，用管系接通到各个保护舱室，在灭火时利用阀门控制把大量的灭火剂经管系输送至失火舱室。船上常用的固定式灭火系统有水灭火系统、自动喷水系统、二氧化碳灭火系统、卤化烃灭火系统、泡沫灭火系统、干粉灭火系统等，油船上还配有惰性气体灭火系统。

③ 失火报警设备。为了保证船舶安全，现代船舶上应按规范要求配有失火报警装置，包括火灾报警工具、手揿式报警器和失火自动报警系统。

（2）救生设备

为了保证船舶遇难和人员落水时有足够的救生设备，船舶必须按规定配备足够数量和检验合格的救生艇、救生筏、救生圈、救生衣、抛绳器和求救信号等。

① 救生艇。救生艇是能搭乘一定人数的小艇。它载人比较安全，并具有一定的航行能力，是船舶必备的救生设备，除船舶遇难时可帮助人员脱险外，还可在锚泊或系泊时作为临时短程水上交通工具。救生艇的颜色为橙黄色，艇内装有空气箱，以确保艇内灌满水时也不会沉没。

② 救生筏。救生筏是一种漂浮在水面上供遇难人员登乘的救生设备。它具有投放迅速、稳定性好、重量轻和占甲板面积小等特点，是理想的救生工具。

③ 救生圈。救生圈供落水人员在水中漂浮等待救援之用。

④ 救生衣。救生衣是船上最简便的救生工具。按规定船上人员每人都应配备一件。

（3）堵漏设备

船舶设计建造时，虽已设置了双层底、水密纵横舱壁、水密门、水密舱盖以及设置排水系统等，将船体划分为若干水密区，基本上可保证船舶具有一定的抗沉性能。但是一旦船体破损进水，为了防止进水蔓延波及其他舱室，威胁船舶安全，必须迅速将漏洞堵住。因此，船上应配备有各种堵漏器材和设备。常见的船舶堵漏器材有堵漏毯、堵漏板、堵漏箱、木塞、木柱、木楔、螺杆、堵漏柱、水泥和黄沙等，堵漏时可根据船体破损部位、破洞大小选用合适的堵漏器材进行堵漏作业。

16.3 船舶性能

16.3.1 船舶航行性能

为了完成运输生产任务，船舶经常在风浪、急流、险滩等航行条件极为复杂的情况下工作。因此，要求船舶必须具有良好的航行性能以抵抗风浪的袭击，便于控制。船舶的航行性能主要包括浮性、稳性、抗沉性、快速性、适航性（耐波性）和操纵性六大航行性能。

① 浮性。所谓浮性是指船舶在各种装载情况下，保持一定浮态、漂浮于水面的一定位置

的能力。浮性是船舶最基本的性能。

② 稳性。船舶在航行中，经常会受到风浪等外力的作用而发生倾斜。船舶受到外力作用、离开原来平衡位置而发生倾斜，当外力消除后能自行恢复到原来平衡位置的能力，就称为稳性。

③ 抗沉性。船舶在一个舱或几个舱破损进水的情况下，仍能漂浮于水面，并保持一定浮态和稳性（不至于沉没和倾覆）的能力称为抗沉性。它的实质是研究船舶破损后的浮性和稳性问题，是关系到船舶安全的一个重要航行性能。

④ 快速性。船舶的快速性就是指对一定排水量的船舶，主机以较小的功率消耗达到较高航速的性能。这是船舶的一项重要技术性能，对船舶的经济性影响很大。

⑤ 适航性。船舶在多变的海况中的运动性能，称为适航性，也称耐波性。通常是指船舶在风浪中的摇摆性能。船舶受到风浪等外力作用后会产生往复摆动，即船舶的摇摆。船舶摇摆会引起诸多不良后果，应采取措施加以控制和改善。

⑥ 操纵性。船舶在航行时能够保持原来方向或按照驾驶员意图改变到所需航向的性能称为操纵性。其中，船舶保持其航向不变的能力，称为航向稳定性；船舶改变其航向的能力称为回转性或灵敏性。

16.3.2 船舶营运性能

1．船舶的重量性能

运输船舶的重量性能包括船舶的排水量和载重量，计量单位以吨（t）表示。

（1）排水量

排水量指船舶浮于水面时所排开的水的重量，它亦等于船上的总重量。民用船舶可根据不同装载状态分为满载排水量、空载排水量、空船排水量以及压载排水量。

① 空船排水量：船舶新造好后的排水量，等于空船重量，即船上只有船体钢料、机电设备、木作舣装这三部分重量时，船舶所排开水的重量。

② 满载排水量：一般也称设计排水量，是船舶满载时的排水量，即船舶在满载水线下所排开的水的重量。包括空船重量、货物或旅客、燃料、淡水、食物、船员和行李以及船舶常数等重量的总和。

③ 空载排水量：船舶空载时排开水的重量，即不装货物或旅客时排开水的重量。

④ 压载排水量：船舶压载航行时排开水的重量。船舶为了保证空载航行时的航行性能常在船上加压载水，使船处于压载航行状态。

（2）载重量

载重量是指船舶允许装载的重量，有总载重量和净载重量之分。

① 总载重量：指在任一水线下，船舶所允许装载的最大重量。它包括货物或旅客、燃料、淡水、粮食和供应品、船用备品、船员和行李以及船舶常数等重量的总和。船舶总载重量等于相应该吃水时的船舶排水量减去空船重量。

② 净载重量：指船舶所能装载的最大限度的货物重量。船舶净载重量等于船舶总载重量减去燃料、淡水、粮食和供应品、船用备品、船员和行李以及船舶常数后的重量。

船舶的重量组成以及排水量与重量之间的关系见表16.3。

表 16.3 船舶排水量与重量的关系

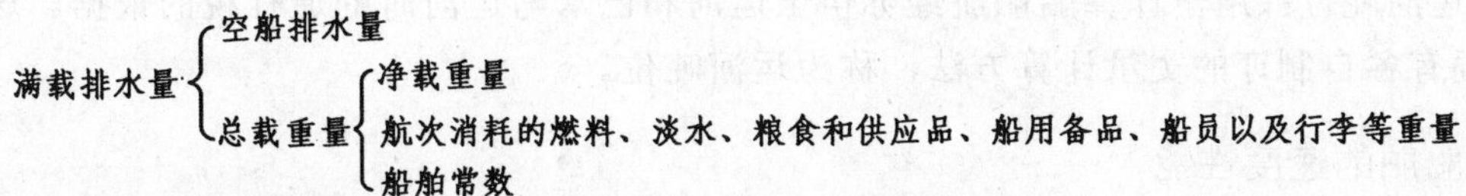

③ 船舶载重线标志：为了保证运输船舶能够在各种航行条件下安全行驶，同时又能最大限度地利用船舶的载重量，国家验船机构或其他国家勘定干舷的主管机关，根据船舶航行于不同的航区和季节，分别规定了船舶的最小干舷及允许使用的载重水线，称船舶载重线。它用载重线标志的形式勘绘在船舯两舷外侧，以限制船舶的最大吃水，如图 16.12 所示。图中拼音字母的含义是：*ZC* 表示勘定干舷的主管机关是中华人民共和国船舶检验局；*RQ* 表示热带淡水载重线；*Q* 表示夏季淡水载重量线；*R* 表示热带载重线；*X* 表示夏季载重线；*D* 表示冬季载重线；*BDD* 表示北大西洋冬季载重线。上述各载重线是表示适于各种区带、区域和季节期的最大吃水，均以载重线上边缘为准。

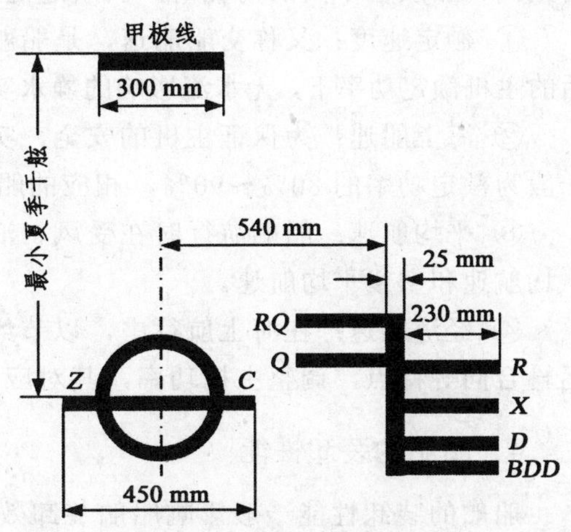

图 16.12 船舶载重线标志

2．船舶的容积性能

船舶容积性能包括货舱容积和船舶登记吨位，货舱容积的计量单位以立方米或立方英尺表示，登记吨位的计量单位是以立方米或立方英尺折算的“登记吨”表示。

（1）货舱容积

货舱容积是指船舶货舱实际能够容纳货物的空间。货舱容积根据装运货物方法不同分为散装舱容和包装舱容两种。

船舶舱容系数是指货舱容积与船舶净载重量的比值，单位是 m^3/t。它是船舶的重要容积性能，也是反映载货性能的重要技术指标。舱容系数越大船舶越适宜装轻货，反之，则适宜装重货。

（2）船舶登记吨位

登记吨位是指按吨位丈量规范所核定的吨位。它是为船舶注册登记而规定的一种以容积折算的专门吨位。船舶投入营运以前，根据国家规定须对船舶进行丈量以确定其登记吨位。每艘船舶经过丈量核算后，均将结果记入“吨位证书”内。船舶登记吨位分为总吨位和净吨位两种。

① 总吨位 GT：通过对船舶所有围蔽处所进行丈量计算后确定的吨位。总吨位一般用于表示船舶大小等级；国家统计船舶数量的单位；计算造船、买卖船舶及租船费用的依据；船舶登记、检验和丈量的收费标准；计算海损事故赔偿的基准以及计算净吨位的依据等。

② 净吨位 NT：指对船舶能够实际营运的载货（客）处所进行丈量计算后得出的吨位。净吨位一般用于计算船舶向港口交纳各种费用和税收（如停泊费、引航费、拖带费及海关税

等）的依据。净吨位大致在 0.63～0.70 总吨位范围内。

③ 运河吨位：用于计算船舶航经苏伊士运河和巴拿马运河时的通行税的依据。这些运河管理当局有各自制订的丈量计算方法，称为运河吨位。

3．船舶的速度性能

船舶的航行速度简称航速，是指船舶在航行时，相对于陆地或水在单位时间内所能航行的距离。船舶在不同的情况下，其航速是不同的。

① 额定速度：又称交船船速，是船舶的最高船速。它是在船舶建造后，按一定标准验收后的主机额定功率下，无水流影响的静水实测速度。额定功率是可供船舶海上长期使用的功率。

② 海上船速：为保证主机的安全，实际海上航行时主机是按海上常用输出功率运转的，一般为额定功率的 80%～90%，相应的船速称为海上船速，分为满载和空载（压载）船速。

③ 平均航速：船舶航行时在受风、浪、流等的影响下的平均航行速度，通常又分为满载平均航速和空载平均航速。

④ 经济航速：在海上航行中，以节约燃料消耗和提高营运效益为目的，根据航线条件、运输合同等特点，调整主机功率，其对应的航速称为经济航速。它一般低于海上船速。

4．船舶的装卸性能

船舶的装卸性能一般影响船舶装卸效率。具有不同货舱布置、船体结构和起货设备的船舶，其装卸性能有优劣之分。

第17章 水路运输设备

水路运输设备体系主要由航道与航标、运输船舶、港口和通信系统组成。本章阐述除运输船舶以外的其他水路运输设备。

17.1 航道与航标

17.1.1 航 道

1. 航道及其分类

航道是供船舶航行的水道。以组织水路运输为目的所规定或设置的船舶航行通道，称为航道。随着运输生产与科学技术的发展、船舶尺度的增大、船舶运行密度的增加和纵横水运网的逐步形成，现代水上航道已不仅是天然航道，而是包括人工运河、进出港航道以及保证航行安全的航行标志系统和现代通讯导航设备系统在内的工程综合体。

航道可分为海上航道、内河航道和人工航道。

（1）海上航道

海上航道属自然水道，其通过能力几乎不受限制。每一海区的地理、水文情况都反映在该区的海图上。船舶每次的运行都是根据海图，并结合当时的气候条件、海况和船舶本身的技术性能进行计算并在海图上标出。经过人们千百年来的努力和探索，加上现代化导航技术的应用，全世界各国地区间的海上航道已基本为人们所了解和掌握。

随着船舶吨位的增加，一些海峡或狭窄水道会对通航船舶产生一些限制。如位于新加坡、马来西亚和印尼之间的马六甲海峡，为确保安全，防止海上污染，三国限定通过海峡的油轮吨位不得超过22万吨。

（2）内河航道

内河航道大部分是利用天然水道加上引航的航标设施构成的。内河航道与海上航道相比，其通行条件是有很大差别的，反映在不同的通航水深（如各航区水深不同）、不同的通行时间（如有的区段不能夜行）和不同的通行方式（如单向或双向过船）等方面，因此在进行综合规划时，还应考虑航道分级和航道标准化。航道分级有利于从安全角度对船舶进行管理；航道和过船建筑物的标准化则是实现船型及港口设备标准化，形成现代化高效运输系统的前提条件。同时，大多数内河自然水道还须考虑航运、发电、灌溉、防洪和渔业的综合利用与开发，所以在发展内河航运而涉及航道问题时，还应注意与其他国民经济部门协调配合。

（3）人工航道

人工航道是指由人工开凿、主要用于船舶通航的河流，又称运河。人工航道一般都开凿在几个水系或海洋的交界处，可以使船舶缩短航行路程，降低运输费用，方便人们生产和生活，扩大船舶航行的范围，进而形成一定规模的水运网络。一些著名的国际通航运河对世界航运的发展和船舶尺度的限制影响很大，其中主要有苏伊士运河、巴拿马运河和基尔运河。我国有世界上最古老最长的人工运河 —— 京杭大运河。该运河全长 1 794 km，横跨北京、天津两市，直穿河北、山东、江苏、浙江等 4 省，从内陆将海河、黄河、淮河、长江、钱塘江五大水系沟通，是我国国内水运的大动脉。正是由于这种特殊的重要作用，两千多年来人们一直在对大运河进行整治和扩建。

2．航道的等级

根据我国《内河航道标准》，我国内河航道分为七级：一级航道，可通航 3 000 t 内河船舶的航道；二级航道，可通航 2 000 t 内河船舶的航道；三级航道，可通航 1 000 t 内河船舶的航道；四级航道，可通航 500 t 内河船舶的航道；五级航道，可通航 300 t 内河船舶的航道；六级航道，可通航 100 t 内河船舶的航道；七级航道，可通航 50 t 内河船舶的航道。

3．航道的航行条件

因海上航道的通过能力一般不受限制，故应着重于内河航道的航行条件。影响航道通行能力的主要因素有：航道的深度、宽度、弯曲半径、水流速度、潮汐及季节性水位变化，过船建筑物尺度以及航道的气象条件及地理环境。这些因素对港口建设、船型选择及运输组织往往具有决定性影响。为了保证船舶正常安全航行和获得一定的运输效益，航道必须具备一定的航行条件。

（1）有足够的航道深度

航道水深是河流通航的基本条件之一，它常常是限制船舶吨位和通过能力的主要因素。航道深度是指全航线中所具有的最小通航保证深度，它取决于航道上关键性的区段和浅滩上的水深。航道深浅是选用船舶吃水量和载重量的主要因素。航道深度增加，可以航行吃水深、载重量大的船舶，但增加航道深度，必然会使整治和维护航道的费用增高。

（2）有足够的航道宽度

航道宽度视航道等级而定。通常单线航行的情况极少，双线航行最普遍，在运输繁忙的航道上还应考虑三线航行。

（3）有适宜的航道转弯半径

航道转弯半径是指航道中心线上的最小曲率半径。一般航道转弯半径不得小于最大航行船舶长度的 4～5 倍。若河流转弯半径过小，将造成航行困难，应加以整治。若受自然条件限制，航道转弯半径最低不得小于船舶长度的 3 倍，而且航行时要特别谨慎，防止事故。

（4）有合理的航道许可流速

航道许可流速是指航线上的最大流速。船舶航行时，上水行驶和下水行驶的航线往往不同，下水就流速大的主流行驶，上水则尽量避开流速大的水区而在缓流区内行驶。航道上的流速不宜过大，否则不经济。比较经济的船舶静水速度，一般在 9～13 km/h，即 2.5～3.5 m/s 之间。因此，航道上的流速以 3 m/s 之内为宜。

（5）有符合规定的水上外廓

水上外廓是保证船舶水面以上部分通过所需要的高度和宽度。水上外廓的尺度按航道等级来确定，通常一、二、三、四级航道上的桥梁等建筑物的净空高度，取 20 年一遇的洪水期最高水位来确定；五、六级航道则取 10 年一遇的洪水期最高水位来确定。

航行对航道的上述要求中，最主要的是航道水深，因为无论江河湖海和水库，只要有足够的水深，船舶航行一般没有大的问题。对于上述这些自然条件，通常人为改变的部分较少，更多的还是尽量去适应，即在大多数情况下总是根据航道条件来设计港口、选择船舶和组织运输。

17.1.2 航 标

1．航标的功能与分类

航标是引导船舶安全航行的标志。航标是以特定的形状、颜色、灯光、音响或无线电信号等，供船舶识别以确定船位、航向、指示航道、避开危险等安全航行的助航标志。

为了保证进出口船舶的航行安全，每个港口、航线附近的海岸均有各种助航设施。航标的主要功能是：定位，为航行船舶提供定位信息；警告，提供碍航物及其他航行警告信息；交通指示，根据交通规则指示航行方向；指示特殊区域，如锚地、测量作业区、禁区等。

永久性航标的位置、特征、灯质（灯火的颜色、高度、射程、闪频等）、信号等已载入各国出版的航标和海图。航标的分类方法有多种：

① 按照设置地点，航标可分为海区航标与内河航标。海区航标建立在沿海和河口地段，引导船舶沿海航行及进出港口航行；内河航标是设在江、河、湖泊、水库航道上的助航标志，用以标示内河航道的方向、限界和碍航物，为船舶航行指示安全航道。

② 按照工作原理分类，有视觉航标、音响航标与无线电航标。

③ 按照结构形状分类，有灯塔、灯桩、立标、灯船、浮标和灯浮标等。

2．海区航标与内河航标

（1）海区航标

海区航标是指在海上的某些岛屿、沿岸及港内重要地点所设的航标，分为视觉航标、音响航标、无线电航标三种。

① 视觉航标。白天以形状、颜色和外形，夜间以灯光颜色、发光时间间隔、次数、射程及高度来显示，能使驾驶人员通过直接观测迅速辨明水域，确定船位，安全航行，是使用最多最方便的航标。常见的视觉航标有灯塔、灯桩、立标、浮标、灯船、系碇设备和各种导标。

灯塔是设置在重要航道附近的塔形发光固定航标，是海上航行的重要航标，一般设在港口附近和海上某岛屿的高处。大的灯塔夜间能照射 20～30 n mile，小的灯塔能照射 5～6 n mile。例如，辽东半岛的老铁山灯塔，在海图上注有：双闪 30 s 约 100～25 n mile（电指向）。表示：该灯塔夜间发双闪白光，双闪光至黑暗终止的时间间隔是 30 s，灯高约 100 m，天气晴朗的夜晚，灯光最大射程是 25 n mile，该灯塔上有无线电发射定向设备。

灯船是作为航标使用的专用船舶，装有发光设备，灯光射程一般为 10 n mile。灯船的作用与灯塔相同，锚碇于难以建立灯塔而又很重要的航道进出港口附近。

浮标是用锚碇泊于水中的航标，设在港口附近及进出港航道上，用于表示航道、浅滩和碍航物等，发光的称为灯浮标。

其他还有立标和导标，用于引导船舶进出港口，通过狭窄航道，进入锚地以及转向、避险、测速和校正罗经等。激光导标也已经开始应用。

② 音响航标。能发出规定响声的助航标志。它可在雾、雪等能见度不良的天气中向附近

船舶表示有碍航物或危险，包括雾号、雾笛、雾钟、雾锣、雾哨、雾炮等。通常指雾号，即下雾时按照规定的识别特征发出的音响信号。一般听程仅为几海里。根据工作原理分为气雾号、电雾号与雾情探测器。气雾号用压缩空气驱动发声，电雾号以电能驱动发声、雾情探测器能自动测量能见度和开启电雾号。

③ 无线电航标。利用无线电波的传播特性向船舶提供定位导航信息的助航设施，包括无线电指向标、无线电导航台、雷达应答标、雷达指向标和雷达反射器等。

（2）内河航标

它的主要作用是准确标出江河航道的方向、界限、水深和水中障碍物，预告洪汛，指挥狭窄和急转弯水道的水上交通，引导船舶安全航行。

内河航标一般分为三等。在航运发达的河道上设置一等航标，由岸杆和浮标交相组成，夜间全部发光，保证船舶昼夜都能从一个航标看到次一个航标；在航运较为发达的河段上设置二等航标，它的密度较一等为稀，夜间只有主航道上的航标发光，亮度也较弱；在航运不甚发达的河段上设置三等航标，密度稀，夜间不发光，船舶只能利用航标和天然参照物在白天航行。

内河航标的种类很多，各国不尽相同。我国目前分为三类，即航行标志、信号标志和专用标志，共计 19 种。

① 航行标志。用于标示内河安全航道的方向和位置等，有过河标、接岸标、导标、过河导标、首尾导标、桥隧标等 6 种。例如，过河标，标示跨河航道的起点或终点，引导由对岸驶来的船舶过河，同样引导沿本岸驶来的船舶，在标志达到本船正横的时候驶往对岸；接岸标，标示沿着河岸的航道，指示船舶继续沿着本岸行驶。

② 信号标志。用于标示航道深度、架空电线和水底管线位置，预告风讯，指挥弯曲狭窄航道的水上交通，有水深信号杆、通行信号杆、鸣笛标、界限标、电缆标、横流浮标、风讯信号杆等 7 种。

③ 专用标志。用于指示内河中有碍航行安全的障碍物，有三角浮标、浮鼓、棒形浮标、灯船、左右通航浮标、泛滥标等 6 种。

我国确定江河左、右岸的原则是：面向江河下游，左手一侧的河岸为左岸，反之为右岸。左岸的航标，标顶漆白色，标杆漆黑白相间的横纹，夜间发白光或绿光；右岸航标，标顶漆红色，标杆漆红白相间的横纹，夜间发红光。

当船舶由下游驶向上游时，左舷（即河流右岸）应是红浮标，右舷应是白浮标。见到接岸标，船舶应贴近该岸航行；遇过河标，应转向另一岸航行；在狭窄航道航行时，信号台发出准许通行的信号，才能通过；浅水航道处的信号杆标示该处最浅水深为 3.6 m，若船舶吃水超过此数值，则应停驶，采取减载措施，减少船舶吃水深度，然后通过。

17.2 现代港口

17.2.1 港口的作用与分类

1．港口的作用

港口是具有一定面积的水域和陆域，供船舶出入和停泊、货物和旅客集散的场所。它是一个国家或地区的门户，是交通运输的枢纽、水陆运输的衔接点，又是货物的集散地，还是对外贸易的重要通路。

港口的任务是为船舶提供能安全停靠的设施，及时完成货物和旅客由船到岸或由岸到船以及由船到船的转运，并为船舶提供补给、修理等技术服务和生活服务。

根据港口在水运中的作用，港口的营运活动主要可以分为客运组织工作（包括组织客运，调查客流，负责行李的托运、寄存和保管，以及办理旅行手续等各类服务工作）和货运装卸工作（包括装卸船舶和车辆、组织货源、收发和保管货物等，是港口日常最大量、最繁重的工作）两大方面。

2．港口的分类

（1）按用途分类

① 商港：以一般商船和客货运输为服务对象的港口，也称贸易港，如我国的上海港、大连港、天津港、广州港和湛江港等均属此类。国外的鹿特丹港、安特卫普港、神户港、伦敦港、纽约港和汉堡港也是著名的商港。

② 渔港：是为渔船停泊、鱼货装卸、鱼货保鲜、冷藏加工、修补渔网和渔船生产及生活物资补给的港口，如我国舟山的定海港。

③ 工业港：供大型企业输入原材料及输出制成品而设置的港口，如大连地区的甘井子化工码头、上海市的吴泾焦化厂煤码头及宝山钢铁总厂码头均属此类。

④ 避风港：供船舶在航行途中，或海上作业过程中躲避风浪的港口。一般是为小型船、渔船和各种海上作业船设置的。

⑤ 军港：供舰船停泊并取得供给的港口，如我国的旅顺港。

⑥ 旅游港：为海滨休憩活动的海上游艇设置的港口。日本主要海滨城市一般均设有游艇基地，布置有防波堤、港池、码头、艇库、停放场、俱乐部和绿地等。

（2）按地理位置分类

① 海港：即在自然地理条件和水文气象方面具有海洋性质的港口。其中，位于有掩护的或平直的海岸上的，称为海岸港。有掩护的海岸港大都位于海湾中或海岸前有沙洲掩护，如旅顺军港、湛江港和榆林港等；位于平直海岸上的港一般都需要筑外堤掩护，如塘沽新港。位于入海河流河口段、或河流下游潮区界内的，称为河口港。我国的上海港，国外的鹿特丹港、纽约港和汉堡港均属河口港。

② 河港：即位于河流沿岸，且有河流水文特征的港口，如我国的南京港、武汉港等。

③ 运河港：即位于运河上的港口，如我国的徐州港。

（3）按潮汐的影响分类

① 开敞港：即港内水位潮汐变化与港外相同的港口。

② 闭合港：即在港口入口处设闸，将港内水域与外海隔开，使港内水位不随潮汐变化而升降，保证在低潮时港内仍有足够水深的港口，如英国的伦敦港。

③ 混合港：即兼有开敞港池和闭合港池的港口，如比利时的安特卫普港。

（4）按地位分类

① 国际性港：靠泊来自世界各国港口的船舶的港口，如我国的上海港和大连港，以及国外的鹿特丹港和伦敦港等。

② 国家性港：主要靠泊往来于国内港口的船舶的港口。

③ 地区性港：主要靠泊往来于国内某一地区港口的船舶的港口。

17.2.2 港口的构成与设施

1．港口的构成

从平面布置上看，现代港口由水域和陆域两大部分组成。由于港口的主要功能是集散旅客与货物，因此对港口的基本要求是：一方面要有良好的水域，保证进出港船舶航行安全；另一方面要有功能齐全的陆上设施与机制健全、运行灵活的管理机构，以保证高效、安全的集散旅客与货物。

（1）港口水域

港口水域是供船舶进出港，以及在港口运转、锚泊和装卸作业使用的。因此要求它有足够的深度和面积，水面基本平静，流速和缓，以便船舶安全停泊和技术操作。港口的水域包括港池、航道与锚地。

① 港池。港池一般指码头附近的水域。它需要有足够深度与宽广的水域，供船舶靠离操作。对于河港或与海连通的河口港，一般不需要修筑防浪堤坝；对于开敞海岸港口，为了阻挡海上风浪与泥沙的影响，保持港内水面的平静与水深，必须修筑防波堤。

② 航道。此处航道指的是船舶进出港航道。为保证安全通航，航道必须有足够的水深与宽度，弯曲度不能过大。典型的单向航道为通航船舶宽度的 5 倍，双向航道为通航船舶宽度的 8 倍。

③ 锚地。锚地是供船舶抛锚候潮、等候泊位、避风、办理进出口手续、接受船舶检查或过驳装卸等停泊的水域。锚地要求有足够的水深，使抛锚船舶即使由于较大风浪引起升沉与摇摆时仍有足够的富余水深。锚地的底质一般为平坦的沙土或亚泥土，使锚具有较大的抓力，而且远离礁石、浅滩等危险区。锚地离进出港航道要有一定距离，以不影响船舶进出为准，但又不能离进出港航道太远，以便于船舶进出港操作。锚地水域面积的大小根据港口进出港船舶艘次与风浪、潮水等统计数据而定。

（2）港口陆域

港口陆域是供旅客上下船，以及货物的装卸、堆存和转运使用的。因此陆域必须有适当的高程、岸线长度和纵深，以便在这里安置装卸设备、仓库和堆场、铁路、道路，以及各种必要的生产、生活设施。

① 码头与泊位。供船舶停靠、旅客上下、货物装卸的水上建筑物称为码头。码头前沿线通常即为港口的生产岸线，它也是港口水域和陆域的交接线。码头岸线布置码头泊位（供船舶停泊的位置）。一个泊位即可供一艘船舶停泊，泊位的长度依船型的大小而有差异。一个码头往往要有几个泊位。

② 仓库与堆场。仓库与堆场是供货物在装船前或卸船后存放使用的。多数较贵重的杂货件都在仓库内堆存保管；而那些不怕风吹日晒雨淋的货物则放入露天堆场或货棚内。在有旅客运输的港口，还需专门设立客运码头，在临近码头的附近建有港口客运站，供旅客候船休息以及购买船票、存取行李之用。

③ 铁路与道路。货物在港口的集散除了充分利用水路外，还依靠陆路交通，因此铁路和

道路系统是港口陆域上的重要设施。合理配置港口铁路与道路，对扩大港口的通过能力具有重要意义。

④ 装卸机械。装卸机械是港口完成货物装卸最基本的设施之一，用于船舶与车辆的装卸、货物的堆码、拆垛与转运等。港口码头前方的机械多数用于对船舶装卸，其起重量的大小往往决定了来港货物单元的组成；港口后方的机械则多数用于库场与库场、库场与车辆之间的倒载，此类机械的起重量一般不是很大。

⑤ 辅助生产设施。为维持港口的正常生产秩序，保证各项工作得以顺利进行，港口还需在陆域上配备下列设施：给水、排水系统，输电、配电系统，燃料供应站，工作船基地，各种办公用房，维修工程队和船舶修理站等。

2．港口的水工建筑物

水工建筑物，是指其大部分处于水中，或经常与水接触，特别是遭受海水侵蚀等的一类建筑物。因此对它们的结构和材质有特殊要求，即这类建筑物能异常坚固又经久耐用。根据各种不同的用途，港口的水工建筑物大体可分成防护建筑物、码头建筑物和护岸建筑物三大种类。

（1）防护建筑物

防护建筑物多数用于海港，以防止波浪对港内的冲击，也有的用来防止泥沙、流冰进入港内。这种建筑物常建在水域外围的深海中，要经受巨大的波浪振动和冲力，因此要做得既稳重又坚固，规模往往很大，以便能阻抗深水波浪的侵袭。

（2）码头建筑物

码头是港口的主要组成部分，码头建筑物也是港口的主要水工建筑物。

（3）护岸建筑物

港口陆域和水域的交界地带，除停靠船舶的码头岸线外，其他未被利用的天然岸坡因经常遭受潮汐、水流和波浪的作用，造成边坡土质比较松软，非常容易被冲刷而引起坍塌。由于对岸边的破坏影响陆域及其上建筑物的安全，同时也会影响水域的深度，因此要对这种岸边进行加固，这就是护岸建筑物的作用。

3．港口起重运输机械

现代港口装卸工作基本上都由各式各样的机械来完成。用于起吊货物的机械称作起重机械；用于搬运货物的机械称作运输机械，合起来通称起重运输机械。它们在港口可进行对船舶实施装卸作业，对火车和汽车车辆实施装卸作业，在船舱内进行各种搬运、堆码和拆垛等工作，在库场上进行起重、搬运、堆码、拆垛等工作。

按照我国交通部的规定，通常将港口机械分成四大类，即起重机械、输送机械、装卸搬运机械、专用机械。起重机械有门座起重机、轮胎起重机、履带起重机、浮式起重机（浮吊）、龙门式起重机和装卸桥等；输送机械有带式输送机、斗式提升机、气力输送机和螺旋输送机等；装卸搬运机械有叉式装卸车、单斗车、跨运车、牵引车和底盘车等；专用机械有装船机、卸船机、装车机和卸车机等。

17.2.3　港口现代化

港口现代化与船舶现代化一样离不开经济贸易的发展和科学技术的进步。作为全球综合运输系统节点的港口，效率、服务质量及水平是港口得以生存发展的关键因素。港口现代化主要表现在泊位深水化、码头专业化、装卸机械自动化、信息网络化等方面。

（1）泊位深水化

为了适应现代运输技术的发展，尤其是船舶大型化、高速化对港口靠泊条件和装卸设备的要求，以及出于保持或争取成为世界级大港的目的，当前世界各国有条件、有能力的港口先后加强了港口建设，扩大港口生产规模，建造深水泊位。据预测，至 2020 年世界上将有 20%的国际集装箱班轮需要水深在 13.5 m 以上的深水泊位和航道。目前许多大型港口新建的集装箱泊位水深均在 14～15 m。

（2）码头专业化

船舶运输的历史始终贯穿着专业化运输由低级到高级的不断发展过程。船舶运输的几次重大工艺变革，均与专业化的发展有关。与船舶运输的专业化相适应，港口也相应地建起了适应专业化船舶运输的专业化码头。

（3）装卸机械自动化

现代高科技的发展给港口装卸机械向自动化方向发展奠定了基础。目前，世界第一大港——荷兰鹿特丹港，是世界上最先进的港口，该港出于商业竞争和树立大港形象的需要，建设了全球自动化程度最高的散货码头和集装箱码头。

17.3 船舶通信

17.3.1 船舶通信分类

船舶通信可分为两大类：一般通信和遇险与安全通信，它是确保船舶安全航行和正常营运生产所必需的，也是海上人命安全所必不可少的。船舶通信可分为：视觉信号通信、声响信号通信和无线电通信。船舶通信是船舶驾驶人员必须掌握的基本技能之一。

（1）视觉信号通信

① 灯光通信：利用闪光信号灯发出的莫尔斯信号（以“点”和“划”为基本要素，单独或组合使用，构成字母和数字，例如：SOS 的符号为…———…）传递信息。

② 旗号通信：利用一面或数面信号旗组成不同的信号传递信息。

③ 手旗或手臂通信：双手各持一面信号旗或只用双臂变换不同的部位发出莫尔斯信号传递信息。

（2）声响信号通信

① 声响信号通信：通过船舶汽笛、号钟、雾角等发声器具发出莫尔斯信号传递信息。

② 强力扬声器对话通信：利用扬声器在近距离与对方对话传递信息。

（3）无线电通信

利用无线电设备进行较远距离的通信，包括：

① 无线电报通信：用电键发出莫尔斯无线电信号传递信息。随着 1999 年 2 月 1 日 GMDSS 的全面实施，无线电报通信将被无线电传、传真等方法所代替。

② 无线电话通信：利用无线电话设备在中频、高频、甚高频等频带上通过直接对话或发

出信号码传递信息。

③ GMDSS 系统：利用国际海事通信卫星建立全球性通信网络，完成遇险与安全以及正常业务通信（见 17.3.4 部分）。

17.3.2 视觉信号与声号通信

视觉信号、声号是在视、听范围内的近距离通信。它在船舶通信中扮演着重要的角色。比如，船舶进出港口时悬挂的单字母信号旗“H”，表示“本船有引航员”；悬挂“B”信号旗，表示本船正在装/卸或载运危险品；船舶在航行中鸣放三短声气笛声号，表示该船正在倒车或者有后退倾向，等等。

（1）旗号通信

旗号通信是指在能见度良好的白天，在视觉范围内使用国际信号旗传递信息的通信方式。一套国际信号旗共 40 面，其中：字母旗 A～Z 共 26 面；数字旗 0～9 共 10 面；代替旗代一、代二、代三共三面；回答旗一面。

除信号旗之外，船舶应悬挂的旗类主要有船舶国国旗、港口国国旗和公司旗等。船舶挂旗应遵循当地的不同习惯或规定。国旗代表国家主权和尊严，各国对国旗的悬挂均有各自的要求。

（2）灯光通信

灯光通信与无线电通信一样，都是利用莫尔斯符号发送明语或码语来传递信息的。灯光通信是由闪光灯发出莫尔斯符号，在视觉距离范围内进行通信。

灯光通信的程序是：

① 呼叫：发信船（台）连续发出呼叫信号 AA AA AA 呼叫周围所有的船（台），或直接发送对方的呼号呼叫已知的船（台），直至对方回答为止。对方用回答信号 TTTT 回答，直至呼叫停止。

② 识别：发信船（台）发送 DE 字母信号，紧接着发送自己的呼号或名称。收信船（台）收到后应全部复诵，并发送自己的呼号或名称，发信船（台）收到后亦应复诵一遍。

③ 信文发送：信文分码语信文和明语信文，发码语信文前应先发送信号码“YU”表示“我准备用国际信号码与你通信”。收信船（台）收到每一字或组，均应以“T”回答，表示收到。

④ 通信结束：通信船（台）将信文全部发送完毕后，以信号“AR”表示通信结束。收信船（台）以“R”回答表示全部信文收到。

（3）手旗或手臂通信

通过手旗或手臂来发送莫尔斯符号的通信方法是用双手握旗或只用双臂变换不同的位置发出莫尔斯符号的点、划来进行通信的一种视觉通信方法。手旗是用两面信号旗“O”或“P”套在短柄上制成。手旗或手臂发送莫尔斯符号通信的方法与灯光通信的方法相同。

（4）声号通信

声号通信是用音响器具（汽笛、雾角等）发送莫尔斯信号的方法，该方法简单、实用。在船上，一般汽笛信号与灯光信号联动，即发送汽笛信号时，灯光信号也一并发送。声号通信传播距离有限，并受风、雨、雪等的影响较大；其优点是不受能见度的影响。

（5）号型通信

号型通信是通过悬挂特定形状的物体来发送特定的信息。例如：船首悬挂黑色（竹编制）球体，表示该船锚泊；港口信号台悬挂十字形黑色物体时，表示本港及附近地区即将有 12 级及以上风力的大风。

17.3.3 无线电通信

无线电通信中，IMO（国际海事组织）制订的 SOLAS 公约（《1974 年国际海上人命安全公约》）和 ITU（国际电信联盟）制订的《无线电规则》，对有关遇险与安全通信有明确规定，这些有关遇险与安全的通信具有强制性，它包括使用的频率、通信方式、值班制度、设备配备等，凡是从事国际航行的船舶都必须遵守。一般通信主要是指运输生产和船舶业务等方面的通信，所使用的频率、通信方式主要取决于各国的具体情况，但这些也应服从于无线电规则。

现对一些常用的无线电通信设备简介如下：

（1）莫尔斯（Morse）手键电报

莫尔斯电报通信以人工手键和耳听为基础，通过无线电发、收信设备传送莫尔斯报。长期以来，它是海上的主要通信方式，随着无线电通信技术的发展，现已逐步被其他无线电通信方式所取代。

（2）数字选择性呼叫（DSC，Digital Selector Calling）

DSC 是电台之间或台组之间使用数字编码传送信息的一种无线电通信技术。它仅仅能呼出某一电台并传输简单的信息。它是为了有效使用频率，在多数电台使用同一频率时，对多数电台上任一电台或成组电台赋予该电台（台组）特定数字进行编码，进行有选择地自动通信。

（3）窄带直接印字电报（NBDP，Narrow Band Direct Printing）

NBDP 是海上通信在近十几年来发展起来的新型通信终端，它把陆地公众通信网使用的有线用户电报赋予特殊传输形式，应用到海上无线电通信中。所谓“窄带”是指它的信号比其他海上通信（例如话音通信）占据较窄的带宽，并且输出是直接以打印形式给出的。因此，称为窄带直接印字电报或窄带印字电报。船台可直接把报文通过岸台传送到陆地公众网的用户，这省去了岸台转报时间，而且报文错误率也大大降低；有选择性呼叫具有保密功能；可无人操作，操作简单，费用低。

（4）单边带无线电通信（SSB，Single Side Band TP）

SSB 电话是一种话音通信，它与其他无线电话音通信（例如卫星通信，甚高频无线电话等）的区别仅仅是调制方法不同。它是一种幅度调制，即信号的幅度变化反映了话音信息，但是仅占据普通幅度调制的一半带宽。同时，它可充分利用发射机的辐射功率，并且具有一定的抗干扰能力，在 20 世纪 70 年代就已经广泛地应用于海上无线电通信中。单边带无线电话可以经海岸电台接进公众通信网，用户可直接与船舶电台进行联系。

（5）甚高频无线电话（VHF，Very High Frequency）

VHF 无线电话是收发共用同一天线的电台。按无线电规则规定，海上 VHF 无线电话使用 156～174 MHz 波段，以调频体制传送话音。这种调频体制抗干扰性能较好，但占据较宽的频带，因此，只能在射频频率较高的波段，甚高频（VHF）或超高频（UHF）频率上进行传输。

在 VHF 和 UHF 波段上，信号传输只能以直接形式进行，一般在开阔的海面上，在正常的天线高度下，距离为 25 n mile 以内。

国际海上 VHF 无线电话共有 57 个频道（01～28，60～88 频道），其中第 16 频道（156.800 MHz）为遇险与安全通信的频道。

（6）海事卫星通信系统（INMARSAT，International Maritime Satellite System）

传统的船舶通信主要工作在短波频段，短波通信的质量和可靠性都比较差。为此，人们着手研究海事卫星通信系统。国际海事卫星组织成立于 1979 年 7 月 16 日，总部设在伦敦。目前共有 65 个成员国，我国也是成员国之一。国际海事卫星组织是半官方的国际财团组织，负责海事卫星通信方面的相关问题。

INMARSAT 系统是静止卫星通信系统。所谓静止卫星，是指卫星的轨道在赤道平面上，高度为 35.783 km，卫星的运行周期与地球自转周期相同，卫星的位置相对地面来说呈静止状态。INMARSAT 系统在太平洋区、印度洋区、大西洋东区和大西洋西区上空各有一颗静止卫星。INMARSAT 系统是专门用于移动地面站业务的，移动地面站包括船舶、汽车及飞机等。目前，INMARSAT 可以提供 4 种标准移动卫星通信系统，为全球的海上和陆上用户服务。

（7）COSPAS/SARSAT 搜救卫星系统

COSPAS/SARSAT 搜救卫星系统是一个近极地轨道卫星通信系统，由加拿大、法国、美国、前苏联和其他国家联合开发的全球性系统。该系统目前使用五颗低高度极地轨道卫星，其功能是通过中继信标发出的遇险报警信号，为全球包括极区在内提供通过卫星中继进行船对岸遇险报警。

整个系统由应急示位标（EPIRB）、COSPAS/SARSAT 卫星、地面上的区域用户终端（LUT）和任务控制中心（MCC）组成。船舶配备的 EPIRB 在船舶遇险时可人工或自动启动，发出包括本船识别码在内的遇险报警信息。该信息由通过遇险船舶海域上空的卫星转发器接收、处理和中继，实时或存储转发到地面上的区域用户终端（LUT），在 LUT 进行解码、识别和定位后，由专用线路或公众网把数据送到 MCC，再由 MCC 把遇险报警信息送到有关的搜救协调中心（RCC），完成船对岸的遇险报警。

该系统使用的信标有三种类型：一种是为空中飞行器使用（ELT），第二种是供海上船舶使用（EPIRB）；第三种是为陆上个人定位使用（PLB）。三种信标的信号都可以被该系统的极地轨道卫星上的接收机收到，EPIRB 所使用的频率是 406.025 MHz。

17.3.4　全球海上遇险与安全系统

1．GMDSS 的功能

全球海上遇险与安全系统（GMDSS，Global Maritime Distress and Safety System）是一个符合《1979 年国际海上搜寻与救助公约》的全球性通信网络。这个通信网络的目的是最大限度地保障海上人命与财产的安全。GMDSS 应能满足遇险船的可靠报警，对遇险船的识别、定位，救助单位之间的协调通信，救助现场的通信，可靠、及时的预防措施以及日常通信等各项要求。其主要功能包括：

① 报警。报警是迅速并成功地把遇险事件的信息提供给可能予以救助的单位。在 GMDSS 系统中，报警是三个方向的：船对岸报警、船对船报警和岸对船报警。在报警信息中，应指

明遇险船的识别码、遇险船的位置，尽可能提供遇险性质和其他有助于搜救的信息。

② 搜救协调通信。搜救协调中心（RCC）通过岸台或岸站和遇险船及与参加救助的船舶、飞机以及陆上其他有关的搜救中心进行有关搜救的直接通信，称为搜救协调通信。它具备双向的通信功能，与“报警”功能中向某一方向传输特定信息不同。

③ 搜救现场通信。在救助现场与救助的船舶之间、船舶与飞机之间、救助船与遇险船只间的相互通信称为现场通信。

④ 寻位。寻位是指遇险船舶或救生艇通过应急示位标（EPIRB）或其他设备发出一种无线电信号，便于救助船舶和飞机去寻找遇险船舶、救生艇或幸存的人。

⑤ 海上安全信息（MSI）的播发。系统将通过各种手段发布航行警告、气象预报和其他各种紧急信息，以保证航行安全。

⑥ 一般公众业务的通信。系统所要求配备的通信设备除进行遇险和安全通信外，能进行有关公众业务的通信，即船舶与船公司、用户进行有关船舶日常业务及个人方面的通信。

⑦ 驾驶台对驾驶台的通信。驾驶台之间的通信包括传递有关船舶避让等航行安全的信息，以及船舶交通管理系统（VTS或VTMS）中的VHF通信，这种通信在狭水道和繁忙水域的航行中是非常重要的。

2．GMDSS的组成

在GMDSS系统中，为达到系统所具有的功能，采用两大通信系统：一是卫星通信系统，由INMARSAT和COSPAS/SARSAT系统组成；另一是地面通信系统，由MF/HF/VHF通信分系统组成。各个通信系统完成的功能如下：

① MF（中频）通信系统：用于近、中距离的报警和通信；

② HF（高频）通信系统：用于远距离的报警和通信；

③ VHF（甚高频）通信系统：用于近距离的报警和通信；

④ INMARSAT通信系统：静止卫星通信系统，用于南北纬70°以内的报警和通信；

⑤ COSPAS/SARSAT搜救卫星系统：一个极地轨道卫星系统，专用于搜救目的，可提供全球范围内的陆、海、空遇难事件的报警；

⑥ 在GMDSS系统中，用于海上安全信息播发的也有两个系统，一是岸基NAVTEX系统，二是INMARSAT卫星通信系统中的增强群呼系统，即EGC系统。

第18章　水路运输组织与管理

18.1　船舶运行组织

18.1.1　水路运输生产过程

航运生产过程即是船舶将货物从发货地运至目的港的过程。一个完整的航运生产过程应包括：船舶装卸前的准备工作，船舶在发货港装货，船舶载货从发货港航行至目的港，船舶在目的港卸货这几项作业。我们称船舶完成一次整个的运输生产过程为一个生产周期。

在航运生产中，用航次来表示船舶运输的生产周期。航次时间的构成分为三部分：第一部分为基本作业，包括装货、卸货、上下旅客、航行等直接从事客货运输的作业；第二部分为辅助作业，包括装卸前的准备、编制货物积载图、开闭舱盖、办理文件以及拖顶船队编解队等作业；第三部分为服务作业，包括燃料、物料、淡水、食品及备品供应等作业。

船舶配载、积载是货物装船之前一项细致、复杂而又十分重要的工作。它是正确贯彻运输政策，保证船货安全，合理使用船舶，正确组织装卸，顺利完成货物运输的重要环节。

船舶配载，是指为船舶的具体航次选配货载，即船舶公司根据货物托运人提出的货物托运计划，对所属船舶的具体航次确定应装运的货物品种、数量及体积。配载的结果要编制成一张航次装货清单。远洋航行船舶装货清单的内容包括：卸货港、装货单号、货名、件数、包装、重量、体积和积载因数等，同时还要注明特殊货物的装载要求。

船舶积载，是指对货物在船上的配置与堆装方式做出合理的安排，即船上大副或港口有关部门在配载的基础上根据装货清单确定货物在各货舱、各层舱配装的品种、数量与堆码位置及正确的堆装工艺。而积载的结果，则要编制一个计划积载图。计划积载图是用一个简单的示意图把船舶拟装载的各票货物的名称、装货单号、卸货港、包装形式、件数、吨数、体积及货位详细地标示出来，故该图又称为货物积载图。

船舶配载与积载是既紧密联系又互相区别的两个阶段的工作。配载是积载的前提和依据，它应为积载创造便利的条件；积载是配载的继续和具体实施，保证配载计划的完成。

18.1.2　船舶运行组织形式

船舶运行组织，就是根据一定时期内的企业的客货运输任务，国家的运输政策，以及船舶、港口、航道等技术营运条件，综合考虑水运生产各环节及与其他有关运输方式间的协调配合，对船舶运行活动所做出的合理安排。船舶运行组织的主要内容包括：制订航线系统，为各航线选配适当的船舶或船队，协调各环节的工作，确定推（拖）船与驳船工作配合的方式，以及制订船舶运行时刻表。

船舶运行组织形式可分为两种：

（1）航线形式

航线形式是指在固定港口之间，为完成一定的运输任务，选配适合具体条件、性能接近的一定数量的船舶，并按一定的程序组织船舶运行活动。航线形式作为一种独特的组织形式，是由航次形式在具有稳定的运输需要的航区形成和发展起来的。可见，组织航线形式的条件，首先是要有稳定而且量大的货流（客流）。

（2）航次形式

航次形式是指船舶的运行没有固定的出发港和目的港，船舶仅为完成某一次运输任务，按照预先安排的航次计划运行。航次形式是一种非正规的运行组织形式，它具有很大的机动灵活性，对航线形式起到调整和补充作用。

18.1.3 船舶营运组织方式

1．班轮运输组织

班轮运输又称定期船运输，是指固定的船舶在固定的港口之间（形成固定的航线）按公布的船期表和运费率进行的规则运输。

班轮运输可分为两种形式：一是船舶严格按照预先公布的船期表运行的“核心班轮”，即所谓的严格定期定线的班轮运输；二是船舶运行虽有船期表，但船舶到离港口的时间可有一定的伸缩性，并且航线上虽有固定的始发港和终点港，但中途挂港则视货源情况可以有所增减，称为“弹性班轮”，即所谓定线不严格定期的班轮运输。自20世纪60年代后期，随着集装箱运输的发展，班轮运输开始分化为传统的杂货班轮运输和集装箱班轮运输。

班轮营运组织主要解决的问题有：班轮航线论证，航线系统配船优化，班轮船期表的编制及班轮日常货运管理。此外，在具体的生产管理过程中，还要经常对班轮航线的营运效益进行核算与分析，对在航次活动中遇到的问题及时做出决策。

2．不定期船运输组织

船舶经营人随时根据货主的需求及在时间、地点和内容上的变化，组织船舶运输的一种营运方式，称为不定期运输。这种方式，没有固定的航线和挂靠港口，也没有预先制定的船期表和费率本，船舶经营人与需要船舶运力的租船人是通过洽谈运输条件、签订租船合同来安排运输的，故又称之为“租船运输”。

在不定期船市场上成交的租船合同形式主要有：光船租船，航次租船，定期租船，包运租船等。

3．驳船队运输组织

在内河及沿海运输中，人们很早就学会了采用机动拖轮拖带非机动驳船的运输方式。这种运输方式把水上运输工具的动力部分与载货部分分成两体，驳船即为本身不设推进动力装置的载货部分。驳船有舱口驳、敞口驳、甲板驳和油驳等类型。

驳船队运输的优点在于驳船造价低廉、日常维护费低、装货量大，动力部分的动力可以得到更充分的运用，适应于货运量大、航道或港口水深较小以及发货港或到货港分散在某一区域的运输航线。驳船队运输有两种方式，其中，拖带运输方式的主要缺点在于拖轮走在驳船前边，螺旋桨推向后方的水流正好打在紧随其后的驳船首部，使整个船队受到的水阻力增加，船队速度降低。如果在拖轮与驳船之间采用长的拖索，又会降低船队的操纵性。为此，产生了使用推船的顶推运输方式。该方式具有船队阻力小、操纵性能较好等优点；其缺点在于对驳船的船体强度要求较高，船队的系结、编队不如拖带运输方式简单方便，适航性也较差。

拖带运输和顶推运输是内河运输的主要方式。内河运输的另一主要方式是简易货船运输，它具有机动灵活、周转快、效率高的特点，适用于货源不足、批量小、分布港点多和水深有限的航线。

18.1.4 特种货物的运输管理

1．重大件货物的装运管理

重大件货物是指重量、体积过大或尺度超常的货物。按我国规定，远洋运输中，凡单件重量超过 5 t 或长度超过 9 m 的货物；在沿海运输中，单件重量超过 3 t 或长度超过 12 m 的货物，属重大件货物。按国际标准规定，凡单件重量超过 40 t，或长度超过 12 m，或宽度、高度超过 3 m 的超高或超宽货物，如车辆、大型成套设备、集装箱、快艇等均属重大件货物。

由于重大件货物的尺寸与重量过大，在装运过程中，对稳性计算、局部强度计算与加固绑扎有特殊要求。在装运之前一方面要仔细审查重大件货物的件数、单件重量、重心位置、外形、尺寸、包装、吊点位置与装运要求。为了保证在运输过程中船舶和货物的安全，需对装运重大件货物对船舶的稳性的影响以及船舶局部受力进行计算。装于船上的重大件货物，由于船舶的纵摇、横摇，及波浪引起的船舶升沉，装于甲板上的大件货所受的风力，以及船舶倾斜面引起货物重心偏移，都使货物受到附加作用力。为了避免航行时货物移动，需要对货物加固绑扎，克服船舶运动时货物受到的上述各种力。

2．危险货物运输与管理

危险货物指具有爆炸、易燃、毒害、腐蚀、感染与放射等特性的物质，在运输、装卸和存储过程中，容易造成人身伤害、财产毁损或环境污染等需要特别防护的货物。目前国际危险货物海运量约占海运货物总量的50%。

关于危险货物的运输，国际海事组织依据《1974 年国际海上人命安全公约》(SOLAS）和《国际防止船舶造成污染公约》(MARPOL73/78）制订了《国际海运危险货物规则》(以下简称《国际危规》)；我国交通部根据《国际危规》制订并颁布了《水路危险货物运输规则》的第一部分《水路包装危险货物运输规则》(水路危规)。《国际危规》与《水路包装危险货物运输规则》适用于包装危险货物。《MARPOL 公约》对油轮运输、散装液体化学品运输的安全问题有具体规定。

《国际危规》根据危险货物的主要特性和运输要求，将其分为：爆炸品、气体、易燃液体、易燃固体、氧化剂和有机过氧化物、有毒物质和有感染性物质、放射性物质、腐蚀品、杂类危险货物和物品等九大类。

18.2 港口生产组织

18.2.1 港口生产过程

1．港口生产过程的组成

港口装卸企业的生产过程主要是货物的换装过程，也就是人们按照预定的目的，在车、船到达后，在港内运用劳动工具进行装卸等各项作业，使货物在不同运输方式之间完成换装的组织过程。

科学合理的组织生产过程，就是要通过组织工作，使港口企业在保证安全和质量的前提下，使整个生产过程的各个工艺环节相互衔接，协调配合，保证人力、物力、空间和时间都得到最合理的利用，使整个生产过程取得最佳的经济效果。

港口企业的生产过程由准备过程、基本过程、辅助过程和生产服务过程四个方面组成。

① 生产准备过程：指基本生产活动之前所进行的全部技术准备和组织准备工作，包括编制装卸作业计划，确定货物操作过程、装卸工艺、装卸地点、准备接运工具、装卸机械以及货运文件等。

② 基本生产过程：指货物在港内的装卸过程，又称货物的换装过程，是指货物从进港到离港所进行的全部作业的综合，包括卸船、装船过程，卸车、装车过程，库场作业过程以及港内运输等。

③ 辅助生产过程：保证基本生产过程正常进行所必需的各种辅助性生产活动，如装卸机械的维修与保养、装卸工具的加工制造与管理、港口各项设施的维修及动力供应等。

④ 生产服务过程：保证基本生产和辅助性生产过程顺利进行所需的各种服务活动。为基本生产服务的有理货业务、仓储业务和计量业务；为船舶服务的有技术供应、生活必需品供应、燃料和淡水供应、船舶的检验与修理、压舱污水处理等；为货主服务的有货物鉴定、检验包装等。此外，还有集装箱的清洗与检修、港内垃圾与污水处理等。

2．生产过程组织的主要任务

① 保持港口畅通，加速车、船、货的周转。

② 保证按期、按时、安全、优质地完成车、船装卸任务，特别是重点船和货的装卸。

③ 充分合理运用港口能力和一切技术手段，完成生产任务，使物化劳动和活劳动消耗减少到最低限度。

④ 保证与港口生产过程有密切关系的其他部门（铁路、航运、外贸、货主等）之间的组织合作与全面协作。

3．生产过程组织的基本原则

为了从生产过程中取得最佳的经济效益，必须保证生产过程的连接性、协调性、均衡性以及经济性的统一。

① 保证生产过程的连续性，是指保证关键作业即重点舱装卸作业和保证主导工序作业的连续性，同时还表现为组成生产过程的辅助生产过程和生产服务过程与基本生产过程之间应尽力组织平行作业或合理安排顺序，避免发生作业中断。

② 保证生产过程的协调性，是指港口生产各主要环节之间，作业线上各工序之间，在生产能力上，即在人员、设备等各个方面配合得当，同时还要保证装卸作业与各种运输工具之间配合得当。

③ 保证生产过程的均衡性，是指在相同的间隔时间内，下达的任务均衡，同时也包括各个阶段、各个工序所完成的任务相同或稳步上升。组织好港口生产过程的均衡性是生产过程组织水平的集中体现。

④ 保证生产过程的经济性，是指在组织港口生产过程中不仅要考虑效率和数量，而且还要全面考虑经济效果。这是港口生产过程组织优劣的重要标志。例如，在船舶停留时间相等的条件下，应该尽量采用装卸成本低的装卸工艺方案。

18.2.2 港口生产组织

港口生产组织主要包括船舶在港作业组织和港口装卸作业组织，具体内容如下：

（1）船舶在港作业组织

船舶在港作业的全过程包括联检（对外轮）、锚地等泊、引船入港、靠泊、卸货、移泊、装货、各种辅助作业及各种技术作业、燃料供应、办理货运文件、办理离港手续、引船出港等。在组织船舶在港作业应注意如下问题：

① 组织船舶在港的各项作业按顺序连续进行，并尽可能缩短这些作业的延续时间。

② 组织船舶在港的各项作业尽可能平行进行，如在装卸作业的同时完成船舶供应工作及船舶修理等。

③ 重点组织好船舶的装卸作业，缩短装卸时间。

总之，组织船舶在港作业的目标，就是最大限度地缩短船舶在港的停泊时间。

（2）港口装卸作业组织

港口生产组织包括船舶作业组织、火车作业组织、库场作业组织、驳船作业组织、车船直取换装作业组织等。为保证各作业环节之间的衔接和生产率的一致性，每一类型的生产组织都应编制出作业组织程序，确定出各作业环节的配工人数、配机台数、工具的种类和数量等。工艺过程的实现应按程序进行。

港口是交通运输枢纽，设计港口装卸工艺的目的是经济合理地完成货物在不同运输工具之间的换装。货物在港口换装有两种形式：直接换装和间接换装。直接换装是指货物从一种运输工具直接换装到另一种运输工具。间接换装是指货物经过港口的仓库或堆场储存之后再换装至其他运输工具。直接换装的操作过程少，作业形式简单，在生产作业组织中应该尽可能地采用。但是车船直接作业时车船在港停时较长，故应该采取何种作业方案，要根据具体情况确定。

18.2.3 港口通过能力

港口通过能力是指港口企业的生产能力。它是在外部环境条件为一定时港口各项生产要素和经营管理条件综合作用的结果，分为理论通过能力、营运通过能力和后备通过能力。

理论通过能力是指港口在一定时期（通常是一年）内，在港口设施为既定和劳动力为一定时，在一定的组织管理条件下，最大限度地利用港口各生产要素所能装卸的一定结构的货物的自然吨数。营运通过能力是指港口的实际通过能力。理论通过能力是港口最大的通过能力。后备通过能力则是应付运输工具或货物密集到港时的那部分生产能力，在非高峰时则以闲置状态存在着。

影响港口通过能力的主要因素有：

① 港口的总体布置；

② 港口的自然条件；

③ 货类结构及其在流向和时间上的分布特征；

④ 港口设施和设备的数量和规模、性能和技术状态；

⑤ 装卸工人和机械司机的技术水平、数量以及劳动组织形式；

⑥ 港口的经营管理水平以及港口系统和外部环境之间的协调发展程度。

港口综合通过能力在一般情况下是指能力最小环节的能力。由于港口各环节的功能不同，计算单位也不一样，在计算港口通过能力时，首先要分别计算各环节的能力，如泊位装卸能力、库场堆存能力、铁路线装卸能力、工人装卸能力和机械装卸能力等，然后再把它们换算成同一单位（装卸自然吨）进行平衡，从而确定港口的综合通过能力。

第5篇习题

1. 水路运输分为哪几类？水路运输的主要特点是什么？
2. 船舶现代化包括哪几个方面？港口现代化包括哪几个方面？
3. 何谓甲板？主甲板上下分别称为什么？
4. 船舶主机的主要类型有哪些？
5. 船舶传动装置的形式多样，有哪些？
6. 船舶的辅助动力装置指的是什么？
7. 船舶的操纵设备包括哪些？
8. 船舶的航行性能有哪些？
9. 什么是船舶的登记吨位？
10. 写出港口水域和陆域的主要设施。
11. 港口机械分为哪几大类？
12. 写出 GMDSS 的含义、功能和组成。
13. 什么是船舶配载？什么是船舶积载？
14. 什么是港口通过能力？
15. 影响港口通过能力的主要因素有哪些？

第19章　管道运输概述

19.1　管道运输基本概念

19.1.1　管道运输及其分类

管道运输是指用加压设施加压流体（液体或气体）或流体与固体混合物，通过管道输送到目的地的一种运输方式。管道运输是大宗流体货物运输最有效的方式。管道运输的原理是通过压力差，使管内的流体从高压处向低压处流动。

管道运输的分类方式有：

① 按输送介质可分为：原油管道、成品油管道、天然气管道、油气混输管道、固体物料浆体管道。也可以笼统地分为输油管道、输气管道和固体料浆管道三大类。

② 按敷设方式可分为：埋地管道、架空管道、水下管道。

③ 按其在生产中的作用，油、气管道又分：矿场集输管道、长距离输送干线管道、分配管道。

19.1.2　管道运输的重要性

管道运输所占货物周转量比例越来越大。据美国运输部 2000 年发布的数据，美国 1998 年 5 种运输方式的货物周转量比例分别是：一级铁路 37.1%，城市间公路运输 27.7%，国内航空运输 0.37%，国内水运 18.1%，输油管道 16.7%。在我国，管道运输占 5 种运输方式货运周转量的比例，2000 年为 1.44%，2002 年为 1.98%。

管道运输是原油和成品油运输的重要方式。1998 年，美国的原油和成品油运输周转量比例为：管道运输 66.7%，水路运输 28.5%，公路运输 3.0%，铁路运输 1.8%，可见其 2/3 的周转量是由管道运输来完成的。1999 年我国原油管道运输占原油运输总量的 73.8%。

天然气的长距离运输目前只有两种方法：一是管道运输，二是将天然气液化后用油轮运输。管道运输占绝对优势。

19.1.3　管道运输的特点

管道运输多用来输送流体货物，如原油、成品油、天然气及固体煤浆等。与其他运输方式相比，主要区别在于驱动流体的输送工具是静止不动的泵机组、压缩机组和管道。

（1）管道运输的主要优点有

① 运量大，劳动生产率高。一条管径为 720 mm 的管道年输原油量约 2 000 万吨，相当

于一条铁路的全部运量；一条管径为 1 220 mm 的管道年输量可达 1 亿吨以上，而每 100 km 的操作人员仅为铁路运输的一半，为公路汽车运输的 1/9。

② 运费低、能耗少。据国外资料，管输成本约为铁路输送成本的 22%。在美国，长输管道输油的能耗约为铁路运输的 1/7～1/12。由于我国管道工程尚处发展阶段，优势未能充分发挥，在降低运输成本方面还有提高的空间。

③ 投资省，占地少。管道大部分埋设于地下，占地少，受地形地物的限制少，一般不需绕行，可以缩短运输距离。投资与施工周期在铁路的一半以下，占地只有铁路的 1/9。

④ 较安全可靠、对环境污染小。由于深埋地下、密闭输送，能够长期连续稳定运行，不受气候和其他交通事故的影响，油气损耗小，无噪音，对环境污染小。

⑤ 易于全面实现自动化管理。易于实现远程集中监控，便于管理。现代化管道运输系统的自动化程度很高，劳动生产率高。

（2）管道运输的不足之处在于

① 灵活性较差，承运的货物比较单一，一般只适用于定点、量大的流体单向运输。

② 经济输量范围小，如直径 1 020 mm 的管道最佳输量为 4 200 万吨，增加或减少输量均会造成成本增加。

③ 管道输送量的极限受泵的能力、加压站间距、管子强度及直径等限制，临时增减输量较为困难，且不能停输、反输。

④ 管道运输起输量高，导致油田开发初期产量低而难于采用管道输送。

19.2 管道运输的发展

19.2.1 管道运输的发展历程

我国古代为了灌溉农田和冶炼金属，发明了水车和唧筒这类原始的流体机械来提升水或鼓风，输送管道多用竹木管。早在秦汉时期就用竹木笕（一种竹木管）输送卤水，在明末清初还用竹木笕输送天然气。进入近代和现代，随着生产力的发展，城市建设也有了极大的发展，供水、供热和供煤气等功用设施也随之发展，并形成管网，以满足城市居民生活的需要。但真正意义的作为运输产业的现代管道运输，则始于 19 世纪中叶石油天然气的开发与利用。

1865 年，美国在宾夕法尼亚州建成了世界上第一条原油管道，直径 50 mm，长近 10 km。该州于 1874 年又建立了一条直径 100 mm、长度 96 km 的输油管道。1886 年俄国在巴库附近也修建了管径为 100 mm 的原油管道。但真正具有现代规模的长距离输油管道始于第二次世界大战中，当时德国潜艇对油轮的袭击严重威胁了美国的油料供应，美国于 1942 年初开始仅用一年多时间就紧急建成了一条全长 2 011 km、管径 600 mm（当时世界最大）的原油管道，半年之后又投用了一条长 2 365 km、管径 500 mm 的成品油管道，对保证盟国的战争胜利起了重要作用。

1886 年，美国建成了世界上第一条工业规模的长距离输气管道，全长为 140 km，直径 200 mm。近几十年来全球天然气管道发展迅速，20 世纪 70～80 年代是全球输气管道建设高峰期，在此期间建成的输气管道长度约占当时输气管道总长度的1/3。在北美、前苏联及欧洲，天然气管道已连成地区性、全国性乃至跨国性大型供气系统。目前，全球干线输气管道总长度超过 140×10^4 km。

1957 年，美国俄亥俄州建成了世界上第一条煤浆输送管道，管径 254 mm，长 173 km。1967 年，澳大利亚建成了世界上第一条铁精矿输送管道——萨瓦奇河铁精矿输送管道，管径 244 mm，长 85 km。1964 年英国格拉比建成了世界上第一条石灰石输送管道。1978 年巴西建成了世界上第一条磷酸盐矿浆输送管道。

一直以来，世界管道运输网分布并不均衡，主要集中在北美、欧洲、俄罗斯和中东。近年来，随着世界经济的增长以及世界各国对能源需求的快速发展，全球油气管道的建设步伐加快，建设规模和建设水平都有很大程度的提高。欧洲、北美洲、南美洲、亚洲、大洋洲和非洲的跨国管道建设发展势头也很强劲。有资料指出，未来世界将新增东北亚、东南亚、南美洲三大输气管网；21 世纪的中国将成为世界油气管道建设的中心地区之一。截止 2003 年年底，全世界油气管道干线长度已超过 230 万公里。其中，美国修建了 29 万多公里的输油管道和 30 多万公里的输气管道，其各类管道总长度居世界第一位；独联体各国管道的总长度约为 20 多万公里，其中输油管道 8 万多公里。在管道运输发展的历程中，一些世界上比较著名的大型油气管道系统有：

① 苏联的友谊输油管道。它是当时世界上距离最长、直径最大的原油管道。从苏联的阿尔梅季耶夫斯克（第二巴库）到达莫济里后分为北、南两线，北线进入波兰和民主德国，南线通过捷克和匈牙利。北、南线长度分别为 4 412 km（1972 年建成）和 5 500 km（1964 年建成），管径 426～1 220 mm 不等，年输原油量超过 1 亿吨，管道工作压力 4.9～6.28 MPa。

② 美国阿拉斯加原油管道。它纵贯阿拉斯加南北，全长 1 287 km，管径 1 220 km，是世界上第一条伸入北极圈的输油管道，1977 年建成。该管道工作压力 8.23 MPa，沿线设有 12 座泵站，最高年输量可达 1 亿吨。

③ 美国科洛尼尔成品油管道系统。它是当时世界上规模最大的成品油管道系统，由 9 家石油公司合股投资建设，起点在美国德克萨斯州的休斯敦，终点为新泽西州的林登，双线干线全长 4 649 km，管径 762～1 016 mm 不等，工作压力 4 MPa，干线与支线总长超过 8 400 km，输送汽油、柴油、燃料油等 100 多个品级和牌号的油品，年输油能力 1.4 亿吨。

④ 沙特东－西输油管道。它是 1987 年建成的原油管道，东起波斯湾沿岸的阿卜凯克，向西横越阿拉伯半岛到达红海岸边的延布港，全长 1 200 km，管径为 1 219 mm 的原油管道，工作压力 5.88 MPa，全线 11 座泵站。该管道在 1988 年输油量即达 1.1 亿吨，是当时世界上输量最大的原油管道。

⑤ 西西伯利亚的乌连戈依特大型气田至苏联中央地区的大型输气管道系统。它由 6 条直径为 1 420 mm 的管道构成，总长度约 2×10^4 km，是当时世界上规模最大、最复杂的输气系统，年输气总量可达 2 000 亿立方米。

⑥ 从俄罗斯向欧洲大陆供气的乌连戈依－波马雷－乌日格罗德管道。它的起点是西西伯利亚的乌连戈依气田，终点位于苏联与捷克交界处，全长 4 451 km，是长距离的单根输气管道。

⑦ 阿尔及利亚－意大利输气管道。它起自非洲阿尔及利亚哈西鲁迈勒天然气田，终点到达欧洲意大利的矿堡，穿越地中海，1983 年建成。最大输气量为每年 125 亿立方米，管道总长

2 506 km，管径 1 200 mm，共设有 8 座压气站。

⑧ 北海挪威海区到比利时泽布鲁的 Zeepipe 管道。它是当时世界上最长的海底输气管道，长 821 km，管径 1 016 mm。据悉，2007 年开始运营的 Langeled 天然气管道成为新的世界上最长的海底输气管道，全长 1 200 km，始于挪威海域，止于英格兰东海岸的 Easington。

⑨ 美国 1970 年建成的里梅萨煤浆管道，南起亚利桑那州卡因塔露天煤矿，北至内华达州莫哈夫电厂，全长 439 km，管径 457 mm 和 305 mm，年输煤量为 450 万吨，是当时世界上煤运量最大的一条管道。

⑩ 萨马科铁矿浆管道于 1977 年建成，是当时规模最大的输送矿浆的管道，位于巴西东部，起点在乔曼诺的赤铁矿区，终点在大西洋海岸的乌布港。全长 400 km，管径为 509 mm 和 460 mm 两种，年最大输送量达到 1 200 万吨，整个管道地处地形复杂的山区。

19.2.2 管道运输的发展趋势

① 油气输送干线向长距离、大口径、高压力、大输量的方向发展。大口径和高压力是增大输量和降低管道运输成本的基本途径。当其他条件基本相同时，随管径增大，输油成本降低。在油气资源丰富、油源有保证的前提下，建设大口径管道的效益会更加明显。我国原油管道现有最大管径 720 mm，国外目前输油管道最大管径为 1 220 mm。我国西气东输工程的天然气管道直径达到 1 016mm，而国外最大的天然气管道直径达到 1 400mm 以上。提高管道工作压力，可以增加输量、增大站间距、减少站数，从而使投资减少、降低输送油气的成本。目前，陆上输气管道的最高设计压力为 12 MPa，海底输气管道的最高压力为 15 MPa。

② 采用高强度、高韧性及可焊性良好的管材。随着油气管道向大口径、高压力方向发展，对管材的要求也日益提高。为了减少钢材耗量，要求提高管材的强度；为了防止断裂事故、保证管道的焊接质量，要求管材有良好的韧性及可焊性。目前油气管道多采用按 API 标准划分等级的 X70 号钢，X80 钢已开始用于新建管道。

③ 管道建设向极地和海洋延伸。目前世界上新开发和待开发的大型油气田不少分布在北极地区或海洋中，这些油气田的开发促使管道建设不断向极地与海洋延伸。

④ 形成大型供气系统。目前全世界已形成若干地区性、全国性乃至跨国性大型供气系统。一个大型供气系统通常由多条输气干线、多个集气管网、多个配气管网以及地下储气库等子系统构成，可以将许多气田（或油田）与成千上万的用户连接起来。

⑤ 随着大口径、高压力管道的应用，以及管道向沙漠、深海、极地的永冻土带伸展，在管道建设中会遇到各种技术难题，这间接地促进了冶金、制管、焊接、施工等工艺技术的发展。

⑥ 目前应用最广泛的主要是液体输油管道及输气管道，同时正在研究和开发的管道运输系统还包括水力管道、风动管道、集装胶囊管道、管道旅客运输系统等。

19.2.3 我国管道运输的发展与现状

我国是最早使用管子输送流体的国家。据历史史料记载，公元前二百多年的秦汉时代，我国就已经用打通了竹节的竹子连接起来输送卤水，随后又用于输送天然气。此事发生在素有盐都之称的四川自贡，其地下资源丰富，有天然气和卤水。但是直到 1949 年新中国成立，全国也没有设计并建造出一条长距离输送油气介质的管道。

我国第一条长距离输油管道建于 1958 年，全长为 147 km、管径为 150 mm，将克拉玛依油田的原油输送到独山子炼油厂。20 世纪 60 年代以后，随着我国石油工业的蓬勃发展，大庆、胜利等油田的建设，管道运输得到了较大发展，并形成了以（大）庆铁（岭）、铁（岭）大（连）、铁（岭）秦（皇岛）、东（营）黄（岛）和鲁（山东临巴）宁（江苏仪征）五大干线为主的全国原油长输管道系统。成品油管道方面，如 20 世纪 60 年代建于世界屋脊青藏高原上，穿过永久冻土带等地质条件极为复杂地区的格尔木—拉萨成品油管道，全长 1 080 km，管径 150 mm，主要输送汽油和柴油，是我国最长的一条顺序输送管道。

我国第一条长距离输气管道于 1963 年建成，长度 55 km，直径 426 mm，将四川南部的天然气输送到重庆市。从 20 世纪 60 年代中后期到 80 年代末，川渝地区输气管道建设经历了一个较快发展阶段，目前川渝境内输气管道总长度已接近 3 000 km。从 20 世纪 80 年代开始，我国其他地区也相继建成了一些输气管道。目前我国还有两条长距离海底输气管道：一条是 1996 年初投产的南海崖 13-1 气田至香港输气管道，长 797 km，管径 711 mm，设计压力 8 MPa，是世界第二长的海底输气管道；另一条是 1999 年投产的东海平湖凝析气田至上海南汇的凝析气管道，长 400 km。

我国在发展石油、天然气管道运输的同时，也发展了固体浆料管道输送。我国 1996 年建成了从贵州省瓮福磷矿区兴隆坝选厂到杨柳坪的磷精矿输送管道，管径 228.6 mm，长 45.6 km，年运磷精矿 200 万吨。1997 年建成了从山西太钢尖山铁矿到太原钢轨公司的铁精矿输送管道，管径 229.7 mm，长 102 km，年运精矿 200 万吨。1998 年建成了从辽宁省鞍钢调军台铁矿到鞍山钢铁公司的铁精矿输送管道，管径 243 mm，长约 20 km，年运精矿约 310 万吨。

我国伟大的西气东输管道工程，与西电东送、南水北调、青藏铁路一起并称为我国在 21 世纪初的四大工程。该工程把新疆天然气储量巨大的塔里木盆地天然气，西起轮南，东穿大漠，过太行，越黄河，跨长江，横贯中国腹地，直达上海。线路起点为新疆巴音郭愣蒙古自治州的轮南，经甘肃、宁夏、陕西、山西、河南、安徽、江苏、浙江，东抵上海，全长 4 000 km，管径 1 016 mm，设计工作压力 10 MPa，总投资达 1 396 亿元（管道建设投资 435 亿元），覆盖东部 8 500 万户居民生活用气。

2006 年末，全国输油（气）管道里程为 48 226 km，其中输油管 24 136 km，输气管 24 090 km。2006 年底，管道输油（气）能力为 66 948 万吨/年，其中输油能力 57 530 万吨/年，输气能力 9 418 千万立方米/年。2007 年，中国已建油气管道的总长度约 6 万公里，其中原油管道 1.7 万公里，成品油管道 1.2 万公里，天然气管道 3.1 万公里。2008 年建设的重点管道工程有川气东送、西气东输二线、永唐秦(永清—唐山—秦皇岛)、榆林—济南等天然气管道；曹妃甸—天津等原油管道；兰郑长、郑州—安阳汤阴、长岭—株洲等成品油管道。到 2009 年，中国已建成原油管道 1.7 万公里，成品油 1.4 万公里，天然气 3.1 万公里。油气管道总长超 6 万公里，比 2001 年末 4 万公里已增长了 50%。中国已逐渐形成了跨区域的油气管网供应格局。2009 年，我国首条跨国输气管道——中亚天然气管道管线焊接里程已超过 700 公里。中亚天然气管道与西气东输二线衔接后，总长度超过 1 万公里，是迄今为止世界上距离最长、等级最高的油气输送管道。这也是继首条跨国原油管道——中哈石油管道之后，中国跨国油气管道建设的又一里程碑。“十二五”期间，还将建成中俄、中缅等战略油气管道，届时，我国西北、东北和西南三大陆上进口通道基本形成，将与海上运输通道一起，构筑我国油气进口的“四大通道”，形成我国油气进口的多元化格局。

随着中国石油企业“走出去”战略的实施，中国石油企业在海外的合作区块和油气产量不断增加，海外份额油田或合作区块的外输原油管道也得到了发展。到2020年，中国长距离油气管道的建设里程将至少达到10万~15万公里，由于中国的油气资源分布不均，进口油气量越来越大，中国需要加大投资建设油气管道的力度，未来10年将迎来中国修建跨国油气管线的高潮。

第 20 章　管道运输设备

20.1　输油管道设备

20.1.1　输油管道的组成

长距离输油管道由输油站和管线两大部分组成，如图 20.1 所示。输送轻质油或低凝点原油的管道不需加热，油品经一定距离后，管内油温等于管线埋深处的地温，这种管道称为等温输油管，它无需考虑管内油流与周围介质的热交换。对易凝、高粘油品，不能采用这种方法输送，当油品黏度极高或其凝固点高于管路周围环境温度时，就必须考虑加热输送的办法。因此，热油输送管道不仅要考虑摩擦阻力的损失，还要考虑散热损失。

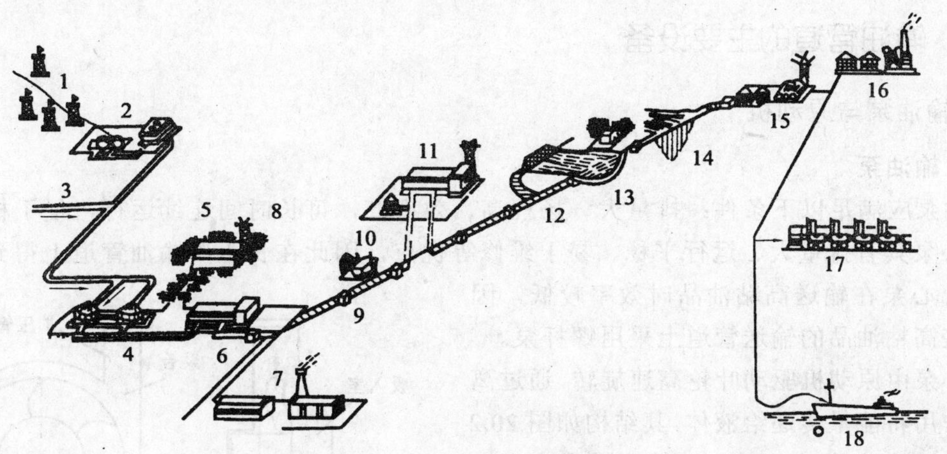

图 20.1　长距离输油管道示意图

1—井场；2—输油站；3—来自油田的输油管；4—首站罐区和泵房；5—全线调度中心；6—清管器发放室；7—首站锅炉房；8—微波通信塔；9—线路阀室；10—维修人员住所；11—中间输油站；12—穿越铁路；13—穿越河流；14—跨越工程；15—车站；16—炼油厂；17—火车装油线桥；18—油轮码头

（1）输油站

沿管道干线为输送油品而建立的各种作业场站统称为输油站。按其所处的位置不同可分为首站、末站、中间站。中间站按其任务不同又可分为中间泵站、加热站、热泵站、分（合）输站等。

① 首站。输油管道的起点称为首站，其任务是接收来自油田、炼油厂或港口的油品（集油），经计量后加压向下一站输送。首站主要由油罐区、计量系统和输油泵组成。对于加热输送管道，还需设置加热炉等加热设备。

② 中间站。输油管道沿途设有中间输油站，其任务是对所输送的油品加压、升温（热输

管道)，也可称中间泵站。中间泵站的主要设备有输油泵、加热炉、阀门等设备。中间泵站数量的确定原则是各泵站提供的总扬程与消耗的总能量平衡。

③ 末站。输油管道的终点称为末站，其任务是接受输油管道送来的全部油品，供给用户或以其他方式转运，故末站有较大的油罐区、较准确的计量装置以及油品转输设备等。

输油站包括生产区和生活区两部分。生产区内又分为主要作业区和辅助作业区。主要作业区的设备包括输油泵房、加热系统、站控室、油罐区、阀组间、计量间和清管器收发装置等。辅助作业区包括供电系统、供热系统、供水系统、排污与净化系统、车间与材料库、机修间、油品化验室与通讯设备等。生活区指供泵站工作人员及家属居住用的设施。

(2) 管 线

长距离输油管道的线路（即管线）部分包括：管道本身，沿线阀室，通过公路、江河、山谷的穿（跨）越构筑物，管道阴极防腐保护设施，通讯设施与自控线路等。

长距离输油管道由钢管焊接而成，一般采用埋地敷设。为防止土壤对钢管的腐蚀，管外都包有防腐绝缘层，并采用阴极保护措施。管道沿线每隔一定距离设有截断阀室，其作用是一旦发生事故可以及时截断管内油品，防止事故扩大并便于抢修。通讯系统是长距离输油管道的重要设施，用于全线生产调度及系统监控信息的传输，通讯方式包括微波、光纤与卫星通讯。

20.1.2 输油管道的主要设备

1. 输油泵与原动机

(1) 输油泵

输油泵应满足以下条件：排量大、扬程高、效率高，可长时间连续运行，便于检修和自控。离心泵具有排量大、运行平稳、易于维修等优点，因此在长距离输油管道上得到广泛应用。但离心泵在输送高粘油品时效率较低，因此在一些高粘油品的输送管道上采用螺杆泵。

离心泵由原动机驱动叶轮高速旋转，通过离心力的作用将能量传递给液体，其结构如图 20.2 所示。当泵内充满液体时，叶轮旋转产生离心力，叶轮槽中的液体因此被甩向外围而流进泵壳，使叶轮中心压力降低并低于液池压力，液体在此压力差下被吸入泵内，通过泵的不断吸入和压出，完成液体输送。

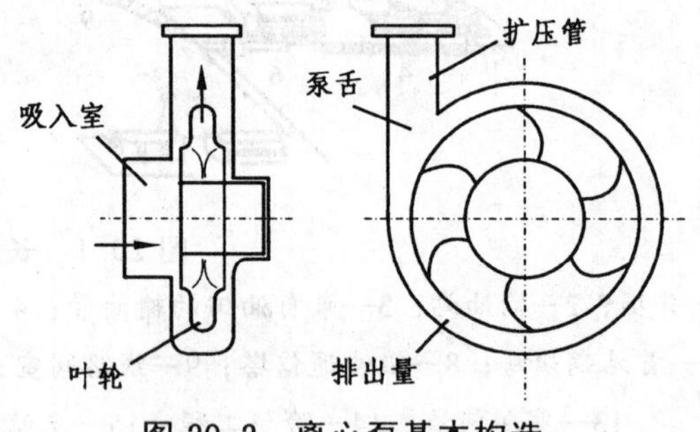

图 20.2 离心泵基本构造

(2) 原动机

输油泵的原动机主要有电动机、柴油机和燃气轮机。使用何种原动机需根据泵的性能参数、原动机的特点、能源供应情况、管道自控及调节方式等因素确定。

电动机在输油管道上应用最多。它比柴油机价廉、轻便、体积小、维护管理方便、工作平稳、便于自控、防爆安全性好。但它依赖于庞大的输配电系统。一个大型输油泵站的电功率可达 10 000 kW 或更大。驱动输油泵可采用同步或异步电动机。

在供电不能满足要求的地区，可采用柴油机驱动离心泵。当功率较大时，柴油机的体积、质量很大，故其主要适用于缺乏电源而机组功率不大的中、小型管道。

缺乏电源时，大型管道上一般选用燃气轮机。燃气轮机单位功率的质量和体积都比柴油机小得多，可以用多种油品与天然气作燃料，运行安全可靠，便于自控，故在输油管道上的应用日益增多。其主要缺点是效率较低。

2．加热系统

在原油输送过程中对原油采用加热输送的目的是使原油温度升高，防止输送过程中原油在输油管道中凝结，减少结蜡，降低动能损耗。因此，加热系统是加热输送管道的关键设备，也是主要的耗能设备。通常采用加热炉为原油提供热能。

加热炉一般由四个部分组成：辐射室（炉膛）、对流室、烟囱和燃烧器（火嘴）。按油流是否通过加热炉炉管，加热方法分为直接加热和间接加热两种方式。

直接加热式加热炉设备简单、投资省，应用很普遍。但油品在炉管内直接加热，存在结焦的可能。一旦断流或偏流，容易因炉管过热使原油结焦，甚至烧穿炉管造成事故。

间接加热系统由热媒加热炉、换热器、热媒罐、热媒泵、检测及控制仪表组成。热媒是一种化学性质较稳定的液体，不结焦、对金属无腐蚀、黏度较小。热媒加热炉的结构与直接加热炉相似，只是炉管内加热的是热媒而不是管输的油品，被加热的热媒进入管壳式换热器与管输的油品换热，从而加热油品。热媒加热炉的优点是安全、可靠，但系统复杂，不易操作，造价较高。

3．储油罐

油罐是 19 世纪 60 年代发展起来的一种储存石油及其产品的设备。油罐按建造方式可分为地下油罐、半地下油罐和地上油罐三种；按建造材料分为金属油罐和非金属油罐；按罐的结构形式分为立式圆柱形油罐、卧式油罐、双曲率形油罐三类。在立式圆柱形油罐中，非金属油罐有砖砌油罐、预应力钢筋混凝土油罐等；金属油罐则有锥顶油罐、悬链式无力矩顶油罐、拱顶油罐、浮顶油罐及套顶油罐等类型。

一般应用较广的是钢质金属油罐，安全可靠，经久耐用，施工方便，投资省，可储存各种油品。非金属油罐大都建造在地下或半地下，多用于储存原油或重油，容积较小，易于搬迁，抗腐蚀能力强，但易渗漏，不适合储存轻质油品。

4．管道系统

输油系统一般采用有缝或无缝钢管，大口径者可采用螺旋焊接钢管。无缝钢管壁薄、质轻、安全可靠，但造价高，多用于工作压力高、作业频繁的主要输油管线上。焊接钢管又称有缝钢管，是目前输油管路的主要用管，制造材料多为普通碳素钢和合金钢，制造工艺有单面焊和双面焊两种。

5．清管设备

油品在运输过程中，管道结蜡使管径缩小，造成输油阻力增加，能力下降，严重时可使原油丧失流动性，导致凝管事故。处理管道结蜡有效而经济的方法是机械清蜡，即从泵站收发装置处放入清蜡球或其他类型的刮蜡器械，利用泵输送原油在管内顶挤清蜡工具，使蜡清除并随油输走。

清管器按功能可分为清蜡、封堵、检测三类。前两类清管器按结构也可分为皮碗式、球式、泡沫式和机械清管器四种。我国目前普遍应用的有机械清管器和泡沫清管器两类。机械清管器构造如图20.3所示，它刮蜡效果好，使用寿命长，但遇到变形的管道和障碍物时通过能力较差，且较笨重。国外近年研制了一些新型的清管器，如英国气体公司研制的“智能”检测清管小车可在不影响管线运行的条件下使用，并可检测出有意义的缺陷，指出假的缺陷、缺陷程度及其位置。

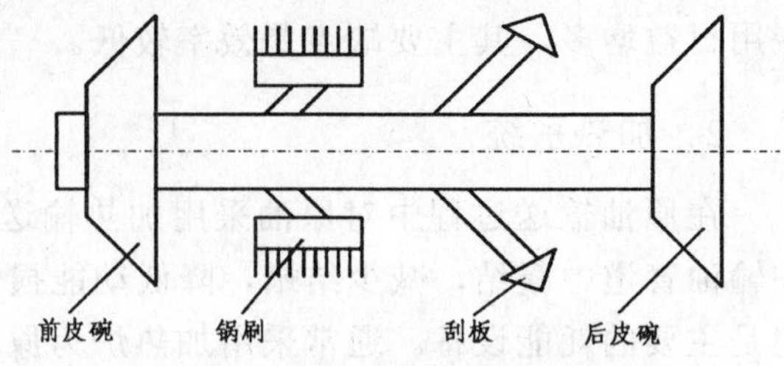

图 20.3 机械清管器基本构造

6．计量系统

为保证输油计划的完成，加强输油生产管理，长输管线上必须对油品进行计量，以及时掌握油品的收发量、库存量及耗损量。现代管道运输系统中，计量系统不仅用于油品的计量，而且还是监测输油管运行的中枢。计量系统包括流量计、过滤器、温度及压力测量仪表、标定系统及排污管等五个部分。输油管道上常用的流量计有容积式流量计和涡轮流量计两种。一般来说，流量计只能测体积。大庆油田安装了一套我国自行研制的原油计量装置，能同时报出体积、质量、原油中的含水率等重要数据。

20.1.3 管道输油工艺

管道输油工艺是指实现管道油品输送的技术和方法，即根据油品性质和输量，确定输送方法和流程、输油站类型和位置，选择主要设备，制定运行方案和输量调节措施。

（1）多种油品的顺序输送

在同一管道内按一定顺序连续输送多种油品的输送方式称为顺序输送。输送成品油的长距离管道一般采用这种输送方式，这是因为成品油的品种多，采用顺序输送可大大降低输油成本。在用同一条管道输送几种不同品质的原油时，为避免不同原油的掺混，也会采用顺序输送。

顺序输送的一个最大问题是，在两种油品交替时，由于其性质不同，在接触界面处将产生一段混油。对此，应采取相应的技术措施予以处理，以减少经济损失。

（2）易凝高粘原油的输送工艺

易凝高粘原油包括含蜡量较高的易凝原油（含蜡原油）和胶质沥青含量较高的高粘重质原油（俗称稠油）等。易凝高粘原油常采用降粘和减阻等方法输送，目前主要方法有：

① 加热输送。加热油品，可以提高蜡和胶质在油中的溶解度，显著降低其粘度，改善流动性。因此传统上常采用加热的方法输送易凝高粘原油。

② 高速流动。利用油品在管道中高速流动时产生的摩擦热，使油品保持在一定的温度范围内输送。

③ 稀释输送。在重质原油（稠油）中掺入低粘油品，是传统的重质原油输送方法，其工艺简单，效果可靠。用作稀释剂的低粘油可以是轻质原油、原油的轻馏分油或天然气凝析液。一般地，除非稀释油掺入量较大，重质原油稀释后仍需加热输送，但加热温度可大大降低。

④ 改性输送。在较低温度下含蜡原油流动性差，是因为其中的蜡结晶析出，并相互联结

形成海绵状的蜡晶结构。因此，改善蜡晶结构就可以改善含蜡原油的低温流动性。添加降凝剂处理是目前最成功的含蜡原油改性输送技术。

⑤ 用水分散。使原油以很小的液滴分散于水中进行输送，一般采用水悬浮和乳化降粘两种方法。水悬浮是将易凝油品注入温度远低于凝固点的水中，形成凝油粒与水组成的悬浮液，输送时摩擦阻力仅略大于水。乳化降粘方法是将表面活性剂水溶液加入高粘油中，在一定条件下形成水包油型乳化液，可显著降低高粘油的粘度。上述方法的关键是如何保证悬浮液或乳化液的稳定。

⑥ 水环输送。其原理是在管壁附近形成稳定的水环，把高粘重质原油与管壁隔开，从而起到减阻作用。其关键技术是如何保持水环的稳定性。目前，这一技术主要适用于输送距离不长的重质原油。

20.2 输气管道设备

20.2.1 输气管道的组成

长距离输气管道一般由干线输气管道、首站、压气站（也叫压缩机站）、中间气体接收站、中间气体分输站、末站、清管站、干线截断阀室、线路上各种障碍物的穿跨越段等部分组成。此外，还包括通信与仪表自动化两个辅助系统。

从管网的角度而言，输气管道系统则主要由矿场集气管网、干线输气管道（网）、城市配气管网以及与此相关的站、场等设备组成。这些设备从气田的井口装置开始，经矿场集气、净化及干线输送，再经配气管网送到用户，形成一个统一的、密闭的输气系统，如图 20.4 所示。

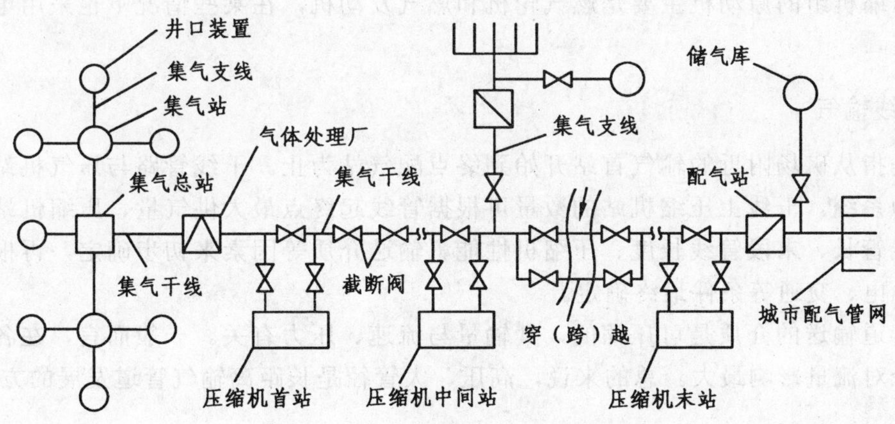

图 20.4　输气管道系统示意图

20.2.2 输气管道的主要设备

1．矿场集气

集气过程指从井口开始，经分离、计量、调压、净化和集中等一系列过程，到向干线输送为止。集气设备包括井场、集气管网、集气站、天然气处理厂、外输总站等。

一般气田的集气有单井集气和多井集气两种流程。单井集气方式下的每一口井场除采气树外，还有一套独立完整的节流（加热）、调压、分离、计量等工艺设施和仪表设备。多井集气方式下，主要靠集气站对气体进行节流、调压、分离、计量和预处理等工作，井场只有采气树。集气站将气体通过集气管网集中于总站，外输至净化厂或干线。

2．输气站

输气站又称压气站，其核心设备是压气机和压气机车间，任务是对气体进行调压、计量、净化、加压和冷却，使气体按要求沿着管道向前流动。长距离输气管道沿途每隔一定距离（一般为 110～150 km）设置一座中间压气站（或称压缩机站），首站是第一个压气站，当地层压力大至可将气体送到第二站时，首站也可不设压气机车间。压气站也可按作用分为压气站、调压计量站、储气库三类。

压气机（或称压缩机）是提高气体压力以输送气体的机器，它是干线输气管道的主要工艺设备，同时也是压气站的核心部分。压气机可分容积型和速度型两大类。前者通过压缩体积、增大密度来提高气体压力；后者则通过提高气体速度并使其从很高的速度降下来，使动能转化为压力能。输气管线上的压缩机主要是容积型的活塞式往复压缩机和速度型的离心式旋转压缩机。

往复式压缩机的优点是排出气体的压力稳定，调节性能好，效率高，对压缩机制造材料要求不高；但结构复杂，易损件多，运转中振动、噪音较大，多适用于压力要求高、输气量低的线路。离心式压缩机的优点是结构紧凑，排气均匀、连续，可直接串联运行，振动小，易损件少，机内无需润滑油，不污染输送气体，转速高，节能，维修工作量小；但对流量小、压力要求高的输送要求难以满足，效率较低。在管径和流量不断增长的今天，离心式压缩机发展很快，在输气干线上占据了绝对优势。

输气压缩机组的原动机主要是燃气轮机和燃气发动机，在某些情况下也采用电动机和蒸汽轮机。

3．干线输气

干线是指从矿场附近的输气首站开始到终点配气站为止。干线管路与压气机站组成一个统一的动力系统。干线上压缩机站的数量可根据管线起终点最大供气量、压缩机站最大出站压力、全线管长、末段管线长度、压缩机性能、输送介质等因素来初步确定，再根据地形、地址、水、电、交通等条件最终确定。

输气管道输送的介质是可压缩的，其输量与流速、压力有关。一般而言，在各种影响因素中，管径对流量影响最大。总的来说，高压、大管径是长距离输气管道发展的方向。

4．城市配气

城市配气指从配气站（即干线终点）开始，通过各级配气管网和气体调压所按用户要求直接向用户供气的过程。配气站是干线的终点，也是城市配气的起点与枢纽。气体在配气站内经分离、调压、计量和添味后输入城市配气管网。城市配气管网形式可分树枝形和环形两类；按压力则可分高压、次高压、中压和低压四级。不同级别的管网上管道等设施的强度不同。城市一般均设有储气库，可调节输气与供气间的不平衡。

20.3 固体料浆管道设备

20.3.1 料浆管道的组成

用管道输送各种固体物质的基本措施是将待输送固体物质破碎为粉粒状，再与适量的液体配置成可泵送的浆液，通过长输管道将这些浆液输送到目的地后，再将固体与液体分离送给用户。目前料浆管道主要用于输送煤、铁矿石、磷矿石、铜矿石、铝矾土和石灰石等矿物，配制浆液主要用水，还有少数采用燃料油或甲醇等液体作载体。

料浆管道的基本组成部分与输气、输油管道大致相同，但还有一些制浆、脱水干燥设备。以煤浆管道为例，整个系统包括煤水供应系统、制浆厂、干线管道、中间加压泵站、终点脱水与干燥装置，如图 20.5 所示。它们也可分为三个不同的组成部分：浆液制备厂、输送管道、浆液后处理系统。

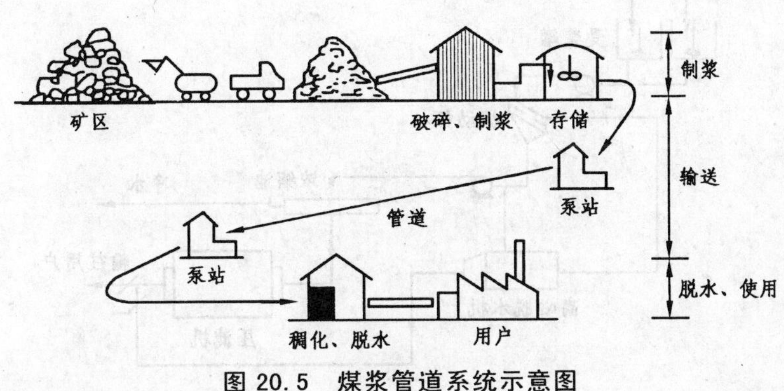

图 20.5 煤浆管道系统示意图

20.3.2 料浆管道的主要设备

1．浆液制备系统

以煤为例，煤浆制备过程包括洗煤、选煤、破碎、场内运输、浆化、储存等环节。为清除煤中所含硫及其他矿物杂质，一般要采用淘选、浮选法对煤进行精选，也可采用化学法或细菌生物法。

从煤堆场用皮带运输机将煤输送至储仓后，经振动筛粗选后进入球磨机进行初步破碎，再经第二级振动筛筛分后进入第二级棒磨机掺水细磨，所得粗浆液进入储浆槽，由提升泵送至安全筛筛分，最后进入稠浆储罐。在进行管输前，为保证颗粒粗细和浓度符合质量要求，可用试验环管进行检验。不合格者可返回储罐重新处理。

煤浆管道首站一般与制浆厂合在一起，首站的增压泵从制浆厂的外输罐中抽出浆液，经加压后送入干线。

2．管道和中间泵站

泵站和把每一个泵站连接起来的管道，是浆体输送的核心部分。中间泵站的任务是为煤浆补充压力能，停运时则提供清水冲洗管道。泵站内除设置主泵及其备用泵以外，还有很多辅助设施。输送煤浆的泵也可分容积式与离心式两种，泵的选用要结合管径、壁厚、输量、泵站数等因素综合考虑。泵站间的距离则由管道水力计算结果和泵的功率大小决定。

3．后处理系统

煤浆的后处理系统包括脱水、储存等部分。管输煤浆可脱水储存，也可直接储存。脱水的关键是控制煤表面的水含量。

浆体的稠化是脱水的头道工序。稠化的主要设备是浓缩池，固体颗粒在池中靠重力下沉。稠化后的浆体，尚需进一步脱水才能使用。在多数情况下，脱水采用离心分离器或过滤器。图 20.6 描述了一般的煤浆脱水流程：浆液先进入受浆罐或储存池，然后再用泵输送到振动筛中分为粗、细浆液；粗浆液进入离心脱水机，脱水后的煤粒可直接输送给用户；排出的废液输入浓缩池与细粒浆液一起，经浓缩后再经压滤机压滤脱水，最后输送给用户。

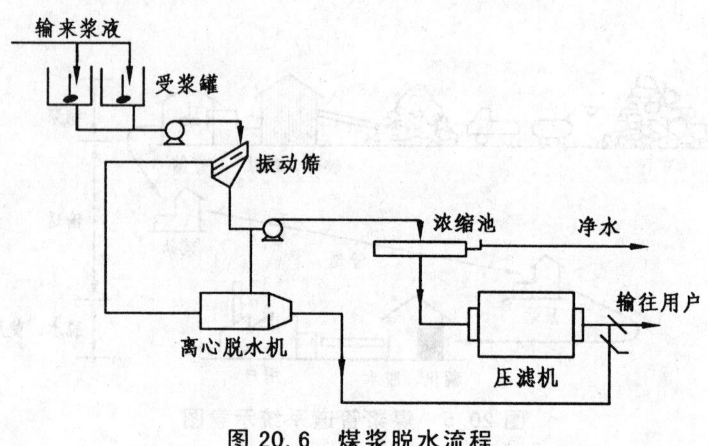

图 20.6 煤浆脱水流程

第 21 章 管道运输组织与管理

21.1 管道运输管理

21.1.1 管道运输生产管理

管道运输生产管理是指管道运行过程中利用技术手段对管道运输实行统一指挥和调度，以保证管道在最优化状态下长期安全而平稳地运行，从而获得最佳经济效益。它包括管道输送计划管理、管道输送技术管理、管道输送设备管理和管道线路管理。前两项又合称为管道运行管理，是生产管理的中心环节。

（1）管道输送计划管理

根据管道所承担的运输任务和管道设备状况编制合理的运行计划，以便有计划地进行生产。管道输送计划管理首先是编制管道输送的年度计划，根据年度计划安排管道输送的月计划、批次计划、周期计划等。然后根据这些计划安排管道全线的运行计划，编制管道站、库的输入和输出计划，以及分输和配气计划。另一方面，根据输送任务和管道设备状况，编制设备维护检修计划和辅助系统作业计划。

（2）管道输送技术管理

根据管道输送的货物特性，确定输送方式、工艺流程和管道运行的基本参数等，以实现管道生产的最优化。管道输送技术管理的内容包括随时检测管道运行状况参数，分析输送条件的变化，采取各种适当的控制和调节措施调整运行参数，以充分发挥输送设备的效能，尽可能地减少能耗。对输送过程中出现的技术问题，要随时予以解决。管道输送技术管理和管道输送计划管理都是通过管道的日常调度工作来实现的。

（3）管道输送设备管理

对管道站、库的设备进行维护和修理，以保证管道的正常运行。管理的内容主要包括：对设备状况进行分级，并进行登记；记录各种设备的运行状况；制定设备日常维修和大修计划；改造和更新陈旧、低效能的设备；保养在线设备。

（4）管道线路管理

对管道线路进行管理，以防止线路受到自然灾害或其他因素的破坏。管理内容主要包括：日常的巡线检查；线路构筑物和穿越、跨越工程设施的维修；管道防腐层的检漏和维修；管道的渗漏检查和维修；清管作业和管道沿线的放气、排液作业；管道线路设备的改造和更换；管道线路的抗震管理；管道紧急抢修工程的组织等。

21.1.2 管道运行管理

管道运行管理是指用制定管道运行计划的方法，以及运用管道运行状况分析和调度等手段，充分发挥管道和设备的输送效率，实现管道安全、平稳、经济的最优化运行，是管道生产管理的主要组成部分。近代的油、气管道，一般都采用油品顺序输送工艺和全线密闭输送工艺。为了达到最好的经济效益，就要提高管道运行管理的水平。

管道运行管理，需要准确的资料档案，即应有能正确反映全线客观条件的资料，如全线及泵站的竣工图和竣工后的更改记录；需要先进、可靠的设备，如要有良好的调度设备和通信设备，以及显示各泵站运行参数及流程的电视屏幕，还要有电子输出设备以便随时记录各站的运行参数；需要训练有素的调度人员，他们对管道及各站的设备、流程要熟悉了解，具有掌握现代化设备的知识和能力，具有丰富的运行管理经验。

管道运行管理包括分析运行资料、编制运行计划和运行调度 3 个基本步骤。

① 分析运行资料。对委托管道承运的油品种类和数量，交付输送的时间和地点，油品的特性，以及对管线各泵站收、发油品应具备的条件等进行分析和研究，编制出年度轮廓计划，并做好完成管道年度任务的技术准备。

② 编制运行计划。在分析运行资料的基础上，编制出指令性强的全线运行计划和各站的运行计划。在编制成品油月份或旬的全线运行计划时，要标明各批油品的名称、编号、特性和输量；标明各批油品到达各站的时间和进入的油罐；明确各批油品输送的顺序和分输时间、分输量；确定各批油品的运行参数；标明有无清管作业和计划性停输作业。在编制月或旬的各站运行计划时，要明确各站进油任务、倒罐流程；安排倒罐作业、启泵和停泵或倒换泵的作业、流量计标定和清管器接收与投入作业以及各旬的设备维修计划等。

③ 运行调度。运行调度是指按运行计划进行全线指挥、调整、监管等工作，以保证运行计划完成输送任务。调度人员先对运行计划进行核对，并作适当修改，然后根据计划下达调度指令。全线运行情况均反映到调度室，以便调度室进行全面监视。顺序输送时跟踪各批油品界面的准确位置，预报分输站切换流程和分输的时间，跟踪清管器的运行位置等。一旦发生事故，调度人员应负责立即处理，采取措施，下达指令，更换运行参数，以减少事故对计划的影响。

21.1.3 生产管理的技术手段

管道运输线路长，站、库多，输送的货物易燃、易爆、易凝或易沉淀，且在较高的输送压力下连续运行。这样，就要求管道生产管理具有各种可行的监控技术设备，主要有管道监控、管道流体计量和管道通信等技术手段。

（1）管道监控

管道监控是指利用仪表和信息传输技术测试全线各站、库和线路上各测点的运行工况参数，作为就地控制的依据，或输给控制室作为对全线运行工况进行监控和管理的依据，是实现密闭输送工艺，管道安全、平稳和最优化运行所必需的手段。管道监控系统一般由调度中心、远传通道和监控终端三大部分组成。

管道监控的主要任务是：收集、处理、显示和记录管道系统的运行状态和工艺参数；按输送计划、动态工况分析结果，选择最优运行方案；协助调度人员迅速准确地开关阀门和启停设备，以实现选定的输送工艺流程；调节流量、压力和温度等运行参数；预测、分析和处理事故；进行起点站、终点站和分输站的油、气交接以及账务结算等。

（2）管道流体计量

管道流体计量是指对管道运输的流体货物流动量的测量工作，其任务是：向交运和承运双方提供货物运输量的数据；为实施输送计划、分析运行工况、控制总流量和分输量的平衡提供重要依据；在油品顺序输送中，为批量切换和转换提供依据；为计算输油和输气成本提供依据；监测管道输送过程中的漏失量。

（3）管道通信

管道通信是管道运输借以传递各种信息，进行业务联系和控制管道运行的工具。管道运输具有全线联合作业的特点，即管道的各个环节要密切配合，协调一致，才能完成管道运输作业，这就必须通过通信系统进行统一调度和集中监视。同时，在管道维护和抢修过程中，组织人员，调运器材，协调操作等也缺少不了通信联络。

管道通信系统主要由区段通信、干线通信和移动通信三部分组成。区段通信是指管道各区段内部的通信。每个区段的通信系统不仅要满足本区段的通信需要，而且也是干线通信网的组成部分。干线通信是管道运输部门各级管理机构之间及其与调度中心之间的通信。干线通信网沟通总部、大区中心和调度中心。移动通信是为满足收集和传递管道沿线和各种监视信号的需要，以及为满足管道维护工作的需要所使用的无线电通信系统。

21.2 管道运输安全

21.2.1 输油管道事故

安全生产管理是企业管理的重要组成部分，是保证生产正常进行，防止发生伤亡事故，确保安全生产而采取的各种对策、方针和行动的总称。它要管人、管物，还要管理环境。安全生产管理同样存在计划、实施、检查、处理循环。

石油长输管道一般由泵站（包括加热站）和线路组成，两者有不同的安全特点。输油站内有机泵、阀门、管汇、加热炉、油罐、通讯及电力系统等。而管道则有埋设在地下、隐蔽、单一和野外性等特点。对于石油长输管道的易发事故，根据其不同的特点，可将其分成六类。

（1）管道强度不足造成破坏

这类事故多数是因焊缝或管道母材中的缺陷引起的管道破裂。另外，管道的施工温度与输油温度之间存在一定的温差，造成管道沿其轴向产生热应力，这一热应力因弯头处约束力较小，从而产生了热变形，弯头内弧向里凹，形成折皱，外弧曲率变大，管壁因拉伸变薄，也会形成破裂。

（2）管道腐蚀穿孔

一般管道都有防腐绝缘层，使管材得到保护，不会造成腐蚀破坏。但是，由于土壤中含水、盐、碱及地下杂散电流等会造成管道腐蚀，严重的还会造成管道穿孔。

（3）凝管事故

长输热油管道发生凝管事故，对输油企业而言，是恶性重大事故。它不仅造成管线停输，影响油田、炼厂、装油码头的正常生产，而且还要消耗大量的人力、物力解堵，其经济损失是相当可观的。造成长输热油管道凝管事故主要有以下几种情况：

① 管道投产初期，油源不足，又无反输能力，造成凝管。

② 管道输量不足，采用正反输交替运行时，未能及时跟踪监测运行参数的变化，没有采取相应措施而导致凝管。

③ 油源不足而采用降量输送时，因输油温度低造成凝管事故。

④ 停输时间过长造成凝管。

⑤ 长期不清管的管道，清管过程中造成凝管。

（4）设备事故

输油站内一般有泵机组、阀门、加热炉、油罐、锅炉等设备，这些设备都存在发生事故的可能性。

（5）自然灾害

地震、洪水、地层滑坡、泥石流、雷击等自然灾害都可能破坏管道造成泄漏污染事故，也可能击毁油罐或其他设备，造成意外损失。

（6）违规事故

因违反操作规程造成跑油、憋压、冒罐等事故。

21.2.2 管道的维修与抢修

当输油管道发生穿孔、破裂、蜡堵、凝管或其他设备事故时，都可能伴随出现跑油或发生火灾事故，其后果是很惨重的。所以，一旦发生事故，必须组织力量进行抢修，而日常的维护保养更是不可缺少的。如果是管道穿孔、破裂跑油，应选择适当的位置开挖储油池，防止原油泄漏污染农田、河流、湖泊等。

对于长输管道的事故，应根据具体情况采取不同的措施和方法进行处理。

（1）管道穿孔的抢修

管道穿孔常见的有腐蚀穿孔、砂眼孔、缝隙孔和裂缝等。其特点是漏油量较小，初始阶段对输油生产影响较小，也不易发现，但随时间的延续，会逐步扩大，以至影响输油生产。这类事故在初始阶段处理较为简单，所以应抓紧时机，及时排除故障。

（2）管道破裂的抢修

管道由于强度不够、韧性不好或焊缝有夹渣、裂纹等缺陷或管道受到意外载荷发生破裂，则会形成原油大量外泄。这种事故的抢修比管道穿孔抢修要复杂得多，根据破裂的具体情况，可采取如下措施：

① 裂缝较小时可以使用带有引流口的引流封堵器。

② 管道有较大裂缝时，可用“多顶丝”封堵器进行封堵。

③ 管道破裂，不能补焊，需要更换管段，或因输油生产需要更换阀门时，可使用DN型管道封堵器进行封堵。

（3）凝管事故的抢修

凝管事故是石油长输管道最严重的恶性事故，可根据具体情况采取以下抢救措施：

① 在发现凝管的苗头时，或处于初凝阶段，可以采用升温加压的方法进行顶挤。

② 当管道经开孔后，管内输量仍继续下降，此时管道已进入凝管阶段。对于这种情况只

有采取沿线开孔、分段顶挤的方法。

此外，新近研究和应用一种电热解堵方法，效果很好。

21.2.3 站库安全

长输管道中的输油站，特别是首末站储存大量易于燃烧、爆炸或带有毒性的油品。工作中的粗心大意或违反操作规程，极易发生火灾、爆炸或中毒事故。因此，在油品的收、发、储、运过程中必须加强安全工作，严格遵守操作规程和有关规章制度，最大限度地消除能引起火灾、爆炸和中毒事故的一切因素，保证平稳安全输油。

（1）防火防爆

爆炸、失火是对油库安全最严重的威胁。一旦发生爆炸失火，就会造成生命财产的巨大损失。因此，必须高度重视和切实做好油库的防火防爆工作。油库发生爆炸和火灾事故的主观原因往往是油库工作人员思想麻痹大意，制度不严，管理不善，违章作业等。客观原因有：由于电气设备短路、触头分离、泵壳接地等原因引起弧光或火花；金属撞击引起火花；雷电或静电；可燃物自燃；油库周围的意外明火等。

油品蒸气和空气混合后，可能形成爆炸性混合气体，但是只有当油品蒸气在空气中处于一定的浓度范围，并遇火源时，才会爆炸。油品蒸气在空气中会引起爆炸的最小浓度，称为爆炸下限，最大浓度称为爆炸上限。上限和下限之间称为爆炸区间，油品的爆炸区间越大，发生爆炸的危险性越大。当油品蒸气浓度在爆炸区间时，遇到火源则会引起爆炸。

防火防爆措施有：消除火源与油品蒸气的接触；在站库内有工业用火作业时，严格执行工业用火审批制度，进行明火作业前，应提出用火施工方案，安全措施，经批准后方可用火；处理好可燃物。

针对燃烧三要素和构成燃烧的其他条件，在站库消防中常采用冷却法（目的在于吸收可燃物氧化过程中放出的热量）、窒息法（取消助燃物——氧，使燃烧物在与新鲜空气隔绝的情况下自行熄灭）和隔离法（将火源与可燃物隔离，防止燃烧蔓延）进行灭火。

（2）防　雷

雷电的危害可分为直接雷电危害和间接雷电危害两大类。避雷针是一种最常用的防雷电保护装置，由受雷器、引下线和接地装置三部分组成。

（3）防静电

在长输管道中静电的主要危害是由于静电放电会引起火灾和爆炸。防静电的安全措施，以消除静电引起爆炸火灾的条件为目标，主要采取防止静电产生及积聚的措施，消除火花放电，防止存在爆炸性气体。

（4）防　毒

油品及其蒸气具有毒性，特别是含硫油品及加铅汽油毒性更大。油品蒸气可经口、鼻进入呼吸系统，使人产生急性中毒或慢性中毒。轻质油品的毒性虽然比重质油品的毒性小些，但其挥发性强，在空气中的浓度相应也要大，因此，危害性更大。

为保证站库工作人员的身体健康，必须严格控制工作场地空气中有毒气体含量，使其不超过最大允许浓度；保证设备的严密性，加强通风，尽量减少工作场地中油蒸气浓度。

第 6 篇习题

1. 什么是管道运输？
2. 根据输送介质不同，管道运输可分为哪几类？
3. 管道运输的优缺点如何？
4. 输油管道的主要组成有哪些？
5. 输油泵及原动机的作用是什么？
6. 多种油品顺序输送的含义是什么？
7. 易凝高粘原油有哪些特殊的输送工艺？
8. 固体料浆管道的输送对象主要是什么？
9. 输油管道事故通常有哪些？
10. 凝管事故的抢修措施如何？

第 22 章　轨道交通运输

22.1　重载运输

22.1.1　重载运输含义

铁路重载运输技术始于 20 世纪 20 年代；20 世纪 50 年代开始，以开行长大列车为主要特征的重载运输开始出现；20 世纪 60 年代中后期重载运输开始取得实质性进展，美国、加拿大及澳大利亚等国铁路相继在运输大宗散装货物的主要方向上开创了固定车底单元列车循环运输方式；20 世纪 80 年代以后，由于新材料、新工艺、电力电子、计算机控制和信息技术等现代高新技术在铁路上的广泛应用，铁路重载运输技术及装备水平又有了很大提高。重载运输是提高线路输送能力、提高运输效率的重要措施。特别是对于幅员辽阔的大陆国家，具有更重要的现实意义。因此，重载运输已成为世界各国铁路货物运输发展的共同趋势，也是我国加速提高铁路运输能力的一条主要途径。

铁路重载运输是指行驶列车总重大、行驶轴重大的货车或行车密度和运量特大的铁路运输。国际重载协会认为，重载铁路必须满足以下三条标准中的至少两条：经常、定期开行或准备开行总重至少为 5 000 t 的单元列车或组合列车；在长度至少为 150 km 的线路区段上，年计费货运量至少达 2 000 万吨；经常、正常开行或准备开行轴重 25 t 及以上的列车。重载铁路运输的发展，不仅推动了牵引动力、车辆、轨道、信号等铁路技术的进步，而且也在上述各方面提出了如何与之相适应的条件。总之，重载列车所能达到的重量，在一定程度上反映出一个国家铁路重载运输技术的综合水平。

22.1.2　重载列车的运输方式

根据各国铁路运营条件和技术装备水平的不同,重载列车的运输方式大致可归纳为 3 种类型。

① 整列式重载列车。整列式重载列车是由单机或多机牵引，机车挂于列车头部，在站线有效长为 1 050 m 的铁路线上开行的货物列车。这种货物列车采用普通列车的作业组织方法，其到、解、编、发、取、送、装、卸和机车换挂作业与普通货物列车完全一样，只不过牵引重量有显著提高。

② 组合式重载列车。这种列车是把两列符合运行图规定的重量和长度、开往同一方向的单个列车首尾相接连成一个列车，机车分别挂在列车的前部和中部，在运行图上占用一条运行线，运行到前方某一技术站或终到站再分解的货物列车。

③ 单元式重载列车。它是由装车地到卸车地固定机车车辆，固定发站和到站，固定运行线，运输单一品种货物，在装、卸站间往返循环运行，中途列车不拆散，不进行改编作业的列车。因此，在运行过程中除利用铁路的正线和到发线外，不占用铁路的调车设备。

22.1.3 重载运输设备

重载运输是在一定的铁路技术装备条件下，扩大列车编组长度，大幅度提高列车重量，采用大功率内燃机车或电力机车（或双机、或多机）牵引的列车方式。为了安全行车、提高线路通过能力，实现多运快运货物的目的，对铁路运输组织和技术装备都提出了新的要求。

（1）重载铁路线路技术标准

开行重载列车必须有与之相适应的线路，主要是指线路的承载能力、几何尺寸、站线长度、线路坡度等，它们必须符合列车在运行中静动荷载对线路所产生的各种力的要求，也就是使线路与列车协调配套。与普通铁路线路相比，其限制坡度、最小曲线半径、到发线有效长度等都有更严格的要求。

（2）重载轨道结构

重载铁路的基本特征是运量多、轴重大。尤其是轴重，会对轨道结构与线路状态产生重要的影响。重载铁路线路应选用重型和特重型的轨道标准。钢轨应采用 60 kg/m 及以上的新轨。为延长钢轨使用寿命，减少养护维修工作量，宜采用超长轨条无缝线路和可动心轨道岔等。

（3）重载用机车车辆

各国重载列车的牵引动力，除美国和加拿大主要采用内燃牵引外，绝大多数国家均采用电力牵引。目前，凡列车重量超过 10 000～12 000 t 时都采用多机牵引，多台机车合理地分布在列车前部和中部，并根据列车的实际重量确定所需要的机车台数。

重载运输的车辆应采用载重量大、强度高、自重系数小的大型四轴货车。货车大型化的主要途径是提高轴重，但轴重又受到轨道与桥梁结构强度的限制，因此要求线路结构与轴重提高相协调，如国外已采用 70 kg/m 的钢轨，货车载重量达到 90 t，轴重为 31.25 t。我国也正在研制轴重 25 t 的大型货车，以适应重载运输的需要。

为使车辆总体性能得到加强，还要装用新型空气制动装置、高强度车钩和大容量高性能缓冲器等。

22.2 高速铁路

22.2.1 高速铁路发展概况

高速铁路技术是当代世界铁路的一项重大技术成就，它集中反映了一个国家铁路牵引动力、线路结构、高速运行控制、高速运输组织和经营管理等方面的技术进步，也体现了一个国家的科技和工业水平。高速铁路在经济发达、人口密集地区的经济效益和社会效益尤为突出。

从 20 世纪初至 50 年代，德、法、日等国开展了大量的有关高速列车的理论研究和试验工作。1903 年 10 月 27 日，德国用电动车组首创了试验速度高达 210 km/h 的历史纪录；1955 年 3 月 28 日，法国用两台电力机车牵引三辆客车，试验速度达到了 331 km/h，刷新了世界高速铁路的记录；我国也分别于 1997 年、1998 年用电力机车牵引，试验速度达到 212.6 km/h 和 240 km/h。

铁路高速技术，至 20 世纪 60 年代已进入实用阶段，1964 年正当第 18 届奥运会的火炬在日本东京点燃之时，世界铁路运营史上的第一块高速金牌诞生了。“光”号列车以 210 km/h 的最高速度行驶在日本东海道新干线上。高速铁路与民航展开的竞争，曾迫使东京至名古屋的航班停飞。继东海道新干线之后，又陆续建成山阳、东北、上越等新干线。目前日本高速铁路的营业里程已达 1 831.5 km，并计划再修建 5 000 km 高速铁路，其已经成为日本陆地交通运输网的支柱。之后，法国在 1981 年建成了它的第一条高速铁路（TGV 东南线），列车时速达到 270 km/h；后来又建成了 TGV 大西洋线，时速达到 300 km/h；1990 年 5 月 13 日试验的最高速度已达到 515.3 km/h，运营速度达到 400 km/h。1993 年 TGV 北线（也称北欧线）开通运营，全长 333 km。它由巴黎经里尔，穿过英吉利海峡隧道通往伦敦，并由欧洲北部比利时的布鲁塞尔，东连德国的科隆，北通荷兰的阿姆斯特丹，成为一条重要的国际通道。1994 年 5 月大巴黎区外环线建成后，北线、东南线和大西洋线可绕过巴黎相对连接成为一个高速铁路网系统。1994 年 6 月随着海峡隧道的建成，被称为“欧洲之星”的高速列车于 1994 年 11 月在法、英、比三国首都正式投入运营。1997 年 12 月以巴黎、布鲁塞尔、科隆、阿姆斯特丹 4 个城市前缀命名的 TGV－PBKA 高速列车开始运行。法国的高速铁路后来居上，在一些技术、经济指标上超过日本而居世界领先地位，现在已有高速铁路 1 200 多公里，而且由于 TGV 列车可以延伸至既有线上运行，因此 TGV 总通车里程已达 5 921 km，约占法国铁路网的 18%，覆盖大半个法国国土。

在日本、法国修建高速铁路取得成效的基础上，世界上许多国家掀起了建设高速铁路的热潮。意大利、德国、英国、西班牙以及前苏联等国也先后修建或改建了高速铁路，就连只重视货运重载对客运高速不积极的美国也开始起步。韩国和我国，还有我国台湾地区也正在积极着手修建高速线。目前，高速铁路技术在世界上已经成熟，高速化已经成为当今世界铁路发展的共同趋势。1994 年 12 月，欧洲铁盟（铁路联盟）通过了在 2010 年内建成泛欧高速铁路网的规划，规划的目标是新建 12 500 km 高速铁路，满足列车以 250 km/h 以上速度运行，改造 14 000 km 既有线，形成 29 000 km 的高速铁路网，以连接欧洲所有的主要城市。

22.2.2　高速铁路概述

以下是有关高速的含义、高速铁路的修建模式及高速铁路的特点等具体内容。

（1）高速的含义

目前，世界上把不同速度的铁路划分为几个档次，一般定为：时速在 100～120 km/h 时，称为常速铁路；时速在 120～160 km/h 时，称为中速铁路；时速在 160～200 km/h 时，称为准高速铁路或快速铁路；时速在 200～400 km/h 时，称为高速铁路；时速在 400 km/h 以上时，称为特高速铁路。

对于“高速”的水平，随着技术进步也会有所不同。西欧一些国家把新建时速达到 250～300 km、旧线改造时速达到 200 km 的，称为高速铁路。1985 年联合国欧洲经济委员会在日内瓦签署的国际铁路干线协议规定：新建客运列车专用型高速铁路时速为 300 km，新建客货运列车混用型高速铁路时速为 250 km。而根据国际铁路联盟（UIC）的定义，高速铁路是指通过改造原有线路（直线化、轨距标准化），使营运速率达到每小时 200 km 以上，或者专门修建新的“高速新线”，使营运速率达到每小时 250 km 以上的铁路系统。

（2）高速铁路的修建模式

发展高速铁路采用的途径，不同的国家根据不同的国情和路情，作出了不同的选择。归纳起来，修建高速铁路有如下几种模式。

① 日本新干线模式：全部修建新线，旅客列车专用。

② 法国 TGV 模式：部分修建新线，部分旧线改造，旅客列车专用。

③ 德国 ICE 模式：全部修建新线，旅客列车及货物列车混用。

④ 英国 APT 模式：既不修建新线，也不对旧有线进行大量改造，主要采用由摆式车体的车辆组成的动车组，旅客列车及货物列车混用。

（3）高速铁路的特点

高速列车是一种具有竞争力的现代交通工具，是解决大量旅客快速输送问题的最有效途径，已成为世界各国铁路的普遍发展趋势。其技术经济优势主要表现在以下几个方面。

① 运送速度快，运输能力大；

② 有规律、稳定地运送旅客；

③ 安全性好，气候变化影响小，正点率高；

④ 舒适、方便；

⑤ 能源消耗远低于飞机和汽车，客运成本低，经济效益好；

⑥ 对环境影响小，土地利用率高。

（4）高速铁路基础设施

高速铁路线路应能保证列车按规定的最高速度，安全、平稳和不间断地运行。因此，铁路线路，不论就其整体来说，或者就其各个组成部分来说，都应当具有一定的坚固性与稳定性。高速铁路在线路标准（如曲线半径、缓和曲线、线路坡度与竖曲线）、路基、桥梁、轨道结构、信号与控制系统等方面都应达到具体的要求。

22.2.3 高速铁路牵引动力与车辆

1．高速铁路牵引动力

电力牵引和内燃机传动牵引都能满足牵引高速列车的要求。从目前各国发展高速铁路的情况看，大多数国家都采用电力牵引。内燃电传动牵引因其投资少、见效快等特点，也被用于尚未电气化的高速铁路区段或成为建设高速铁路的一种过渡形式。

（1）牵引动力的形式

高速列车的牵引可以采用传统的机车牵引形式，也可采用动车组牵引形式。由于动车组的轴重低，可以减少对线路的破坏，因此目前世界上大部分高速列车都采用动车组牵引形式。

（2）牵引动力的配置

高速列车牵引动力的配置有集中配置和分散配置两种。两种配置形式各有优缺点。动力分散型的动轴轴重较轻，单轴功率要求较小，黏着和动力制动利用较好；动力集中型在高速受流、环境保护、制造成本和检修费用等方面优于动力分散型。

① 牵引动力集中配置于一端。这是一种传统的机车牵引客车的方式。高速列车由一台或几台机车集中于一端来牵引。它在高速化的初期为不少国家所采用，是一种投资少、见效快的方式。这类列车由于机车功率较小，最高速度在 200 km/h 左右，很难满足进一步提高速度的要求。

② 牵引动力集中配置于两端。高速列车两端为动力车，中间全部为无动力的挂车，牵引采用前挽后推方式。两端设动力车可以有两种模式：一种是机车模式，即两端的动力车实际上就是一般的机车，而中间的无动力挂车即为一般的客车，如德国的 ICE 高速列车，见图 22.1（a）；另一种是动车组模式，即两端的动力车与其后的无动力挂车具有共同的转向架及铰接机

构，构成动车组，如法国的 TGV 高速列车，除位于整列车两端的列车转向架上装有牵引电动机以外，相邻首尾的第二辆车的第一台转向架上也装有牵引动力装置，见图 22.1（b）。

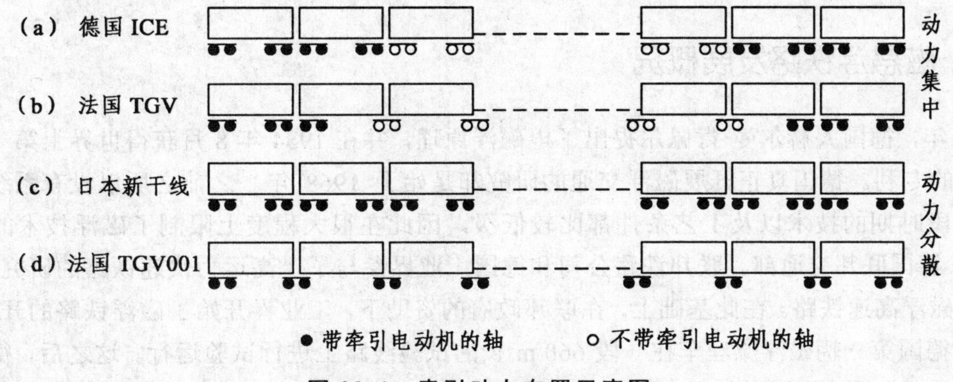

图 22.1　牵引动力布置示意图

③ 牵引动力分散配置。这是一种动车组牵引方式，也有两种模式：一种是完全分散模式，即高速列车编组中全部为动力车，如日本的 0 系列高速列车，其 16 辆编组中全部是动力车，见图 22.1（c）；另一种是相对分散模式，即高速列车编组中大部分为动力车，其余为无动力的挂车，如日本的 300 系列高速列车，其 16 辆编组中有 10 辆是动力车，6 辆是挂车。

2．高速铁路车辆

高速客车一般可以包括动力车和非动力车（挂车），高速客车的动力车一般也有客室，也要运载旅客。客室部分与挂车完全一样，而挂车的基本构成与普通客车一样，主要由车体和车内设施、走行部、制动装置和车钩缓冲装置组成。此外高速列车还必须有空调装置。

在制动装置方面，目前制动种类主要采用摩擦制动和动力制动两种。摩擦制动包括闸瓦制动、盘形制动和摩擦式电磁轨道制动等。动力制动包括电阻制动、再生制动和电磁涡流制动等。高速列车采用的制动方式为：

① 动力车制动绝大部分采用电阻制动或再生制动，并辅以盘形制动。

② 非动力车制动则多采用盘形制动，同时再辅以电磁涡流制动或电磁轨道制动。

③ 闸瓦制动作为辅助制动方式，已逐渐被盘形制动所替代。

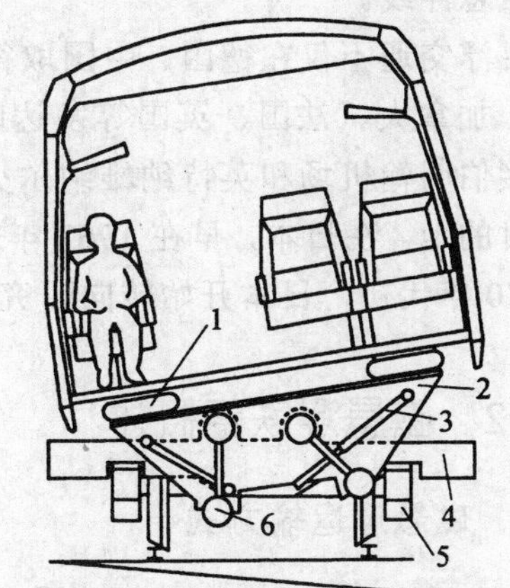

图 22.2　倾摆机构原理图

1—空气弹簧；2—上摇枕；3—液压缸；4—下摇枕；5—转向架机构；6—摆杆

英国 APT 模式的高速铁路采用了摆式车体的车辆。摆式车体可以随运行时所通过的线路曲线半径和列车速度的变化作相应的侧向摆动，使作用在车体的离心力与其重力的分力达到平衡状态。这种客车通常在高速列车中运用。按车体可倾摆的原理，摆式车体可分为两类：一类是无源摆式系统：车体摆动的动力来源于作用在车体上的离心力，其主要特点是不需要动力装置；另一类是有源摆式系统：它是靠外部动力强制车体倾斜，又称主动式摆式车体，其倾摆机构如图 22.2 所示。

22.3 磁悬浮铁路

22.3.1 磁悬浮铁路发展概况

1922 年，德国人赫尔曼·肯佩尔提出了电磁浮原理，并在 1934 年 8 月获得世界上第一项有关磁浮技术的专利。德国真正开展磁浮交通的研究却是始于 1968 年。之前之所以没有系统地研究是因为那段时期的技术以及工艺条件都比较低级，因此在很大程度上限制了磁浮技术的发展。1969 年，德国联邦交通部、联邦铁路公司和德国工业界参与了“高运力快速铁路的研究”，其中就涉及了磁浮高速铁路。在此基础上，在联邦政府的资助下，工业界开始了磁浮铁路的开发工作。1971 年，德国第一辆磁浮原理车在一段 660 m 长的试验线路上进行试验运行。这之后，德国一直致力于磁悬浮的研究和试验，取得了一系列成果，1991 年，经过德国联邦铁道股份公司和主要高校研究所的全面审查和评估，得出了磁悬浮高速列车“技术应用上已完全成熟”的结论。但考虑到面临亏损的危险，德国一直没有修建投入商业运行的磁浮线。

世界上第一条商业运营的磁悬浮专线是我国的上海磁悬浮线。2000 年 6 月，我国上海市与德国磁浮国际公司合作进行中国高速磁浮列车示范运营线可行性研究。同年 12 月，我国决定建设上海浦东龙阳路地铁站至浦东国际机场高速磁浮交通示范运营线。2001 年 3 月 1 日正式开工建设，2002 年 12 月 31 日，经过中德两国专家两年多的设计、建设、调试，上海磁浮运营线终于呈现在世界的面前，而其正式开始试运行的第一批客人就是前国务院总理朱镕基和德国前任总理施罗得先生。2003 年 12 月 29 日，上海磁浮线开始了全天候运营，2004 年 4 月 13 日，通过合同验收和安全验收，开始正式运行。上海磁悬浮正线全长 29.863 km，设计时速和运行时速分别为 505 km/h 和 430 km/h。至 2006 年 6 月，已有 700 多万名乘客乘坐了上海磁悬浮线。

磁浮交通不仅在德国、中国取得了令世人瞩目的进展，事实上从 20 世纪 70 年代起日本、美国、加拿大、法国、英国等发达国家也相继进行了磁浮运输系统的开发。在英国就曾有一条连接伯明翰机场和英特纳雄纳尔火车站的磁浮线路，600 m 长的距离，旅客只需 90 s 就能到达目的地。在日本，早在 1962 年就开始研究常导磁浮技术随着超导技术的迅速发展，从 20 世纪 70 年代初，日本开始转向研究超导磁浮技术。

22.3.2 磁悬浮铁路概述

1．磁悬浮运输方式

在人类旅行的整个速度范围内，存在着不同的运输方式。公路速度一般是 50～100 km/h；铁路速度一般为 100～300 km/h；航空速度则为 500～1 000 km/h。随着目前高速铁路的发展，虽然速度有所提高，但传统铁路无法摆脱摩擦阻力对运动速度的约束。因此，在铁路与航空之间存在着一个空白段，而磁悬浮铁路则是当今世界上引人注目并且很有发展前途的高速陆上运输系统。

磁悬浮铁路与传统铁路有着截然不同的区别和特点。在传统铁路上运行的列车，是靠机车作为牵引力，由线路承受压力，借助车轮沿钢轨滚动前进的。而在磁悬浮铁路上运行的列车，是利用电磁系统产生的吸引力或排斥力将车辆托起，使整个列车悬浮在线路上，利用电磁力导向，直线电机将电能直接转换成推进力而推动列车前进的。所以，磁悬浮列车是介于铁路和航空之间的自动化地面交通方式，为世界陆上运输开辟了一个新领域。

2．磁悬浮铁路的基本制式和工作原理

尽管磁悬浮车的悬浮、推动和导向都是用电磁力，但根据磁悬浮列车上电磁铁的使用方式，基本制式可分为超导磁斥式和常导磁吸式。

（1）超导磁斥式悬浮 EDS 型（Electro Dynamic Suspension），属于电动型悬浮

① 悬浮系统。此种形式在车辆底部安装超导磁体，在轨道两侧装有按一定规律分布排列的铝环线圈，当超导线圈接通电源时就产生强磁场。若车以一定速度前进时，该磁场就在铝环内产生感应电流，感应电流产生的磁场与车上超导磁体的磁场方向相反，两个磁场产生排斥力。速度愈大排斥力就愈大，当排斥力大于列车重量时车辆就浮起来。一般可使车辆浮起 10～15 cm，并能使列车运行保持平稳。在低速运行或静止时，列车依靠辅助车轮支持在轨道上。

② 导向系统。磁浮列车是利用电磁力的作用进行导向的。在车辆上安装专用的导向超导磁体，使之与导轨侧向的地面线圈产生磁斥力，该力与列车的侧向作用力相平衡，使列车保持正确的运行方向。

③ 推进系统。磁悬浮列车是采用一种叫做直线电机的推进装置作为列车的牵引动力。直线电机的基本构成和作用原理与普通旋转电机类似，就如同将旋转电机沿半径方向切开展平而成。于是，其运动方式也就由旋转运动变为直线运动。

（2）常导磁吸式悬浮 EMS 型（Electro Magnetic Suspension），属于电磁型悬浮

① 悬浮系统。利用装在车辆两侧转向架上的常导电磁铁和铺设在线路导向轨上的磁铁，在磁场作用下产生的吸引力使车辆浮起，车辆和轨面之间的间隙与吸引力的大小成反比。

② 导向系统和推进系统与超导磁斥式相类似。

（3）磁悬浮的特点

磁悬浮铁路所具有的优越性主要体现在：速度高、旅行时间短；安全、可靠；能源消耗低；无公害、无污染；故障少、维修费用低。

22.4　城市轨道交通

22.4.1　城市轨道交通概述

随着全球工业化的不断发展，城市人员迅速增加，使得城市交通日益拥挤，世界各国都在寻求发展与之相适应的城市交通工具。实践表明：有轨的、运输能力大的交通系统已成为现代城市发展的重要基础设施。

城市轨道交通系统是指服务于城市旅客运输，通常以电力为动力，以轮轨运行方式为特征的车辆或列车与轨道等各种相关设施的总和。或者说，一般将城市中使用车辆在固定导轨上运行并主要用于城市客运的交通系统称为城市轨道交通。城市轨道交通具有载客量大、运送效率高、能源消耗低、相对污染小、运输成本低、人均占用道路面积小等优点，是解决大城市交通拥挤问题的有效方式。

22.4.2 城市轨道交通的基本形式

城市轨道交通有多种形式。一般地，城市轨道交通系统可以按能力分为市郊铁路、地铁、轻轨、有轨电车四种形式；也可以按构造分为铁路、地铁、单轨、导向轨道、磁悬浮等形式。北美轨道交通系统则分为快速轨道交通（RRT）、轻轨交通（LRT）、通勤铁路（CR）和自动导向系统（AGT）。

① 市郊铁路。市郊铁路是连接城市市区与郊区，以及连接城市周围几十公里甚至更大范围的卫星城镇或城市圈的铁路，但它往往又是连接大中城市干线铁路的一部分，因此它具有干线铁路的技术特征，如轨道通常是重型的。市郊铁路上通常是市郊旅客列车与干线旅客列车和货物列车混跑。

② 地铁。地铁是为土地紧张的城市中心区提供的一种交通形式。一般说来，地铁是指修建在地下隧道中的铁路。这样理解，也许在地下铁道修建的初期没有什么不妥，但现在定义一个系统为地铁时，并不要求该系统的线路必须全部修建在地下隧道内。地铁还可分为重型地铁、轻型地铁与微型地铁三种类型。世界上最早的地铁是 1863 年 1 月 10 日在伦敦开通的一段 6 km 长的线路，列车由蒸汽机车驱动。亚洲最早的地铁则是日本东京 1927 年 12 月开通的浅草一涩谷线。我国最早的地铁是 1969 年建设的北京地铁。

③ 轻轨。轻轨的含义是指就车辆对轨道施加的荷载而言，轻轨车辆与市郊列车或地下铁道车辆比较相对较轻。早期的轻轨系统一般直接对旧式有轨电车系统改建而成。70 年代后期，一些国家开始修建全新的现代轻轨系统。高技术标准的轻轨接近于轻型地铁，而低技术标准的轻轨则接近于有轨电车。

④ 单轨。单轨是车辆或列车在单一轨道梁上运行的城市客运交通系统。单轨的线路采用高架结构，车辆则大多采用橡胶轮胎。从构造形式上分，现代单轨有跨骑式和悬挂式两种类型。单轨铁路一般使用道路上部空间，故土地占用较少，投资小于地铁系统。

⑤ 有轨电车。有轨电车通常采用地面线，有时也有隔离的专用路基和轨道。隧道或高架区间仅在交通拥挤的地带才被采用。旧式的有轨电车由于其与公共汽车及行人共用街道路权，且平交道口多，因而其运行所受的干扰多、速度慢。现代有轨电车与性能较差的轻轨交通已很接近，只是车辆尺寸稍小些，运营速度较低。

22.4.3 我国城市轨道交通简况

我国城市轨道交通经历了“兴起－衰落－重新发展”的过程。早在 20 世纪 30 年代，北京、上海、天津、沈阳、大连、鞍山等城市都相继出现了有轨电车，但随后便被陆续淘汰。1965 年 7 月 1 日我国第一条地铁在北京动工兴建，建成 43.5 km 运营线路。天津结合人防工程，建成 7.4 km 地铁线路。最近几年我国城市轨道交通蓬勃发展，在机车数量、线路长度、客运量各方面都有了很大的增长。截止 2009 年年底，据粗略统计，我国已经开通运行轨道交通的城市 12 个（含我国香港、台湾地区），通车线路 37 条，通车总里程 770 km，其中内地 10 个城市通车线路 23 条，通车总里程 612 km（含磁悬浮），还有 25 个城市正在建设或规划建设地铁等轨道交通项目，初步统计在建线路总长则超过 340 km，规划建设 55 条线路约 1 500 km。

目前，我国城市轨道交通主要有大容量的地下铁道、中等客量的轻轨交通、城市市郊铁路、有轨电车和磁悬浮等形式。其中城市市郊铁路和有轨电车数量较少，磁悬浮线路则仅有上海磁悬浮一条。

第 23 章　综合交通运输

23.1　综合交通运输体系

23.1.1　综合交通运输体系的含义

什么是综合运输？中国大百科全书交通篇是这样描述的：综合运输是“研究综合发展和利用铁路、公路、水路、航空和管道等各种运输方式，以逐步形成和不断完善的一个技术先进、网络布局和运输结构合理的交通运输体系的科学”。或者说，综合运输就是利用先进技术装备起来的五种运输方式和现代交通通讯系统共同构成的网络。

因此，综合交通运输体系是在五种运输方式的基础上组建起来的，是对单一的运输方式而言的，是各种运输方式在社会化的运输范围内和统一的运输过程中，按其技术经济特点组成分工协作、有机结合、连接贯通、布局合理的交通运输综合体，是社会经济和运输生产发展到一定阶段的产物。

23.1.2　综合运输的合理布局

综合运输的合理布局具体来说，又包括综合运输布局的含义、任务及影响综合运输布局的主要因素等内容。

（1）综合运输布局的含义与主要任务

综合运输布局是指铁路、公路、水路、航空和管道等运输方式的线路、站场及相关技术设备和交通运输工具组成的综合运输体系在区域的分布。

在综合运输体系中，各种运输方式都有其自身的技术经济特征和不同的运输任务，其中又有干线运输、支线运输、长途运输及生产性短途运输。为使交通运输网络畅通，必须形成系统的综合能力，既要有担负干线和长途运输任务的铁路和高速公路、沿海和内河水运干线的运输能力，还要有担负支线短途运输任务的公路、内河航运的能力。因此，综合运输系统担负着国民经济发展的任务，并要在发展规模、结构、速度和空间地域分布上适应国民经济的发展。

（2）影响综合运输布局的主要因素

① 国民经济的发展需求。综合运输体系必须考虑生产和消费两个方面，既为生产服务又为消费者服务，使运输系统在发展生产和保障供给之间起到桥梁和先行作用。

② 自然条件。各种运输方式的运输活动都是在广大的地域空间中进行的，从某种意义上讲，自然条件对综合运输布局的影响甚至是决定性的。气候条件、水文因素等都对相应的运输方式产生影响。

③ 技术条件。随着科学技术的不断进步，技术条件对综合运输布局的影响越来越大。新

型交通工具的出现，对运输业的发展产生了更深远的影响。

④ 旅游景区。对于名胜古迹，客观上要求提供舒适、安全、迅速、方便的交通运输条件。另一方面，在铁路、公路线路和机场布局时，应注意靠近名胜古迹，同时要严禁由于交通运输线路设施的建设对沿途文物古迹的破坏。

（3）综合运输布局的主要原则

① 各种运输方式相互协调；

② 对近、中、远期客、货运量进行科学预测；

③ 因地制宜，充分考虑各地区的自然条件和特点；

④ 做到点（站、港、枢纽）、线（线路、航线）、面（交通运输网）相结合；

⑤ 在满足需要的前提下，尽量少占土地，节约用地；

⑥ 兼顾适应国防安全和加强备战的需要。

23.1.3 综合运输发展的趋势

现代化的综合交通运输应达到旅客运输高速化，提高运载能力，保证运行安全，实现自动化及运营管理自动化等；同时对环保、防止污染及采用新燃料等方面也提出了新的要求。综合运输发展的趋势主要体现在以下几个方面。

① 客运快速化。总的来说，交通运输工具的总体速度是在不断提高的，这是由人们的客观需求和时间价值所决定的。因为在交通时间段内，人们无法正常工作而获得收入，所以作为派生需求的交通时间显然是越短越好。另一方面，从长远来看，运输速度的提高同时也会带来运输费用的下降，这是科技发展的必然趋势，也是客运快速化的客观要求。因此，运输快速化，可以使运输设备的周转率随之提高，从而削减运输劳力。

② 货运物流化。首先，现代物流系统，是一个跨部门、行业和区域的系统。它通过统筹协调和合理规划，控制商品的整个流通过程，从而实现整体利益最大化和成本最小化。这就必然要求传统储运向现代物流转变，以便形成一个高效、通畅、可调控的流通体系，以最大限度地减少流通环节，节约流通费用，提高流通的效率和效益，从而较好地适应经济一体化发展的需要。其次，协调的货运物流体系，在垂直方向上可实现产销垂直整合，缩短商品在上、下游产业间的流通过程，在水平方向上可以促进不同产业的协调运作，合理降低成本，从而提高整个城市、区域或国家的产业竞争力。通过降低物流成本，现代物流不但给企业带来了“第三利润源”，也给整个区域带来新的经济增长点，对经济的增长起到支持和带动作用。最后，物流的发展，还会使物流、资金流和信息流的运转速度进一步加快，从而促进企业之间的竞争，优化产业结构，提高资源利用效率。这样，消费者将获得成本更低的商品，从而提高了购买能力，需求的增长又反过来促进生产的增长，使经济实现良性的、上升的发展。因此，货运物流化也是提高消费者购买能力、激活内需的重要手段。

③ 综合运输系统智能化。运输系统的智能化（ITS）对于促进整个国民经济的可持续协调发展有着举足轻重的作用。根据美国的预测，到 2015 年，因运输系统的智能化应用带来的综合效益，将会达到每年 500～800 亿美元。可以说，综合交通运输系统的智能化将成为 21 世纪交通与经济协调发展的核心。

④ 一体化运输技术。构筑运输网络一体化、运输载体一体化、运输装卸一体化、运输站

场一体化和运输辅助设施一体化、管理一体化的新型联合运输系统，以改善交通服务水平，提高系统运行效率，实现不同运输方式货物之间的无缝衔接和旅客的零换乘。

⑤ 绿色交通技术。公路、水运环保技术，海上油污染监测、防治和处理技术及运输装备的节能与环保等技术的目的就在于建立一个与自然和社会环境和谐、污染程度少、土地使用合理、能源消耗适度的绿色交通体系，促进交通运输可持续发展。

23.2 多式联运

23.2.1 多式联运概述

多式联运概述主要是指多式联运的概点及多式联运的优点等内容。

(1) 多式联运的概念

多种方式联合运输（多式联运）是指根据单一的联合运输合同，使用两种或两种以上的运输方式，由联运经营人组织将货物从指定地点运至交付地点的全程连续运输，如铁—公联运、铁—海—公（铁）联运等。多式联运是不同运输方式的综合组织，这种综合组织是指在一个完整的货物、旅客运输过程中，不同运输企业、不同运输区段、不同运输方式和不同运输环节之间的衔接和协调组织，是一种新的运输组织形式。一般来讲，构成多式联运应具备下面几个主要条件：

① 全程运输过程中必须至少使用两种不同的运输方式，而且是两种或两种以上运输方式的连续运输；

② 必须使用一份全程的多式联运单据（多式联运提单、多式联运运单等）；

③ 必须使用全程单一费率；

④ 必须具有一个多式联运合同；

⑤ 必须有一个多式联运经营人对货物的全程运输负责；

⑥ 如果是国际多式联运，则多式联运经营人接受货物的地点与交付货物的地点必须属于两个国家。

因此，多式联运具有全程性、简便性、通用性、代理性和协同性等基本特征。

(2) 多式联运的优点

多式联运是一种新的运输组织形式，是交通运输活动中的一个重要环节。它便于组织发挥各种运输方式的优势与特点，推动运输横向经济联合，提高运输效率。对发展商品经济、旅游事业、国际贸易，促进工农业生产，方便人们旅行等，有着十分重要的作用。

目前，发达国家大部分国际贸易货物运输均采用多式联运的形式，发展中国家采用多式联运的比例也在逐年上升。可以说，集装箱货物多式联运已成为国际货物运输发展的主要方向。多式联运的优点主要体现在：

① 统一化、简单化。采用多式联运时，不论运输全程有多远，由几种方式共同完成，经过多少次转换，所有一切运输事项均由多式联运经营人负责办理。一旦在运输过程中发生货物的丢失和损害，可由多式联运经营人负责解决。运输中采用一张单证，实行单一费率，因而也大大简化了运输与结算手续。

② 减少中间环节，提高运输质量。多式联运以集装箱为运输单元，可以实现“门到门”的运输。运输过程中使用专用机械设备，由专业人员组织，可做到各环节与各种运输工具之间衔接紧凑、中转及时、停留时间短，从而使货物的运达速度大大加快，有效地提高了运输质量，保证了货物安全、迅速、准确、及时地运抵目的地。

③ 降低运输成本，节约运杂费用。多式联运经营人与各实际承运人或各代理人之间大都订有长期的协议，因此可得到运价的优惠。再者，通过对运输路线的合理选择和运输方式的合理使用，可以降低全程运输成本，提高利润。

④ 扩大运输经营人业务范围，提高运输组织水平，实现合理运输。在多式联运开展以前，各种运输方式的经营人都是自成体系、独立运输的，其经营业务的范围与货运量也因此受到限制。一旦发展成为多式联运经营人或作为多式联运的参加者，其经营的业务范围即可大大扩展。

23.2.2 国际多式联运

国际多式联运的具体内容如下：

（1）国际多式联运的概念

在 1980 年 5 月联合国国际多式联运公约第二期会议一致通过的《联合国国际多式联运公约》中，对国际多式联运（International Multimodal Transport）曾作出如下定义：“国际多式联运是指按照国际多式联运合同，以至少两种不同的运输方式，由多式联运经营人将货物从一国境内接管货物的地点运至另一国境内指定交货地点。为履行单一方式货物合同所规定的货物接送业务，则不应视为国际多式联运。”

国际多式联运是一种以实现货物整体运输的最优化效益为目标的联运组织形式。它通常以集装箱为运输单元，将不同的运输方式有机地组合在一起，构成连续的、综合性的一体化货物运输。通过一次托运、一次计费、一份单证、一次保险由各运输区段的承运人共同完成货物的全程运输，即将货物的全程运输作为一个完整的单一运输过程来安排。

（2）国际多式联运的运输组织形式

国际多式联运是采用两种或两种以上不同运输方式进行联运的运输组织形式。这里所指的至少两种运输方式可以是海陆、陆空、海空等。其组织形式包括：

① 海陆联运。海陆联运是国际多式联运的主要组织形式，也是远东/欧洲多式联运的主要组织形式之一。

② 陆桥运输。在国际多式联运中，陆桥运输起着非常重要的作用。它是远东/欧洲国际多式联运的主要形式。所谓陆桥运输是指采用集装箱专用列车或卡车，把横贯大陆的铁路或公路作为中间“桥梁”，使大陆两端的集装箱海运航线与专用列车或卡车连接起来的一种连贯运输方式。严格地讲，陆桥运输也是一种海陆联运形式。目前世界上的大陆桥运输线主要有两条：一条是欧亚大陆桥，它是把欧亚大陆作为连接太平洋和大西洋的桥梁，以西伯利亚大铁路为干线；另一条是北美大陆桥，它是把北美大陆作为连接大西洋和太平洋的桥梁，以横贯美国的铁路作为干线。

③ 海空联运。海空联运又被称为空桥运输。在运输组织方式上，空桥运输与陆桥运输有所不同：陆桥运输在整个货运过程中使用的是同一个集装箱，不用换装，而空桥运输的货物

通常要在航空港换入航空集装箱。目前，国际海空联运线主要有：远东—欧洲、远东—中南美、远东—中近东、非洲、澳洲。

（3）我国的国际多式联运

近年来，为适应和配合我国对外贸易运输的发展需要，我国对某些国家和地区已开始采用国际多式联运方式。目前，我国已开展的国际多式联运路线主要包括我国内地经海运往返日本内地、美国内地、非洲内地、西欧内地、澳洲内地等联运线以及经蒙古或前苏联至伊朗和往返西、北欧各国的西伯利亚大陆桥运输线。其中西伯利亚大陆桥集装箱运输业务发展较快，目前每年维持在 10 000 TEU 左右。我国办理西伯利亚大陆桥运输主要采用铁—铁、铁—海、铁—公三种方式。

除上述已开展的运输路线外，新的联运线路正不断发展，其中包括举世瞩目的新亚欧大陆桥。1990 年 9 月 12 日，随着中国兰新铁路与哈萨克斯坦土西铁路接轨，连接亚欧的第二座大陆桥正式贯通。新亚欧大陆桥东起中国连云港，西至荷兰鹿特丹，途经哈萨克斯坦、乌兹别克斯坦、吉尔吉斯斯坦、塔吉克斯坦、俄罗斯、白俄罗斯、波兰、德国和荷兰等国，全长 10 900 km。该陆桥为亚欧开展国际多式联运提供了一条便捷的国际通道。新亚欧大陆桥于 1993 年正式运营。

23.2.3 集装箱运输

1．集装箱运输的产生与发展

集装箱运输是交通运输现代化的产物。美国人马克康·麦克林最早提出现代化集装箱运输设想，他首先建议集装箱运输应由陆上推向海上运输，并主张在一个公司控制下实现海—陆联运。1956 年他通过自己拥有的大西洋轮船公司（后更名为海陆联运公司）首先在纽约—休斯敦航线上开展了海陆集装箱联运试验。试验取得了巨大的成功并获得了巨大的经济效益，每吨货物装卸成本仅为原来的 1/37。这引起了世界航运界的重视，一些大的航运公司竞相效仿，从此集装箱运输开始发展成为国际贸易中通用的运输方式。一般认为麦克林的这次试验是现代意义的集装箱产生的标志，可以说现代集装箱运输从一开始就是与多式联运紧密联系在一起的。

1967—1983 年期间，集装箱运输在世界范围内迅速发展，成为世界交通运输进入集装化时代的关键时期。在这一阶段，在世界范围内完成了集装箱箱型的标准化，世界集装箱保有量达到 440 万 TEU，集装箱运输工具（陆上、海上）也逐渐完成了由改装型向专用型的过渡，集装箱专用码头（泊位）和专用作业线大量建立和投入使用，大型的专用装卸设备和堆场机械投入使用。与此同时，传统的杂货件运输管理体系得到全面改革，与集装箱运输相适应的管理体系逐步形成。1984 年后，集装箱运输进入了成熟阶段。该阶段的主要特征体现在以下四个方面：其一是箱子保有量、专用泊位和作业线，以及大型化、专业化工具和集装箱货物运输量（吞吐量）迅速增加，世界货物的集装箱化已成为不可阻挡的发展趋势；其二是集装箱运输的硬件（运输工具、线路、设施等），软件（管理方法、手段、法规、惯例等）及成套技术趋于完善；其三是开始进入“门到门”的多式联运阶段；其四是集装箱运输的理论与实践臻于完善。

目前，集装箱运输方兴未艾。从世界范围来看，集装箱运输发展的总趋势是：降低运输成本、缩短运输周期和提高服务质量。

2. 集装箱运输的特点

（1）集装箱运输是一种高效率的运输方式

由于货物的标准化和装卸机械、运输工具的专业化和大型化，使集装箱运输成为一种高效率的运输方式，具体体现在：装卸效率高；运输工具利用率高；货物运达速度快，使流动资金周转率提高；节省货物的运输包装费用和运杂费用；提高库场使用率。

（2）集装箱运输是一种高质量的运输方式

体现在：① 集装箱运输是以箱为运输单元的，其装卸、换装、运输暂存过程中都是以箱为单位整体进行的，加之在运输过程中，货物都是装在箱内且箱子又有较高强度和较好的封闭性，货物装载又有较高要求，因此使用集装箱运输货物，可以减小全程运输过程中由于各种原因引起的货损、货差、被盗、丢失等；② 货物运达速度快；③ 为了保证集装箱运输的高效率，货物全程运输所涉及的各环节（托运、装卸、通关等）都简化了手续，大大方便和简化了货主办理单据和各种财务及行政手续。

（3）集装箱运输是一种资金高度密集型的运输产业

集装箱运输中的集装箱、各类运输工具、各种港站设施、机械设备及整个集疏运系统都需要投入大量的资金。随着运输工具的现代化、大型化，装卸机械的大型化、专业化和管理的现代化，集装箱运输需要的人力资源将会进一步减少，但对人员素质却提出了更高的要求。

（4）集装箱运输是一种专业化、标准化的运输方式

体现在：① 由于箱型的标准化及货物装在箱内运输带来的货物重量和外形尺度的标准化；② 各种运输方式中运输工具的专业化和标准化；③ 各类港、站设施的专业化和结构、布局及设计要求的标准化；④ 各类装卸、搬运机械设备的标准化；⑤ 运输管理组织、运输装卸技术工艺标准化；⑥ 运输法规、运输单据的统一化、标准化等。

（5）集装箱运输是一项复杂的系统工程

集装箱运输是把高效装卸的专业化码头、快速周转的运输船队、四通八达的集疏运网络、功能齐全的中转站、各种类型的运输经营人和实际承运人、遍及世界的代理网络、科学准确的信息传递和单证流转、协调工作的口岸各部门（海关、三检、理货、保险及其他服务部门等）有机结合在一起的大规模运输工程。集装箱运输系统整体功能的发挥，要依赖于上述各方面的协调发展和密切配合。

3. 集装箱的定义与分类

简单地说，集装箱是指具有一定强度、刚度和规格专供周转使用的大型装货容器。国际标准化组织在制定的《集装箱名词术语》中，对集装箱的定义是："集装箱是一种运输设备：① 具有耐久性和足够的强度，适合反复使用；② 经专门设计，便于以一种或多种运输方式运输货物，无需中途换装；③ 具有快速装卸和搬运的装置，特别便于从一种运输方式转移到另一种运输方式；④ 便于货物装满和卸空；⑤ 具有一立方米及其以上的容积。"

集装箱按所装货物种类分，有杂货集装箱、散货集装箱、液体货集装箱、冷藏箱集装箱等；按制造材料分，有木集装箱、钢集装箱、铝合金集装箱、玻璃钢集装箱、不锈钢集装箱等；按结构分，有折叠式集装箱、固定式集装箱等，在固定式集装箱中还可分密闭集装箱、开顶集装箱、板架集装箱等；按总重分，有 30 t 集装箱、20 t 集装箱、10 t 集装箱、5 t 集装箱、2.5 t 集装箱等。

集装箱有外尺寸和内尺寸，其装货容积按集装箱内尺寸计算。同一规格的集装箱，由于结构和制造材料的不同，其内容积略有差异。集装箱内容积是物资部门或其他装箱人必须掌握的重要技术资料。

目前各国的大部分集装箱运输，都采用 20 英尺和 40 英尺长的两种集装箱。为使集装箱箱数计算统一化，把 20 英尺集装箱作为一个计算单位（TEU，Twenty-Feet Equivalent Units），40 英尺集装箱作为两个计算单位，以利统一计算集装箱的营运量。

第 7 篇习题

1. 何谓重载运输？
2. 高速铁路的含义如何？
3. 世界上第一条商业运营的磁悬浮线路是哪条？
4. 城市轨道交通的形式有哪些？
5. 何谓综合运输？何谓多式联运？
6. 构成多式联运应具备哪些条件？
7. 什么是大陆桥运输？
8. TEU 是什么意思？

综合习题

1. 比较鼓式、盘式、闸瓦式制动器的原理示意简图。
2. 试比较汽车的传动系统和内燃机车的传动装置。
3. 比较汽车和火车在实现通过曲线路段（转弯）时的不同。
4. 简要比较各种载运工具可能采用的原动机。
5. 试了解我国重载运输的发展现状。
6. 试了解我国高速铁路的发展现状。

参 考 文 献

1 佟立本主编．交通运输概论．北京：中国铁道出版社，2001
2 沈志云，邓学钧编著．交通运输工程学（第二版）．北京：人民交通出版社，2003
3 刘红主编．载运工具运用基础．北京：人民交通出版社，2003
4 佟立本主编．交通运输设备（第二版）．北京：中国铁道出版社，2003
5 王甦男主编．旅客运输（第二版）．北京：中国铁道出版社，2003
6 郭晓汾，王国林主编．交通运输工程学．北京：人民交通出版社，2006
7 任恒山主编．现代汽车概论．北京：人民交通出版社，2005
8 蔡兴旺主编．汽车概论．北京：机械工业出版社，2005
9 金国栋，唐新蓬编著．汽车概论．北京：机械工业出版社，1998
10 刘大维主编．汽车工程概论．北京：机械工业出版社，2004
11 高红宾主编．公路概论。北京：人民交通出版社，2004
12 黄方林主编．现代铁路运输概论．成都：西南交通大学出版社，2002
13 本书编委会．铁道概论．北京：中国铁道出版社，2004
14 杨素亭编著．铁道概论．北京：中国人民公安大学出版社，2001
15 王行政主编．铁路运输设备（上、下册）．北京：中国铁道出版社，1999
16 廖家璞，毛明久主编．航空概论．北京：航空工业出版社，1999
17 史超礼编著．航空概论．北京：北京航空学院出版社，1986
18 《世界航空史话》翻译组．世界航空史话．北京：解放军出版社，1985
19 邱志熊主编．航海概论．北京：人民交通出版社，2004
20 聂国忠主编．船舶结构与设备．大连：大连海事大学出版社，1998
21 袁善达，孟招娣．船舶概论．哈尔滨：哈尔滨工程大学出版社，1989
22 镇江船舶工业学校《船舶概论》编写组．船舶概论．北京：国防工业出版社，1978
23 王绍周编著．管道运输工程．北京：机械工业出版社，2004